EVERYDAY LIFE
IN THE
NORTH KOREAN
REV★LUTION
1945~1950

Everyday Life in the North Korean Revolution, 1945~1950
by Suzy Kim
originally published by Cornell University Press
Copyright ⓒ 2013 Cornell University Press
All Rights reserved.

Korean Translation Copyright ⓒ 2023 HUMANITAS, Inc.
This edition is a translation authorized by the original publisher,
via Bestun Korea Agency, Seoul, Korea.
All Rights reserved.

혁명과 일상
해방 후 북조선, 1945~50년

1판 1쇄. 2023년 8월 7일

지은이. 김수지
옮긴이. 윤철기·안중철

펴낸이. 안중철·정민용
편집. 최미정, 윤상훈, 이진실

펴낸 곳. 후마니타스(주)
등록. 2002년 2월 19일 제2002-000481호
주소. 서울 마포구 신촌로14안길 17, 2층(04057)

편집. 02-739-9929, 9930
제작. 02-722-9960

메일. humanitasbooks@gmail.com
블로그. blog.naver.com/humabook
SNS/humanitasbook

인쇄. 천일인쇄 031-955-8083
제본. 일진제책 031-908-1407

값 25,000원

ISBN 978-89-6437-436-8 93910

혁명과 일상

해방 후 북조선, 1945~50년

김수지 지음 | 윤철기 · 안중철 옮김

후마니타스

차례

그림 차례

표 차례

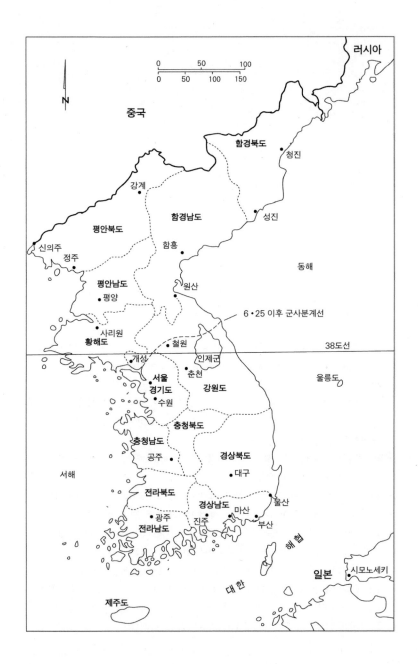

러시아

중국

함경북도
청진

강계

함경남도

평안북도
신의주
정주

함흥

성진

동해

평안남도
평양

원산

6 · 25 이후 군사분계선

사리원
황해도

철원

38도선

개성

인제군

서울
경기도
수원

춘천

강원도

울릉도

충청북도

충청남도
공주

경상북도
대구

서해

전라북도

경상남도
마산

울산

광주
진주
전라남도

부산

해
협

대
한

일본
시모노세키

제주도

일러두기

- 본문에서 대괄호([ ])는 맥락 이해를 돕기 위해 옮긴이가 추가한 것이다. 인용문에서 대괄호 안의
  내용 가운데 옮긴이가 삽입한 경우 '-옮긴이' 표시를 했다. 그 외 각주 또한 모두 옮긴이의
  것이다.
- 북조선 문헌에서의 인용은 원래의 표현을 가급적 살리되, 문법에 맞지 않거나 맞춤법 오류 등으로
  맥락 전달이 어려운 부분은 문법과 현대적 표기에 맞게 일부 수정했다. 글자를 알아보기 힘든 경우
  ○로 표기했다.
- 음악, 법률, 협약, 조약, 단편소설 등은 홑화살괄호(〈 〉)로 표기했다. 논문은 큰따옴표(" "),
  단행본은 겹낫표(『 』)로 표기했다.
- 외국어 고유명사의 표기는 국립국어원 외래어표기법을 따랐으나 굳어진 표현은 그대로 사용했다.
- 인용된 문헌 가운데 국역본이 있는 경우 참고해 번역했으며 해당 쪽수를 병기했다.
- 영어 'Korea'와 달리 분단된 양측을 포괄하는 단일한 한국어는 없다. 남측과 북측은 이를 각각
  '한국'과 '조선'으로 부르기 때문이다. 그러다 보니 '남북한/북남조선' '한반도/조선 반도'
  '한국전쟁/조선전쟁' 등 양측이 지역과 사건 등을 부르는 명칭이 달라진다. 이 번역본은 한국
  독자들을 고려해 한국에서 일반적으로 사용되는 한반도, 남북 등을 사용하되 양 국가를 부를 때는
  각기 선호하는 명칭을 살려 '북조선'과 '남한/한국' 등의 표현을 사용했다. 또 일제강점기나
  강점기 이전 시기를 가리킬 경우, 통상적인 표현인 '조선'을 사용했다.

한국어판을 출간하며

언젠가부터 글이 두렵기 시작했다. 정확히 말하자면, '글'이 아니라 글과 말을 포함한 '워드'word라는 단어가 떠오르지만 한글로 이와 비슷한 용어가 있는지 모르겠다. 글도 말도 없는 그런 세상에서 살면 어떨까 가끔 생각해 본다. 말이 아니라 색깔이나 모양으로 표현을 한다면 어떨까. 생각이 두 가지 언어로 머릿속을 왔다 갔다 하면서 결국 어떤 언어로 생각을 하는지에 따라서 다른 표현, 다른 생각이 떠오른다. 동시에 두 가지 언어로 대화를 하려다 결국엔 어느 하나를 놓치고 말 것 같은 불안감에 돌연 휩싸이기도 한다. 이중 언어를 하며 성장한 모든 디아스포라가 그런지는 모르겠지만, 상대적으로 언어 체계와 문화적 배경이 훨씬 더 상이한 한국과 미국, 거기다 (북)조선까지 떠올리면 머릿속이 어수선해지기만 한다.

어느 한 나라에도 온전히 포용될 수 없는 붙임표로 연결된 정체성을 가진 디아스포라 코리안-아메리칸으로서 나는 정체성이나 거주지 또는 국적과 같은 범주가 결국 불안정하고 잠정적이라는 사실을 어렸을 때부터 경험해 왔다. 그러다 보니 이런 조건 속에서도 나 자신이 속할 수 있는 공동체를 만들고, 환영받지 못하는 경우에도 소속감을 주장하며, 무시당할 때도 자신의 주관이 중요하다고 믿을 수 있는 방법을 찾아야만 했다. 이 같은 배경으로 말미암아 여백으로 내몰린 사람들의 소외된 역사와 그 속의 세세한 내용들에 주목하게 되었는지도 모르겠다. 한 가지 부탁을 드리자면, 독자들 역시 이 책에 반영되어 있는 다양한 의미의 어수선함과 혼란을 '문제'라기보다는 한반도 역사를 돌아볼 수 있는 새로운 기회로 포용해 주면 좋겠다.

이 책은 해방 직후의 다양한 아카이브에 의존한 글로서 한문, 한글, 일본어, 영어, 러시아어, 중국어 등 여러 언어가 공존했던 시대의 어수선함을 반영하고 있다. 이 언어들은 한반도의 패권을 두고 다투던(오늘날에도 이는 마찬가지다) 다양한 지정학적 이해관계들을 상징한다. 이 책은 다양한 언어들의 각축이 상징하는 이런 외부의 압력 속에서도 평범한 북조선 사람들이 어떻게 혁명적 주체로서 진정한 사회혁명을 이끌었는지 ('외부'의 동학 못지않게) 그 내부의 동학과 역동성을 보여 주기 위해 노력했다. 다시 말해, 이 책에서 역사의 행위자는 한반도의 인민이다. 물론, 한반도는 지난 150여 년간 수많은 외세의 압력에 시달렸고, 이에 따라 현대사의 초점 역시 '외부'의 영향력에 맞춰져 있었다. 나는 이 책에서 이런 요소들을 부정하지 않으면서도 한반도/조선 반도에 살았던 사람들의 복잡한 경험을 통해 외부와 내부, 국내와 국제, 국가와 사회, 사적인 것과 공적인 것, 개인과 집단 사이의 관습적인 경계를 문제화하려 했다.

이 책이 다루고 있는 1945년에서 1950년 사이의 "해방 공간"은 국내적으로도 어수선했다. 분단과 냉전이라는 국제적 구도에 더해, 정신분열증 같은 증세를 유발한 일제 식민 통치의 경험과 그 여파 속에서 곧 내전으로까지 치닫게 되는 이분법적 분열 등이 해방 공간을 조형하며 일상생활에 영향을 미쳤기 때문이다. 이 같은 갈등과 분열이 오늘날에도 영향을 미치고 있다는 점에서, 이 시기의 "해방 공간"과 "일상"을 상세히 이해하는 것은 지극히 중요하다. 하지만 이는 결코 쉽지 않은 일이다. 서문에서 설명하겠지만, 자료의 한계와 냉전적 시각의 지속으로 해방 직후의 이북은 물론 이남 지역의 일상

생활에 대한 연구는 그리 많지 않다.[1]

이 책의 앞표지에 작은 창과도 같이 삽입된 포스터를 잠시 한번 자세히 들여다보자. (대략 1948~50년 사이에 제작된 것으로 보이는) 이 포스터는 필자가 수업을 할 때에도 종종 사용하는 것이다. 포스터를 보여 주면서 뭐가 보이냐고 물어보면, 대뜸 "공해"라고 답하는 학생들이 있다. 현재를 살아가고 있는 우리에게 환경문제는 시급한 일이며 이 생각을 반영한 대답이 튀어나오는 것도 너무나 자연스럽다. 하지만 20세기 중반만 해도 공해나 환경오염은 문제시되지 않았다. 당시 시커멓게 피어오르는 연기는 진보를 상징했다. 그 속에 휘날리고 있는 인공기는 조선민주주의인민공화국 건설을 마친 북조선이 한반도를 진보적 미래로 이끌어 갈 것이라는 점을 상징한다. 그렇다면 그 진보적 미래는 어떤 모습일까. 현대식으로 웅장하게 들어선 공장이 앞쪽에 서 있는 남성의 노동 현장이라면, 뒤에 서있는 농민의 노동 현장은 공장 위로 보이는 방대한 농경지다. 그곳에서 진행되고 있는 경작은 트랙터로 이루어지고 있다. 농경지 옆으로는 잘 정비된 관개 시설이 물을 넉넉하게 공급하고 있다. 포스터 아래 양쪽 부분에는 시원스럽게 달리는 철도와 현대식 아파트 건물이 보인다. 이렇듯 포스터는 북조선 혁명이 어떤 일상을 자신의 미래로 상상했는지 자세히 묘사하고 있다. 하지만 분단된 한반도 이남에서, 그리고 더 보편적으로는 전 지구적 냉전 속에서 과연 그 누가 이런 내용들을 찬찬히 들여다볼 준비가 되어 있었을까.

북조선 혁명의 결실이 1970년대까지만 해도 남한에 뒤지기는커녕 제삼세계의 경제적 '기적'으로 여겨졌기에, 포스터가 시사하는 바는 당시는 물론이고 현재에도 여전히 유의미하다. 무엇보다 이 포스터는 이 책이 다루는 북조선 혁명 시기의 사회적 흥분과 기대감을 엿볼 수 있는 시각적 증거물 가운데 하나이기 때문이다. 1970년대 후반으로 접어들면서 이런 기대가 어떻게 굴절되었는지는 잘 알려져 있지만, 이는 비단 북조선 내부의 문제 때문만은 아니었다. 여기서 길게 다루지는 않겠지만 (6·25전쟁이 그랬듯이) 베트남전쟁 또한 세계의 군사화를 촉진하면서 한반도에 경직된 대치 상태를 고착화했으며, 전 세계적으로 이미 대두하기 시작한 신자유주의 물결과 더불어 사회주의 체제는 점차 쇠퇴하고 있었다. 하지만 지난 50년간의 신자유주의 정책으로 말미암아 국내외적으로 심화된 경제적 불평등은 물론이고 환경 파괴, 그리고 한정된 자원을 둘러싼 세계적 분쟁과 갈등의 심화는 역사의 중요성을 다시 한번 일깨운다. 현시점에서 자본의 자기 증식과 개인의 끝없는 소비 욕망에 기반을 둔 자본주의에 맞서, 일상에서 혁명을 통해 "사회적으로 생산적인 삶"을 건설하고자 했던 북조선을 다시 돌아보는 것은 한반도의 역사가 제기했던 다양한 가능성을 복원할 뿐만 아니라, 그 다양성이 앞으로 또 어떤 대안을 우리에게 제시할지 상상할 수 있게 한다.

이 책을 한글로 옮기는 과정에서 가장 문제가 된 것은 '코리아'Korea와 '노스코리아'North Korea, 또 코리안 워Korean War를 어떻게 번역할 것인가였다. 명명법에 대한 논쟁은 주제의 불안정성을 시사하는데, 이 과정에서 '조선민주주의인민공화국'DPRK은 주류 담론에서 불가촉천민은 고사하고 자신의 명칭을 주장할 수 있는 주체적 능력도 없이 그저 연구 '대상'으로만 취급되고 있다. 수업 시작에 앞서 학생들이 각기 선호하는 성별 대명사와 이름을 소개하는 것이 일상이 된 오늘날 미국의 풍경 속에서도, DPRK는 참석 불가능하기에 그와 동일한 예우를 누릴 자격조차 박탈당한 것처럼 보인다. 그나마 라를 포함해서 영어를 비롯한 서양 언어로 작업하는 학자들은 남북을 모두 지칭할 수 있는 '코리아'로 기교를 부릴 수 있는 선택권이 있지만, 한글에서는 어려운 문제다. 따라서 일부 남한 학자들은 한국과 조선 대신 이를 영어 발음으로 음역한 '코리아'라는 용어를 통해 북에서는 '조선'으로 남에서는 '한

국'으로 각기 다르게 지칭하는 관례를 거부하고 있다.[2]

　이런 문제를 역사화한 학자들은 조선의 주권이 위태로워진 지난 세기 전환기에 이미 명명을 둘러싸고 벌어진 논쟁을 추적한 바 있다.[3] 주변 강대국들과 동등한 지위를 주장하려는 필사적인 시도로 조선왕조는 1897년에 대한제국으로 이름을 바꾸었지만 대다수는 옛 이름을 계속해서 사용했다. 한반도의 마지막 왕조인 조선(1392~1910년)이 500년 이상의 역사를 이어 온 상황에서, 1910년 일제와 합병 이후에도 '조선'은 계속해서 나라를 지칭하는 용어였다. 물론, 1919년 3·1운동 이후 이승만이 이끄는 망명 임시정부가 상하이에서 '대한민국'이라는 이름으로 선포되었다. 해방 후 이승만은 1948년 남측의 초대 대통령이 되었고, 헌법에는 공식적으로 '대한민국'이라는 이름이 성문화되었다. 그러나 일제강점기에 이승만과 그가 이끄는 세력의 투쟁을 엘리트주의적이며 비효율적이라고 비판했던 좌파는 '대한'이나 '한'을 국호로 쓰는 일이 거의 없었다.[4] 문맹인 농민 다수에 맞춰 공산주의자와 사회주의자들은 계속해서 '조선'이라는 명칭을 사용했다. 1948년 대한민국 건국 이후에도 '조선'이라는 이름을 사용하는 관행은 지속되었다. 오죽했으면 정부는 1950년 1월 국무원고시 제7호를 통해, "우리나라의 정식 국호는 '대한민국'이나 사용의 편의상 '대한' 또는 '한국'이란 약칭을 쓸 수 있되, 북한 괴뢰정권과의 확연한 구별을 짓기 위하여 '조선'은 사용하지 못한다"[5]라고 했다. 강력한 표현을 쓰면서까지 이런 주장이 필요했던 까닭은 국가 관료들과 기관들조차 관습을 떨쳐 버리지 못했기 때문이다. 실제로 한국은 1948년 런던 올림픽에 '조선 올림픽 대표단'으로 참가했고, 1949년 한국 화폐는 '조선은행' 명의로 발행됐다. 6·25전쟁이 발발한 이후에야 '한국은행'의 이름으로 화폐를 인쇄했던 것이다.[6]

　감히 이렇게 표현할 수 있을지 모르겠지만 분단된 조국을 동등하게 대하고 싶은 마음에서 북측과 남측 각각의 표현을 존중하며, 특히 해방 직후 사용되던 표현을 역사적으로 반영해서 번역을 부탁했다. 그러면서도 나 역시 근거지가 남쪽에 있는 동포로서 '한국'이 '조선'보다 친숙한 건 부정할 수 없는 사실이다. 그래서 그런지 북조선을 알기 위해 더더욱 노력하고 있는지도 모르겠다.

이 책은 2013년에 영어로 먼저 출간되었다. 출간 10년 만에 한글 번역본이 나온다는 점이 왠지 의미가 있는 것 같다. 10년이면 강산도 바뀐다는데, 과연 남북·북미 관계는 그동안 얼마나 바뀌었을까. 2018년 세 차례에 걸쳐 숨 가쁘게 이어진 정상회담에도 불구하고 여전히 대치 상태다. 안타까운 일이 아닐 수 없다. 그만큼 아직도 고착화된 적대 관계와 그로 인한 고정관념에서 벗어나지 못하고 있는 것 같다.

　이번 기회에 다시 영어본을 검토하면서 부끄러운 점이 많았다. 노력했음에도 불구하고 한국에서 꾸준히 이루어진 여러 학술 업적을 충분히 참고하지 못한 점이 특히 그렇다. 10년이 지난 지금은 더더욱 그렇다. 하지만 지난 10년 동안 축적된 연구에도 불구하고, 여전히 이 책이 뭔가 새로운 관점을 제시할 수 있기에 힘든 번역의 과정을 거쳤다고 믿고 싶다. 그런 의미에서 이 책을 믿고 번역에 많은 노력을 기울여 주신 윤철기, 안중철 선생님과 후마니타스 편집진에 깊이 감사드린다. 출처 하나하나 꼼꼼하게 다 확인해 주시고, 번역어에 대한 여러 고민을 함께해 준 덕분에 한글 원문을 다 찾아 경우에 따라 더 풍부하게 실을 수 있었다. 그 결과 원서보다 훨씬 좋은 책이 되었다. 이런저런 사정으로 한국어판은 여러 손을 거쳤다. 출판이 불가피하게 지연되었음에도 불구하고, 개인이 모여 혁명을 이루는 이 책 속에 담긴 협력의 이야기처럼, 번역 과정이 공동의 노력이었다는 사실이 오히려 더 의미 있게 다가온다. 좋은 결과는 서두를 수 없다는 말을 많이 하지만 쳇바퀴를 달려야 하는 현실 속에서 서두르지 않고 좋은 결과를 낳기는 정말 힘들다. 끝까지 포기하지 않고 책을 맡아 준 후마니타스 공동체에 다시 한번 고개 숙여 감사 드린다.

2023년 6월

서울에서

감사의 말

학문적이고 지적인 작업은 지극히 외로운 개인적 노력을 필요로 하지만, 이 책은 시카고 대학에서 시작된 진정한 협업을 통해 완성되었다. 특히 진실과 정의를 엄밀히 탐구하도록 영감을 주시면서도, 무엇보다 자애로운 품성을 잃지 않으셨던 역사가 브루스 커밍스 선생님께 감사드린다. 커밍스 선생님은 이 작업의 시작부터 초고가 완성될 때까지 언제나 든든히 곁에 있어 주셨다. 또한 여성 연구의 새로운 의미를 깨닫게 함으로써 완전히 새로운 세계를 알려 주신 최경희 선생님께도 감사의 말씀을 드린다. 윌리엄 슈얼과 프리드리히 카츠는 혁명과 공산주의 각각에 대한 비교 연구에 소중한 길잡이가 되어 주었다.

동료들 역시 지난 10년 동안 지속적인 격려와 지지를 보내 주었다. 헨리 임, 알버트 박, 솔 토마스, 양윤선은 바쁜 일정에도 언제나 시간을 내 원고의 일부 또는 전체를 검토해 주었고 여러 단계에 걸쳐 논평과 비판을 해주었다. 그들의 진정한 우정에 감사한다. 임종명, 이남희, 마이크 신, 유준 역시 원고를 발표할 기회를 주고, 수많은 연구 및 교육 자료들을 제공해 주는 등 다방면으로 도움을 주었다. 내가 몸담고 있는 럿거스대학교의 아시아 언어 및 문화학과는 이 책을 완성하는 데 필요한 시간을 충분히 제공했다. 특히 이 과정에서 많은 도움을 준 동료이자 선배인 유영미 선생님께 감사한다. 서울대 규장각 한국학연구원 펠로우십은 책을 마무리하는 마지막 해에 안식처를 제공해 주었다. 박태균 교수님과 셈 베르메르쉬 교수님의 환대에 감사드린다. 또한 정용욱 교수님과 그의 지도하에 근대 한국사를 전공하는 석·박사 학생들, 낯선 캠퍼스에서 소중한 멘토가 되어 준 김명환, 정근식 교수님께도 감사의 말씀을 드린다. 연세대학교에서 연구 결과를 발표할 기회를 주신 백문임 교수님과 신형기 교수님께도 감사드리며, 전남대학교에 초대해 주신 임종명 교수님께도 감사드린다. 연세대학교의 방기중 교수님과 김성보 교수님은 연구가 진행되는 동안 아낌없는 조언을 해주셨다. 두 분의 세미나에서 많은 것을 배웠다.

연구와 집필이 이루어지는 다양한 단계에서, 미시간대학교 한국국제교류재단 박사 후 연구 과정 장학금, 시카고대학교 동아시아학 센터 펠로우십, 미국 교육부의 외국어 및 지역 연구 펠로우십Title VI, 풀브라이트 IIE 펠로우십, 아시아학회Association for Asian Studies의 연구 및 여행 보조금 등으로 많은 지원을 받았다.

6장의 바탕이 되는 원고는 『사회와 역사 비교연구』Comparative Studies in Society and History에 2010년 10월 등재되었으나, 케임브리지대학교 출판부는 기존 원고를 바탕으로 글을 보완해 이 책에 수록하는 것을 허락해 주었다. 코넬대학교 출판부의 로저 헤이든은 원고가 책으로 출판되기까지 모든 과정을 책임감을 가지고 함께해 주었다. 그의 지도와 그가 의뢰한 익명의 심사위원이 보내 준 유용한 의견에 감사한다. 이 책의 편집과 교열을 맡은 존 레이먼드는 원고를 꼼꼼하게 읽어 가며 가독성과 일관성을 점검해 주었다. 그를 만난 건 큰 행운이었다. 수잔 스펙터는 이 과정에서 존에게 수정 원고들을 전달해 주고 옆에서 편집을 꼼꼼히 검토해 주었다.

이 책을 집필하는 과정은 학계의 도움 외에도 다음 두 공동체가 없었다면 시작조차 어려웠을 것이다. 우선, 나의 식구들, 특히 어머니 송재희와 나의 동반자 아이작 트랩커스는 내가 이 프로젝트를 포기하지 않고 끈기 있게 진행할 수 있도록 헌신적으로 도와주었다. 가족들이 베풀어 준 은혜와 인내는 항상 나를 부끄럽게 했다. 무엇보다 어머니는 내게 진정한 끈기가 무엇인지 일깨워 주셨다. 다음으로, 인권 단체인 민주화실천가족운동협의회(약칭 '민가협') 식구들과 활동가들은 내가 사회와 정치 세계에 눈을 뜰 수 있도록 많은 가르침을 주었다. 슬프게도 이 책을 끝내기 전 그중 한 분이 세상을 떠나가셨다. 그곳에서 일한 지 어언 20여 년이 지났지만, 그 경험은 여전히 내게 남아 세상을 공부하는 것뿐만 아니라, 그 속에서 살아간다는 것이 어떤 의미인지 일깨워 주고 있다.

서론

북조선은 자국민들을 굶겨 죽이면서도 미사일과 대량살상무기로 무장하고 있는 정권입니다. 이런 국가들과 그들의 테러 동맹국들은 악의 축을 구성하며 무장을 하고 세계 평화를 위협하고 있습니다. …… 역사는 미국과 동맹국들의 행동을 촉구하고 있습니다. 자유를 위한 싸움에 나서는 것은 우리의 책임이자 특권입니다.

| 조지 W. 부시(2002)

동아시아의 위성사진을 보면 한반도 이남은 그 주변 지역과 함께 빛으로 둘러싸여 있는 반면, 이북 지역은 수도인 평양을 제외하고는 캄캄한 어둠 속에 잠겨 있다. 이 사진은 2002년 12월 23일 도널드 럼스펠드 미국 국방장관이 뉴스 브리핑에서 다음과 같이 언급한 이후, 북조선의 "후진성"을 보여 주는 이미지로 널리 사용되어 왔다. "밤에 찍은 한반도 위성사진을 보면, 한반도 남쪽이 빛과 에너지 그리고 활력과 경제 호황으로 가득 차있는 것을 확인할 수 있습니다. 반대로 한반도 북쪽은 그저 어둡기만 합니다."[1] 뒤이어 그는 무미건조하게 다음과 같이 결론을 내린다. "이 나라에서 일어나고 있는 일은 비극입니다." 분명 북조선에는 심각한 문제들이 있다. 그런데 이 비극의 정

확한 본질은 무엇인가?

위에서 언급된 위성사진이 제작되는 과정을 면밀히 들여다보면, 그것이 사진을 여러 장 겹쳐서 만든 것임을 알 수 있다. 현대 기술의 산물인 위성사진은 지구궤도에서 다각도로 촬영한(정확하게 말하자면, 236개 궤도에서 촬영한) 다중 이미지를 합성해 화재나 번개 같은 이상 현상을 보정하는 정교한 알고리즘을 거쳐 완성된다.[2] 즉, 럼스펠드의 말처럼 위성사진은 하늘에서 맨눈으로 볼 수 있는 실제 모습이 아닐뿐더러, 그 사진 자체가 원래 모습을 그대로 나타낸다고 할 수도 없다. 이 점에서 조선민주주의인민공화국(이하 '북조선'으로 약칭)에 대한 또 다른 이미지들 역시 북조선에 대한 어떤 일정한 전제들에 맞춰 사용되고 있는 건 아닌지 한 번쯤 생각해 볼 필요가 있다.

빛과 에너지를 "경제 호황"과 연결짓는 럼스펠드의 결론은 경제성장은 그 자체로 선이며, 경제성장이 없다면 오직 비극만 존재할 것이라는 가정에 입각한다. 그러나 에너지의 무제한적 소비를 점점 더 규제하고자 하는 오늘날, 그렇게 많은 빛이 특정 지역에서 불균등하게 방출되는 것을 전 지구적으로 바람직한 것으로 간주하기는 어려워 보인다. 게다가 북조선은 한국이나 일본보다 야간 조도가 낮은 유일한 국가가 아니다. 아프리카, 남아시아, 동남아시아, 중국으로 이어지는 광범위한 지역에 살고 있는 사람들의 일인당 전력 소비량은 미국과 유럽에 미치지 못한다.[3] 이 책에서 나는 빛과 어둠이라는 단순한 이분법적 기준에 따라 세상을 선과 악으로 구분하기보다는 전 세계가 통합되어 있다는 전제, 특히 이 세계가 19세기 초반부터 급속한 근대화를 겪으며 불공평해졌고, 일부 지역은 다른 지역 사람들의 희생을 대가로 근대화되었다는 전제에서 출발한다.

북조선은 이 같은 세계의 일부다. 나는 북조선이 "후진적"이며, 따라서 근대성 바깥에 있다는 널리 만연한 인식을 해체하기 위해 이처럼 흔한 이미지에서부터 시작했다. 실제로 6·25전쟁(1950~53년)의 여파로 북조선이 처한 어려움과 북조선 지역에 퍼부어진 융단폭격에 대한 미국의 책임을 조사하는 사람들조차 북조선을 "시간이 정지한 나라, 근대성의 기준에서 벗어나 있는 나라 …… 냉전이 결코 끝나지 않은 곳, 과거로부터 이어져 오는 편집증이 매일매일 환기되어 지속되는 곳"[4]이라고 이야기한다. 냉전이 한반도에서 종식되지 않았다는 것 — 남북으로 여전히 분단되어 있다 — 은 사실이다. 그러나 북조선은 6·25전쟁 이전과는 다른 모습을 하고 있다.

사실 일제 식민 통치 기간 동안(1910~45년) 한반도 이북 지역은 다른 동아시아 국가들에 비해 좀 더 근대화되어 있었고, 실질적인 산업화 과정이 일부 진행되고 있었다. 특히 1930년대에 그랬는데, 이는 일본이 전시 동원을 위해 철강 산업과 화학 산업 등 다양한 군수산업을 필요로 했기 때문이다. 평양은 서구 문화의 가장 큰 기반인 그리스도교 사상이 동아시아에서 가장 많이 유입된 곳으로 "동방의 예루살렘"으로 불리고 있었다. 그러나 이 같은 역사적 중요성에도 불구하고 북조선은 검토할 만한 역사가 거의 없는 것으로 간주되고 있다. 냉전 시대를 거치면서 북조선은 스탈린주의 국가의 시대착오적 유적지로 역사의 뒤안길에 버려졌다. 이 책은 근대사에서 북조선의 위치와 역사를 복원하고, 북조선의 문제가 그 체제 자체만의 문제가 아닐 수도 있다는 그동안 무시해 왔던 불편한 진실을 마주하기 위한 시도를 담고 있다. 근대화로 야기된 문제에 대해서는 미국을 비롯해 다양한 국가들에 책임이 있다. 그러나 서방의 언론 매체들은 공동의 책임을 인정하기보다는 북조선을 전능한 독재자가 지배하는 거대한 강제 노동 수용소, 조지 오웰이 쓴 『1984』의 디스토피아가 실현된 곳, 다시 말해 근대 기술이 사람들의 생각과 행동을 감시하는 세상으로 그렸다. 이런 이미지가 반복되면서, 북조선은 근대성의 부산물이라기보다는, 독특하면서도 이례적인 국가로 인식되었다. 결과적으로 『뉴스위크』에 보도된 조지 W. 부시 대통령과 콘돌리자 라이스 국무장관의 표현에 따르면, 북조선은 "악마 박사"가 통치하는 "악의 축"의 하나이자

"폭정의 전초기지"가 되었다.[5]

학자들이라고 해서 더 나은 것도 아니다. 한 전문가는 북조선의 정치형태가 겉으로 드러난 것보다 훨씬 복잡하다는 것을 인정하면서도 다음과 같이 이야기했다. "북조선의 정치사는 본질적으로 한 사람이 부상하는 과정을 바탕으로 하기 때문에, 북조선의 역사를 단순화해 서술하는 것의 장점이 전혀 없는 것은 아니다. 김일성은 유일한 승자이자 영웅이며 전능한 존재이다."[6] 그러나 북조선은 사람들이 간과해 온 복잡한 역사 속에서 출현했으며, 이 책은 그런 복잡한 역사의 출발점에서 시작한다. 북조선의 역사적 기원에 대한 이해가 없다면 북조선은 영원히 타자로 남을 수밖에 없을 것이다. 이는 잠재적으로 비극적인 전쟁을 다시 발생시킬 수 있는 위험 요소가 될 수 있다. 북조선의 역사는 한 사람이나 특정 정당의 역사가 아니라 근대성이라는 역사의 중요한 부분이며, "시간이 멈춰진" 역사가 아니라 탈식민화라는 세계사적 과정의 일부분이다. 이 책은 6·25전쟁 이전, 조선이 일본의 식민 통치에서 해방된 1945년부터 6·25전쟁이 일어나는 1950년까지 북조선에서 진행된 사회혁명 시기를 살았던 농민과 마을 주민들의 이야기를 담고 있다.[7] 당시 북조선은 식민지 근대성과 자본주의적 근대성 모두와 대립하는, 근대성의 대안적 경로에 들어서고 있었다.

일반적으로 근대성은 합리성, 과학, 기술에서부터, 관료제, 사회적 계층화, 시장 체계, 법의 지배, 민주주의 제도들에 이르기까지 근대 시기에 나타난 다양한 발전들과 관련되어 있다. 근대화 이론의 관점에서 보면, 근대성은 기술혁신을 바탕으로 대량생산과 대량 소비가 이루어지고, 전통적인 농경사회에서 근대 산업사회로 선형적으로 발전해 가는 보편적인 과정에서 자연스럽게 나타난 결과다. 그러나 인류 역사에 대한 광범위한 조사에 따르면, 근대화와 관련해 기술, 시장, 법률, 관료주의 및 사회적 분화의 다양한 형태가 전 세계 여러 지역에서 다르게 나타났음을 알 수 있다.[8] 근대를 그 이전의 역사와 다른 것으로 구분 지어 주는 특징이 있다면, 그것은 산업화와 그것을 촉발한 자본주의다. 이매뉴얼 월러스틴이 간결하게 정의했듯, "우리는 근대화하는 세계가 아니라 자본주의 세계에 살고 있다."[9]

계몽주의가 근대성의 시작으로 이야기되기는 하지만 보편적 법칙의 원천으로서 과학에 대한 믿음은 절대적 진리의 원천이었던 신에 대한 믿음에서 크게 벗어난 것은 아니었다. 이는 뉴턴이나 데카르트 같은 계몽주의의 주요 인물들이 깊은 신앙심을 견지했다는 점에서도 잘 알 수 있다.[10] 산업혁명에 이르러서야 운송과 제조업의 혁신적인 진보를 통해 [신이 아닌] 인간의 설계가 가진 힘이 가시화되었으며, 이 같은 힘이 일상생활의 구조를 바꾸었다. 그러나 인간의 행위 주체성에 대한 인식이 증가했음에도 불구하고 숙련된 장인 전통을 대체했던 노동의 기계화는 점점 더 많은 수의 노동자와 그 가족들을 시장의 "법칙"에 종속시켰다. "보이지 않는 손"에 의해 규제되는, "과학적"이라는 위상을 가진 자본주의가 인간의 행위 주체성을, 그것이 역사상 가장 실질적인 수준에 도달했을 때 소외시키고 있었던 것이다. 근대 경제학과 자본주의에 관한 최초의 주요 저작인 애덤 스미스의 『국부론』(1776) 출간 이후 1789년에 프랑스혁명이 일어났다는 것은 상징적이다. 프랑스혁명은 "인간과 시민의 권리 선언"을 통해 인간이 그 자신의 주인임을 선포했는데, 선언은 침해할 수 없는 인간의 권리를, 초월적인 존재가 아닌 자연의 법을 바탕으로 정초했다. 이것이 바로 근대적 주체[성]의 탄생이었다. 그러나 근대적 주체는 재산을 소유하고 공동체의 삶에 경제적·정치적 권리를 행사할 수 있는 특권을 지닌 부르주아 계층에 국한되어 있었다. 사회주의적 근대성은 이 같은 자본주의적 근대성의 한계에 대한 직접적인 대응으로 촉발되었다. 사회주의적 근대성은 자본주의의 "보이지 않는 손"에 대한 믿음이 아니라, 집단적·사회적 필요를 충족시키기 위한 목적의식적 계획을 수립하고, 이를 통해 근대성이 가진 해방적 잠재력을 좀 더 완전히 구현하려 했다.[11]

막스 베버로부터 미셸 푸코에 이르기까지 관료주의와 합리성의 대두로 근대성을 정의하는 것이 가진 문제는, 모든 근대사회에 공통적인 근대성의 형식을 그것의 다양한 내용에도 불구하고 하나로 뭉뚱그림으로써 상당히 다른 정치 체계들 사이의 경계를 모호하게 했다는 점이다. 그러나 근대성이 식민지적인지 자본주의적인지 아니면 사회주의적인지는 중요하다. 규율과 통제라는 근대적 방법에 대한 비판은 근대성 **내에서** 나타나는 차이들에 대한 엄격한 분석을 배제하지 말아야 하며, 근대성이 가진 인간 해방을 위한 잠재력을 회복해야 한다. 많은 사람들이 인정하듯, 수많은 폭력이 자유라는 이름으로 자행되었지만, 더 나은 미래를 향해 나아가기 위한 발판으로서의 현재는 근대의 독점물이 아니었다. 근대성의 핵심은 해방이라는 개념 자체가 아니라, 남성들(그리고 좀 더 최근 들어서는 여성들)의 노력이 변화를 가져올 것이라는 — 즉, 창조자로서 인간에 대한 — 믿음이다. 아그네스 헬러가 적절히 이야기했듯, "우리의 선조들은 의식적으로 역사를 창조하거나 미래를 준비하기 위해 계획을 세울 수 없었다. 오직 근대인들만이 이런 것들을 할 수 있다."[12] 자유주의와 구별되는 마르크스주의 사상의 혁명적·해방적 잠재력은 가장 억압받고 착취당하는 이들이 특권적 주체의 위치 — 모든 인류에게 더 나은 미래를 가져다주는 위치 — 로 상승하는 것이라 할 수 있다. 나는 사회주의적 근대성을 자본주의적 근대성이나 식민지적 근대성과 구분하기 위해, **영웅적 모더니즘**이라는 표현을 사용하는데, 이는 새로운 형태의 공동체를 바탕으로 한 역사의 해방적 잠재력을 믿는다는 측면에서 그러하다. 사회주의적 근대성은 비록 개인이, 자신이 선택한 조건 아래서가 아니라도 또한 그 결과가 자신이 의도한 대로 나오지 않는다 해도, 정치적 행위자로서 역사를 만들어 갈 수 있는 인간의 능력을 구체화했다. 영웅주의는 실패의 위험이 있을지라도 노력할 수 있는 용기를 지칭한다.

제2차 세계대전에서 일본이 항복함에 따라, 조선은 35년간의 식민 통치에서 벗어났다. 그러나 해방은 조선의 노력을 통해 자력으로 획득된 것이 아니라 일본의 패망에 따라 주어진 것이었다. 그럼에도 오랫동안 이어진 차별과 정치적 억압은 자치 정부와 독립에 대한 열망을 가진 민족주의적 성향의 인민들이 나타날 수 있는 기반이 되었다. 이 같은 열망은 1945년 8월 15일 이후 일제 식민 통치 기구들의 해체로 발생한 공백 속에서 수많은 자치 조직이 한반도 전역에서 자발적으로 결성되는 것으로 표출되었다. 자치 조직들은 "인민위원회"로 불렸는데, 인민위원회는 전국적으로 빠르게 번지며, 마을[리] 단위에서까지 인민들을 조직해 갔다. 인민위원회는 지방자치 기관으로서 한반도에 독립적인 정부가 수립될 수 있는 기틀을 제공했다. 그러나 한반도는 곧 냉전의 첫 번째 희생 지역이 된다. 북쪽에는 소련, 남쪽에는 미국이 들어오면서 한반도는 두 개의 지역으로 분단되었다. 한반도가 이처럼 남과 북, 두 개의 진영으로 굳어지자 북쪽의 인민위원회는 소련의 지원 아래 사회 변화를 주도하는 중앙집권적 기관으로 발전한 반면, 남쪽의 인민위원회는 미군정을 위협하는 좌익으로 인식되어 탄압받게 된다. 1948년까지 남북 모두에서 중앙집권 체제가 구체화되면서, 남과 북은 서로 분리된 두 개의 국가 — 해방 3주년 기념일에 남측은 대한민국을, 그다음 달에 북측은 조선민주주의인민공화국이라는 국호를 선포했다 — 를 수립한다. 이에 따라 한반도에서 전례 없는 규모로 형성되었던 풀뿌리 자치 기관인 인민위원회는 남쪽에서 일소되었고, 북쪽에서는 중앙 집중화되었다.

식민지 시대의 경험은 중앙집권적 국가권력이 부활하는 데 큰 영향을 미쳤는데, 이는 종족적 민족[민족적 국민]과 정치적 국가를 결합해 남쪽과 북쪽 모두에 최초의 근대적 공화국이 출현하도록 했다. 그러나 분단으로 인해 국가 형성 과정은 더욱 복잡해졌으며, 이는 냉전 구도 속에서 식민지적 균열을 더욱 악화시켰다. 미군정은 친일파 — 일신의 영달을 위해 식민지 정부에 앞장서서 부역했던 이들은 일본 제국주의가 한반도 근대화를 위해 필요하다고 믿었다 — 가 한반도에 반공산주의 정부를 수립하려는 자신들의 계획을 실행하는 데 유용하다고 판단했다. 이로 말미암아 남쪽에서는 식민지 시대에 일제에 부역했던 사람들이 새로 시작된 냉전 속에서 미군정에 협조함으로써 새로운 영달을 누리게 되었다. 반면, 북쪽에서는 인구의 대다수를 구성하고 있던 농민들이 급진적인 변화를 기대하고 있었다. 그들은 식민 통치 기간 동안 교육이나 소비와 같은 근대화가 제공하는 그 어떤 기회도 누리지 못한 채 소외되어 있었다. 농민들은 인민위원회를 통해 토지개혁과 정치적 자치를 요구했다. 소련이 이 같은 요구들을 모두 지지함에 따라 농민들은 그들이 공산주의 교의를 실제로 이해하고 있었는지 여부와 상관없이 자동적으로 공산주의자로 간주되었다. 이 같은 환경 아래, 한반도의 분할은 양 진영이 운신할 수 있는 폭을 축소했다. 그럼에도 불구하고 북조선은 이후 고통스러웠던 식민지 시절의 과거사와, 젠더, 계급, 사회적 지위와 관련된 전통적 위계를 전면적으로 청산하고 독자적인 길을 개척하려 했다. 과거의 불평등과 착취는 다양한 형태의 계층 지배로 대체되어 다시 등장했지만, 북조선의 변화는 한반도에서 그 전례를 찾아보기 어려울 정도로 혁명적인 것이었다.

러시아인들이 북조선의 지방에까지 내려가 영향력을 행사한 것은 아니었기 때문에, 본문에서 다룰 내용에서 소련의 역할은 거의 나타나지 않는다. 북조선 사람들은, 특히 평양에서 멀리 떨어져 사는 사람들일수록, 주도적으로 당시의 상황을 이끌어 갔다. 대부분 글을 처음 배운 사람들이 손으로 쓴 당시 지방 문서들을 살펴보면, 이들은 소련의 통치를 인정하면서도 대부분 소련과 상관없이 새로운 국가를 재건하고 자치 정부를 운영하는 데 집중하고 있었음을 알 수 있다. 1947년에 북조선을 여행한 유일한 미국 기자였던 안나 루이스 스트롱은 보고서에서, "북쪽 사람들이 자신들 스스로 상황을 이끌어 가고 있다고 생각하는 것 같았으며, 그와 같은 사실은 내게 아주 인상적이었다"[13]라고 말했다. 그녀는 "러시아인들이 많이 모여 있는 곳은 수도인 평양뿐이었는데, 그곳에서조차 그다지 눈에 띄지는 않았다"라고 말했다. 그녀가 만난 동해안의 한 농업 감사관은 "러시아인은 도청 소재지에 10~12명 정도가 있으며, 그가 있는 군 지역에는 3, 4명 정도만" 있었고, 그들이 하는 일은 "단지 자문해 주는 것"이라고 그녀에게 이야기했다. 스트롱은 소련의 점령에 대해 너무나도 순진한 이런 북조선 사람들의 태도를 보며, 그들은 "정치에 있어서는 국제사회의 현실에 대해 좀 배워야 할 것이 있는 젊은이들 같았다"라고 평가하면서도, "그러나 그들의 태도는 스스로의 정치적 역량에 대한 자각된 의식을 보여 주고 있었다"라고 말했다.[14]

물론 당시 소련의 문건들을 살펴보면, 소련이 새롭게 출현하고 있는 북조선을 자신들의 입맛에 맞게 주무르려 하고 있었고 이에 성공했음이 분명하다.[15] 소련은 특히 헌법 및 개혁 조치의 초안 작성, 외교정책의 형성, 군 조직 및 당 간부 훈련에 영향을 미쳤다. 그러나 에릭 반 리가 소련 자료를 이용해 썼듯이, 소련은 19세기 러시아제국과 동일한 자신의 이익 — 부동항을 확보하고, 일본의 위협에 맞선 방파제로서 한반도에 자신들에게 우호적인 정권을 수립하는 것 — 을 추구했다.[16] 아시아-태평양 전쟁이 끝날 무렵 소련의 군사 지도에는 38도선까지만 작전 계획이 표시되어 있었는데, 이는 미국과 점령 지역을 분할해 통치하기로 한 협의를 존중하기 위한 것이었으며, 또한 점령을 위해 이북 지역에 배치될 부대는 한반도에서 일본군과의 전투가 끝나고 닷새 **後**인 1945년 8월 25일에서야 결정되었다.[17] 이어 1945년 9월 27일 소련군 사령부는 포고문을 통해 모든 일제 식민 통치 기구를 철폐하고 일본인 및 친일파들이 소유한 토지를 몰수했다.[18] 이런 법령들은 사실상 식민지 시대의 구조를 그대로 유지하면서 영어를 공식 언어로 사용하도록 지시한 미군정의 명령과는 대조적인 것이었다.[19] 비록 두 점령국 모두 자신의 임무를 수행할 준비가 부족했으나 소련은 탈식민지화의 필요성을 분명히 이해했던 반면, 미국은 그러지 못했다.

소련의 문서들에서, 그리고 대부분의 이북 지역 연구에서 누락되었던 것은 혁명 과정에서 급진적인 개혁이 실시되며 커다란 변화를 겪은 마을 주민들의 일상생활이었다(여기에는 소련 정부가 개입할 수 없었다). 초기 북조선의 국가 수립 과정에서 소련의 역할을 조사한 안드레이 란코프는 소련의 정보들을 살펴보았을 때 소련과 북조선 사이의 조율은 제한적이었다고 결론지으며 다음과 같이 이야기했다. "대부분의 결정은 현장에서 이루어졌고, 군부는 모스크바에 몇 가지 문제와 계획만 보고했다. ······ 한때 '교황보다 더 열렬한 가톨릭 신자'였던 지역 공산주의자들은, 그들을 후원하는 소련인들조차 지나치다고 생각할 정도로 모스크바의 방식을 열렬히 모방했다."[20]

그러나 지역 정치에만 관심을 집중하는 것에는 그 나름의 문제가 있다. 역설적으로, 현지 역사를 강조하는 탈식민주의 역사학은 역사적 변화의 기원을 내재적으로 찾는 민족주의 역사학과 결합하면서 식민지 시기 사회주의 운동 및 민족주의 운동의 초국가적 성격을 지워 버린다. 이 같은 결합은 사회주의 운동사 서술에 불행한 결과, 특히 북조선 사회주의와 관련해 사회주의 프로그램("일국 사회주의"이긴 하지만)에 내재된 국제주의를 외면하는 불행한 결과를 초래했다.[21] 부분적으로 이는 냉전 이분법을 넘어 서기 위해, 또한 국제 공산주의 세력과 결탁했다는 혐의를 피하기 위해 필요했다.[22] 북조선 스스로도 점차 자신의 역사에서 소련과 국제 공산주의 운동이 수행한 역할을 덜 강조하기 시작했다. 그럼에도 이북 지역에서 나타난 지역적 발전을 초국적 맥락 속에 자리매김할 필요가 있다.

지방인민위원회, 당 지부들 및 대중조직 등은 해방 직후부터 이상적인 민족국가가 어떤 것인지를 두고 서로 경쟁하는 초국적 이데올로기들과 비전들이 논의되는 포럼 역할을 했다. 이런 비전들은 고상한 정치적 이상 — 독립의 원칙, 민주주의, 평등 등은 모든 비전들이 상찬하는 것들이었다 — 이 아니라, 일상생활을 구체적으로 어떻게 조직해야 하는지를 두고 경쟁했다. 일상생활이, 그것이 공적인 것이든 사적인 것이든, 사회 변화를 위한 일차적 장소로서 면밀한 검토의 대상이 되었다. 이 같은 움직임이, 이 책의 1장에 제시된 것처럼 20세기 전반기의 근대성 담론들과 실천들 내에 확고하게 자리 잡고 있었다.

이 책의 1장에서는 일상the everyday을 자연스러운 시간의 단위로 간주하는 대신, 산업자본주의 경험으로부터 출현한 근대적 개념으로 역사화했다. 일상생활은 평범the ordinary — 음식, 패션, 가정, 직장, 여가와 같이 매일의 삶을 구성하는 일반적이고 반복적인 요소들 — 과 종종 혼동되기도 하지만, 근대화 과정에서 나타나는 특별한 현상이며 그 안에 평범한 것은 없다.[23] 일상은 명백히 근대적인 시간 범주이지만, 평범은 규범적 개념으로 일상보다 훨씬 자의적이고 모호한 개념이다. 왜냐하면 정상적인 것으로 간주되는 것은 시공간에 따라 특유한 것이기 때문이다. 어떤 특정한 일상생활은 평범할 수 있지만, 모든 일상생활이 평범한 것은 아니다. 혁명이 진행되는 동안 일상은 상당히 목적의식적인 사회 변화의 장소가 되며, 이로 말미암아 일상은 평범하지 않은 것이 된다. 실제로 소련에서 혁명이 절정에 달했던 기간에는 사회주의적 근대성 내에서 새로운 일상생활의 모습이 나타났다. 1장에서는 소련뿐만 아니라 추가적으로 중국의 사례를 살펴보면서, 이북 지역에서 발생한 혁명이 일상적인 사회주의적 근대성의 이 같은 흐름들 내에 위치하고 있음을 보여 준다.

본 연구는 일상을 '진정한' 것이자 '실재하는' 것으로 규정한다는 점에서 메타내러티브와 헤게모니 구조에 저항할 수 있는 일상의 잠재력에 주목하는 대부분의 일상생활 연구와 다르다는 점을 분명히 해두고 싶다. 나는 일상을 구조에 **맞서는** 또는 구조 **바깥에 있는** 행위 주체성의 진정한 공간으로 간주하지 않고, 다양한 형태의 행위 주체성이 다양한 구조적 형성체들 **안에서** 그리고 그것들을 **통해** 접합되는 국면의 현장으로 간주한다. 1장에서는 사회주의적 일상이, 자본주의적 근대성 아래에서의 일상과 달리, 또한 그것과는 대립적으로, 다양한 형태의 행위 주체성들을 접합해 어떤 특정한 종류의 행위 주체성을 접합하는지 보여 주기 위해, 일상을 그와 같은 접합의 장소로 제시했다. 자본주의적 근대성 아래에서 일상생활은 현 상태를 유지하는 데 기여했지만, 북조선에서 진행된 혁명 기간 동안 일상생활은 가시적으로 가장 급진적인 사회 변화의 현장이었다.

일상을 이 글을 이해하기 위한 이론틀로 설정한 데 이어, 2장에서는 일제하의 식민지 시기를 되짚어 본다. 이를 통해 북조선의 사회주의적 근대성이 어떤 점에서 식민지적 근대성과 자본주의적 근대성(이 둘은 모두 근대적 주체들에 대한 인정 없이 근대성의 형식을 한반도에 도입했다)에 대한 직접적인 대응이었는지를 살펴본다. 일제의 식민지적 근대화는 근대성의 두 가지 특징으로 알려진 합리적 생산방식과 공교육을 한반도에 도입했다. 하지만 일제는 식민지 신민들에 대한 처우와 "황민화" 정책을 통해 식민지 근대성에서 근대적 주체성에 대한 인식을 제거했다. 이에 대한 반발로, 북조선은 그들의 사회주의적 근대성의 가장 독특한 측면 가운데 하나인 자주라는 개념을 토대로 새로운 집단적 주체를 발전시켰다.

대안적인 집단적 주체의 형성 과정에 대한 설명을 토대로, 3장과 4장은 인제군 지역을 중심으로 혁명 기간 동안 어떻게 일상생활이 변화했고, 이를 통해 새로운 근대적 주체가 어떻게 형성되었는지 자세히 살펴보았다. 인제군은 38도선을 따라 위치하고 있을 뿐만 아니라, 한반도 이북 지역 가운데 가장 풍부한 기록 자료가 남아 있어 면밀한 연구가 가능했다. 특히 3장에서는 사회관계, 정치 참여 및 문화생활의 토대를 새롭게 마련하는 데 중요한 역할을 한 세 가지 사건을 집중적으로 조명했다. 여기서 말하는 세 가지 사건이란 사회관계를 재구성한 급진적 토지개혁, 인민위원회 선거, 교육의 기회를 가져다 준 문맹 퇴치 운동을 가리킨다.

제아무리 획기적인 사건이라 해도, 기념비적 사건들은 그런 사건들의 핵심 교의들을 일상 안에 제도화하는 항구적인 조직과 꾸준한 실천을 통해 일관되게 유지되어야만 한다. 4장에서는 혁명을 제도화하는 다양한 조직들에 초점을 맞춘다. 특히 매일매일의 습관을 구조화하는 수많은 각종 회의와 학습 모임 같은 다양한 조직에 개인들이 참여하게 됨에 따라 출현한 단체 생활을 일상생활에서 나타난 중요한 변화 가운데 하나로 규정한다.

조직적 실천과 담론적 실천을 결합하는 5장에서는 "노동자" "농민"과 같이 구체적인 정체성을 가진 이들과 "사무원"(사무직 노동자, 또는 점원)이라는 모호한 단어로 지칭되는 이들이 자서전 쓰기와 이력서 작성 등과 같은 실천을 통해 어떻게 혁명적인 주체로 구성되었는지 살펴본다. 혁명이라는 커다란 역사적 흐름 속에서 개인은 특정 집단의 일부로 자신을 규정하기 위해 노력해 왔고, 노동자와 농민 같은 추상적인 범주들은 그 안에서 구체적인 의미를 갖게 되었다. 이 같은 내러티브 구축 과정을 보여 주기 위해, 김호철이라는 인물이 쓴 세 가지 다른 종류의 자서전을 비교하며 심층적으로 살펴본다.

비록 모든 장에서 여성들은 이야기의 일부이기는 하지만, 6장에서는 해방 후 북조선에서 발행된 유일한 여성 잡지인 『조선녀성』을 분석해 혁명 기간 동안 "여성 문제"가 어떻게 다뤄졌는지를 좀 더 구체적으로 살펴보고, 혁명적 주체성에 대한 젠더화된 담론을 검토했다. 공산주의 도상학圖像學에서 일반적으로 나타났던 남성 중심 혁명적 형제애의 이미지들과 달리, 혁명적 모성은 북조선 사회의 모델로 옛것과 새것을 융합하는 혁명적 주체성의 전형적 상징이 되었다.

마지막으로 7장은 "해방 공간"이라는 좀 더 넓은 틀 안에서 해방 직후의 기간을 살펴보며 혁명이 어떻게 기억되고 있는지 확인하는 과정을 통해 과거와 현재를 이어 주는 교량 역할을 한다. 남과 북 양쪽에서 나온 구술 자료와 회고록을 통합해, 이 장에서는 해방에 대한 남성의 내러티브와 여성의 내러티브의 차이를 지적하는데, 이는 해방 경험이 의미를 지니고 생생하게 기억될 수 있도록 뒷받침한 조직과 단체의 중요성을 나타낸다. 실제로 집단 기억은 개인이 가진 정체성의 강력한 원천이기도 하지만, 제도적 뒷받침 없이는 유지되기 어렵다. 이런 의미에서 7장은 여성과 같이 주변화된 집단에게 단체 생활이 얼마나 중요한지 재확인한다.

집단에 대한 북조선의 강조가 코포라티즘[조합주의]corporatism 모델을 통해 설명되어 왔다면, 이 같은 집단 지향성이 구체적인 실천의 측면에서 어떤 의미인지, 또한 그것을 사회주의 프로젝트 안에서 어떻게 이해할 수 있는지 설명하려는 노력은 거의 없었다. 성리학 또는 일제 식민지 경험과 같은 과거의 유산들을 통해서는, 북조선에서 나타난 (특히 소련에서의 사회주의적 실천을 모델로 삼았던) 집단 사회의 발전을 설명할 수 없다. 결국 사회주의는 집단이라는 관념에, 다시 말해 노동자계급의 집단적 힘에 대한 믿음과 집단적·사회적 필요를 토대로 조직된 사회에 대한 유토피아적 전망에 그 기반을 두고 있다. 북조선의 형성 과정 속에서 집단성을 창출한 일상의 실천들을 살펴보면서, 각 장에서는 특정 집단들이 어떻게 의미를 갖기 시작했는지, 그리고 그런 집단들은 혁명을 겪은 사람들에게 어느 정도 반향을 일으켰는지 설명한다. 이 책은 근대성에 대한 식민주의적 통념과 자본주의적 통념 모두에 도전하는 "사회적으로 생산적인 삶"을 창조하려 했던 북조선에서, 일상이 왜 그리고 어떻게 "사회적 실천"에 의해 새롭게 규정되었는지를 설명하는 데 목적이 있다.

기존 연구 및 이 책에서 사용하고 있는 자료

북조선이 소련의 위성국가라는 생각은 소비에트연방 붕괴 이후 설 자리를 상실했지만, 상당수 사람들이 여전히 소련의 정책에 대한 북조선의 반응을 고려하지 않은 채 소련의 문서 기록을 토대로 북조선의 국가 건설 과정이 스탈린주의를 바탕으로 하고 있다고 강조하고 있다.[24] 북조선 자체의 내적 동학에 주목하는 학자들 역시 국가 건설, 정치적 리더십, 당 정치, 소련의 정책 등에 여전히 초점을 맞추며, 북조선 혁명에서 나타난 국가 주도의 하향식 측면을 강조하고 있다.[25] 브루스 커밍스의 『한국 전쟁의 기원』을 필두로, 몇몇 혁신적인 연구들이 이 같은 하향식 접근을 넘어 소작률에 대한 통계자료, 정치적 혼란, 인민위원회 지도부의 출신 배경 등과 같은 사회적 조건에 주목했지만, 인민위원회의 내부 작동 방식과 마을에서의 생활 방식에 대한 연구는 여전히 커다란 공백으로 남아 있다. 그동안 한반도 이남에 있던 인민위원회는 남한 역사가들에 의해 연구되었지만, 이북에 있던 인민위원회는 거의 관심을 받지 못했다.[26] 이북 지역의 인민위원회에 대한 연구는 한글로 된 논문이 몇 편 있을 뿐, 영어로 된 연구물은 전무한 실정이다.[27] 이뿐만 아니라 1990년대 중반부터 남한의 학자들은 북조선의 국가적 발전과 지역 발전 사이의 관계를 들여다보기 시작했으나, 여전히 대부분의 연구는 정치사를 중심으로 진행되고 있다.

이유는 다양하다. 북조선에 대한 연구는, 그것이 역사적 연구든 지금 현재에 대한 연구든 상관없이, 냉전 시대를 배경으로 해석된다. 여전히 많은 연구들이, 한반도에서 일어나는 사건을 소련과 미국 사이에서 점증하고 있던 갈등의 연장선상에서 해석하고 있으며, 그곳에 살고 있는 사람들을 주체적 행위자가 아니라 소련과 미국의 꼭두각시로 해석하고 있다. 오늘날까지도, 사회주의 체제의 다양한 측면은, 사회주의가 사람들의 삶에서 구체적으로 어떤 의미인지를 규정하지 않은 채, "일당" 국가 또는 "전체주의" 국가라는 단순한 개념으로 뭉뚱그려져 왔다.[28] 일당 국가는 다양한 형태로 나타날 수 있으며, 일당 통치라는 사실 그 자체만으로는 설명할 수 있는 것이 거의 없다는 사실에 주목해야 한다. 또한 냉전 시대에 소련을 가리키는 데 널리 사용된 전체주의라는 용어는 너무 협소하게 규정되어 비현실적 — 교조적 이데올로기와 공포정치에 의해 절대적인 복종이 효과적으로 강제되는 획일적인 정치 체계로서 국가에 과도하게 초점을 맞춤에 따라 — 이 되거나, 너무나 많은 특성을 포괄함으로써 이론적 범주로서의 유용성이 훼손되는 등 논란을 불러일으키고 있다.[29]

이와 대조적으로 이 글은 북조선의 역사를 사회주의적 근대성의 일부로 파악한다. 어떤 사람들은 "현실 사회주의"의 이 같은 변이를 진정 사회주의적인 것으로 볼 수 있는지 물을 수도 있다.[30] 여기서 요점은 사회주의의 본질적 교의에 대한 이론적 논쟁에 참여하는 것이 아니라 탈식민지 이후 북조선과 같이 거의 전적으로 농업 사회였던 곳에서 사회주의는 무엇을 의미했는지, 또한 대중 참여를 통해 사회주의라고 생각했던 것을 어떻게 실천했는지를 역사적 사실에 근거해 설명하는 것이다. 이 글에서는 사회주의적 근대성을, 자본주의의 부작용으로부터 인류를 해방시킬 새로운 형태의 공동체를 건설함으로써 인간의 잠재력과 해방을 완전히 성취하고자 하는 일반적인 충동을 포괄하는 개념으로 간주한다. 사회주의적인 집단적 주체성(반드시 "노동자 국가"일 필요는 없다)에 대한 이 같은 강조는 북조선 혁명이 (이를 제아무리 광범위하게 정의한다 해도) 사회주의적 근대성이라는 틀 안에 전적으로 자리 잡고 있음을 의미한다. 이 같은 주장은 또한 사회주의적 근대성에 대한 유럽 중심주의적 역사학들에 도전한다. 유럽 중심주의적 역사학들은 제삼세계의 사회주의를 마치 소련의 교묘한 속임수에 놀아나는 꼭두각시인 양 치부하며, 사회주의의 제삼세계적 변형태들을 '국지적'이고 '도구적'인 것으로, 마치 경제 발전을 이룩하고, 주권국가를 수립하고자 하는 그들의 동기가 사회적 평등이나 정치적 자유와는 전혀 무관한 것인 양 폄하한다.[31]

그럼에도 불구하고 한반도에서와 같은 분단국가의 정치에서 나타나는 국가의 우위성으로 말미암아, 남한과 북조선의 통상적인 역사학은 역사 형성에서 국가가 수행하는 역할과 사회생활에 국가가 침투하는 정도를 강조하며, 국가와 사회를 이분법적으로 구분해 왔다. 이 책이 택하고 있는 접근법은 국가와 사회의 엄격한 분리에 도전하며, 국가와 사회의 관계가 실제로 얼마나 유동적이고 얼마나 상호 의존적인지를 살펴본다. 새롭게 형성된 국가는 단순히 억압적인 힘을 멀리 떨어진 마을들로 확장하기만 한 것이 아니었다. 가뜩이나 남쪽과 북쪽 사이에서 헤게모니 경쟁이 치열하게 벌어지는 시기에는 일상생활의 문제, 여론, 요구에 민감해야만 했다.

따라서 이 책은 정치 지도자와 주요 도시들에 초점을 맞추던 기존 연구에서 벗어나 여성, 농민, 지방, 농촌, 일상 등 상대적으로 눈에 덜 띄는 대상들을 중심으로 북조선의 일상생활에서 나타났던 실천들에 초점을 맞춘 사회사다. 이런 인구와 지역은 일반적으로 역사가 전승되는 통로에 접근할 수 없기 때문에 역사적으로 추적하기가 어렵다. 개인 회고록을 비롯한 다양한 저술들은 교육 수준, 권력, 지위 등의 격차로 말미암아 엘리트층에 국한되었다. 공식 문서는 특정 목적을 위해 사용되었고, 그 범위를 벗어난 영역은 소홀히 다루어지고 무시되었다. 북조선의 경우, 북측에서 보관하고 있는 문서고를 이용하기 어렵다는 점이 문제를 더욱 복잡하게 한다.

얄궂게도 북조선 초기 역사의 가장 좋은 자료를 보관하고 있는 곳은 미국의 워싱턴 D.C.에서 얼마 떨어지지 않은 곳에 있다. 북조선 노획 문서라고 흔히 불리는 이 문서고는 6·25전쟁(1950~53년) 당시 "미군이 노획한 기록물"로 160만8000여 쪽에 이른다. 1977년에 기밀 해제된 이 자료는 문서군 242Record Group 242라는 이름으로 메릴랜드 주, 칼리지파크에 있는 제2 국가기록관리청[국가기록관리청 신관]National Archives II*에 보관되어 있다.[32] 이 문서군에는 편지, 일기, 인사 서류철, 다양한 조직들의 회의록, 교육 자료, 신문, 잡지, 법원 문서, 사진 등 방대한 자료가 포함되어 있다.[33] 이 자료는 초기 북조선을 이해하는 데 중요한 기록을 제공하지만, 몇몇 학자들만이 그것을 이용했으며, 특히 현재까지 북조선의 일상생활을 세부적으로 연구하기 위해 이 자료를 사용한 적은 없다.[34] 이 자료집 가운데 일부는 국사편찬위원회가 『북한관계사료집』[1~59권]으로 발간하기도 했다.[35]

　　노획된 문서의 대부분은 정부 문서와 공식 출판물이다. 그럼에도 그 안의 내용을 살펴보면, 갈등과 협상, 타협을 수반하는 복잡한 혁명의 과정을 중앙집권화하고 균질화하려는 시도에도 불구하고 공식적인 노선 아래에 다양한 목소리와 경쟁적 이해관계가 존재했음을 알 수 있다. 북조선 혁명의 역사는 혁명 지도자와 대중들이 사회혁명을 위해 영웅적으로 똘똘 뭉친 승리의 역사도 아니고, 혁명 지도자가 권력을 잡기 위해 대중을 배신한 비극의 역사도 아니다. 북조선 혁명을 김일성의 단독 프로젝트로 보는 하향식 혁명 모델이나 전적으로 자발적인 것으로 보는 상향식 혁명 모델 모두 정확하지 않다. 사람들은 결코 시키는 대로만 하는 꼭두각시가 아니며, 그 어떤 역사나 경로에도 구애받지 않는, 완전히 자발적인 존재도 아니다. 이런 상황에서 자발성은 피에르 부르디외가 아비투스를 설명할 때 "규제된 변주들" 또는 "의식 없는 자발성"이라고 불렀던 것과 유사하다.[36] 시간의 흐름 속에서 자발성은 무에서 나온 어떤 것이 아니다. 그것은 엄밀히 말해 과거의 역사에 기초한 수정과 변형일 수밖에 없다. 이 글에서는 북조선 농민들을 역사적 행위자로 바라보며, 개인의 주체성과 행위성을 집단적 이해관계 및 정체성들

★ 국립기록보존소(National Archive)는 1984년 독립기관인 국가기록관리청(National Archive and Records Administration, 약칭 NARA)으로 승격했다. 국가기록관리청은 워싱턴 중심에 위치한 국가기록관리청 본관(Archive I)과 매릴랜드 주 칼리지파크에 있는 제2 국가기록관리청(Archives II)을 두고 있으며, 그 외에도 연방기록물센터, 지역기록보존소, 대통령도서관, 국가인사기록보존소, 워싱턴국가기록물센터 등을 산하기관으로 운영하고 있다.

과 결합하려 했다. 그것은 보다 큰 혁명적 의제와 그 안에서 개인이 차지하는 지위를 협상하는 과정이기도 하다.

1장

일상생활:

혁명의 시공간

그림 I.1. 조선과 소련의 친선(장소, 날짜 미상)
출처: RG 242, SA 2012, box 5, Item 139. 미국 국가기록관리청 제공

군중 속에서도 자기의 의사표시를 할 줄 알며 박수를 칠 줄 알며 손을 들 줄 알며 또는 여자들도 꼭 배워야 해요 배워야지요, 하는 진정으로부터 우러나오는 이 부르짖음이야말로 시대가 그들에게 가르친 존귀한 교훈일 것이다. 배우지않으면 사람 구실을 못한다는 것을 그들은 벌써 해방된 후 오늘날까지의 일상생활에서 몸소 체험하게 되었다. 새로운 조선의 급진적 발전에 호응하는 조선의 씩씩한 여성들로 되었던 것이다.

| 소연, 『조선녀성』(1947년 5월)

북조선에서 혁명이 진행되는 동안, 일상생활은 정치투쟁의 주요 장소이자, 진행 중인 혁명을 경험할 수 있는 가장 중요한 장이었다. 당시 출간물을 보면 가정생활, 사회적 생활과 같은 친숙한 용어부터 당 생활, 조직 생활, 단체 생활, 사상 생활, 과학적 생활, 생활 개혁과 생활 기술 같은 친숙하지 않은 용어들에 이르기까지 일상생활의 독특한 측면을 강조하는 표현들로 가득 차있다. 해방 이후의 삶은 신생활, 행복한 생활, 생활 혁명과 같은 새롭고 다양한 용어들로 묘사되었다. 한자어 生(날 생)과 活(살 활)로 이루어진 '생활'生活은 [태어나] 살아가는 행위를 가리킨다고 이해할 수 있다. 따라서 생활이라는 단어를 이런 구절들에서 반복하는 것은 정확히 일상생활을 살아가는 방식, 곧 라이프 스타일을 가리키는 것이다.

실제로 여성들의 생활에 혁명을 촉구했던 기사를 살펴보면, 다음과 같이 요구하고 있다.[1]

   1. 일하고 배우자.

   2. 미신을 타파하자.

   3. 사치와 한담을 없애자.

4. 생활에 계획을 가지자.

5. 과거의 낡은 습관과 풍속을 개량하자(관혼상제를 간소하게).

6. 과학적인 식생활을 하자(영양분 최대 이용, 조리 시간 단축).

7. 우리들의 의복을 생산 활동에 알맞도록 개량하자(색옷, 옷감).

8. 주택의 불편한 곳을 고쳐 일하기 쉽고 살기 좋게 하자(환기, 난방).

9. 생활에 위생 관념을 강화하자.

위의 내용을 살펴보면, 바람직하지 못한 습관에서부터 주택, 의복, 식습관, 위생 등에 이르기까지 모든 생활 영역을 개혁하려 했음을 알 수 있다. 일상 생활에 새롭게 도입해야 할 가장 중요한 두 가지 요소로 노동과 교육이 맨 먼저 꼽혔다.

　　그러나 언뜻 보기에 이런 구호와 호소는 다소 진부한 것처럼 보일 수 있다. 이는 기존의 근대화 프로젝트를 연상시키는, 특히 일제강점기에 농민과 여성을 동원하는 데 사용했던 다양한 구호들과 비슷하다고 생각할 수도 있다. 문화 개혁 운동가들 역시 도시 지식인들을 대상으로 한 생활 개혁 운동의 일환으로 대가족과 같은 전통적인 관습과 흰색 옷(자주 빨아야 하고, 다듬이질도 필요)을 입는 것 같은 "나쁜" 습관을 개선하기 위해 이와 비슷한 주장을 하기도 했다.[2] 마찬가지로 1920년대와 1930년대 초 천도교의 농업 개혁 운동과 기독교청년회YMCA 같은 그리스도교 단체들은, 비록 그 성과는 제한적이었지만, 농촌 발전 프로젝트(문맹 퇴치 운동을 비롯한 여타 교육 프로그램)에 농민을 참여시켜 농촌을 근대화하려 했다.[3] 1930년대와 1940년대 식민지 정부는 농산물 생산을 늘리고 농촌의 생활수준을 향상하기 위해 농촌진흥위원회, 금융조합, 식산계 같은 지역 수준의 조직을 구성했다.[4] 1937년 일본이 중국 본토를 침공한 후 애국반과 부락연맹이 식민지 조선 전역에 조직되었다. 일제는 이 같은 조직을 통해 생산성을 높이고 전쟁 물자를 확보하기 위해 상품 생산과 유통 과정을 모두 통제했다.[5] 이 모든 계획은 조선의 발전을 저해하는 것으로 여겨지는 오래된 관습을 일소하고, 이를 합리적인 질서, 생산성, 위생 등과 같은 일련의 새로운 관행으로 대체하기 위한 것이었는데, 이는 앞서 살펴본 해방 직후 이북 지역에서 여성들에게 요구되었던 생활 혁명의 변화 내용과 유사하다.

식민지 시대와 표면적으로 유사할 뿐만 아니라, 냉전 시대 내내 소련의 위성국가로 여겨진 점을 들어 누군가는 북조선이 새롭게 변화하고 있었다는 점에 의문을 제기할 수도 있다.[6] 해방 이후의 시기에는 식민지 시대와 소련의 유산이 분명히 존재하고 있었지만, 그런 것들이 정확히 어떻게 영향을 미쳤는지는 명확히 밝혀지지 않았고, 영향을 미친 것으로 알려진 것 가운데 잘못된 경우도 있다. 예를 들어, 식민지 시대의 영향은 하나의 획일적인 경험으로 치부될 수 없다. 즉, 좀 더 자유주의적인 분위기였던 1920년대는 전쟁 동원의 시기였던 1930, 40년대와는 크게 달랐다. 오히려 식민지 시대의 경험과 소련의 영향은 북조선 혁명이 식민지적 근대성과 자본주의적 근대성 모두에 대한 비판으로서 근대성의 역사에 자리매김하는 데 일조했다. 이 같은 비판은 북조선이 자신의 과거로서 식민지적 근대성을 청산하고, 자신의 미래로서 자본주의적 근대성을 거부하면서, 소련을 모델로 한 대안적 근대성을 추구할 수 있도록 했다. 북조선 혁명은 식민주의와 자본주의로부터 벗어난 새로운 일상생활을 가져다주리라 여겨졌다. 그렇다면 사람들은 일상생활을 얼마나 새로운 것으로 느꼈을까?

식민지 시대와 그 이후의 시대를 살았던 사람들은 그들의 생활에서 달라진 점을 분명히 이야기했다. 해방 후 약 3년 후인 1948년 9월, 평안북도 선천군에 살던 가난한 농부 서영준은 청년동맹에 가입하기 위해 제출한 이력서에 자서전을 첨부했다.[7] 자서전 전문을 읽어 보면, 다음과 같다.

조부모 전붙어 빈농 출신으로 석화동에서 김운부씨의 소작농으로 13년의 생활을 하여오다가 1925년에 석호동 박병읍씨 현막[8]으로 생활을 하여오며 만은 악박과 착취를 바다왓슬뿐만안이라 또는 쓰라린 고통과 비참한 생활에서 할수 업시 학교에도 단이지 못하고서 동생들을 구하기 위하여 12세까지 동생들을 보다가 13세 붙어 농업에 종사하여 오다가 해방을 마지하여 토지분배을마 자유스려운 농사을 있대까지 하여오며 자유스러운 생활과 자유행동을 할수 이섯. 해방전에는 국문해득도 못하고 잇다가 해방후 1946년에 한글학교에 단이기 시작하여 1947년까지에 국문해득을 하고 저의 하고십은 조직생활과 단체 생활을 시작하여 민청에 가뱅일은 1946년5월26일에 가입하고 농맹에 가입일은 1946년2월10일에 가입하여스며 사업하고 그다음 본부락에 민청태육을 마타 맹원들을 매일 아침 훌런시키고 자미스러운 사업을하고 그다음에 조직생활을 하고 슷어 로동당에 입당은 1947년1월2○에 입당하여 가지고 조직생활을 시작하여 1948년1월6일에 본세포책임을 마타가지고 잇때까지 세포생활을 하여왔음니다.

1926년 12월 15일에 태어난 서영준은 스무 살이 되던 1946년까지 한글을 깨우치지 못했다. 그 흔적은 그가 한글을 깨우친 지 2년 만에 쓴 자서전에 남았는데, 위 인용문에서처럼 철자를 잘못 쓰거나 문장부호를 빼먹는 모습이 반복적으로 나타나고 있다. 이런 오류에도 불구하고 서영준의 이 짧은 자서전에는 해방 전후로 나타난 노동과 교육에서의 차이가 잘 그려져 있다. 그는 한 문단에 불과한 짧은 글에서 '생활'이라는 단어를 아홉 번이나 사용했다. 소작으로 인한 쓰라린 고통과 "비참한 생활"은 1946년 토지개혁으로 받은 7000평의 땅으로 말미암아 "자유스러운 생활"로 변모했는데, 이는 그의 자서전에 중요한 사실로 적혀 있었다. 또한 그는 여러 단체에 연달아 가입하며 조직 및 단체 생활에 대한 열망을 나타냈다. 이런 것들은 자서전에 써있는 아침 운동처럼 그의 일상생활을 바꾸었다. 그의 일상생활에서 가장 중요한 두 가지 요소였던 노동과 교육이 근본적으로 변화했다. 이제 그는 더 이상 가난한 무지렁이가 아니다. 그는 자기 땅을 경작했고, 조직 및 단체 생활을 영위했다.

해방 전후로 여성의 삶에서 나타난 변화는 여성 잡지를 통해 살펴볼 수 있다. 『조선녀성』은 1947년 8월 13일자 사설에서 과거 조선의 여성들은 주로 사적 영역에 머물며 "가정생활"만 했던 반면, 남성들은 주로 공적 영역을 지배하는 각종 "사회생활"을 했다고 주장했다.[9] 물론, 식민지 시대 전반에 걸쳐 가정을 벗어나 사회에서 일자리를 찾는 여성이 증가하고 있었다. 그러나 이 잡지의 사설은 여성이 이 당시에 했던 일들은 "독립적이고 생산적인 삶"을 위해서라기보다는 가족을 부양하기 위한 수단이었기 때문에, 여성이 진정한 사회생활을 영위하지 못했다고 주장한다. 여성의 사회생활은 남성의 사회생활을 돕기 위한 가정생활의 연장으로 보아야 한다는 것이다. 더욱이 여성이 점차 소비자가 되어 간다는 주장에 대해서도, 이 잡지는 생산이 아니라 소비에만 여성들이 참여하고 있기 때문에, 여성이 패션과 화장품을 소비하는 것은 그들을 위해서가 아니라 남성의 욕구와 취향을 충족시키기 위한 것이라고 주장했다. 따라서 이 사설은 "과거 조선 여성의 생활은 자기 자신의 생활을 가지지 못하고 인간으로서 독립적인 생활을 하지 못하고 어디까지든지 남성에 따라 살고 남성에게 예속한 것으로 살아온 것이다. …… 그것이 과거 조선 여성의 생활의 전부였다"라고 판단했다. 그러나 해방 후 북조선 여성들은 투표권과 공직 선거에 나갈 권리를 갖게 되었다. 여성은 정치·경제·문화 등 모든 공적 생활에 참여할 수 있게 되었다. 사설은 다음과 같이 결론지었다. "오늘날 조선 여성의 생활은 예속되고 지배되며 종속 이용되는 것의 생활로부터 완전히 벗어나서, 여성 자신의 사회생활 여성 자신의 경제

생활 일개인 간으로서 남성과 평등한 입장에서 사회적으로 생산적인 생활을 할 수 있게 되었다." 이 사설은 여성 독자들을 대상으로 작성된 것이긴 하지만, "사회적으로 생산적인 생활"은 일상생활을 전반적으로 재구성하기 위한 일환으로 모든 사람들에게 기대되었다.

따라서 근대성의 역사 속에서, 좀 더 구체적으로는 북조선의 사회주의적 근대성의 역사 안에서, 일상생활은 혁명적 변화가 이루어지는 중요한 무대가 되었다.

일상이란 무엇인가?

페르낭 브로델, 앙리 르페브르, 미셸 드 세르토 등 전후 유럽 사상가들에 의해 일상은 사회 변화를 연구하는 학자들에게 특별한 장소로 인식되었다.[10] 연구는 부족하지만, 이들 못지않게 중요한 지식인들이 20세기 초반 서유럽 바깥에서 근대를 받아들이기 위해 일상에 관심을 기울였다. 한 예로, 도사카 준에 대한 해리 하루투니언의 연구는 어떻게 '일상성'이 일본에서 "'현재의 근대적 생활'을 이해하기 위한 철학적 개념"이 되었는지를 보여 준다.[11] 실제로 근대성은 체험적·시간적 범주로서 일상의 탄생에 의해 정의될 수 있다. 근대 이전에는 일상이라는 개념이 존재하지 않았는데, 이는 하루[매일]가 시계 장치를 통해 표상되는 것과 같은 객관적 연속성을 결여하고 있었기 때문이다. 시간은 공간에 부착돼 있었고, 각각의 지역성에 따라 고유하게 정의되었다. 매일은 아직 보편적이고 동질적인 시간성 안에 포섭되지 못했다. 그리니치 표준시GMT가 시간을 표준화하는 수단이 된 것은 19세기 후반이었다.

동아시아에서 첫 번째로 근대화된 국가 일본이 조선을 병합한 1910년은 사람들이 세계를 경험하는 방식에 질적인 변화가 생겼던 시기와 일치했다. 실제로 바로 이 시기에 음악, 언어, 물리학 등과 같은 다양한 분야에서 패러다임 전환이 일어나고 있었다.[12] 예를 들어, 1913년 이고리 스트라빈스키가 〈봄의 제전〉 초연 무대에서 선보인 무조성 음악은 (그 특유의 불안정한 음색으로) 관객석에서 소란과 폭동을 불러일으켰다. 또한 페르디낭 드 소쉬르의 구조주의는 단어의 의미가 그 단어가 가리키는 대상과 아무 관련이 없다는 생각을 제시했다. 이 같은 패러다임 전환의 절정에는 아인슈타인의 상대성이론이 있었는데, 이 이론은 시간과 공간의 고정성에 대한 사고에 종언을 고했다. 유럽에서 시작된 이 같은 문화적·지적 변화에 뒤이어, 전 세계적으로 구체적이고 기술적인 변화가 일상생활에서 나타났다. 전신, 무선 통신, 증기선, 자동차 등의 등장과 함께 철도망이 확장됨에 따라 시간과 공간의 거리가 획기적으로 줄었고, 사진과 영화의 발전으로 사람들이 시간과 공간을 경험하는 방식에 일대 혁신이 일어났다. 음악을 듣고, 사진과 영상을 보고, 먼 곳을 여행하고, 최신 뉴스를 보는 행동들이 일상생활을 근본적으로 변화시켰다.

이런 흐름에 맞춰 조선에서도 1907년과 1912년 사이 도로 건설 붐이 일었고, 일제 식민지 당국의 관리 아래에서 1938년 말까지 2만8000킬로미터가 넘는 도로가 건설되었다.[13] 또한 1939년까지 5411킬로미터의 철도가 부설되면서, 국내는 물론 중국과 러시아, 남만주 등지로 철도가 연결되었다. 근대적인 상점과 백화점이 늘어선 경성 거리에는 전차가 흔들거리며 달렸다. "택시가 있고 모던 걸이 있고 모던 보이가 있다. 짧은 스커트와 나팔바지가 있고 레뷰-걸★이 있고 재즈가 있고 라디오"[14]가 있는 근대적 생활의 진기함은 도시 거주자를 증가시켰다. 레이먼드 윌리엄스가 주장한 것과 같이 "근대적 변화의 주요 문화적 요소들이 대도시의 특징"을 이루고 있었는데, 대도시에

★ 레뷰 걸(revue girl)은 1900년대 초반 파리에서 유행했던 대중 공연 양식인 레뷰에 출연하는 젊은 여자 무용수를 가리킨다. 노래와 춤 따위를 곁들인 풍자극이었던 레뷰는 일제강점기인 1930년대 식민지 조선에서도 유행했다.

는 "외롭고 고립된" 개인들이 "이방인들로 이루어진 군중" 속에 모여 "불가해한 도시"의 한 부분을 이루고 있다. 식민시 시대를 거치면서 근대화가 시작된 경성은 그 변화의 조짐을 분명히 나타내고 있었다.[15]

그러나 이 같은 변화를 "진보"의 신호로 받아들이기보다는, 그 이면에서 이와 같은 거대한 변화를 추동하고 있는 것이 무엇인지 물어볼 필요가 있다. 자본주의의 역동적인 엔진은 "효율성"과 "생산성"을 일상생활의 주춧돌로 삼았으며, 이윤을 최대화하기 위해 시간과 공간을 압축했다. 발터 벤야민은 자본주의 논리가 노동의 합리화 속에서 시간을 압축해 "동질적이고 공허한 시간"으로 만드는 과정을 우아하게 정식화했다. 시간은 사회적으로 유의미한 활동이나 사건들로부터 분리되었다. 하루하루가 모두 똑같아졌고, 결국 그 고유한 의미를 상실하게 되었다. 이와 관련해 빠르타 짯떼르지는 다음과 같이 설명했다.

> 자본의 시간은 동질적이고 공허한 시간이다. 자신의 영역 안에서 자본은 자신의 자유로운 운동에 대한 저항을 허용하지 않는다. 자본이 방해물과 조우할 경우 자본은 그것이 또 다른 시간대 — 전-자본주의적인, 전-근대에 속하는 어떤 것 — 를 만난 것으로 생각한다. 자본(또는 근대성)에 대한 그런 저항은 인류가 이미 과거에 남겨 놓거나 폐기해야 했던 어떤 것, 즉 인류의 과거에서 비롯된 것으로 간주된다. 그러나 이 같은 관점은 자본(또는 근대성)을 시간 그 자체의 속성으로 바라봄으로써 저항을 낡은 것이자 후진적인 것으로 낙인찍을 뿐만 아니라, 궁극적으로 자본과 근대성의 승리를 보장했다. 이는 모든 사람들이 알다시피, 시간은 가만히 있지 않기 때문이다.[16]

결국, 일상은 실제로 살아 있는 시간의 지속이 아니라 하나의 개념, 곧 자본주의 시대에 상품화된 형태의 시간으로 이해되었다. 달리 말하자면, 시간은 돈과 등치되었다. 생산의 리듬에 결박된, 평범하며 반복적인 일상이라는 이 같은 생각은 근대성에 휘황찬란한 이미지를 제공한 소비의 스펙터클 및 새로움과 함께 공존했다. 산업 노동의 무료하고 단조로운 일과는 여가 시간을 통해 상쇄되었다. 역사상 처음으로 많은 사람들이 여가를 사적인 생활의 일부로서, 다시 말해 도시 생활과 산업 노동이라는 매일매일의 고역에서 벗어나 "휴식과 재충전"을 위한 시간으로 이용할 수 있게 되었다. 여가는 사적인 생활과 동일시되었고, 업무와 대조되는 "진정한" 경험으로 이해되기 시작했다. 그러나 일상은 분명히 근대적인 생각, 단조로운 것과 사건적인 것이 병존하는 자본주의적 근대성의 산물로 이해되어야만 한다.

따라서 사회혁명이 일상에 초점을 두었던 것은 우연이 아니다. 일상은 혁명 그 자체의 비범한 사건성이 온전히 드러나는 무대이자 새로운 것으로 변형되어야만 하는 낡은 구조의 필수 요소로서, 과거로부터 벗어나는 혁명의 급진적 출발점을 표상한다. 세르토와 미하일 바흐친으로 대표되는 몇몇 이론가들은 즉흥적이고 감각적이며 이질적이고 발랄하며 기운 넘치는 일상생활의 측면을 주의 깊게 살펴보며, 일상에 광범위한 저항의 잠재력을 불어 넣었다. 르페브르와 브로델을 비롯해 물질적 조건에 관심을 기울였던 이들은 일상생활을 우리가 종속되어 있는 억압적인 시간 구조로 간주했다. 브로델의 경우, 일상은 매일의 경험에서 나타나는 통일성과 창의성이 나타나는 전통적인 생활과는 다른 근대적 생활의 무대였다. 반면, 근대적 생활은 "일상생활이 가지고 있는 힘을 박탈했으며, 그것의 생산적·창의적 잠재성들을 도외시하는데", 이에 르페브르는 "근대 세계에서 일상생활은 잠재적 주체성이 풍부한 '주체'이기를 멈추고, 사회 조직화의 '대상'이 된다"[17]라고 결론을 내린다.

일상생활의 서로 다른 두 가지 특징에 비추어 다음의 질문에 대한 답을 생각해 보자. 즉, 일상생활은 "권력관계에 대한 복종이 이루어지는 영역인가? 아니면 권력관계들이 경합을 벌이는 공간인가(아니면 적어도 비교적 흥미로운 방식으로 협상이 벌어지는 공간인가)?[18] 간단히 말해, 둘 다라고 할 수 있다. 구체적으로 말해, 사물의 물질성과 개인의 주체성이 변증법적으로 일상을 구성한다. 일상은 자본주의적 근대성의 산물이자 그것에 대한 저항의 현장이다. 일상은 그 안에서 주체들이 움직이고 협상하는 물질적 조건들을 제공하며, 이와 동시에 그와 같은 상호작용들을 통해 다양한 주체성들이 출현할 수 있게 한다. 다시 말해, 일상은 선택과 제약이 만나는 곳이다. 일상은 구조적 메커니즘과 개별적 우연성 사이의 교차점에서 의도하지 않은 결과가 발생할 가능성 때문에 전복적인 것이 될 수 있다.

　일상생활은 그것의 획일화와 정형화로 말미암아 대부분의 경우 스스로를 재생산하지만, 혁명은 오래된 구조가 흔들리고 여기에 옛것을 파괴하고 새것을 건설하고자 하는 개인적·집단적 행동의 힘이 더해지는 희귀한 역사적 계기들을 표상한다. 이런 의미에서, 저 깊은 곳에서 일어나는 구조적 변화의 반영인 혁명은 일상생활의 변형을 명시적인 목표로 삼고 있다. 일상생활에서 새로운 사회적 역할이 채택되고 새로운 정체성들이 창출됨에 따라, 그것은 공적인 영역(계급 관계)과 사적인 영역(가족 관계) 모두의 사회적 관계에 변화를 일으킨다. 이로 인해 결국 공적 영역과 사적 영역 사이의 구별은 모호해진다. 모리스 블랑쇼가 프랑스혁명과 관련해 이야기한 바와 같이, 그것은 "일상을 역사에 개방하는 것과 관련된 문제, 또는 심지어 그것의 특권적 부문, 즉 사적인 삶을 축소하는 것과 관련된 문제. 이것은 소란(흥분)의 순간 — 이를 우리는 혁명이라 부른다 — 에 일어나는데, 이때는 존재가 **속속들이 공적인 것**이 될 때이다."[19] 따라서 혁명의 특징은 단기간에 일상생활의 급진적인 변화를 이끌어 내는 것이라 할 수 있다. 그 결과 혁명의 전성기는 일상생활에 나타난 새로운 변화가 관습화되고 또 그것이 다시 평범해질 때

끝난다고 할 수 있다.

혁명과 관련되어 있는 폭력과 혼돈의 이미지는 오해의 소지가 있거나, 어느 한 단면만을 보여 주는 것이다. 비록 사람들은 혁명을 단두대와 정치적 숙청이라는 극단적인 이미지들과 관련된 파괴적인 것으로 기억하지만, 혁명은 일상생활을 전환시키는 보다 창조적인 것이다. 한나 아렌트는 실제로 혁명의 파괴적인 잠재성보다는 창조적인 측면에 대해 이야기한 몇 안 되는 정치 이론가 가운데 하나다. 그녀는 혁명을 "새로운 정치체의 형성을 낳는 …… 새로운 시작"[20]으로 규정한다. 아렌트와 마찬가지로 이 책 역시 구성적 특성, 특히 인민들의 역량을 강화하는 일상적 실천의 토대가 되는 혁명 제도의 구성적 성격을 강조한다. 혁명은 많은 것들이 가능하게 보이는 시간, 모든 불확실성들과 우연성들이 나타나는 역사의 파열이다.

이어지는 부분에서 나는 러시아 10월혁명 이후 일상이 어떻게 사회주의로의 혁명적 전환의 대상이 되었는지를 소련, 중국, 북조선의 다양한 사례를 들어 설명하고자 한다.

새로운 일상생활

발터 벤야민은 1920년대에 모스크바를 방문하면서 일기를 썼다. 그는 혁명기 러시아에서 일상을 직접 경험하며 이를 상세히 묘사했다. 그는 사적인 공간의 축소, 거리에 밀집해 있는 사람들, 가구가 별로 없는 공동 아파트, 사람들이 정치 활동에 완전히 빠져 있는 모습 등을 관찰하며 큰 충격을 받았다.[21] 1927년 1월 8일, 그는 다음과 같은 글을 남겼다.

이렇듯 모든 지배 관계가 새롭게 형성되고 있다는 것이야말로 이곳에서의 삶을 엄청나게 풍부하게 만든다. 여기에서의 삶은 고립되어 있지만 다사다난하고, 결핍되어 있으면서 동시에 수많은 전망들로 가득 차 있는, 마치 클론다이크[캐나다 유콘 주에 있는 사금 생산지—옮긴이]의 금광 채굴자의 삶과 같다. 아침부터 늦은 시간까지 권력이 발굴된다. 서유럽에서 한 명의 지식인이 겪는 모든 실존의 가능성을 조합한다 해도 이곳에서 단 한 달 동안 개인들에게 닥쳐오는 저 수많은 상황들과 비교해 보면 볼품없어 보일 정도다. 물론 이런 것들이 어떤 도취 상태, 곧 회의와 위원회, 논쟁, 해결책, 표결(이 모든 것들은 **권력의지**의 투쟁이거나 최소한 그것의 **전략**이다)이 없는 삶을 전혀 떠올릴 수 없는 도취 상태로 귀결될 수도 있다.[22]

2개월의 체류 기간 동안, 벤야민은 매일의 생활 속에 나타난 극적 변화를 지속해서 강조했다. 그는 사람들이 더 이상 가정에만 매어 있지 않음을 보았는데, 사람들의 "생활 방식이 그들을 가정적인 존재에서 분리해 냈으며" "그들이 사는 장소는 사무실과 클럽, 거리"가 되었고, 결국 "사적인 삶이 없어지고" 있었다.[23] 벤야민 혼자만 이렇게 느낀 것은 아니었다. 사회주의 리얼리즘 문학의 선구자 막심 고리키는 1928년 여행을 통해 사람들이 정치에 몰입함에 따라 "정치의식"이 "일상적인 현상"이 되고 있다고 언급했다.[24]

세기 전환기 무렵의 조선처럼, 혁명 직전의 러시아는 수많은 정치적·경제적 문제들에 직면해 있었다. 특히 러일전쟁(1904~05년)에서의 패배로 이와 같은 곤란은 극에 달했다. 러시아는 '황인종'에 패한 최초의 서구 열강이었다. 이 소식은 전 세계 뉴스의 머리기사를 장식하면서, 러시아제국의 취약성을 드러내는 동시에, 일본이 조선에 대한 지배권을 확보하는 길을 열어 주었다. 러시아에서 벌어진 이후 사건들은 (그 절정은 1917년 10월혁명이었다) 러시아를 넘어, 식민지 조선을 비롯해 소위 낙후된 사회들에 큰 영향을 미쳤다. 10월혁명은 식민주의와 자본주의의 문제를 극복할 수 있는 대안적인 근대성을 향해 극적이면서도 혁명적인 방식으로 도약할 수 있는 방법을 제공한 것이다. 실제로 1919년 코민테른 집행위원회에 참석한 조선 대표는 러시아혁명이 "조선의 대중을 깨우고 …… 새로운 삶을 향한 열망을 불러 일으켰다"라고 평가했다.[25] 한인사회당 창당에 대해 보고하며 그는 "일본 제국주의와 자본주의적 착취의 굴레로부터 조선을 해방"시키고자 했던 당 강령에 대해 언급했다. 식민 통치하에 있는 사람들에게 러시아혁명이 제시한 대안은 그것이 가진 반제국주의 강령으로 말미암아 더욱 매력적으로 보였다. 벤야민의 일기에 반영되어 있듯이, 이 같은 대안은 매일매일의 정치에 대중들이 광범위하게 참여함으로써 일상에 자발성과 의미를 불어넣었다. 그것은 소비주의가 약속한, 하지만 대다수 노동계급은 도달할 수 없는, 그저 잠깐씩 주어지는 휴식 속에서 매일 되풀이되는 자본주의의 고된 노동에 순종하는 것과는 질적으로 다른 것이었다. 이와 대조적으로 대중들은 비록 물질적으로 부족했을지언정, 사회주의적 일상의 참여 정치에서 나타났던 혁명적 자발성을 혁명 초기에 건설된 다양한 평의회, 곧 소비에트를 통해 경험할 수 있었다.

농촌 코뮌의 마을 회의에서 이루어지던 숙의와 자치의 전통적 관습은 평의회의 등장을 촉진했다.[26] 1905년 첫 두 달 동안 전개된 대규모 파업은 노동자 평의회의 조직으로 이어졌는데, 이는 러시아혁명을 촉발하는 기점이 되었다.[27] 상트페테르부르크를 필두로 소비에트가 1905년 12월까지 크고 작은 산업 도시들을 휩쓸었으며, 모스크바의 산업 지역에 가장 많은 수의 소비에트가 집중되었다. 소비에트 운영은 집행위원회가 담당했는데, 집행위원회는 일상적인 업무를 관리하는 책임을 맡은 여러 명의 위원들로 구성되어 있었다. 소비에트 회의는 "철저히 공개적"으로 진행되었으며, 표결은 열띤 분위기 속에서 거수로 진행되었다. 몇몇 소비에트는 파업 자금을 조성하고, 실업자를 돕고, 무기를 획득하며, 선전 자료를 발행하기 위해 특별위원회를 구성하기도 했다.

[노동자 평의회에 더해 궁극적으로 군인들과 농민들로 구성된 평의회가 형성되었지만, 군인 평의회는 제1차 세계대전에서 러시아 군이 패하고, 경제 위기가 닥치면서 대규모 탈영이 발생했던 1917년까지만 해도 중요한 세력이 되지는 못했다. 1917년에는 노동자들에 비해 뒤처져 있던 농민들이 교사와 농촌 개혁가 같은 농촌 지식인들의 선동에 의해 혁명을 일으켰다. 기존의 지방 당국들이 축출됨에 따라, 지방 소비에트들은 농민위원회, 농촌위원회, 인민통치위원회와 같은 다양한 이름으로 불렸다.[28] 임시정부는 이 위원회들을 자신들의 통치 도구로 생각했지만, 농촌위원회들은 토지와 숲을 몰수하는 등 부동산 소유자들에 대한 급진적인 개혁을 진행하면서 점차 농민 혁명의 기반이 되었다.

권력 장악이 마무리되자 1920년대에는 "문화 사업"으로 관심이 옮겨 갔다. 트로츠키는 1923년에 출간된 "일상생활의 문제"Problems of Everyday Life를 통해 "생활 방식, 가족 및 성적 관계, 우정, 외모, 여가 활동이나 소비 행위" 등을 비롯해 혁명 이후 어떤 새로운 일상생활이 도래할 것인지에 대한 열띤 토론의 장을 열었다.[29] 트로츠키는 합리적으로 조직된 일상생활을 구성하기 위해 수면, 업무, 여가 시간이라는 세 가지 범주를 토대로 하루를 8시간씩 분할하는 것을 권장하며 "노동의 과학적 조직화"뿐만 아니라 "삶의 과학적 조직화"를 추구했다.[30] 트로츠키의 이 같은 기획은 1920년대 초반 모스크바에서 제기되어 소련의 건축, 사진, 영화, 무대 디자인, 문학 등에 오랫동안 영향을 미쳤던 구성주의 운동에 부합하는 것이었다. 구성주의자들은 일터와 가정에서 이루어지는 인간 행동에 과학 법칙을 적용함으로써 새로운 인간과 새로운 의식이 형성될 수 있다고 믿었다. 그들은 "위생, 규칙성, 효율성, 효용성" 등을 중심으로 생활에 과학 법칙이 적용되면, "모든 움직임이 최대한 합리화"될 것이고, 이에 따라 "사람들이 집단적이며 미학적인 존재로 살게 될 것"이라고 주장했다.[31] 습관, 도덕, 문화는 사회주의의 헤게모니를 확립하는 한 가지 방법으로, 사회 변화의 중요한 영역으로 간주되었다.

러시아 구성주의는 일상에서 사용하는 사물[자본주의하에서는 '상품'이라 부르는 겟]들을 "동지 같은 사물" 또는 "동지로서의 사물"과 같은 사회주의적 사물들★로 만들어 냄으로써 물질적 욕망을 끊임없이 조장하는 "상품 물신주의"가 가진 정동적 힘을 상쇄하려 했다. 이런 물건들은 감각을 둔하게 만드는 죽어 있는 상품이 아니라 "동료"로서, 사람들이 "사회생활에 적극적이고 활발하게 참여할 수 있게" 할 것이라 생각했다.[32] 달리 말해, 사람들은 그런 물건들을 상품으로 간주해 단순히 거부해야만 하는 것이 아니라 그것이 물질성을 가지고 있다는 점을, 다시 말해 [사회주의하에서] 사회적으로 유의미하게 사용될 수 있다는 점을 점차 인식하게 되었다. 부정적인 의미를 가졌던 자본주의적 상품들이 긍정적인 의미를 가진 사회주의적 사물들로 변화했다. 이에 예술가들은 자신들이 산업 생산에 참여해야 한다는 믿음 아래, 냄비와 프라이팬 같은 생활 용품은 물론이고 의류, 광고, 무대 디자인 등에 주목하기 시작했고, 예술적 전문성을 바탕으로 사회주의하에서 새로운 집단들이 필요로 하는 사물들을 생산했다. 그들에게 예술의 목표는 유용하고 기능적이며 편리한 것이었다. 예술은 일상적 삶의 물질성에서 나온 결과물이다. 결과적으로 대중들이 일상에서 혁명을 경험할 수 있도록 그 역사가 물리적인 도시 공간에 각인되게 됨에 따라, 조형물을 비롯한 공공 예술이 새롭게 중요

★ 아르바토프의 '사물론'에 따르면, "사회적 노동을 위한 힘이면서 도구이자 동료(coworker)가 되는 사물은 부르주아의 일상 속에는 존재하지 않는다." 이와 달리 부르주아의 세계를 넘어선 다른 세계에는 다른 사물이 존재하는데, "그곳에서 사물은 (누군가의 소유물이나 상품이 아니라) 집단적 노동을 위한 힘이자 도구이며, 더 나아가 '함께 노동하는 동료'다." 이에 대해서는, 김수환, "히토 슈타이얼의 이미지론에 나타난 러시아 아방가르드 이론의 현대적 변용," 『안과 밖: 영미문학연구』, 영미문학연구회, 2018, 특히 85-86쪽 참조.

성을 띠게 되었다. 구성주의자들은 "생활 속에서 예술의 의미를 찾고, 예술의 사회적 사용가치를 회복하기 위해" 예술의 형식적 관습뿐만 아니라 자본주의 체제에서 예술을 지원하는 제도적 구조에도 반기를 들었다.[33]

대중들과 지식인층 사이에서 일상생활에 대한 논의는 다양했지만, 구성주의적 아방가르드를 옹호한 예술 사학자이자 비평가인 보리스 아르바토프가 1925년 발표한 일상생활에 대한 상세한 설명은 일상이 왜 중요한 의미를 갖게 되었는지, 또한 혁명 프로젝트의 일환으로 일상을 변화시키는 것이 어떤 점에서 중요한지를 가장 잘 나타내고 있다.[34] 그는 다음과 같은 방식으로 일상을 개념화했다.

> 생산 활동이라는 개념과 대비되어 소비 활동이라는 개념이 형성되고, 사회적 역동성이라는 개념과 대비되어 사회적 정체라는 개념이 형성된 것처럼, 일상이라는 개념은 노동이라는 개념과 대비되어 형성되었다. 이 같은 분할은 자본주의 체제를 특징짓는 계급-기술적 차별화의 토대 위에서 가능했는데, 자본주의 체제를 관리하는 상층부는 생산을 초월해 있다. …… 프롤레타리아 사회에서, 그리고 더욱이 생산이 인간 활동의 모든 측면을 직접적으로 형성하는 사회주의사회에서, 소비라는 정적인 형태의 일상생활은 불가능하게 될 것이다. 이 같은 진화를 더욱 발전시키는 것이 프롤레타리아 문화를 이끄는 사람들의 진정한 임무다. 이런 역사적 문제의 해결은 오직 물질적 생활의 형태 속에서만 진행될 수 있다.[35]

아르바토프는 일상의 기원을 자본주의와 명확히 연결지었을 뿐만 아니라, 사회주의를 건설하는 사람들의 실질적 과제 역시 제시했다. 그것은 자본주의 아래에서 철저히 갈라진 생산과 소비, 공적 영역과 사적 영역을 상호 결합함으로써 자본주의 이후의 세계에서 일상을 재정의·재배치하는 것이었다. 그는 마르크스주의자들이 일상(상부 구조)에 비해 기술적 영역(토대)에 특권을 부여했다고 추론했다. 왜냐하면 자본주의에서 사회적 관계는 개인과 생산수단 사이의 관계에 의해 정의되기 때문이다. 그러나 사회주의가 승리를 거둔 지금, 일상적 실천들, 예술 작품들, 사회-조직적 형태들 속에 표현된 것으로서 소비는 생산 못지않게 (비록 그 이상으로는 아니라도) 중요하다. 사회주의에서 [건설자들이 수행해야 할] 과업은 아르바토프가 [대문자] 사물Thing이라고 부르는 물질적 총체성의 가장 깊은 의미가 이데올로기적으로 내재되어 있는 새로운 사회질서를 건설하기 위해, 부르주아 사회의 특징이었던 사물들(상품들)과 사람들 사이의 단절을 극복하는 것이다.[36]

사회주의 건설을 위한 과제는 정확히 자본주의의 문제가 무엇인지에 대한 인식 위에서 정식화되었다. 자본주의 아래에서 부르주아계급은 물질적 가치의 생산과정과는 물리적으로 또는 직접적으로 연결되어 있지 않았고, 오직 사물들이 소비의 영역을 구성할 때 취하는 형태들과만 연결되어 있었다. 따라서 시장이 사적인 일상생활 — 일상적 소비생활 — 에 철저히 침투해 있었고, 일상생활은 전적으로 시장에 의존해 있었기 때문에, 부르주아계급은 사물Thing을 사고팔 수 있는 상품으로만 대했다. 사물Thing은 교환가치와 축적 수단으로서 그것이 가진 역량에 의해서만 평가되는 추상적 개념이 되었다. 따라서 아르바토프가 결론지은 바와 같이 일상은 상품화되었다. 즉, "부르주아의 물질적 생활이라는 상품의 성격이 그것과 사물 사이에 맺어지는 관계의 근본적인 토대를 구성한다. 비-물질적 범주로서, 순수한 소비의 범주로서의 사물Thing, 그것의 창조적 기원 바깥에 있는, 그것의 물리적 동학 외부에 있는, 그것의 사회적 생산과정 바깥에 있는 사물, 완결된, 고정된, 정적인 그리하여 결과적으로 죽은 어떤 것으로서의 사물Thing — 이것이 부르주아의 물질문화를 특징짓는 것이다."[37]

물론 여기서 아르바토프는 상품 물신주의에 대한 마르크스주의적 개념을 이야기하고 있다. 다만 그는 예외적으로 일상의 물질성에 초점을 맞춤으로써 상품 물신화 과정과 노동과정의 소외를 결합할 수 있었는데, 이는 그의 비판을 더욱 날카롭게 한다. 이것이 의미하는 바는, 자본주의 아래에서 인간은 단순한 물건이나 상품으로 전락한다는 것으로, 이는 생산과 소비 관계라는 사회적 현실이 여전히 은폐되어 있기 때문이다. 즉,

부르주아에게 사물은 그가 그것으로부터 이윤을 추출할 수 있거나 일상생활을 영위하는 데 사용할 수 있는 한도 내에서만 존재한다. 이것이 부르주아가 자신의 물질적 생활을 구성하는 방법을 결정한다. "부유한 아파트" "열악한 환경" "조악한 장식품" "값비싼 가구" ― 이런 것들이 평상시의 대화 속에서 정식화된, 일상에 대한 전형적인 관점으로, 이 같은 관점이 부르주아들 사이에서 형성되었다. 그러나 사물에 대한 부르주아들의 생활에 더 중요한, 혹은 더 근본적이라 할 수 있는 특징이 있다. 즉, 그것은 사적 소유, 사물의 세계와 사적-소유 사이의 관계다. 부르주아에게는 "내 사물"과 "다른 사람의 사물"이 존재한다. "내" 사물은 일차적으로 개인의 물질적 축복일 뿐만 아니라 사회-이데올로기적 범주로도 나타난다. …… 이 모든 일에서 사물들의 객관적인 사회적 의미, 즉 그것의 실용주의적-기술적 목적과 생산적인 역할은 모두 결정적으로 상실된다. …… 생산은 시장을 위한 것이므로 시장 안에서의 소비라는 구체적 특수성을 고려하지 않을 수 없고 그로부터 진행되지 않을 수 없다. …… 따라서 사물은 본질적으로 수동적인 특성을 가지고 있다. 노동과 관련해 유기체가 가진 물리적 능력의 수행으로서, 사회적 노동을 위한 힘으로서, 그리고 동료로서의 사물은 부르주아의 일상생활에 존재하지 않는다.[38]

가정에서부터 일상생활을 포위하고 있는 상품들을 가리킬 때 사용하는 언어에 이르기까지, 당연한 것으로 간주되는 매일매일의 생활이 가진 다양한 측면을 지적하면서, 아르바토프는 우리의 인식을 저해하는 이데올로기적 장막을 걷어 냈고, 이를 통해 창조성과 사회적 의미가 결여된 부르주아적 일상생활의 공허함을 폭로했다.

만약 이것이 자본주의 안에 있는 사물의 상태라면, [대문재 사물을 복원하고, 물질세계의 총체성을 회복하기 위해 사회주의가 해야 할 일들은 분명하다. 아르바토프는 노동자들의 집단화 과정에 대해 이야기하며, 소비에트 러시아에서 일상생활은 더 이상 개인 아파트 안에서 영위되는 상품화된 사적인 삶이 아니라는 결론을 내렸다. 그것은 물질적 생산과 연관된 집단적 공간, 즉 "거대한 사무실, 백화점, 공장 실험실, 연구 기관 속에서 이루어지는 일상생활"이라는 "새로운 유형"으로 질적으로 변화했다. 예를 들어, 아르바토프는 대중교통, 난방, 조명, 배관, 공공건물 등을 통해 도시 생활의 중요한 기능들이 집단화되는 과정을 찬양했는데, 이 같은 과정은 "진보적인 기술의 영향 아래에서 사적인 일상생활의 영역이 최소화되고 개혁되도록 했다." 아르바토프는 이윤의 추출보다는 다른 범주들, "즉 편의성, 휴대성, 편안함, 유연성, 편리성, 위생 등 — 간단히 말해, **사회적 실천의 필요**에 따라 배치되고 조합된다는 점에서 사물의 적응성, 적합성이라 부르는 모든 것 — 이 중요한 위치를 차지했다"라고 결론 내렸다.[39] 이 가운데 상당 부분은 벤야민이 모스크바에 체류하며 관찰했던 것, 곧 공적인 것과 사적인 것의 경계가 희미해지는 것, 사람들의 근접성, 집단화에 초점이 맞춰지는 현상과 놀랍도록 유사하다. 그러나 아르바토프는 단순한 관찰에 그치지 않고, 자본축적이 아닌 사회적 필요를 토대로 일상생활을 어떻게 변화시켜야 하는지에 대한 이론적 처방 역시 제시했다.

그러나 사회적 필요로의 전환과 관련해 기본적인 딜레마는 사회적 필요가 무엇인지 정의하거나, 이에 대한 합의에 도달하기 어렵다는 점이다. "여성 문제"가 좋은 사례다. 여성에게 자유로운 사랑과 이혼을 허락하는 것이 사회적 필요인가? 반대로 가정을 안정적으로 유지하기 위해 이를 제지하는 것이 더욱 긴급한 사회적 필요가 아닌가? 1920년대 신경제정책이 도입되면서 자유주의와 개인주의가 만연함에 따라 당과 사회가 부르주아 문화에 오염될 수 있다는 두려움이 생겨났고, 자유연애, 이혼, 자살의 증가에 대한 비난의 목소리가 터져 나왔다.[40] 이 같은 곤경을 반영하듯, 1920년대 소비에트 언론은 일상생활에 대한 논의로 넘쳐 났다. 1923년 『프라우다』는 여성 노동자와 농민을 해방시키는 법, 남성 당원과 그들의 부인 및 여성 시민들 사이의 적절한 관계가 무엇인지에 대한 일련의 기사를 "일상생활의 사진"이라는 제하로 실었다.[41] 당시의 논의들은 대부분 혁명의 결과로 변화하는 젠더 관계의 성격에 대한 두려움과 불안을 노출했다. 즉, 여성이 생산적 노동에 참여할 경우 가정과 직장은 어떻게 양립할 수 있을까? 남편과 아내가 모두 일을 한다면, 집안일은 누가 책임질 것인가? 수입이 생긴 여성들이 남편을 떠나지는 않을 것인가? 같은 문제들이 제기되었다.

이후 논의의 중심은 가사 노동이 여성을 어떻게 계속해서 억압하고 있는지 대신, 전통적인 습관과 부르주아 관습에 물든 여성이 남편의 사기와 정치의식을 무너뜨려 어떻게 혁명을 망칠 수 있는지로 옮겨 갔다.[42] 예를 들어, 『콤소몰스카야 프라우다』*Komsomolskaya Pravda*라는 신문사가 1928년에 추진한 "집안 쓰레기 타도" 운동은 "작은 우상들을 불태"우고, 또한 축음기, 레이스 달린 커튼, 고무나무, 코끼리상, 노란색 카나리아 등으로 대변되는 부르주아적 감성이 일소된 새롭고 혁명적인 가정을 만들자고 제안했다.[43] 이 캠페인은 [노동자의 일상생활에 하등 도움이 되지 않는 개, 고양이, 코끼리 모양의 작은 장식품들인] "도자기 작업장의 독재"를 근절하고, 그것을 육체적 건강, 신체 단련, 스포츠에 대한 권장과 같은 "혁명적 취향의 독재"로 대체할 것을 촉구했다. 가정생활에 대한 공격은 사적인 가정을 부르주아적인 것과 동일시하는 공산주의적 관점의 맥락에서 이루어졌다.

결과적으로 국가는 보건 부문과 [농장과 공장 등에 있는] 협동 부문에서 여성들을 대상으로 일상생활의 근대화와 집단화라는 두 가지 목표를 집중적으로 추구했다. 그 목적은 육아, 요리, 세탁 등과 같은 가사일을 개혁함으로써 근대화된 개인 및 가정 위생 관념을 촉진해 농촌과 가정을 근대화하는 것이었다. 이 과정을 통해 소위 상위의 혁명 과제와 일상적 행위들이 결합하면서 혁명이 정상화되었다.[44] 1920년대까지 활발하게 이루어졌던 일상생활에 대한 논의는, 1930년대 들어 '세련된 생활'에 대한 이야기로 대체되었는데, 여기에서는 근대적이고 합리적이며 세련된 소비에트 일상생활에 이르는 경로로서, 사적인 삶과 개인적 소비를 강조했다.[45] 이 같은 변화를 바탕으로, 1929년 세계 여성의 날 축하 행사에는 일상생활의 문화적 재건 운동이 포함되었는데, 이는 1930년대 국가가 수행해야 할 여성 정책 의제를 설정하기 위한 것이었다. 이후 소련은 5개년 경제계획에 여성들이 참여할 수 있도록 사회복지 서비스를 제공하기 시작했으며, 여성과 아동에 대한 성적 착취와 신체적 학대, 알코올 중독, 폭력 문화, 대중목욕탕, 세탁실 및 식당과 같은 시설을 비롯한 노동계급 숙소의 비위생적인 환경 등 지난 시절의 "후진적 생활 방식"에 대한 전면적인 공격에 착수했다.[46]

1920년대에서 1930년대로의 전환에 대해 전통적인 소비에트 역사서들은 대체로, 1930년대를 "배반당한 혁명"의 시기로 기술하고 있지만, 구성주의적 아방가르드 내에서는 위생, 실용성, 생활의 합리적 질서에 대한 지속적인 관심이 나타났다. 다만, (아르바토프가 1920년대에 시도했던 것처럼) 자본주의의 탈신비화보다는 사회주의를 참되고 진정한 것으로 긍정하는 방향으로 기울어져 있었다.[47] 특히 1930년대에는 유럽에서 파시즘이 발흥하고, [만주사변 같은] 일본의 침략 활동이 늘어나는 등 국제적인 환경이 점차 러시아에

적대적으로 변화하는 가운데 새로운 소비에트 질서를 공고히 하기 위한 목적에서, 러시아 구성주의는 (비록 아방가르드의 급진적 정신을 제거하지는 않았지만) 소비에트 사회주의에 대한 긍정에 주로 초점을 맞추었다.[48] 구성주의의 이 같은 긍정적 흐름은 분단과 외세의 점령 같은 조건들로 압박을 받고 있던 국가 설립 초기의 북조선에서도 재현되었다.

문화혁명

1920년대와 1930년대 사이에 나타난 연속성 가운데 하나는 국가 중심적 모델에 대한 비판의 결여였다. 아르바토프는 사회주의적 근대성이라는 대안을 향해 사회를 창조적으로 변화시킬 수 있는 장소로 일상을 정식화했는데, 이 같은 정식화는 1930년대 등장한 파시즘 운동과 나란히, 근대성에 대한 국가주의적 틀을 여전히 보유하고 있었다. 국가사회주의와 파시즘 사이의 형식적 유사성들은 건강한 삶의 방식을 위한 "생활 개혁" 운동을 통해 자본주의적 근대성이 초래한 타락을 국가가 깨끗이 일소해야 한다는 집착의 결과였다. 이 같은 생활 개혁 운동들은 20세기 초반까지 기계체조, 보디빌딩, 미용체조에서부터, 유토피아적 공동체 생활*, 동종요법 치료, 나체주의 운동**에 이르기까지 다양한 형태의 신체 단련을 대중화하는 데 기여했다.[49]

이 같은 생활 개혁 운동의 사례는 중국에서 있었던 신생활운동新生活运动

★ 서구 자본주의사회의 타락에서 벗어나 일군의 채식주의자들이 꾸렸던 스위스 몬테베리타 공동체 같은 다양한 공동체들이 대표적이다.

★★ 예컨대, 독일의 선구적인 나체주의 운동가인 리하르트 운게비터(Richard Ungewitter)는 나체주의 운동이 혁명과 타락의 위협으로부터 독일 민족을 지켜 줄 것이라 믿었다.

에서도 찾아볼 수 있다. 1934년 장제스의 국민당 주도로 전개된 이 운동의 목표는 중국인들이 시간과 공간을 사용하는 방식을 개선해 근대화되고 질서 정연한 국민국가를 건설하는 것이었다. 시간을 지키고 규칙적인 식사 시간을 정하는 것에서부터 "단정한 옷차림, 신발 끈 묶기, 곧은 자세 유지하기, 음식 조용히 먹기, 공공장소에서 침 뱉지 않기, 찬물로 세수하기, 화장실에서만 용변 보기, 거주 구역 내 해충 제거" 등 100여 가지가 넘는 규칙이 일상 생활의 습관을 개선하기 위해 권고되었다.[50] 신생활운동 기간에 "국유화" "전시화" "생산화"라는 구체적인 계획에 따라 이루어진 중국의 근대화 노력은 합리적으로 나눌 수 있고 조직화할 수 있는 동질적이고 공허한 시간에 대한 인식을 함의하는 것이었다. 모든 사람들이 동일한 시간 감각을 갖게 하는 것은 상명하복의 군대에서뿐만 아니라 규율 잡힌 노동력을 위해서도 필요한 것이었다. 마찬가지로 청결 및 위생에 대한 강조는 공중 보건에 대한 우려를 반영하는 것이었지만, 공적인 공간과 사적인 공간을 구별하려는 시도이기도 했다. 또한 이는 사람들에게 올바른 품행에 대한 감각 ― 이는 만사에는 그에 적절한 시간과 장소가 있다는 의미 ― 을 심어 주려 한, 푸코적인 의미에서 미시 권력의 테크닉이었다.

신생활운동은 1937년 일본이 만주를 침략하기 직전인 1936년부터 이미 힘을 잃기 시작했고, 궁극적으로는 응집력 부족으로 말미암아 실패로 돌아갔다. 그러나 사고방식과 생활 습관을 바꾸고자 하는 중국인들의 노력은 계속되었다. 이는 마오쩌둥의 문화 정치에도 영향을 미쳤는데, 특히 약 30년 후 문화혁명 기간에 큰 영향을 미쳤다. "관엽 식물, 금붕어, 고전문학 및 그림"과 같은 일상적인 물품들은 "봉건적"이거나 "부르주아적"인 것으로 비웃음을 샀고, "남루한 어두운 색의 옷, 단순한 식습관, 마오쩌둥의 어록을 매일 암송하는 것, 자기 검열/고백과 육체노동"은 모범적인 것으로 격상되었다.[51]

표면적으로 유사해 보일지라도, 두 운동 사이에는 본질적인 차이가 있다. 신생활운동은 국가권력의 확대를 추구했으며, 국가가 제시하는 의제를 중심으로 "통제된 대중 동원"이란 형태로 국민을 하향식으로 동원하고자 했다. 반면, 문화혁명은 계급투쟁과 사회적 갈등을 사회 변화의 근간으로 바라보는 마르크스주의에 기초한 것으로, 주기적으로 국가의 통제를 벗어난 상향식 운동이었다.[52] 문화혁명에 대한 최종적 평가와 상관없이 "대중들"은 과도한 폭력성으로 역사에 오점을 남긴 사회 변화의 행위자가 되었다. 문화혁명 기간 동안 일상생활의 모습을 근본적으로 변화시켰던 것은 바로 이런 상향식 과정이었다. 이 같은 상향식 변혁 모델은 반관료주의적이며 평등주의적인 정치를 대표하는 19세기 파리코뮌에서 추구된 바 있었다.

1960년대 [서방 진영과의] "평화공존" 문제를 두고 중국과 소련의 관계가 악화되고 중국공산당 엘리트들 사이에서 혁명에 대한 열정이 식어 감에 따라, 마오쩌둥은 파리코뮌의 경험을 재검토하기 시작했다.[53] 앞서 중국공산당이 "노동계급은 자신의 목적을 위해 기존의 국가기구를 이용할 수 없다"라고 선언했던 것처럼, 파리코뮌은 하지 **말아야** 할 것들이 무엇인지를 보여주는 사례로 활용되었다.[54] 즉, 이는 구체제와 타협하지 않고 이전의 구조들을 모두 해체해야 한다는 의미다. 그러나 파리코뮌에 대한 재평가를 통해, 1966년 중국의 상황에 적용 가능한 세 가지 특성이 제시되었다. 즉, 첫째, 선거와 소환제를 통해 인민에게 직접적으로 책임을 지는 새로운 정치 구조, 둘째, [혁명 위원회라는] 단일한 비의회 기관 안에 입법부와 행정부를 통합, 셋째, 공무원의 임금을 일반 근로자의 평균 임금에 고정함으로써 특권적인 관료 집단의 등장을 미연에 방지하는 것이다.[55]

파리코뮌 95주년을 기념해 1966년 3월에 출판된 [중국공산당 이론지] 『홍치』紅旗의 기사는 다음과 같이 파리코뮌을 극찬했다.

대중들이 파리코뮌의 진정한 주인이었다. 코뮌이 존재하는 동안 대중들이 광범위하게 조직되었으며, 그들은 각각의 조직 내에서 국가의 중대사를 논의했다. 매일 약 2만 명의 활동가들이 클럽 형식의 회의에 참석해 크고 작은 사회적·정치적 문제에 대해 제안을 하거나 비판적 의견을 제시했다. 그들은 또한 혁명 신문과 잡지에 기사와 서신을 기고하면서 자신들의 희망과 요구 사항을 알렸다. 대중들의 혁명적인 열정과 주도성은 코뮌이 가진 힘의 근원이었다.[56]

이 기사는 서두에서 니키타 흐루쇼프의 수정주의에 대한 중국의 반대 입장과 코뮌에 대한 기존의 태도를 반복하며 "파리코뮌의 가장 기본적인 원칙은 혁명적 폭력을 이용해 권력을 장악하고 부르주아적 국가기구들을 파괴해 프롤레타리아독재를 이룩하는 것"이라고 주장했다. 그러나 이 기사의 마지막 부분에 언급된, 코뮌 기간에 있었던 자발적 대중 운동에 대한 상세한 묘사 및 이와 관련해 각종 모임에 일상적으로 참석하고 신문을 통해 토론하는 관행에 대한 강조는, 문화혁명을 촉구하는 구호가 되었다.

1966년 5월 25일 녜위안쯔聶元梓를 비롯한 6명의 동료들이 베이징대학교 당국과 교수들을 비판하는 대자보를 교정에 붙였고, 이를 계기로 베이징대학교 학생들이 대중운동을 선도했다.[57] 대자보 등을 이용한 서면 비판은 곧 비판 투쟁, 공개 비판, 대중 시위 등으로 확대되었다. 권력자들은 부패하고 반동적이라는 비난을 받았고, 이들에 대한 언어적 물리적 공격이 산불처럼 퍼져 나갔다. 격렬한 폭력, "주자파"走資派[중국공산당 내에서 자본주의 노선을 주장하는 패]에 대한 조리돌림, 상점과 거리의 이름을 혁명가들의 이름으로 교체하고 사원과 교회를 공격하며 서적을 불태우는 행위, "계급의 적"이 사는 집을 약탈하는 등의 일이 매일의 의례가 되었다.[58] 이런 잔인하고도 악의적인 행위들은 문화혁명에 대한 부정적인 평가를 남길 수밖에 없었다.

하지만 혁명에는 또 다른 측면도 있었다.

파리코뮌의 몇몇 요소들을 교훈 삼아 1967년 2월, 중국의 두 대도시인 베이징과 상하이에서 코뮌 모델이 시행되었다.[59] 혁명 위원회가 전국적으로 당 기구를 대체했고, 특히 상하이 같은 지역에서 노동자들이 전에 없는 권력을 차지하게 되었다.[60] 노동자이론모임工人理論隊伍이라 불리는 공장 수준의 연구 모임은 이처럼 "상부구조[상층뷔를 점령한 노동자"(비록 그들 가운데 대부분은 학생들로 이루어진 홍위병이었지만)의 사례로 프롤레타리아의 실천을 이론화하려 했다.[61] 특히 1967년 1월에 혁명을 진행하고 생산을 장려하는 전선 지휘부[상해시조극명촉생산화선지휘부上海市抓革命促生產火線指揮部를 가리킨대가 설립됨에 따라, 일부 노동자들은 상하이 정부의 지도부에 편입되었다. 혁명 시기의 혼란으로 철도 및 부두가 하역된 화물들로 막히면서 교통 대란이 일어나자, 전선 지휘부는 행정부를 장악, 운송 및 통신 회선을 복구하고 회의를 소집하는 한편, 병목현상을 해소하기 위해 홍위병을 동원해 화물들을 제거했다.[62] 또한 전선 지휘부는 산업, 교통, 조사, 재정, 보건 등과 같은 부서들을 조직했으며, 상하이 혁명 위원회에 인수될 때까지 약 한 달 동안 사실상의 시 행정부 역할을 수행했다. 상하이 코뮌이 정식 수립된 1967년 2월 5일에는 상하이 인민 코뮌의 탄생을 "상하이 노동자계급이 자신들의 운명을 스스로 결정할 수 있는 새로운 장이 열린 …… 상하이의 혁명적 시민들의 정치적 삶에 큰 기쁨을 주는 사건"이라고 알리는 전단지가 날리기도 했다.[63]

전위당 및 당의 세심한 지휘에 대한 마르크스-레닌주의의 강조가 아니라, 파리코뮌 기간 동안 나타난 일상생활의 자발성과 대중의 정치 참여가 중국이 되새겨야 할 교훈이 되었다. 1966년 8월 8일 중국공산당 중앙위원회에서 발표한 '프롤레타리아 문화대혁명에 관한 결정'中國共產党中央委員会关于无产阶级文化大革命的決定 16개 조는 다음과 같은 결론을 내렸다. "이름이 나지 않은 혁명적인 청소년들은 용감한 개척자가 되었다. …… 그들은 대자보와 대변론大辯论들의 형식을 이용해 이미 밝혀져 있거나 숨겨진 자산계급의 대표 인물들에게 기탄없이 자신들의 견해를 밝히고, 모든 것을 폭로하고 비판하며 공격했다."[64] 마오쩌둥의 이 같은 대중 노선을 강력히 찬성하며 중국 공산당은 다음과 같이 결정했다.

> 위대한 프롤레타리아 문화혁명 안에서, 대중이 그들 스스로를 해방시킬 수 있는 유일한 방법은 …… 대중들의 힘을 믿고, 그들에게 의지하며, 그들의 주도권을 존중하는 것이다. 두려움을 던져 버려라. 무질서를 두려워하지 마라. …… 대중들이 다른 견해를 갖는 것은 정상적인 일이다. 견해가 다르면 논쟁은 피할 수 없고, 이는 오히려 필요하고 유익한 일이다. 학교와 여러 지역 단위에서 대중들이 설립한 문화혁명 단체, 위원회, 기타 조직들은 새롭고 역사적으로 중요한 가치를 갖고 있다. …… 파리코뮌과 같은 총선거 방식을 통해 문화혁명 단체 및 위원회 위원, 문화혁명 회의의 대의원을 선출할 필요가 있다.

그러나 코뮌 운동은 초기에 이 같은 지지를 얻었음에도 불구하고 정부에 의해 곧 위축되었다. 1967년 봄에 이르면, 공식 언론은 더 이상의 파리코뮌을 언급하지 않았다.[65]

그럼에도 불구하고 평범한 노동자와 농민들이 권력의 자리에 오르면서, 지방자치 단체와 마을의 권력 구조에 급진적인 변화가 일어났고, "기존의 권력자들과 달리 자신들이 대표하는 사람들처럼 보고 말하며 생각하는 여성들과 노동자 단체들이 정부에 유입되었다."[66] 노동조합은 이전처럼 당에 완전히 종속되지 않았고, 노동자들이 당에 가입하는 사람들의 대다수를 차지했다. 문화혁명은 10여 년간 진행되었지만, 일상생활에서 토론과 회의를 진행했던 경험, 지역 자치에 참여했던 경험 등은 사람들에게 오랫동안 기억되었다.[67] 지도자들 사이의 권력투쟁을 [자본주의와의 이데올로기 투쟁으로 속예 대중들을 조작했던 일에 매우 비판적이었던 사람들조차 "문화혁명이 인민 공화국 건국 이후 처음으로 …… 민주주의의 권리를 행사할 수 있는 기회"를 부여함으로써 인민 대중을 계몽하는 소중한 계기를 제공했다고 인정했다.[68] 1970년대 초 문화혁명의 참여자이자 증인으로서 은밀하게 글을 남겼던 류궈카이刘国凯 역시 마오쩌둥을 비판하며 "전대미문의 숙청"[69]을 위해 대중운동을 이용했다고 평가하면서도 다음과 같이 평했다. "문화혁명 기간 동안 사람들은 기존의 관료주의적이고 비민주적인 사회질서를 무너뜨렸다. 대중운동은 관료들에게 마땅한 타격을 주었고, 인민들에게 부과된 정신적 족쇄를 부수었다. …… 사람들은 언론·출판·집회·시위의 자유와 같은 민주적 권리를 실제로 행사했다. 이는 전례가 없는 일이었다."[70] 류궈카이가 문화혁명의 중요한 유산으로 꼽은 "대규모의 장엄한 시위, 감정을 자극하는 군중집회, 귀청이 터질 듯한 외침과 새로운 아이디어로 번뜩이는 글"들은 오랜 인상을 남겼다. 그것은 정부 관료와 당 간부들이 채운 "족쇄에 속박되지" 않도록 "사람들의 시야를 넓혔다."[71]

관료제와 정부의 부패를 척결하려는 시도 속에서 마오쩌둥은 학생, 노동자, 농민, 군인들에게 자유를 부여했다. 이들은 국가권력을 분산시키고, 중화인민공화국 수립(1949년) 이후 공고화 과정에서 소멸되어 가던 혁명의 열기를 되살려 내려는 문화혁명의 주역이 되었다. 육체노동과 정신노동 사이의 간극을 줄이기 위해, 공무원과 지식인들은 육체노동에 참여해야 했다. 반면, 노동자와 농민은 학교에서 교육받고, 공직에 선출되어 정치에 참여할 수 있는 기회를 보장받았다. 농촌 지역에서 협동조합과 코뮌을 통해 자급자족이 활성화되면서 농산물 생산에 대한 중앙 집중식 통제 또한 사라지게 되었다. 농부들에게 농한기였던 겨울은 전통적으로 개인적인 소일거리를 하며 보내는 시간이었지만, 이제 농부들은 "농촌 생활과 관련된 작업의 일환"으로서 저수지를 만들고 정지 작업을 하는 등 집단적 사업에 동참했다. 이 같은 집단 작업은 "인접 마을들과 농촌 거주자들 사이에 상호 의존과 상호부조, 배려의 정신을 창조했으며, 이를 통해 시장 논리를 비롯한 상업적 상호작용을 대체했다."[72] 공장의 자립이 권장되었으며, 지방정부는 지역 산업을 감독할 수 있는 자율권을 부여받았다. 과도한 폭력이 발생하긴 했지만, 문화혁명은 사람들에게 "독립적인 판단과 자립정신"을 고취했으며 공동체적이며 참여적인 새로운 일상생활을 영위하도록 했다.[73]

생활 혁명

중국과 러시아의 경험은, 동시대에 일어난 일은 아니었지만, 사회주의적 근대성을 확립하기 위해 일상을 변화시키고자 한 혁명적 기획이라는 측면에서 연속성을 나타낸다. 한반도 역시 이 같은 역사적 환경 속에 있었는데, 특히 북조선에서 "생활 혁명"이 일어났을 때 그랬다. 식민 통치하에서 일상생활은 이미 유물론적 비판의 기회를 제공하고 있었다. 유항림과 김남천 같은 작가들은, 표현의 자유가 점차 제약되기 시작하던 1930년대 초에 자본주의적 근대성뿐만 아니라 식민지적 근대성을 비판하면서 "마르크스주의 이론을 일상화하고 일상을 정치화"했다.[74] 벤야민과 같이, 그들은 일상생활을 매일 발생하는 것들의 영역으로 이해했는데, 이 영역은 근대사회를 마르크스주의적으로 비판하기 위해 필요한, 좀 더 깊은 근본 구조를 조명할 수 있게 해주었다. 일상은 유물론적 비판의 대상이 되었으며, 이와 동시에 유물론적 비판의 기반이 되는 은밀한 방법론을 제공했다. 프랑크푸르트학파의 부상과 동시대적으로, 식민지 조선의 마르크스주의자들은 사회를 조형하는 자율적 힘으로서 문화의 중요성을 인식하기 시작했다. 문화는 더 이상 단순히 사회의 부수적 산물이 아니라 물질적 토대를 구성하는 중요한 요소로 간주되었다. 전간기에 마르크스주의가 전 세계적으로 재구성되는 과정에서 문화적 힘과 일상생활에 대한 이 같은 의식의 변화는 일상생활의 거의 모든 면을 규제받는 식민지 통치하에 있던 조선에서 특별한 공명을 일으켰다. 황민화 정책의 일환으로 조선 사람들은 학교에서 조선말을 사용할 수 없게 되었고(1934년), 신사참배를 강요받았으며(1935년), 창씨개명을 해야 했고(1939년), 군인, 노동자, 성노예 ─ 일본은 그들을 "위안부"라고 불렀다 ─ 로 끌려갔다.[75] 또한 한복의 착용은 제재를 받았고, 세탁 횟수를 줄이기 위해 어두운 색의 작업복을 입도록 강요했다.

자본주의적 근대성은 어느 곳에든 침투해 지역사회의 오랜 뿌리와 고유의 문화들을 침식한다.[76] 식민지적 근대성은 그 불균등성과 차별적인 실천들 때문에 이런 자본주의적 근대성의 효과들을 더욱 가시적으로 만든다. 그러나 자본주의적 근대성이 자신의 잔혹한 속성을 소비에 대한 유혹을 통해 어느 정도 희석하려 노력했던 반면, 식민지적 근대성은 제국주의 모국을 위해 식민지가 수행해야 할 기능 때문에 이 같은 식으로 작동할 수 없었다. 제국주의 일본이 출판, 결사, 기업 활동에 대한 규제를 일부 완화했던 1920년대 문화 통치 기간에 대중 소비가 일부 늘기는 했지만, 1930년대 이르러 일본이 조선과 대만 너머로 자신의 제국주의적 야욕을 확장함에 따라, 조선은 제국 건설을 위해 문화 생산과 소비를 줄여 가며 최대한의 효율성을 창출하도록 압박받았다.

1930년대에 정치적 억압이 증가함에 따라 국내 항일 투쟁은 지하로 숨어들면서 협력이 어려워졌다. 반면, 만주와 인접한 한반도 북부 지역의 저항 세력은 멀리 떨어진 곳에 있었기 때문에 완전히 근절되지 않고 명맥을 이어갔다. 전통적으로 한반도 이북에는 한양의 중앙집권적 관료제의 영향력이 거의 미치지 못했고, 대다수의 지주 출신 양반들은 한반도 남쪽에 근거지를 두고 있었다. 나아가 북쪽 지역에 사는 사람들은 국경 지역을 중심으로 몽고족 및 여진족과 뒤섞여 함께 살아가는 초국적 역사를 가지고 있었다. 결과적으로 한반도 이북 지역은 전통적으로 신분과 부를 기반으로 하는 유교적 위계질서에 상대적으로 덜 얽매어 있었다. 이 지역이 농민과 노동자들 사이에서 급진적 운동이 성장할 수 있는 지리적 기반이 되면서, 이 지역의 화전민들은 적색농민조합을 결성하며 급진적으로 변화했다.[77] 일제의 식민정책에 대한 분노는 1945년 8월 15일 일본의 항복으로 생겨난 권력 공백을 혁명가들과 새롭게 정치화된 농민들이 즉각적으로 채울 수 있는 풍요로운 토양을 제공했다. 한반도 전역의 농민조합에서 적극적으로 활동했던 인물들이 대체로 인민위원회의 수장으로 선출되면서 농민조합은 인민위원회의 초기 구성에 영향을 미쳤다.[78] 일본군이 자신들의 병영으로 후퇴하고, 식민지 관료들이 초조하게 점령군을 기다리고 있는 사이, 전국적으로 마을 주민들은 질서를 유지하고 지역 자치위원회를 조직하기 위해 협력했다.

1945년 말, 한반도 전역에 걸쳐 (도, 시, 군 및 마을 단위에 이르기까지) 모든 단위에서 인민위원회가 구성되었다.[79] 인민위원회는 다양한 지역에 걸쳐 각기 다른 형태와 정치적 성향을 보였는데, 이 위원회들은 혁명적 정의를 실현하기 위해 자발적으로 조직되었다. 인민위원회는 일제에 부역한 "민족 반역자"들을 처단하기 위해 인민재판소를 세우는 한편, 토지를 분배하고 치안을 유지하기 위해 지방 관청을 인수했다. 인민위원회는 다양한 분야에 걸쳐 엄청난 조직력을 보였다. 대부분의 인민위원회는 선전, 치안(또는 보안), 식량 관리 및 재정은 물론이고 지역의 필요에 따라, 복지, 노동관계, [가장 흔하게는] 소작료 등을 다루는 부서들을 가지고 있었다.[80] 당시 군정청에서 근무했던 한 미국 관리는 "식민지 시기의 정부 기관은 모두 무력화되었고" 이를 대신해 인민위원회가 "약탈, 방화, 폭동" 등을 막고 "치안을 유지했으며 세금을 징수"했다고 진술했다.[81] 농민조합, 노동조합, 치안대, 학생·청년·여성

단체가 인민위원회에 추가로 합류했다. 해방 직후 지방인민위원회는 자율성을 통해 자치 공간을 확보했으며, 일상의 성격을 벤야민이 모스크바를 회상하며 떠올렸던 것과 중국이 실행했던 코뮌 모델을 연상시키는 형태로 변화시켰다.

흥미롭게도 1946년 3월 3일 북조선 보안국의 참모장은 기자회견에서 프랑스혁명을 언급했다.

> 조선이 해방된 이후 우리의 주권은 회복되었다. …… 보안국의 역할은 노동자, 농민, 소시민, 학생과 같은 여러 계층의 사람들의 재산과 생명을 보호하는 수비대와 같다. …… 인민보안대의 기원을 추적해 보면, 1789년에서 1870년에 걸친 프랑스혁명 기간 당시 프랑스의 평화와 질서를 유지하는 임시 공공 경찰 제도가 운영되었음을 알 수 있다. …… 이제 우리는 우리 스스로를 보호하기 위해 헌신해야 한다. 나는 모든 사람들이 진심으로 우리와 함께하기를 희망한다.[82]

근대에 발생한 혁명들 사이에 시간적 단절이 있었지만, 이 혁명들은 공통적으로 일상생활을 기존과는 다른 종류의 것으로, 다시 말해 "철저하게 공적이며" 상품화로부터 자유로운, 사회적 의미로 충만한 것으로 개조하기 위해 노력했다.

북조선 혁명은 해방 후 1년 동안 이북 지역에서 이루어졌던 주요한 개혁들을 의미한다. 토지를 경작자에게 돌려주기 위한 전면적인 토지개혁이 1946년 3월 5일에 공표되었는데, 무상몰수를 공식화함으로써 몰수된 토지들을 대부분 실제 경작자들에게 나눠 주었다. 6월에는 〈노동법〉이 제정되어 하루 8시간 노동, 표준화된 임금 책정, 2주간의 유급 휴가, 단체 교섭권 인정 및 위험 산업에서 아동 노동의 금지 등이 시행되었다. 7월에는 〈남녀평등에 관한 법령〉이 제정되어 여성이 가족·사회·정치에 "삼중으로 종속"되는 현실을 개혁했다. 이 법령은 기존에 있던 대한제국 및 일제의 여성 관련 법들을 폐지하며 정치 참여, 경제 및 교육 기회, 결혼 및 이혼 선택의 자유, 일부다처제 금지, 아내나 첩으로의 여성 판매 금지 등 여성에게 남성과 동등한 권리를 부여했다. 마지막으로 대부분 일제의 소유였던 주요 산업, 은행, 운송 시설 등이 국유화되었는데, 이 같은 과정은 민족주의자들의 주장을 반영한 것이었다. 전통적인 사회적 위계 관계, 농민과 여성의 지위, 정치 및 사회 조직의 형태, 국가의 역할 등이 하룻밤 사이에 바뀌었다.

교육상을 역임한 백남운에 따르면, 소련에서 시행된 사회주의 실험이 북조선에 "심대한 교훈"과 "지표"를 제공했다. 백남운은 1949년 2월 22일부터 4월 7일까지 소련과 맺은 〈경제문화협력조약〉에 서명하기 위해 북조선 대표단의 일원으로 소련을 방문했다.[83] 초콜릿 공장을 방문하는 동안, 백남운은 상품 포장이 제품의 사용가치 — 즉, 제품의 기능과 형태 — 를 어떻게 보존하는지에 주목했다.[84] 이윤을 위한 교환가치보다 제품의 물질성 — 그것의 사용가치 및 사회적 의미 — 이 제품의 디자인과 제조법을 결정했다. 또한 백남운은 소련에서 생산라인의 기계화가 자본주의사회에서처럼 노동자를 노예화하는 것이 아니라 노동자를 지루하고 반복적인 노동으로부터 해방시켜주는 하나의 방안이 될 수 있음을 목격했다. 노동자들은 기계 관리자로서 생산과정을 감독했으며, 이로 인해 창출되는 여가 시간에 문화생활을 누릴 수 있었다. 공장, 교육 시설, 박물관, 미술관 등 다양한 장소를 둘러보면서 백남운은 여러 "써클" 안에서 다양한 활동들이 진행되고 일상생활이 음악, 춤, 조각 및 건축과 같은 다양한 예술 분야로 확장되는 것에 매료되었다. "모든 오락과 유희의 방향이 집단적인 써클을 통하여 사회주의 생활의 문화 수준을 새 단계로 발전시키고 있다. …… 일상생활이 예술과 결부되었고, 생활의 문명이 예술화하는 점에 있어서 세계에서 가장 행복스러운 생활인 것이며 가장 고도의 문명 생활인 것이다."[85] 백남운의 여행 기록은 기억에 남는 박물관들의 목록과 그 건물 내부 및 공공장소의 세부 특징에 대한 세세한 설명들로 가득 차있었다. 백남운은 이 같은 세밀한 기록이 반드시 필요했다고 이야기했다. "시간성을 역사적으로 파악하여 두는 것은 과학적 세계관의 제일 조건인 만큼 인류의 새 역사를 창조한 소연방의 사회상을 인식하는 데는 절대적으로 필요한 조건일 것이다."[86]

의심할 여지없이 백남운과 대표단은 소련의 성취만 기록했을 것이고, 제2차 세계대전이 소비에트 사회를 어떻게 붕괴시키기 시작했는지에 대한 내용은 간과했다. 하지만 대표단은 박식한 지식인들과 정치인들로 구성되었으므로 열차로 시골을 통과하는 6주간의 긴 여행 동안 소련이 의도하지 않았던 것들을 예리하게 관찰했을 것이다. 대표단의 다른 구성원들의 관찰 기록들에서도 알 수 있듯이, 대표단의 모든 사람이 소비에트 사회의 일상생활에 감명을 받은 것은 아니었지만, 대표단은 각자의 전문 분야에서 소비에트 사회의 일상생활을 사회주의적 근대성의 사례로 북조선에 소개했다.

북조선임시인민위원회 상업국장이었던 장시우는 매장 점원의 유니폼에서부터 상품 진열 방법에 이르기까지 매장 운영 전반에 대해 세밀한 기록을 남겼다. 장시우는 특히 판매대의 실용적 설계에 주목했다.[87] 북조선에서 사용하는 비싸고 깨지기 쉬운 유리로 만들어진 진열대와 비교하면서 장시우는 나무로 만든 진열대가 훨씬 튼튼하고 만들기 쉬우며 고객을 응대하는 데도 더 좋다고 칭찬했다. 장시우는 소련의 판매대가 단순히 상품을 보여 주는 용도가 아니라 고객을 응대하기 위한 것이라고 이야기했다. 또한 장시우는 소련에서 기계의 발달로 인한 대량생산이 어떻게 사람들이 보다 쉽게 예술에 접근할 수 있도록 예술의 형태를 변형시켰는지 관찰했다. 장시우는 벤야민의 『기술 복제 시대의 예술 작품』(1936)과 마찬가지로 건축, 공예품을 비롯한 여러 예술 작품들이 수공이 아니라 기계화된 방법으로 생산되고 있는 점을 강조했다.[88] 그는 예술이 일상생활의 일부가 아니라 삶 자체가 예술이 되어야 한다고 결론지었다. "소련 사람들은 예술을 완전히 자기 생활의 한 부분으로 삼아 살고 있다. 마치 담배 피우는 사람이 담배 못 하면 못 견디는 것처럼 그들은 춤추는 곳에 가기만 하면 자연 들먹거려 못 견디는 것으로 이해되었다. 그들은 문길쇠[자물쇠] 하나를 만들어도 무슨 조각이 있어야 한다."[89] 장시우는 그의 글을 마치면서 그의 부서에 있는 사람들에게 소련으로부터 많은 것을 배울 것을 촉구하면서도 조선이 짧은 기간 안에 소련처럼 될 수 없다는 사실을 한탄했다. 지하철, 콜호스(소련의 집단농장), 크렘린궁전, 국립 소아과 병원, 레닌 묘소, 레닌그라드 피오네르★ 궁전은 북조선이 유사한 목적의 장소를 만드는 데 그 원형을 제공했다. 그러나 사회주의의 선두 주자인 소련을 모델로 삼아 이를 모방하는 것이 북조선 지도층이 국가 건설의 주요 조건으로 주장한 자치와 독립의 원칙에 위배되는 것은 아니었다. 실제로 백남운은 1955년 당시 김일성이 북조선 정치사상의 핵심으로 사용하던 주체라는 용어를 활용해, 소련과의 상호 원조 및 협력을 주체성을 가진 독립국 조선의 기반으로 보았다.[90]

일제로부터 정치적으로 해방되었음에도 불구하고 북조선 대표단은 식민주의와 자본주의의 잔재를 완전히 제거하기 위해 일상생활을 변화시키는 것이 중요하다고 주장했다. 1920년대 소련에서 문화가 중요한 위치를 차지한 것처럼, 좌익 성향의 작가 임화 역시 문화의 문제를 이야기했다. 그는 일본에 의한 정치적 지배의 효과를 근절하기는 쉽지만, 일상생활의 잔재는 훨씬 오래갈 것이라고 주장했다. 즉, "문화를 지배한 영향의 잔재는 앞으로 오

★ 피오네르는 선구자(pioneer), 개척자를 뜻하는 러시아어로, 북조선에서는 '삐오넬'로 부른다. 10~15세 어린이를 대상으로 한 조직으로 1922년에 처음 만들어져, 1991년 해체되었다.

래 걸려서 청산되는 것이다. …… 이것은 소위 국민 문화 운동의 영향이라든 가 정신 총동원 운동의 영향을 말함이 아니라 언어, 관습, 취미, 양식 등의 영 역에 남아 있는 보이지 않는 영향이다."[91] 정치권력을 바꾸는 것은 단지 시 작에 불과했다. 식민지화된 일상을 복구하기 위해서는 철저한 문화혁명이 이루어져야 했다.

　전간기 혹은 제2차 세계대전 이후 자본주의의 지배적인 권력 구조와 별 다른 갈등 없이 안정적인 관계를 맺으며 적응한 보편적 모더니즘 또는 본격 모더니즘과는 다른, 영웅적 모더니즘이 노동자, 농민, 여성이 한반도 역사의 새로운 길을 개척하는 핵심적 영웅들로 부상한 북조선에서 전개된 사회·문 화 혁명의 핵심에 있었다. 데이비드 하비와 레이먼드 윌리엄스가 지적했듯, 20세기에 모더니즘이 추동했던 힘은 모순적일 정도로 다양했다. 과학과 진 보의 이름으로 세계를 통제하고 합리화하려는 계몽주의 기획은 그 자체로 이론적 결함이 있었을 뿐만 아니라, 두 차례의 세계대전에서 볼 수 있듯 지 극히 파괴적이었다. 다양한 형태의 모더니즘은 이에 대해 여러 가지 방식으 로 대응했다. 윌리엄스가 "근대성에 반하는 근대주의자"라고 묘사한 반동적 근대주의자들은 국가권력을 추구하는 과정에서 편의적인 목표를 수립하기 위해 과학과 합리적 규칙들을 재배치했다. 사회적 안정을 위해 시계를 되돌 려 신화적 응집력[통일성]을 창출하려 한 것이다.[92] 동아시아의 경우, 이런 흐름은 1930, 40년대 일본의 담론과 정책에서 가장 잘 드러난다. 일본은 대 동아공영권 건설을 위해 신화적 존재인 일본 왕에 대한 맹목적인 믿음과 식 민지 주민들의 "황민화"를 이끄는 후속 정책들을 통해 "근대성 극복"을 희망 했다.[93]

　한편 다른 이들은 초현실주의, 구성주의, 사회주의 리얼리즘과 같이 매 우 정치적인 운동의 형태로, 데이비드 하비가 **영웅적** 모더니즘이라고 불렀 던 것을 추구했다. 이들은 현재와 과거를 **모두** 비판하면서 역사적 진보에 대한 믿음을 기초로 완전히 다른 미래를 대안으로 제시했다.[94] 이런 운동들 속에 체현된 집단은, 군사주의적 팽창을 위해 옛날 옛적의 신화에 의존한 모호한 집단과는 달리, 구체적인 물질적 이해관계에 의해 정의되었다. 근대성이 낯선 사람들로 이루어진 군중 속으로 개인들을 고립시킨 것만은 아니었다. 그것과 동시에 도시의 "자유로운 이동성"을 바탕으로 "새로운 종류의 연대가 수립"되도록 했다.[95] 사회주의 프로젝트는 사회를 자본의 논리보다 우위에 놓음으로써 자본주의적 근대성의 효과를 비판하면서도, 근대성이 제시한 새로운 가능성에 주목했다. 효율성과 합리성을 강조하는 모더니즘의 서로 다른 지류支流들 사이에서 나타나는 피상적인 유사점들로 말미암아, 그 내용에 있어서의 실질적인 차이를 간과해서는 안 된다. 구성주의와 같은 운동들은, 지금 당장의 이윤 추구나 초월적 과거의 영광을 재현하기보다는, 더 나은 미래와 좀 더 사회적 의미를 가진 삶을 창출하기 위해 노력했다.

우리는 북조선의 역사를 현재의 포스트모더니즘적 관점에서 실패한 모더니즘의 기획으로 바라보기보다는, 자본주의적·식민지적 근대성에 대한 사회주의적 근대성의 비판이라는 근대성의 역사 안에서 이해해야 한다. 북조선에서 진행된 혁명은 혁명적인 사회를 창설하고 이를 유지하는 과정을 통해 영웅적인 사회주의적 근대성을 완성하기 위한 시도였다. 다음 장들에서는 북조선 사회가 일상생활 속에 혁명적 실천을 제도화하기 위해 시도했던 노력들을 살펴본다.

2장

식민지 근대성의 유산:

혁명의 불씨

그림 2.1. 함경북도 인민위원회 해방 1주년 기념(1946년)
출처: RG 242, SA 2005, Box 7, item 5. 미국 국가기록관리청 제공

나는 완전한 정신분리증에 걸린 것 같다. …… 사랑에서 안방으로 안방에서 사랑으로 의미 없이 들락날락하며 혼자 속으로 중얼거리는 것이다. 기쁜 날이 왔다 기쁜 날이. 너도 나도 다 같이 기뻐하야 한다. 만나는 사람마다 붙잡고 악수하자. 나는 히죽히죽 웃었고 만나는 사람마다 끌어안다시피 악수했다. 그러나 어쩐지 허전하고 큰 구멍이 뚫린 듯 한 구석이 터엉 비었다. 일본은 인제 완전히 파산이다. 그러면 파산한 것은 일본뿐이냐?

| 오영진(1945년 8월 14일)

여러 지역에서 행진이 계속되고 있다. 집회와 즉석에서 계획되는 독특한 회합, 그것들은 자주 자연발생적으로 갑자기 일어났다. …… 노인들, 젊은이들, 노동자들, 교사들, 변호사, 학생, 상인들이 발언을 했다. 오랜 세월 동안 강요된 침묵과 폐쇄성, 억눌림을 깨고 자기의 의견을 모두 말했다.

| 파냐 이사악꼬브나 샤브쉬나(1945년 8월 22일)

1945년 8월 15일 라디오를 통해 아시아-태평양 전쟁에서 일본의 패배를 인정하는 히로히토 일왕의 목소리가 울려 퍼졌던 당시 한반도는 비교적 조용했다. 일본의 항복 소식을 아직 듣지 못한 사람들이 많았으며, 소식을 접한 사람들 가운데서도 일부는 장차 일어날 일에 대해 걱정하고 있었다. 바로 다음 날, 거리는 축하 행진을 하는 인파로 가득 찼다.[1] 1940년부터 1946년까지 서울에 위치한 소련 영사관에서 직원 신분으로 활동했던 샤브쉬나*는 그 모습을 목격했다. 그녀는 일기장에 1945년 8월 16일을 다음과 같이 기록했다. "200~300미터마다 집회가 진행되고 있었"는데, "집회에서는 연설과 노래, 눈물, 포옹 이 모든 것이 한데 어우러졌다."[2] 한반도 전역에 걸쳐 마을별로 식민 통치를 대체할 치안 및 자치 조직이 즉각 조직되었다.

미국이 가로챈 일본의 정보 보고 문서에는 이북 지역의 상황에 대해 다음과 같이 적혀 있었다.

★ 파냐 이사악꼬브나 샤브쉬나(1906~98년)는 당시 재조선 소련 영사관 부영사였던 샤브신의 부인이었다. 한 해 먼저 파견된 남편을 따라 1940년에 입국해 해방 이후인 1946년까지 조선에 머물렀다. 이후 러시아로 돌아가 평생 한국학 연구에 몰두했다.

소련군과 조선인 위원회가 치안을 담당하고 있다. 모든 경찰은 무장해제되었다. …… 일본인들은 모두 극심한 공포에 떨고 있다. 도시는 전체적으로 조용하고 차분하지만, 조선 사람들은 소련과 조선의 깃발을 들고 거리 행진을 하거나 도시 곳곳에 포스터를 붙이고 있다. 일본인과 조선인 사이에 충돌은 없었지만, 일본인들은 강도, 범죄, 폭력이 발생할 것을 걱정하고 있다. 정부, 금융기관, 회사 및 공장에는 별다른 변화가 없었지만 경찰서장은 조선인으로 바뀌었다. …… 소련 주둔군이 지방자치 단체와 행정 기구들을 즉각 장악했고, 조선건국준비위원회에 이들 기구를 이양했다. 경찰서의 무기는 앞서 언급한 위원회의 부서인 호안대에게 넘겨졌고, 민간인 복장을 착용한 조선인 경찰은 호안대가 치안을 유지하도록 보조했다.[3]

[해방 직후 발생한] 인구 이동 가운데 상당수는 식민지 시기에 정치적으로 적극적인 활동을 벌인 사람들 사이에서 이루어졌다. 8월 16일 전국적으로 2만 명의 정치범이 석방되었고, 일본군에 강제 징집되었던 청년들 역시 고향으로 돌아오기 시작했다. 서울에서는 8월 16일 오전 10시부터 서대문 형무소에 갇혀 있던 1000여 명 이상의 "애국지사"들이 풀려나기 시작했다. 형무소 앞에서 사람들은 즉흥 연설을 하거나 애국가, 인터내셔널가 등을 불렀다. 형무소 주변에는 수많은 인력거꾼들이 있었는데, 이들은 [오랜 수감 생활로 스스로 움직일 수 없는 사람들을] 자신의 인력거에 무료로 태워 집으로 실어 날랐다.[4] 석방된 사람들은 고향으로 돌아와 지도자로서 핵심 직책을 맡았다.[5] 나이 든 지역 유지들이 지도자로 선정되는 경우도 있었지만, 실제 활동은 독립운동 경험이 있는 젊은 운동가들이 주도했다. 초기에는 평화와 안전을 확보하는 것이 주요 목표였으며, 이와 관련한 조직들은 치안대, 보안대(호안대), 자치위원회, 정치위원회, 인민위원회와 같은 다양한 이름들로 불렸다.

표 2.1. 인민위원회 조직(1945년 11월)

	전체	38도선 이남			38도선 이북		
		전체	조직	비조직	전체	조직	비조직
면	2,244	1,680	1,667	13	564	564	-
읍	103	75	75	-	28	28	-
섬	2	2	2	-	-	-	-
군	218	148	148	-	70	70	-
시	21	12	12	-	9	9	-
도*	13	9	7	2	7	6	1

출처: RG 242, SA 2006, box 13, item 65, "전국인민위원 대표자대회 회의록"(1946년 11월). 이 자료는 다음에서도 볼 수 있다. 『한국현대사 자료총서』 12권(김남식, 이정식, 한홍구 엮음. 돌베개, 1986), 470쪽과 『북한관계사료집』 6권, 618쪽(자료들 사이에는 약간의 차이가 있다).
* 남북 지역의 도를 모두 합하면 13개가 아닌 16개가 된다. 이는 경기도, 강원도, 황해도가 38도선으로 나누어졌기 때문이다. 인민위원회가 조직되지 않은 3개 도는 38도선 북쪽의 경기도와 남쪽의 강원도·황해도다.

한편, 저명한 독립운동가이자 온건 좌파인 여운형은 조선총독부로부터 평화와 안전을 유지할 수 있도록 협조해 달라는 요청을 받았다. 여운형은 조선건국준비위원회('건준'으로 약칭) 구성을 주도하며, 독립을 준비하고, 치안대를 구성했으며, 비상식량을 조달했다. 거의 하룻밤 사이에 145개 지부가 한반도 전역에 나타났다.[6] 건준 창립 소식은 각 지역에 건준 지부 설립을 촉발했다. 지부 설립은 각 지역에서 기존의 치안 사무소 또는 인민위원회 간판을 단순히 교체하는 방식으로 이루어지는 경우가 많았다.[7] 지방에서는 다양한 단체들이 건준의 이름 아래 이런 식으로 집결했지만, 오히려 서울은 이런 대중운동에서 뒤처졌다.[8] 미군이 점령군으로 인천에 도착하기 이틀 전인 1945년 9월 6일, 여운형의 지도 아래 조선인민공화국 수립이 선포되었다. 이는 자치 정부 수립에 대한 조선인들의 열망과 능력을 보여 주는 것이었으며, 미국이 다른 계획을 세우지 않도록 독립에 대한 열망을 사전에 표출한 것이기도 했다. 전국적으로 건준 지부들은 지부의 이름을 인민위원회로 변경하고 조선인민공화국의 수립을 지지했다. 다른 이름이 사용되는 경우도 있었지만 9월 한 달 동안 많은 지부들, 그중 적어도 도 단위의 지부들은 인민위원회로 재편되었다.

인민위원회는 총독부 관료 및 친일 부역자들에게 혁명적 정의를 구현했는데, 이는 때때로 폭력적인 방식으로 이루어지기도 했다. 인민위원회의 "적"은 총독부와의 관계를 기준으로 규정되었다. 즉, 총독부의 비호를 받아 농촌 지역을 통제했던 지주, 지방정부 관료와 경찰, 총독부의 명령에 따라 쌀을 수탈했던 직원들이 적으로 규정되었다.[9] 정치적 성향과 상관없이 주된 표적은 식민지 기구를 구성했던 모든 기관과 관련된 사람들이었다. 인민위원회는 "민족 반역자"를 처단하는 동시에 식량을 분배하고 치안 유지와 관련된 일들을 하면서 일제 식민 정부의 붕괴로 공백이 된 지역 통치권을 장악했다.[10] 인구의 대부분을 차지했던 농민들이 인민위원회를 장악했다.[11] 농민들은 지방 관리들의 명령을 거부하고 인민위원회의 지령에만 복종했다. 대부분의 경찰서 역시 농민들이 장악한 것으로 보고되었다.[12]

남한에서 이런 자치 기간은 오래 지속되지 못했다. 미군정은 인민위원회가 자신의 권력을 위협하는 것으로 간주했고, 이에 따라 원칙적으로 조선인들이 구성한 기존의 권위체들을 일체 인정하지 않았다. 설상가상으로 인민위원회는 토지개혁과 일본인이 소유했던 주요 산업의 국유화를 옹호함에 따라 좌익으로 간주되었다. 재조선미국육군사령부군정청(이하 '미군정')의 출범은 궁극적으로, 비록 그것이 필연적인 것은 아니었지만, 한반도 남쪽에서 인민위원회의 종말을 가져왔다.[13] 각 지역의 많은 인민위원회들, 특히 마을[리] 단위의 인민위원회는 지역에 파견된 미 점령군과의 관계에 따라 1946년 가을까지 유지되기도 했는데, 이는 미군정이 도 단위 이하에서는 영향력을 적절히 행사할 수 없었기 때문이었다.[14]

이와는 대조적으로 북쪽에서는 인민위원회가 점령군 소련의 도움을 받았는데, 소련은 대체로 조선인이 설립한 자치단체에 자신들이 점령한 지역의 관리를 위임했다. 언론과 정보원들로부터 취합한 정보를 토대로 작성된 미 정보 당국 보고서의 기록에 따르면, "1945년 8월 말 일본이 항복한 후 소련군이 북조선에 진주했을 무렵, 조선인들이 이미 각 지역에 상당수의 자치위원회를 결성했다. 5개 도에는 각각 27명으로 이루어진 위원회가 이미 구성되어 있었다."[15] 남쪽과 유사하게 북쪽 지역의 위원회들 역시 마을 회의를 통해 또는 마을 지도자들의 주도로 형성되었다. 그러나 소련은 인민위원회를 자신의 권력을 위협하는 단체로 간주하지 않고, 오히려 이를 지원하고 육성했다. 이를 통해 소련은 자신에게 우호적이면서도 대중의 지지를 받을 수 있는 정부가 수립될 수 있는 기반을 구축했다. 이 같은 상황은 좌익 정치가들이 소련을 지지함으로써 더욱 확실해졌다. 영향력을 행사하기는 했지만, 소련은 남쪽의 미군정에 필적할 만한 군정을 북쪽 지역에 수립하지는 않았다. 실제로 소련의 일차적인 목표는 한반도를 점령하는 것이 아니라 1905년 러일전쟁에서 빼앗긴 사할린 지역을 되찾고, 일본을 견제할 수 있는 완충지로 한반도를 이용하는 것이었다.[16]

한반도의 분단과 관련해 얄궂은 점은 평양이 "동방의 예루살렘"으로 불릴 정도로 그리스도교인 비율이 동아시아에서 가장 높은 지역 가운데 한 곳이었던 반면, 남한은 식민 통치 기간에 활동한 공산주의자 가운데 다수가 은신해 있던 곳이라는 사실이다.[17] 평양에서는 1945년 8월 17일 온건 민족주의 성향의 교육자이자 그리스도교인인 조만식이 평안남도에 건준 지부를 결성했다.[18] 그다음 주에 소련군이 진주하고, 교도소에서 석방된 좌익 인사들이 평안남도 건준 지부에 참여하면서, 중도적 성향이었던 건준 평안남도 지부는 8월 27일 평안남도 인민정치위원회로 개편되었다. 이런 움직임에 대응해 조만식은 [1945년 11월 3일] 그리스도교인, 상인, 지주 등으로 구성된 조선민주당을 결성했다. 그러면서도 조만식은 평안남도 인민정치위원회 위원장직을 유지했으며, 소련의 공식적인 지원을 받아 (작은 인민학교[초등학교] 교실을 빌려 사용하던) 사무실을 책상, 소파, 카펫이 구비된 대형 사무실로 이전하기도 했

표 2.2. 북조선 각 도에 있는 인민위원회 개관(1945년)

도	인민위원회의 발전 과정	정치적 성향	소련군 진주 일자
함경북도	8.16.~8.17. 나진, 웅기, 청진 등에서 시 단위 인민위원회 설립 9월 말 함경북도 인민위원회 설립 (북조선 자료에 따르면, 설립 일은 이보다 나중인 10월 26일로, 이는 공산주의자들이 인민위원회를 장악한 시점이다)	식민 통치 기간 동안 적색농민조합이 활발히 활동했던 좌익 세력의 거점	8.10.~8.12.
함경남도	8.16. 함경남도 인민위원회좌익 함경남도 공산주의자협의회와 함경남도 건국준비위원회 별도로 조직 8.25. 함경남도 집행위원회 9.1. 함경남도 인민위원회	식민지 시대부터 산업 노동자들이 집중되어 있던 좌익 세력의 거점	8.21.
평안북도	8.16. 신의주시 임시자치위원회 설립 이후 다른 시에서도 연이어 위원회 설립. 8.26. 평안북도 자치위원회 8.31. 평안북도 임시인민위원회	좌·우익 연합 식민지 기간 동안 북부 지역 가운데 가장 많은 소작쟁의 발생 1945년 11월 신의주 학생들이 인민위원회에 항의함 조선신민당의 거점	8.22.
평안남도	8.15. 평안남도 치안유지위원회 →8.16. 평안남도 조선건국준비위원회 8.17. 조선공산당 평안남도지구위원회 8.27. 평안남도 인민정치위원회 (조선건국준비위원회와 공산주의자들의 연합) 11.24. 평안남도 인민위원회(좌파)	그리스도교인들이 평양에 집중되어 있는 보수적 지역	8.24.
황해도	8.17. 조선공산당 해주지구위원회, 해주 보안대 등 8.20. 조선건국준비위원회 황해도 지부 8.25. 황해도 인민정치위원회(보수) 9.2. 황해도 인민위원회(연합) 9.13. 황해도 인민위원회(좌파)	38도선 이북 지역에서 가장 큰 곡창지대로, 격렬한 계급 갈등	8.25.
강원도	10.18. 강원도 인민위원회 (8.16. 강원도 자치위원회 → 강원도 조선건국준비위원회는 38도선 이남 춘천에 세워졌음)	좌익 성향. 38도선에 의해 분단됨	8.25.

출처: RG 242, SA 2009, box 3. item 103. "각 도 인민위원회 2년간 사업 개관"(1947년 9월). 김광운, "북한 권력 구조의 형성과 간부 충원: 1945.8.~1947.3."(한양대학교 사학과 박사학위논문, 1999), 44쪽. 김용복, "해방 직후 북한 인민위원회의 조직과 활동," 『해방전후사의 인식』 5권, 김남식 편(서울: 한길사, 1989). 류길재 "북한의 국가 건설과 인민위원회의 역할, 1945-1947"(고려대학교 정치외교학과 박사학위논문, 1995), 3장. 류재인, 『강원도 비사』(서울: 강원일보사, 1974), 19, 29쪽. Bruce Cumings, *The Origin of the Korean War: Liberation and the Emergence of Separate Regimes*, 1945-1947, vol. 1(Princeton: Princeton University Press, 1981), chapter 11.

다.[19] 이것은 소련이 한반도 이북 지역을 장악하는 검증된 방법이었는데, 소련은 평안남도에서처럼 인민위원회에 좌파 인사가 부족한 지역에 좌파 인사들을 보충함으로써 인민위원회를 장악했다. 1945년 8월 26일부터 11월 2일까지 평양 부윤이었던 한근조는 미국 당국에 제출한 보고서에 다음과 같이 기술했다. "북에는 중앙정부가 없다. 도별로 자치 정부를 수립했다." 그는 또한 평안남도 인민위원회에는 (조만식이 설립한 조선민주당에 가입해 있는) "조선민주당원들"이 다른 도보다 많이 참여하고 있다고 보고했다. 평안남도 인민위원회는 18명의 공산당원과 14명의 조선민주당원으로 구성된 반면, 다른 지역에는 각 위원회에 3명 정도의 조선민주당원이 있었다.[20] 조선민주당원들은 소련의 압력 때문만이 아니라 광범위한 연합체 내에서 실질적으로 활동하기 위해 공산주의자들과 함께 활동해야 했다. 게다가 상당수의 그리스도교 민족주의자들은 일제강점기에 반제국주의 운동을 활발히 벌였던 사회주의를 정치 세력으로 어느 정도 인정한 상태였다.[21] 1945년 11월까지 북쪽의 6개 도 내에 있는 대부분의 시, 면, 리 등에 인민위원회가 조직되었다.[22]

한반도 이북 지역에 대한 점령을 용이하게 하기 위해 소련 당국은 1945년 10월 3일 "민정청"을 설치했다.[23] 조선인들의 주도 아래 소련은 보수적인 황해도와 평안도 지역의 인민위원회 구성에서 좌익 인사들의 비율을 높이는 방식으로 친소 성향의 지도부를 구성했다. 소련은 만주(1932~41년) 및 러시아 지역(1941~45년)에서 항일 빨치산 투쟁을 이끌다 1945년 9월에 귀국한 김일성을 필두로 평양의 주요 정치 인사들의 통합을 마무리한 뒤, 북조선 5도 인민위원회의 연합회의를 적극 추진했다. 1945년 10월 8일[부터 10일 사이에 개최된 연합회의를 통해] 북조선5도행정국이 [11월 19일] 설립되었는데, [회의에 참석한 북조선 5도] 인민위원회 대표 110명 가운데 51명은 조선공산당 당원이었으며, 그 외의 다른 당들로부터 노동자, 농민, 지식인 출신 39명의 대표와 20명의 소련 측 인사가 합류했다.[24] 각 도와 여러 당들의 대표가 평양에서 공업국,

표 2.3. 북조선 인구(1947년)　　　　　　　　　　　　　　　　　　　(단위: 명)

	평양	평안 남도	평안 북도	황해도	강원도	함경 북도	함경 남도	계
조선인	352,101	1,489,193	1,950,718	1,718,006	1,162,308	943,582	1,555,185	9,171,093
중국인	3,921	3,736	20,093	3,546	1,344	5,470	2,753	40,863
일본인	163	191	28	107	70	84	246	888
독일인	0	0	0	0	62	2	8	72
계								9,212,938

출처: RG 242, SA 2005, box 6, item 1, "보안부 내무부 인구조사보고"(1946-48년).
참고: 위의 원본 표 안의 총 인구수는 각 수치의 실제 합계보다 22명이 많다. 독일인의 대부분은 선교사였다.

재무국, 교통국, 교육국, 농림국, 보건국, 상업국, 사법국, 체신국, 보안국 등 10개 부처를 구비한 중앙 행정부를 구성하기 위해 회의를 진행했다.[25] 결과적으로 여러 지방 행정 조직들은 인민위원회로 불렸고, 지방위원회는 중앙위원회의 견해를 바탕으로 여전히 지역 문제에 대한 해결 권한과 통제 권한을 가지고 있었다.

　1946년 2월 초 행정부는 북조선임시인민위원회로 재조직되면서 기존 10개 집행부서[기존 10국에서 집행부서로 명칭 변경]에 기획부, 선전부, 총무부 등 3개의 집행부서를 추가했다.[26] 위원장, 부위원장, 간사 및 2명의 임원으로 구성된 5명의 상임위원회를 비롯해 23명의 중앙위원들로 구성된 북조선임시인민위원회는 11개 조의 당면 과업을 발표하고, 새로 들어선 정부의 주요 과제를 선정했다. 11개 당면 과업의 첫 두 가지는 친일 분자 및 반민주적 반동 분자 숙청과 토지 분배를 주요 골자로 하는 토지개혁이었다. 다음 다섯 가지는 심각한 식량 부족 문제를 해결하는 데 중점을 두면서 경제를 회복시키기 위한 과제들이었다. 세부 내용으로는 생활필수품 산업의 발전, 철도·전기·통신·운수 등의 회복, 무역 및 상업을 촉진하기 위한 금융기관 체계의 정리, 상인 및 기업가들의 주도성을 장려하기 위한 중소기업의 개량과 발전 등이다. 마지막 네 개 계획은 사회 개혁에 초점을 맞춰 공장 위원회의 설립을 추진했다. 사회 개혁의 세부 내용은 공교육 확대, 교사와 학교 수 확충, 광범위한 문화 계몽운동을 통해 "진정한 민주주의 정신"을 함양하기 위한 일제강점기의 "노예 이데올로기" 근절 등이 있다.[27] 이 점에서 북조선임시인민위원회의 형성은 해방 이후 자발적으로 형성된 인민위원회를 합법적인 정부 형태로 제도화하려는 시도라고 해석할 수 있다.

북조선임시인민위원회는 자신을 진정한 인민 민주주의의 모델로 제시하기 위해, 나아가 임시적인 것이 아니라 제도화된 민주 정부를 창출하기 위해 인민위원회의 대표 선출을 기획했다. 한반도 역사상 최초의 선거는 1946년 11월 3일에 실시되었다[이를 통해 도, 시, 군 인민위원 총 3459명 선출]. 선거가 끝나고 그다음 해인, 1947년 2월 17일부터 4일간 도, 시, 군의 인민위원[총 3459명 가운데 다시 이들을 대표하는 1158명이 [평양에서 열린 도, 시, 군 인민위원회 대회에 참석해, 자신들 가운데 최고 주권 기관인] 북조선인민회의 대의원 237명을 선출했는데, 이 대표들 가운데 86퍼센트는 사전에 지명된 후보들을 지지했다.[28] 사실, [도, 시, 군 인민위원회] 대회에 참석한 인민위원회 대표와 북조선민주주의민족통일전선 중앙 위원회는 후보자를 지명할 권리가 있었다. 모든 후보자의 이름이 적힌 투표용지가 대회에 참석한 대표들에게 배부되었다. 그들은 투표용지에 자신이 지지하지 않는 사람의 이름을 긋고, 다른 후보자를 추가할 수 있었으며, 자신이 지지하는 사람들의 이름만 남겼다. 개표에 앞서 투표용지를 한 상자에 모아 비밀 투표를 보장했다. 가장 많은 표를 얻은 후보자부터 237석을 채워 나갔다. 북조선인민회의 총 의석수는 인민위원회 대표 5인당 1석을 배정하는 방식으로 이루어졌다. 예상대로 북조선인민회의에 최초로 선출된 대의원들은 식민지 시대부터 유명했던 사람들의 이름으로 가득 찼다. 김두봉·한설야 같은 지식인들, 허정숙·박정애 같은 여성운동가들, 이기영(작가)·최승희(무용수) 같은 예술가들, 장시우·오기섭·최창익·무정·김책과 같은 혁명가들, 그리고 김일성이 포함돼 있었다. 다음 장에서 살펴보겠지만, 명성이 있거나 유명한 사람들만이 북조선인민회의 대의원들로 선출된 것은 아니었다. 다른 사회주의혁명에서는 소외되었던 상인, 기업가, 성직자, 지식인 등 다양한 사회계층이 북조선인민회의에 포함돼 있었다. 제외된 집단은 지주와 일제에 협력했던 부역자들뿐이었다. 북조선인민회의가 최고의 입법 기관으로 구성됨에 따라 북조선인민회의는 [최고 집행기관인] 북조선인민위원회 위원장을 선출할 수 있는 권한과 임시인민위원회에서 구성되었던 13개 부서를 재조직하고 추가할 권한을 가지고 있었다. 인민회의는 선전부를 문화선전부로 개편했고, 국가 감사, 내무, 외무, 노동 및 도시 관리 등 5개 부서를 추가했다.[29]

1948년 9월 조선민주주의인민공화국의 공식 수립과 동시에 헌법이 제정되었으며, 새로이 제정된 헌법 74조에 각 지역 인민위원회의 역할이 공식적으로 소개되어 있다.[30]

1. 공민의 권리 및 소유권의 보호
2. 자기의 권한에 속하는 국가 소유의 보호
3. 사회질서의 유지
4. 상급 기관이 공포한 법령·정령·결정 및 지시 실행의 보장
5. 자기 권한에 속하는 지방 산업의 부흥 및 발전
6. 지방 교통기관의 부흥 및 발전
7. 도로의 수리 및 신설
8. 지방 예산의 편성·실행 및 조세의 징수
9. 교육 및 문화 사업의 지도
10. 국립병원 의료망의 조직, 인민에 대한 의료상 방조, 기타 보건 사업의 지도
11. 도시 농촌 발전 계획의 작성·실행, 주택 건축·수도 시설 및 청소 사업

의 지도

12. 경지면적의 조사 및 그 합리적 이용의 지도

13. 농업 현물세의 징수

14. 자연적 재해 및 전염병에 관한 대책의 수립

위의 목록에 들어간 내용은 먼저 개인 재산권을 비롯한 개인의 전반적인 권리를 보호하는 내용들이었고, 이후 교통, 교육, 보건, 세금 징수 등 지방인민위원회가 지역 행정에서 수행하는 주요 역할들을 강조하고 있다. 그럼에도 불구하고 위의 목록 4번 항목은 모든 지역의 인민위원회가 정부가 내린 결정을 따르도록 함으로써 지방인민위원회의 운영을 중앙정부의 운영과 연결하고 있다. 모든 것을 고려해 볼 때 지방인민위원회의 조직, 그리고 지방인민위원회와 중앙정부의 통합은, 전통적으로 설명되듯 소련의 계획에 따라 빠른 속도로 진행되었다. 1장에서 논의했듯이, 소련은 모방할 수 있는 모델을 제시하면서 큰 영향력을 행사하고 있었다. 그러나 임시인민위원회가 채택한 구체적인 프로그램에 따라 중앙정부가 신속히 조직될 수 있었던 것은 기존의 동원 구조뿐만 아니라, 개혁의 청사진이라는 측면에서 식민지 시대로부터 이어져 온 깊은 유산들이 존재했음을 시사한다.

식민지 근대성

이 장 맨 앞[86쪽]에 실린 오영진의 일기가 보여 주듯이, 식민 통치의 종말은 사람들에게 감격을 가져다주었지만, 다른 한편으로는 공허함과 무력감을 느끼게 하면서 정신적인 혼란을 일으켰다.[31] 그는 반식민지주의자임에도 불구하고 자신의 이런 이중적인 반응을 오랜 기간에 걸쳐 자신의 의식에 스며들었던 식민지 시대의 경험 때문이라 생각했다. 그는 "일본인의 압력에 눌리고 눌리어 정치의식은 완전히 마비되고 자주의 기상까지 빼앗"겼다고 결론지었다. 이런 "깊은 잠"에서 그를 깨운 것은 8월 15일 [평양]신사神社가 불타오르며 새 시대의 도래를 알리는 광경이었다. 근대성은 전체적으로 불안정할 수 있지만, 식민지 근대성의 첨예한 모순은 식민지화되었던 주체들의 정신을 저 깊은 곳에서부터 분열시켰다.

근대성은 흔히 산업화 과정에서 나타나는 운송 네트워크와 통신 시스템의 확장과 더불어 시공간의 구성에서 나타나는 질적인 변화에 의해 정의되지만, 자율적인 권리를 지닌 개인의 출현을 바탕으로 정의되는 근대적 주체성의 형성은 (비록 그것이 환상이라 할지라도) 근대성을 구성하는 핵심 요소다. 그러나 온전한 의미에서 근대적 주체성은 — 그것이 마르크스가 상상했듯 시장 교환이라는 "객관적" 관계에 얽매어 있는 '자유로운' 노동자로서든, 아니면 베버가 표현한 것과 같이 "자기 규율에 의해 육성된 자신감"을 가진 합리적 주체로서든 — 식민지 조선에서는 제한적으로만 나타났다.[32] 물론, 프롤레타리아 대열에 합류하는 노동자들의 흐름은 꾸준했다. 농촌의 절망적인 상황에 떠밀려 도시로 흘러들어 온 농민들은 공장에서 일자리를 찾았다. 특히 여성들은 야무진 손놀림을 필요로 하는 섬유산업에 종사했다.[33] 일부 노동자들은 위험하고 고된 건설·광업 분야에 취직하기 위해 일본으로까지 이주했다.[34] 일본에 거주하는 조선인의 수는 1945년 200만 명으로 최고치를 기록했다. 하지만 그 가운데 절반이 제2차 세계대전 기간 동안 강제징용으로 끌려간 이들이었다.[35] 결국 1937년 이후 전시 총동원 정책은 식민지 신민들[주체들]에게 그 어떤 자율성도 허용하지 않았고, 이에 따라 지주와 농민 사이의 계약관계는 물론 자산계급과 노동계급 사이의 계약관계 역시 형식적인 것에 불과했다.

달리 말해, 식민지 근대성은 그 용어가 함의하는 것처럼 언제나 근대적이지는 않았는데, 이는 대체로 근대적 주체가 없는 그런 종류의 근대성을 낳았다.[36] 식민지 근대성은 고도로 중앙집권화된 국가의 효율적 운영을 통해 산업 발전이 이뤄지고, 이는 도시화와 소비자 문화를 탄생시키며 [피식민지 조선의] 근대성에 영향을 미쳤다고 자임한다. 그러나 1919년 3·1운동에서 독립을 요구하는 조선인을 무수히 학살하는 모습에서 보여 준 것처럼, 근대적 주체성의 표현으로서 정치적 권리와 자치에 대한 요구는 무자비한 탄압을 받았다.[37] 식민주의의 결과로 근대적 주체성의 한 형태인 민족주의가 (식민자의 의도는 아니었겠지만) 강화되었을 수도 있지만, 양도할 수 없는 권리를 가진 행위 주체로서의 근대적 주체의 육성은 일본이 식민지 조선에서 수행한다고 자임했던 "문명화"의 임무 가운데 하나가 아니었다. 분명히 이 같은 근대적 주체의 창조는, 겉으로 내세운 공식적 수사에도 불구하고 결코 일본의 목표가 아니었는데, 20세기에 식민지를 운영한 그 어떤 열강들도 이 같은 목표를 달성할 생각이 없었다. 근대적 주체의 출현을 촉진하는 데 기여한 이들은, 한글과 조선의 문화를 지키기 위해 수많은 출판물을 발간하고 사회운동을 전개한, 조선의 민족주의자들이었다. 이들은 농촌을 근대화하기 위해 협동조합 및 문맹 퇴치 운동을 전개하기도 했는데, 이는 물론 철도나 라디오, 인쇄 매체 같은 식민지 근대화로부터 도움을 받은 것이기도 했다.[38] 핵심은 이 같은 근대화 성과를 경시해야 한다는 것이 아니라 그 한계를 명확히 인식해야 한다는 것이다.

그러나 민족주의 성향 개혁가들의 이 같은 노력과 식민지 근대화 프로젝트에도 불구하고 문맹률은 여전히 매우 높았다. 또한 식민 통치 말기 조선인에게 부여되었던 정치적 권리의 제한적 확대는 제국주의 군대에 지원해 일제를 위해 죽을 수 있는 죽음의 평등권에 다름 아니었다. 다음 절에서는, 식민지 시기 전반에 대한 조망보다는 식민지 근대성, 특히 1930, 40년대 식민지 근대성의 한계에 대해 좀 더 강조할 예정인데, 이는 이 시기가 해방 직후의 시기에 더욱 큰 영향을 미쳤기 때문이다. 실제로 일제강점기에 작가들은 장애인이 등장하는 이야기를 써서 널리 유포했는데, 여기서 장애라는 비유는 '근대성에 대한 불균등하고 불평등한 접근'을 나타내는 은유로 사용되었고, 신체적·정신적 장애를 지닌 장애인의 모습은 일제 식민 통치에 예속된 조선 민족을 연상시켰다.[39] 식민화된 조선을 장애인 공동체로 상상하기 위해 필요한 이 같은 종류의 내적 주체화는 자기 성찰적인 근대적 주체를 이미 요구하고 있었는데, 이와 같은 근대적 주체는 정치적 자치권을 가진 근대적 주체로 조선인을 인식하지 못하는 식민지 근대성의 한계를 날카롭게 지적할 수 있는 주체였다. 따라서 식민지 근대성은 완전한 근대적 주체를 탄생시킬 수 있는 정치적 해방을 수반하지 않은 채, 규율과 통치성의 테크놀로지만 극적으로 확장되는 것을 의미했다.[40]

충독에게 권력을 집중시키는 것을 시작으로 다양한 정책들이 이 같은 목적을 위해 시행되었다. 〈조선에 시행하여야 할 법령에 관한 법률〉이라는 이름의 법률을 통해 조선 총독은 일본의 의회에서 통과된 법률과 동일한 효과를 가진 법률과 규정을 조선에 제정할 수 있는 권한이 있었다.[41] 조선총독부는 식민지 통제를 용이하게 하도록 행정부, 입법부 및 사법부 기능을 통합할 수 있는 강력한 권한을 가지고 있었다. 조선인들의 정치적 참여를 제한하는 공식 사유는 정치문화 수준이 낮고, 유권자 등록을 위해서는 법률 정비 등이 필요한데 그런 정비에 필요한 조건이 아직 갖춰져 있지 않다는 것이었다.[42] [식민지 조선] 의회의 감시와 견제는 1889년 메이지 헌법의 반포로 성문화된 일왕의 주권에 도전하는 것으로 비쳤을 것이다. 헌법은 일왕을 "신성불가침한 존재"로 규정했다. 이에 따라 일왕은 (일본 시민들에게 제한된 시민권을 부여하면서도) "자신은 주권의 권능을 겸비함으로써" 제국을 통치하고 내각과 군대를 장악했다.[43]

식민지 조선에는 국가와 사회 사이에 맺어지는 사회계약에 대한 의식에 비견할 만한 것이 부재했다. 그것이 묵종의 대가로 국가권력의 자의적 행사로부터의 개인을 보호해 주는 형태든, 아니면 고된 노동에 대한 보답으로 시장의 과잉에 맞서 복지를 제공하는 것과 같은 형태든 말이다. 사소한 법 위반에 대해서는 약식 판결이 이루어졌으며, 재판 없이 신체적 처벌이 종종 이루어지기도 했다. 1882년 일본에서는 태형이 폐지되었지만, 조선인을 처벌하는 주된 수단으로 1912년 〈조선태형령〉이 공포되었는데, 이 법률로 범법자 가운데 거의 절반[1916년 기준 46퍼센트]에 이르는 조선인들이 태형에 처해졌다. 이 법률은 3·1운동 이후인 1920년에 폐지되었다.[44] 근대화의 흐름에 반해 [태형과 같은] "전통적" 관행을 유지하려 했던 이데올로기적 근거는, "사리를 모르고 생활 정도가 낮은 자"들은 단순한 구금이 아니라 가혹한 육체적 고통을 통해 통제해야 한다는 것이었다.[45] 현실적으로는 당시 사소한 범죄에서부터 식민 통치에 대한 저항에 이르기까지, 범죄를 저지른 조선인들을 감금할 수 있는 수용 능력이 충분하지 못했기 때문이기도 했다. 일제의 식민지가 되기 이전인 1894년 갑오개혁으로 조선 정부가 이미 태형을 금지했음에도, 이에 반해 시행된 태형 제도는 조선을 근대화하기 위해 식민지 통치가 필요하다던 일본의 주장이 모순임을 보여 주고 있다.

더욱이 일제의 자본은 식민지 조선에서 특혜를 누렸다. 식민지 조선의 노동자를 보호하는 조치를 거의 하지 않아도 되었던 것이다. 일본에서 1916년 시행된 〈공장법〉은 노동자들의 근로 시간과 근로조건을 규정하고 있었고, 1931년 〈중요산업통제법〉은 신탁과 기업 연합을 제한했지만, 이 법률들은 식민지 조선에는 적용되지 않았다.[46] 식민지 정책은 본국의 이익을 위해 식민지 자원을 최대한 이용하려는 단기적인 목적을 달성하는 데 초점이 맞춰져 있을 뿐, 노동력의 재생산을 위한 투자―노동자의 생계유지를 위한 생활임금이나 미래 세대 노동자를 사회화할 수 있는 공교육 제공 등―의 필요성은 무시했다. 아래에서 살펴보겠지만, 식민지 조선의 노동조건과 교육에 대한 좀 더 상세한 설명은 식민지 근대성의 불균등성이 식민지 사람들의 삶에서 어떻게 나타나는지를 보여 줄 것이다.

함흥, 흥남, 청진, 인천, 서울, 부산 등 주요 도시와 항구에 산업 기반 시설이 확충되었음에도 불구하고 식민지 기간 동안 조선의 산업구조에서 압도적인 비율을 차지했던 것은 농업이었다. 농민들이 농촌에서 대규모로 이주해 산업 활동에 참여했음에도 불구하고 인구의 71퍼센트[1945년 기준]는 여전히 농업에 종사했으며, 식민지 통치 종료 시점에 도시 인구는 전체 인구의 14퍼센트에 불과했다.[47] 따라서 농촌 경제와 농촌 사회에서 나타난 변화를 이해하는 것은 식민지 근대화의 본질을 파악하는 데 중요하다. 얄궂게도 조선 총독부 일본인 관료의 통찰력 있는 관찰은 식민지 정책이 조선의 농촌 지역을 어떻게 변화시켰는지에 대한 심도 깊은 이해를 제공한다.[48] 히사마 겐이치는 1930년부터 1944년까지 총독부 농업 관료로 일하면서 농촌 생활 및 지주, [임채 관리인 및 소작농 등을 관찰해 농촌 개발에 대한 여러 편의 논문을 발표했다. 그는 일본 정부가 1920년대 들어 급격히 증가한 소작쟁의에 대응해 만든 새로운 농촌 평정 프로그램을 통해 농업 관료로 채용되었다. 식민지 시대의 기록을 살펴보면, 1920년에 단 1건이었던 소작쟁의가 1930년에는 700건 넘게 급격히 증가했음을 알 수 있다(이와 관련된 소작인은 1만 명이 넘었다).[49] 소작쟁의의 급속한 증가는 3·1운동 이후 실시되었던 1920년대 문화 통치의 여파 때문이었지만, 더 중요한 것은 러시아 10월혁명으로 확산된 사회주의와 공산주의 사상에 기인한다.[50] 급진적인 적색농민조합이 1920년대 후반 함경도 전역에 확산되었다. 1928년에서 1933년 사이에 적색농민조합 활동으로 이 지역에서 1575명이 검거되었는데, 이는 전국에서 검거된 사람의 약 56퍼센트에 이르는 비율이었다.[51] 식민지 정부는 이런 계급 갈등이 민족주의를 비롯한 다양한 정치 운동을 부추겨 식민지 통치 자체를 무너뜨리기 위한 반란으로 발전할 가능성에 대해 우려했다.[52]

결국, 총독부는 새로운 소작 관리 제도를 구축했다. 총독부는 [1932년 발표된 〈소작조정령〉을 통해 소작관을 각 군에 배치해 소작 관련 문제들을 조사하게 했으며, 정기적인 계약 기간이 명시된 계약서를 작성하고, 마름을 비롯한 지주 대리인의 권한 남용과 같은 낡고 유해한 관행을 개혁함으로써 소작쟁의를 예방 및 중재하도록 했다. 농촌 지역에서 증가하고 있는 갈등은 조선에서 소작제의 위기를 가리키고 있었지만, 총독부는 소작제를 제도화함으로써 이를 연장했을 뿐만 아니라, 지주와 소작인을 농업 발전의 파트너로 활용하기 위해 그 운영을 체계화했다. 이 같은 행정 개혁과 더불어, 1932년 〈소작조정령〉 및 1934년 〈농지령〉을 통해 소작쟁의 및 농지와 관련된 분쟁을 해결할 수 있는 법적 기반을 만들었으며, 이를 통해 농민들의 불만이 해소되고 잠재적인 정치적 압력이 흡수될 수 있도록 했다. 농촌진흥운동(1932~40년)은 농촌 환경을 개선하기 위해 금융조합과 식산계를 통해 원칙적으로는 지주와 소작농 모두에게 저금리의 대출을 제공했다.[53]

이 같은 관리제도 아래에서 일했던 히사마 겐이치는 이와 같은 농촌 근대화의 방식이 사람들에게 "불행"을 가중하는 것을 목격하며, 대부분의 다른 일본 관료들과는 달리 식민지 근대화가 억압적이고 착취적인 방식으로 이루어지고 있음을 예리하게 감지했다. 그의 이야기는 식민지 근대화가 근대적인 것이 아니라 결국 **식민지적인 것**이었음을 보여 준다.

> 그 발전의 이면에는 관헌의 놀라운 강권적 농업 지도의 역사가 깔려 있다. 지도자의 올바른 지시에 따르지 않는 못자리는 짓밟혀 부서지고, 정조식에 응하지 않는 묘는 뽑아 버리고 다시 심도록 강요된다. …… 정해진 품종 이외의 재배는 금지되어 농민의 의욕과 관계없이 강력하게 실시된다. 수확기에 이르러서도 경쟁하듯이 적기에 수확이 강행되고, 수확한 이후에는 건조에 대하여, 건조 이후에는 조제에 대하여 탈곡기의 사용이나 멍석 사용이 강제된다. …… 농민은 관청의 명령 그대

로 배급된 종자를 정해진 못자리에 심고, 주어진 새끼줄에 따라 정조식을 행하고 정해진 날에 비료를 뿌리고 제초를 하고, 명령된 날에 피를 뽑고 김매기를 하고, 주어진 방법에 따라 건조 조제를 행할 뿐이다. 여기에는 오로지 감시와 명령밖에 없다.[54]

마치 로봇처럼 움직이는 공장의 산업 노동자들과 마찬가지로 아무런 결정권도 없는 경작자들은 식민지 관료들이 짠 세세한 계획과 명령을 따르는 존재로 전락했다. 이것은 참여자가 다른 사람들이 따라 할 수 있는 모델을 제안하고, 일정한 목표(비록 이런 목표가, 해방 직후 북조선에서처럼, 정해져 있는 경우라 하더라도)를 달성하기 위해 새로운 아이디어를 제시할 수 있는 방식과는 전혀 다른 방식의 동원이었다. 단순한 물질적 이익보다 자율권을 훨씬 열망했던 농민들의 심정을 반영하듯, 1930년대 소작쟁의는 대부분 소작료가 아닌 소작농의 권리를 둘러싼 것이었다.[55] 사실 식민지 근대화 이전만 해도 농민들은 좀 더 유연한 지주-소작 관계 안에서 살았는데, 당시에는 소작료가 수확량에 따라 조정되었고, 소작농이 자신의 노동시간과 노동조건을 통제할 수도 있었다.

식민지 시대의 소설들을 살펴보면 [농촌이] 자족성을 상실하고 시장의 변덕에 노출되어 고통을 겪는 모습이 자세히 묘사되어 있다. 자율적 공간이었던 농촌에 근대화의 상징물들(철도역, 관개 수로 및 제방, 토지 개간 공사, 신작로, 공장 건물, 경찰서, 은행 등)이 새롭게 출현했다.[56] 이런 모습은 일제의 자본이 농촌에까지 침투했음을 보여 준다. 점점 더 많은 사람들이 식량, 옷, 신발 등을 자급자족하기보다는 시장에서 구매해야 했다. 농민들은 자신들이 유일하게 팔 수 있는 노동력을 팔아야만 했다. 이런 농민들은 산업 인력으로 전환되지 못했고, 대부분이 도시에서 날품팔이 노동자, 가정부·잡역부 등으로 살아가거나, 시골에서 토지 없는 농업 노동자가 되어야 했다.[57]

히사마 겐이치는 이 같은 농촌 개발 방식이 인구가 증가하고 있는 일본에 식량을 공급하기엔 적절했지만, 조선에서는 지나치게 강압적인 방식이었다고 결론지었다. 그는 농업 생산에서 국가의 '강력한 손'을 목도했는데, 그 손은 1929년 전 세계적인 시장 붕괴로 이윤을 창출하지 못하고 있던 일본 자본 및 농업 생산 부문과 완벽한 협력을 이루고 있었다. 식민지 조선의 지주들 역시 농업 생산에서 근대적인 방법으로 쌀과 기타 상업 작물을 생산해 일본에 수출함으로써 높은 수익을 창출했다. 그들은 일본 종자와 화학 비료를 사용했는데, 소작농들은 소작 계약이 파기될까 두려워 빚을 지더라도 이런 것들을 사용할 수밖에 없었다. 과거에 농민들은 식용 작물을 재배해 시장 가격의 변동 속에도 어느 정도 생계를 유지해 나갈 수 있었지만, 이제는 섬유 공장에 팔리는 면화와 같은 상업 작물을 강제로 재배하게 되면서, 면화 가격이 급락할 경우 직접적으로 생존을 위협받게 되었다.[58] 또한 식민지 정부가 술과 담배의 생산을 규제하게 되면서, 그와 같은 물품을 직접 담그거나 재배해 사용하던 것에 익숙했던 농민들 역시 이를 시장에서 구입할 수밖에 없었다. 결과적으로 근대적 방법을 바탕으로 한 농산물 생산의 증가는 토지 없는 농민과 식량 부족 현상의 증가를 유발했다. 이런 극한 상황에서 소작농 사이의 경쟁은 한반도 전역에서 (필요에 따라 자원과 노동력을 공유하는) 두레나 계 같은 전통적인 상호 부조 제도를 파괴했다.[59]

히사마 겐이치는 식민지 농업 정책에 대해, 농민의 70퍼센트 이상이 1정보(약 9917제곱미터로 3000평)도 갖지 못한 상황에서 농촌진흥 사업은 실패할 운명이었다고 분명하게 평가했다. 즉, "농민의 약 75퍼센트가 소작농이고 경지의 약 60퍼센트가 소작지이기 때문에 갱생 계획은 곧 소작문제다." 이런 상황에서 이루어지는 농촌진흥 운동은 "결국 지주에 대한 지불 능력의 향상이며 소작료의 유지, 증징"에 기여하는 것밖에 되지 않았다.[60] 그가 진정한 농촌진흥을 위한 방안으로 경작자에게 토지를 제공하는 토지개혁을 옹호했다는 사실은 놀라운 일이 아니었다. 이 같은 토지개혁은 식민 통치하에서 실현되지 못했지만, 다음 장에서 소개된 것처럼 해방 후 북조선에서 실시되었다.

농업의 발전과 더불어 일제강점기에 이루어진 공교육은 종종 식민지 근대화의 눈부신 사례로 널리 홍보되었지만, 실제 초등학교 입학이 급격히 증가해 취학률이 30퍼센트가 넘게 된 것은, [1937년 7월] 중일전쟁이 시작되고, [전시 동원 체제 구축을 위해 식민지 교육정책에 변화가 발생한] 1938년 제3차 〈조선교육령〉이 공포된 이후였다.[61] 교육의 확대는 황국신민 교육을 받은 청년들을 군대에 동원하기 위한 필요성과 밀접한 관련이 있다. 그럼에도 1942년을 기준으로 보통학교[초등학교]에 취학한 어린이 수는 전체 어린이의 [47.7퍼센트로] 50퍼센트 ― 남학생 취학률 66.1퍼센트, 여학생 취학률 29.1퍼센트 ― 를 넘지 못한 것으로 나타났다.[62]

식민 통치 초기에 학교 취학률이 낮았던 것은 부분적으로 부모의 저항과 관련이 있었다. 일본인들이 설립한 보통학교는 전통적으로 가르쳐 왔던 고전 한문 대신 일본어 교육에 중점을 두고 있었다. 고전 한문 교육은 유교 질서를 따르는 조선 시대의 식자층과 양반 엘리트들 사이에서 가장 올바른 형태의 교육으로 여겨졌다.[63] 일부 학부모들은 일본어 교육이 조선인의 정체성을 말살하고 그들의 자녀를 일본의 군인, 노동자, "노예"로 만들 것이라 확신했다. 이에 대해 총독부 관리들은 조선과 일본 사이의 왕래가 빈번하고 일본인과의 교섭이 증가하고 있는 현재의 상황에서는 일본어 교육이 필수적이며 중요하다고 강조했다.[64] 즉, 일본어를 배우는 것은 식민지 조선에서 사회적 신분 상승을 결정하는 요소로 작용할 수 있다는 것이다. 결국 학교교육에 대한 조선인들의 태도가 바뀌기 시작했다. 그러나 또 다른 문제가 있었다. 공교육 가운데 기초 교육은 식민지 당국의 교육 목표를 반영해 4년간의 일본어 및 직업 훈련으로 제한되었다. 소수의 특권층은 4년간의 기초 교육을 받고 이후의 학교교육을 지속해서 받으려 했다. 그러나 일제는 고등교육을, 졸업 후 사회 참여가 제한되어 있는 식민지 신민들에게 확장하는 것에 대해 불안해했다. 식민 통치하에서 대중 교육은 학생들이 근면한 노동을 통해 집안을 일으키며 나라를 부유하게 하는 "양민"(법을 준수하는 사람)이 되도록 지도하는 데 중점을 두었다.[65]

따라서 식민지 교육제도는 내재적 모순 위에서 만들어졌다. 즉, 일제는 사회의 진보를 내세우며 학생들을 모집해 식민지 통치의 권위를 높이고자 했지만, 실상 고등교육이나 사회 진출의 기회를 제공하지 않은 채 대중 교육을 발전시키고자 했다. 처음 일제는 조선인의 낮은 학교 취학률과 관련해 조선인들이 "고루"하고 "우매"하다고 비난했다. 그러나 정작 졸업생들이 계속해서 교육받기 위해 중학교에 입학하려 하자 조선인들이 육체노동을 [천시하고] 회피하려는 폐습에 얽매어 있는 "유타"遊惰[한]놀기만 좋아하고 게으른] 존재라고 비난했다.[66] 그 결과 식민지 통치 기간 내내 10~15퍼센트의 학생들만이 중학교에 진학했고, 전체 취학률은 학령기 전체 아동의 1퍼센트를 넘지 못했다.[67]

따라서 "전통"은 다양한 목적에 활용되었는데, 대체로 "문명개화"를 가로막는 장애물로 비난을 받았지만, 경우에 따라 식민지를 착취하기 위한 명분으로 사용되기도 했다. 예를 들어, 조선 후기에는 전통적인 교육기관으로 '서당'이 널리 확산되어 있었다. 서당은 식민 통치 초기에 일본인들이 설립한 공립학교와 경쟁 관계에 있었는데, 근대주의자들은 서당을 유교 서적만을 암송하기만 하는 쓸모없는 교육으로 폄하했다. 이런 사립 교육기관의 관행은 정치와 교육을 혼동하고, 교육을 [산업사회에 필요한] 노동자를 육성하기보다는 관리가 되는 수단으로만 바라보는 "폐풍"弊風으로 간주되었다.[68] 하지만 이와 동시에 일제는 유교 교리를 사제 관계가 친밀하고, 부모를 공경하며, 연소자가 연장자를 존경하고, 조상을 숭배하는 것과 같은 "조선인의 미풍"으로 강조하며, 조선인들이 위계질서와 권위에 순종하도록 하는 데 이용하기도 했다.[69] 이에 반해 당시 조선의 교육자들은 교육의 목적이 애국심과 민족의식을 가지고 국가의 일에 적극적으로 참여하는 국민을 양성하는 것이라 생각했다.[70] 실제로 사립 교육기관들은 식민지 근대화가 결국 조선을 식민지로 만드는 데 이용되고 있는 이유를 정확히 지적했다. 그것은 식민지 근대화가 **정치적** 발전이 없이 이루어지는 문화적·경제적 발전이었기 때문이다. 1920년대와 1930년대 초반에 걸쳐 이루어졌던 발전들은 모두 1931년 일본이 만주로 세력을 확장하고 전쟁을 위해 자원을 총동원하면서 중단되기 시작했고, 이 같은 경향은 1937년 발발한 중일전쟁으로 더욱 심화되었다.

총력전을 위한 동원

1930년대 후반에 전개된 중일전쟁과 아시아-태평양 전쟁으로 말미암아 일제의 식민지 정책에 결정적인 변화가 나타났다. 이는 총력전을 위해 식민지 신민[주체]들의 통합이 필요했기 때문이다. 일제는 이 같은 통합 정책에 따라 농촌 가구의 3분의 2 이상을 모두 금융조합원으로 조직했다.[71] 그러나 이 시기의 동원은 물질적 측면과 정신적 측면 모두에서 총체적인 헌신을 요구했다. 일본은 1937년 중국을 침략한 이후 국민정신총동원운동의 일환으로 식민지 조선 전역에 10개 가구를 한 단위로 하는 애국반을 조직했다. 이 조직은 국체國体 관념을 바탕으로 일본과 조선은 하나라는 '내선일체' 사상을 실천해야 했다. 국민정신총동원운동으로 제국주의 일본이 일으킨 전쟁을 위해 모든 식민지 조선인들은 의무적으로 노동력을 제공해야 했다.[72] 신체 건강한 남성들이 점점 더 많이 군대에 징집되면서 애국반은 농사에서부터 도로 및 교량 수리, 집회장 청소 및 우물 준설, 산불 진화 등에 이르는 거의 모든 형태의 노동을 담당해야 했다.[73]

식민지 신민들로부터 무작정 적극적인 참여를 이끌어 내기는 어려웠다. 따라서 아이가 생겼을 때나 가족 구성원의 장례에 금전적 지원을 하는 것과 같은 유인책을 통해 참여를 유도해야 했다.[74] 애국반은 공식적으로는 남성 가장들의 참여를 요구했음에도 불구하고 실제로는 대부분 여성들로 구성되었다.[75] 결정적인 변화는 1941년 애국반이 쌀을 비롯한 식량과 일용품을 배급하는 책임을 담당하게 되면서 일어났다. 조선인들은 생존을 위해 어쩔 수 없이 애국반에 참여할 수밖에 없었다. 1944년까지 37만 개의 애국반이 조직되었으며, 식민지 조선의 490만 가구 가운데 460만 가구가 이에 참여했다.[76]

그러나 이런 숫자들이 일제에 대한 식민지 신민들의 실질적인 충성을 의미하는 것은 아니었다. 이에 일제는 정책 방향을 (일제의 식민지 근대성을 구성하는 요소들 가운데 하나인) 정신적 통합으로 전환했다. 사회주의와 공산주의 사상이 일제의 이 같은 정책을 위협하는 것으로 인식된 것은 당연했다. 유물론적 분석은 일본 제국주의의 정신적 핵심인 일왕으로부터 나오는 본질주의적 이데올로기의 진실성[온전성]을 위협할 수 있기 때문이었다.[77] 이에 식민지 조선과 일본의 정신적 통합을 이끌어 내는 일상적인 의례를 제정하는 것이 다른 무엇보다 중요했다. 이런 목적으로 일제는 공적·사적 공간에서 매일 일정한 시간에 주기적으로 수행해야 할 식민지 동화 의식을 조선인들이 준수하도록 감시하는 외적 통제 체제를 구체화했다. 특히 조선인들이 개인적으로 매일 아침[하절기는 오전 7시, 동절기는 오전 8시에] 행해야 하는 궁성요배와 정오의 묵도는 식민지 조선인들에게 가장 중요하게 강조되는 두 가지 의식이었다. 조선의 모든 사람들은 정오에 사이렌 소리가 울리면 하던 일을 멈추고 일본의 군인들과 전쟁 사망자를 기리는 묵념을 해야 했다. 이런 의식은 일본에서는 없었고 조선에서만 실시되었다.[78] 내선일체를 주장하기는 했지만 식민지와 본국은 이미 불평등한 관계에 있었던 것이다.

식민지 차별은 기존의 생활 습관을 대체하는 새로운 일상생활 습관과 관런한 상세한 지침에서도 발견된다. 식민지 조선의 모든 사람들은 하루를 궁성요배로 시작해야 했다. 사람들은 아침에 일찍 일어나 얼굴을 씻고 가족과 함께 일본 제국의 궁전을 향해 절을 하며 일왕에 대한 맹세를 암기해야 했다.[79] 그 외에도 밤 11시 이후에는 전통 혼례, 장례식, 연회가 금지되었으며, 일본 군인의 노고를 기리기 위해 술과 담배 소비가 억제되었다.[80]

정신적 통합을 위해 육체적 행동을 이와 같은 식으로 강제하는 것과 더불어, 식민지 신민들의 마음과 정신을 교화하기 위한 사상 정화 공작이 뒤따랐다.[81] 이런 공작의 일환으로 순회 강연회와 좌담회 등 간접적인 방법들이 실시되기도 했지만, 더 직접적으로는 독립운동으로 수감되었다 풀려난 사람들을 감시하고 일본 경찰들의 활동을 보조할 조직으로 자위단이 결성되기도 했다. 불온사상을 가진 것으로 지목된 사람들은 종종 마을에서 격리되어 국기 게양, 궁성요배, 정신 훈화[전향 교육], 일본어 교수 등의 "훈련"을 받아야 했다. 강연회는 조선 독립의 무익함, 내선일체의 의의, 전쟁에서 일본의 궁극적 승리에 대한 확신이 주를 이루었다. 강연회와 관련해 강조되었던 지침을 살펴보면, 조선이 독립국이었다는 역사를 부인하고 "외교·내정이 흐트러져 있"음을 강조하면서 백성들의 생계가 곤궁한 상태에 있었다는 점을 강조하고 있다. 일제의 조선 합병은 "조선 황제나 '우국 애민의 사'가 시세를 명찰하여 통치권을 일본에 양도했던 것"으로 "조선인은 멸망한 것이 아니라 일본이라는 문명 강국에 포함되어 영구히 안전하게 삶을 즐기고 있다"라고 평가했다. 식민 통치는 "일본과 조선은 민족 계통이나 고대로부터의 친밀한 관계에 의해" 분리할 수 없다는 논리로 정당화되었다. 이런 교화 활동은 "조선인이 일본이라는 국가의 일분자가 되었다는 것은 영광스러워 행복하기 짝이 없는 것이어서 내선일체 일치매진하면 만사형통할 것"이라는 논리로 식민지 조선 사람들을 설득했다.[82]

그러나 조선인과 일본인 사이의 일치를 설명하는 과정 자체가 조선인들을 역사적으로 독립적이지 **않았던** 존재로 (재)정의하고, 조선과 조선인이 일본 제국의 한 부분이었다고 믿도록 생각을 전향시키는 것이었다. 이런 모순은 내선일체라는 용어 자체에 너무나 잘 나타나 있다. 일본을 내지內地로 언급했던 관습을 고려하면, 내지는 식민지로 구성된 외지外地와는 반대 개념이다. 즉, 일본과 조선이 하나라는 이 이데올로기적 용어는 일본이 지배적인 위치에서 일방적으로 조선에 이름을 붙이고 정의를 부여하는 모순을 보이고 있다. 조선인을 일본 제국의 신민으로 황민화하는 또 다른 방법으로 모든 사상 정화 공작과 공식 활동이 일본어로 진행되었다. 그러나 1943년 당시 모든 조선인들의 16.6퍼센트 정도만이 일본어를 해독할 수 있었다.[83] 따라서 조선인에게 일본 제국의 일부가 되도록 지도하는 활동은 언어 차이를 통해 오히려 조선인과 일본인 사이의 민족적 차이를 부각했다. 평등에 대한 약속은 언어와 관습을 통해 이미 정체성이 형성된 기성세대에게는 설득력이 떨어졌다. 왜냐하면 제국의 신민으로 살기 위해서는 기존의 언어와 관습을 버려야 했기 때문이다.

사상 통합 정책의 효과에 대한 불안감으로, 식민지 당국은 내선일체 정책과 상치되는 다른 정책을 시행하기도 했다. 사상 통합은 매일매일 강요되는 의식 등을 통해 지속적으로 단속되었다. 그러나 반국가 활동으로 유죄가 확정되었던 사람들이 [예컨대, 출소 휘] 잠재적으로 미칠 수 있는 영향력에 대한 두려움은 여전히 존재했다. 감금만으로는 충분하지 않았다 — 완벽한 일본 제국을 유지하기 위해 그들은 겉으로 드러난 행동뿐만 아니라 사상적으로도 전향되어 국체에 재통합되어야만 했다.[84] 신체와 정신 모두가 교화된 국민은 자신의 개인적 행복을 국가의 행복에 종속시키고, 일본 제국의 부흥을 위해 자신과 개인의 이익을 희생해야 했다. 이는 여타의 민족주의적 수사들과 유사점이 있지만, 일제의 식민지 담론에서는 민족 집단의 모호성으로 말미암아 혼란이 발생한다. 민족 주체는 누구인가? 그리고 개인이 복종해야 할 민족 집단의 토대는 무엇인가?

일본이 대동아 공영권이라는 슬로건 아래 아시아를 통합한 다민족 제국을 건설하겠다고 주창한 것과는 달리 이 제국을 대표하는 민족은 일본뿐이었다. 1941년 시행된 〈국민학교령〉은 보통학교를 "국민학교"로 개명했다. 국민학교에서는 '국어'(실제로는 일본어 교육), '국사'(일본 역사), '국토'(일본 지리) 등의 교육을 통해 황국신민을 육성하고자 했다.[85] 조선의 역사를 1930년대 교과서에서는 중국 역사의 일부로, 1940년대 교과서에서는 일본 역사의 일부로 묘사함으로써 조선의 역사를 주변부의 이야기로 치부한 일본 중심의 "국사"는 궁극적으로 내선일체를 통한 조선과 일본의 결합을 태초부터 예정된 결과로 만들었다.[86] 황국신민이라는 우산 아래 일본과 조선을 통합하기 위해서는 아직 일관된 정체성이 형성되지 않은 어린이들을 새로이 교육하는 것이 더 쉬운 방법이었다. 그러나 이미 조선어를 사용하는 사람들을 황민화하기 위해서는 언어, 이름, 의복, 습관, 관습 등에 의해 이미 형성된 정체성을 완전히 말살할 필요가 있었다. "황국신민"은 이데올로기적 구축물(다른 민족 정체성들 역시 그러하다)로서 일본 제국을 구성하는 집단 내에 조선인이 들어설 여지를 만들기 위한 시도였지만, 그런 신민은 조선인이 기존의 자아 정체성을 포기하고 복종해야 하는 일본인다움에 의해 정의되었다. 대중 교육을 통한 이 같은 식민화 정책에도 불구하고 취학 대상 아동의 절반 이상이 학교에 등록하지 않아 식민지 교육자의 손길이 닿지 않는 곳에 있었다. 이에 조선총독부 교육부 장관은 "어린이를 맡아 충분한 황국신민의 교육을 펼치고 있으니까 이 방면은 철저하겠지만, 백 수십만으로는 2300만 명[당시 조선의 공식 인구]의 반에도 못 미칩니다. 기타 단체, 청년단, 부인회 내지 농촌진흥의 여러 단체들도 학교교육의 정도로 농후하지는 못해도 어느 정도 교화의 무대가 됩니다. 이것도 합쳐 봐야 500만 명에 지나지 않습니다. 나머지 1700만 명은 전부 미개의 영역에 남겨져 교화의 손이 미치지 못합니다"라고 이야

기하기도 했다.[87]

강연회, 좌담회, 영화 상영뿐만 아니라 인쇄 매체를 활용한 "교화" 노력은 시설 부족, 잦은 정전, 일본어에 대한 이해 부족 등으로 말미암아 외딴 시골의 주민들까지 변화시키기는 어려웠다.[88] 특히 농촌 지역에서는 언어 문제로 조서봉독과 황국신민의 서사 암송 등이 라디오 강화講話나 강연으로 대체되었고, 1분간 진행되던 정오의 묵도는 서울과 같은 큰 도시에서는 너무 길고 번거롭게 여겨졌기 때문에 30초로 축소되었다.[89] 결과적으로 정신교육과 일상 의식의 강요를 통해 식민지 신민들을 통합하려는 시도는 실질적인 효과가 부족했고, 화려한 화장이나 고가의 의류, 장신구 착용 금지, 혼상제례와 계절인사의 간소화, 금연 금주, 유흥가의 자숙과 상점의 영업시간 단축 등의 조치는 사람들의 불만만 키웠다.[90] 일제가 조선 사람들의 정신과 마음에 대한 면밀한 조사 없이 이 같은 시도를 하면 할수록, 식민지 관리들은 진정한 정신적 통합보다는 복종을 나타내는 것처럼 보이는 겉모양을 관리하는 데에만 치중하게 되었다. 곧 헌신적인 황국신민의 외양은 ― 서양의 소비문화나 동양의 전통문화를 배격하며 ― 남성의 경우 머리를 짧게 깎고 일본 군복을 간소화한 "국민복"을 착용한 모습이었고, 여성의 경우 단순한 헤어스타일에 헐렁해 활동하기 편한 바지(몸뻬 바지라 불리는, 전시 정책에 의해 표준화된 바지)를 입은 모습이었는데, 이런 풍경이 특히 식민지 시대 말기에 광범위하게 퍼져 나갔다.[91] 해방 이후 첫 번째로 목격된 반전은 해방이 되자마자 조선인들이 식민지 시절에는 이러저러한 박해로 입지 못했던 한복을 곧바로 다시 꺼내 입은 것이었다.[92]

해방 후 북조선에서 실시했던 강연회, 좌담회, 집단 노동 등을 통해 인민을 동원하는 **형태**가 일제의 그것과 비슷해 보일 수 있지만, 그 **내용**은 완전히 달랐다. 강연회와 좌담회는 내선일체가 아니라 조선어와 조선 역사에 중점을 두고 진행되었다. 노동력은 더는 일제를 위해 동원되지 않았다. 토지는 소작농에게 분배되었고, 지역 산업 시설의 운영은 공장위원회에 맡겨졌다. 결과적으로 정부가 인민의 사회적 욕구를 충족시키고, 문화를 개혁하며, 인민들에게 정치적 권한을 부여하기로 약속함에 따라, 정부와 인민 사이에 합의[공감대]가 형성되었는데, 이 같은 합의는 단순히 정부에 대한 묵인의 대가가 아닌, 혁명 대의에 인민들이 스스로 동의함으로써 이루어진 것이다. 해방 후 북조선에서는 식민지 시기의 전시 동원 경험을 활용해 사회를 신속히 동원했는데, 이 시기에는 사회주의적 근대성 ─ 근대적 주체가 **있는** 근대성 ─ 을 달성하기 위해 북조선 인민들의 사회적·문화적·정치적 해방을 서로 결합시키는 방식으로 이루어졌다. 식민지 시절의 경험은 해방 이후 노동력의 동원과 중앙 집중화를 위한 제도적 토대(형식) ─ 이는 일제가 의도하지 않은 결과였다 ─ 를 마련했지만, 노동력 동원의 목적(내용)은 완연히 달랐다. 그 내용은 상당 부분 식민지 시대의 또 다른 주요 유산인 김일성과 그의 추종자에 의해 이루어졌던 반식민지 투쟁의 경험을 바탕으로 한 것이었다.

만주

북조선에서 고도로 중앙집권화된 국가의 형성은 김일성의 빨치산 투쟁 경험을 기반으로 한다. 와다 하루키는 북조선을 "게릴라 국가"라는 유명한 용어를 사용해 설명했으나 한홍구는 민생단 사건에 주목했다. 민생단 사건은 중국공산당이 1932년 후반부터 1935년 초반 사이에 2000여 명의 조선인 공산당원들을 일제 간첩 혐의[친일 단체인 민생단과 관련되었다는]로 숙청한 사건을 가리킨다. 이 사건으로 김일성 역시 체포되었다가 죽을 고비를 넘기고 간신히 살아남았다. 한홍구는 이 경험으로 말미암아 북조선 지도부는 오늘날까지도 북조선을 [자신들의 근거지개] "포위되었다는 의식에 사로잡힌 게릴라 국가"로 만들었다고 주장했다.[93] 그러나 게릴라 활동 경험은 그 이상의 의미가 있다. 특히 그 경험은 사회주의적 근대성을 구상하는 기반이 되었다.

국가 형성기의 중요한 경험인 게릴라 투쟁을 외상적 경험일 뿐만 아니라 건설적인 경험으로도 이해하기 위해서는 간도(현재 연변 조선족 자치구)로 알려진 만주 지역에 대해 먼저 살펴봐야 한다. 간도 지역은 19세기 후반부터 새로운 삶을 원했던 조선 농민들의 주요 이주 지역이었는데, 일제강점기 동안에도 일제의 탄압을 피하려는 독립운동가들을 비롯해 다양한 사람들이 일자리를 찾아 간도 지역으로 지속적으로 유입되었다. 그 결과 식민 통치 기간 동안 조선인의 비율은 전체 간도 인구의 70~80퍼센트를 차지했다.[94] 함경도에서 혁명적 농민 운동이 활발히 이루어졌던 원인 역시 간도 지역과 매우 가까운 위치에 있었다는 사실과 관련이 있다.[95] 1931년 9월 일본의 만주 침략을 기점으로 일본군은 조선과 중국 혁명가들을 잔혹하게 소탕하기 위해 만주에 진입했다. 이로 인해 지역 주민을 비롯해 수천 명이 사망했다. 겁에 질린 조선 농민들은 조선인 공산주의자들의 지도하에 인근 산으로 도망쳐 그곳에 빨치산 투쟁 기지와 소비에트 코뮌을 건설했다. "공산주의 유토피아"로 알려진 이 기지들은 조선에 사회주의를 건설하기 위한 첫 번째 실험실로 "조선에 고유한 혁명운동이 발전하는 데 영감"을 주었다.[96]

간도 지역의 소비에트에서 시행되었던 정책 — 예를 들면, 지수와 친일파가 소유한 모든 재산을 압수하고, 소작농에게 토지를 분배하며, 부유한 농민들의 정치적 권리를 박탈하고, 가난한 농민들을 지도자로 선출하는 것들이 있었다 — 은 북조선 혁명 기간에도 재현되었다. 그러나 중농이 소유한 토지를 몰수하고, 가난한 농민들이 가지고 있는 조리 기구와 같은 작은 소유물조차 공동 부엌을 만들기 위해 압수해 유토피아 공동체를 만들려 했던 급진적인 충동은 농민들을 소외시켰고, 결국 소비에트 실험을 좌절시켰다. 토지 개혁과 같은 이전의 성공적인 실험 요소들을 토대로 북조선 혁명 기간 동안 실시된 보다 온건한 통합 정책들은 일제 식민 당국이 추진했던 정책과 그에 대한 대응으로 나타난 항일운동, 특히 만주 지역에서의 역사적 경험 속에서 이해되어야 한다. 민생단 사건으로 대대적인 숙청이 벌어지기 전 간도는 소비에트 형성을 바탕으로 자치가 이루어졌던 급진적인 실험의 장소였으나, 민생단 사건의 참상과 비극으로 인해 대체로 잊혔다.

부분적으로 민생단 사건은 소련의 지도력 아래 있던 코민테른[공산주의 인터내셔널Communist International]이 내린 결정과 간도 지역의 독특한 민족 구성이 결합한 결과였다. 1928년 코민테른이 결정한 일국일당 원칙에 따라, 만주 지역에 있던 조선공산당원들은 중국공산당에 가입해야만 했다. 그 결과 조선인 출신 당원이 1930년대 초 만주에서 중국공산당 당원의 90퍼센트 이상을 차지하게 되었다.[97] 이 결정 이전에도 조선 공산주의자들은 프롤레타리아 국제주의에 대한 강력한 신념을 바탕으로 중국 혁명에 적극적으로 동참했다. 그러나 1931년 일본의 만주 침략은 간도 지역에서 조선인들의 자치를 주장하는 민생단과 같은 민족주의를 기반으로 한 친일 성향의 조선인 단체가 수립되는 계기가 되었다. 민생단은 공산주의자들의 공격으로 불과 6개월 만에 해체되었지만, 이후 일본군의 개입으로 수많은 사람들이 체포되었고, 민생단 출신 일본 밀정들이 공산주의 운동에 침투했을지도 모른다는 공포를 낳았다. 이런 두려움은 간도 지역의 중국인과 조선인의 계급 구성에 의해 더욱 악화되었다. 즉, 소작농의 92.9퍼센트는 조선인이었고, 지주의 51.5퍼센트는 중국인이었다.[98] 일제는 민족주의자들과 공산주의자 사이의 대립뿐만 아니라 조선인과 중국인 사이의 대립을 조장하기 위해 계급 및 민족 갈등으로 사건을 조작했다. 일본은 "일본 제국의 신민"(조선인)들을 보호할 필요성 때문에 만주를 침략했다며 전쟁을 정당화했는데, 이는 중국인과 조선인의 반일 연합을 약화시켰을 뿐만 아니라, 이후 공산주의자와 민족주의자 사이의 잠재적 연합 가능성을 위축시켰다.

결과는 재앙적이었다. 1932년 초 중국공산당 동만주특별위원회(약칭 '동만특위)는 대량 살상과 방화, 암살에 대한 책임을 물으며 반反민생단 캠페인을 시작했다. 일본에 만주 지역을 침략할 구실을 주었다는 조선인들에 대한 비난 여론 속에서, 조선 공산주의자들은 자신들의 충성심을 증명하기 위해 친일파로 의심되는 사람들을 발본색원해야만 했다. 그러나 이들에 대한 의심이 더욱 심화되면서 민생단과 관련이 있다고 의심되는 사람들, 조선인 공산주의자들에 대한 대대적인 공격이 시작되었다. 1932년 말, 중국공산당의 동만특위 지도자들은 민생단과 관련이 있는 것으로 의심되는 일반 당원들 ─ 대부분 조선인들 ─ 을 심문하고 고문하며 처형하기 시작했다.

민생단을 숙청하기 위한 광기 어린 집착으로 말미암아, 식사 도중 밥알을 흘리거나 밥을 많이 먹어도, 밥을 덜 익히거나 태워도, 두통이나 배탈을 호소하거나 사람들 앞에서 한숨을 쉬어도 민생단 단원으로 의심받게 되었다. 식민지 조선의 독립을 주장하는 것조차 민생단과 같은 반동적 민족주의자들을 편들며 공산주의 운동의 국제주의 원칙을 위반한 것으로 간주되었다.[99] 이런 불합리 속에서 조선인 소비에트들은 민생단이 주장한 조선인 자치를 옹호했다는 비난을 받았다.[100] 민생단 말살 정책은 관동 지역의 게릴라 거점들을 황폐화했고, 일본군의 초토화 정책보다 훨씬 더 많은 조선인 혁명가와 지지자들을 죽게 했다. 이 같은 과정은 해방 이후 북조선에서 지도급 인사가 되는 게릴라 활동가들이 김일성과 강고한 연합을 형성하는 데 영향을 미쳤다. 김일성과 그의 추종자들의 회고록에는 김일성이 민생단 동만특위가 수집한 용의자들과 관련된 모든 서류들을 불태웠던 극적인 순간을 언급하며, 동정심을 가지고 이 같은 대담한 행동을 보여 준 김일성의 지도력을 추앙했다.[101] 서류를 불태웠다는 소식에 김일성 주변으로 사람들이 몰려들었다. 김일성은 이 같은 숙청의 와중에 공산주의자들을 괴롭혔던 불신과 의혹을 극복하고 자신과 당원들 사이에 강력한 유대를 형성했다.

만주 지역에 남은 공산주의자들과 빨치산들이 중국공산당의 지휘 아래

동북항일연군東北抗日聯軍을 형성하기 위해 재편되는 과정에서 김일성은 제2군 3사단의 지휘관이 되었고, 그의 항일 유격대에 수많은 조선인들이 참여했다. 곧 김일성은 만주 동부의 국경선에서 가장 성공적인 게릴라 활동을 벌이고 있는 인물로 유명해졌다.[102] 그의 활동 가운데 가장 유명한 것은 압록강 인근 국경 지대에서 있었던 보천보 전투였다. 김일성은 1937년 6월 4일 약 200명의 항일 유격대를 이끌고 마을을 공격해 일제의 경찰관 주재소, 면사무소, 소방서를 파괴하고, 우편국을 불태웠다. 이 사건은 김일성이 유능한 군사 지도자임을 보여 주었다. 그러나 더 중요한 사실은 김일성이 이끄는 항일 유격대와 만주 지역에 기반을 둔 항일 연합 조직인 재만한인조국광복회[이하 '조국광복회'로 약칭] 사이의 정치적 조직화와 협력이 보천보 전투가 있기 일 년 반 이전부터 지속되어 왔다는 점이다.[103] 김일성은 민심의 중요성(아마도 마오쩌둥으로부터 힌트를 얻은 것으로 보인다)을 계속 마음에 두고 게릴라 활동을 조선인 인민들과의 밀접한 관계 속에서 진행했던 것으로 보인다.

조국광복회의 10대 강령은 해방 후 북조선에서 실시된 개혁안과 매우 유사하다. 세부적인 내용을 살펴보면, 항일 통일 전선 결성을 촉구하거나 토지를 비롯한 일본인 재산을 몰수하고, 집단농장을 건설하며, "노예 교육"을 철폐하고, "우리 민족 문화"에 대한 의무적인 무상교육을 실시하는 것 등이 특히 비슷했다.[104] 또한 강령은 일제가 부과한 각종 세금과 강제적인 징집, 공포 정책 등의 폐지를 명시적으로 촉구하며, 언론·출판·집회·결사의 자유를 전취하고, 농민, 군인, 청년, 여성을 포함한 모든 노동 대중의 일상생활을 개혁하자고 주장했지만, 실제로 조국광복회가 게릴라 활동을 전개하는 가운데 이 같은 강령을 어떻게 시행했는지는 확인하기 어렵다. 그럼에도 불구하고 해방 이후 북조선의 토지개혁과 조선어와 조선 역사에 중점을 둔 공교육 개혁의 목표는 (식민지 기간 동안 만주 지역에서의 경험을 토대로 구성된 청사진과 해방 후 효율적으로 사용할 수 있는 자원과 공간을 확보한 상태에서) "모든 노동 대중들"의 일상생활에 변화를 일으키는 것이었다.

1936년 6월 10일 조국광복회의 '재만한인조국광복회선언'은 광복을 위해 "전 민족의 계급, 성별, 지위, 당파, 연령, 종교 등의 차별[차이-옮긴이]을 불문하고 백의동포는 반드시 일치단결 궐기하여 원수인 왜놈들과 싸워 조국을 광복"시킬 것을 촉구했다.[105] 이 선언은 모든 차이를 일소하고 "늙은이와 젊은이, 남자와 여자 할 것 없이 돈 있는 사람은 돈을 내고 식량이 있는 사람은 식량을 내고 기능과 지혜가 있는 사람은 기능과 지혜를 바쳐 2300만 민중이" 일본 제국주의에 저항하기 위해 함께할 것을 주창했다. 해방 후 북조선에서는 통일 전선을 위해 "민족 반역자"를 제외한 거의 모든 조선인을 하나로 묶어 "모든 노동 대중들"로 규정하고, 여기에 사무원이라고 불리는 광범위한 사회적 범주를 포함시켰다. '사무원'이라는 용어는 사무원 또는 행정 직원을 의미하지만, 지식인과 전문가를 혁명 과정에 통합하기 위해 노동자 및 농민과 구별되는 포괄적인 용어로 사용되었다. 북조선에서 공산당이 권력을 잡았을 때 이 계층은 당의 상징인 망치와 낫에 더해진 붓으로 표현되었다. 이 범주의 애매성은 문제가 있는 계급적 배경을 가진 사람들이 혁명에 가담해 항일 연합 전선의 유산을 이어 갈 수 있게 했다.

한홍구는 주체사상의 발전과 '민족의 생명력'으로서 김일성이 강조하는 독립성 ─ "조선 혁명의 주인은 조선인이다" ─ 을 이해하기 위해서는 만주 지역의 항일 게릴라 투쟁과 민생단 사건의 트라우마라는 맥락을 이해해야 한다고 주장했다.[106] 중국과 소련 공산주의자들 모두로부터 투옥된 유일한 공산주의 지도자로서[107] 김일성은 공산주의적 국제주의 원칙에도 불구하고 중국 및 소련과 같은 강대국들의 국익 앞에서 조선과 같은 소국에서 일어난 혁명이 얼마나 소모적이 될 수 있는지를 예리하게 인식하고 있었다. 거대 열강의 맹목적 국수주의와 거리를 두면서도, 김일성은 프롤레타리아 국제주의를 애국주의와 분리할 수 없는 것으로 이해했다. 즉, 김일성은 "자기 조국을 사랑하지 않는 사람이 국제주의에 충실할 수 없으며 국제주의에 충실치 못한 사람이 자기 조국과 자기 인민에게 충실할 수 없습니다. 진정한 애국주의자는 곧 국제주의자이며 또 진정한 국제주의자는 곧 애국주의자입니다"라고 이야기했다.[108] 이런 국제주의와 자주 혹은 주체라는 형식을 가진 민족주의의 결합은 북조선에서 나타난 사회주의적 근대성의 특징이 되었다.

식민지 조선에 대한 기존 연구들은 식민지 근대성에 대해 많이 언급하지만, 대부분은 이 같은 경험의 독특성을 이론화하지 않은 채 단순히 일제강점기에 나타난 근대성의 모습을 묘사하는 데 머물러 있다. 모든 근대성은 필연적으로 그리고 언제나 식민주의적일 수밖에 없다는 포스트모더니즘의 비판 속에서, 식민지적 근대성과 관련해 구체적으로 **식민지적인 것**이 무엇인지 판별하는 것은 어려운 일이다. 이는 모든 식민지 근대성에 대한 연구가 그것의 식민지적 성격보다는 근대성이 무엇인지에 초점을 맞추고 있기 때문이다. 무엇이 식민지적 근대성을 근대적인 것일 뿐만 아니라 식민지적인 것으로 만드는 것인가? 이 질문에 이론적으로 적절히 답하기 위해서는 식민주의 아래에서 발생한 근대성에 대한 단순한 묘사 이상의 것이 필요하다. 이 장에서 제시했듯이, 생산과정의 합리화, 자본의 확대, 대중 교육의 사회화와 같은 **보편화하는** 충동 속에서 근대성의 징후들은 (근대성의 보편화하는 목표와 상반된 목적으로 작동하는) **특수화하는 것**으로서의 식민지주의라는 전혀 다른 논리에 의해 굴절되었다.[109] 태형이나 소작제 같은 특정 형태의 전통적 관행이 다시 사용되었는데, 이는 신체적 처벌을 합법화하고 사회를 법률적으로 계층화함으로써 [제국의 국민과 피식민지 신민 사이의] 차이를 각인하는 것이었다. 궁극적으로 일본 제국주의의 주체성 — 근대적 주체성의 안티테제 — 은 일왕의 혈통을 통해 추적되는 원시적인 과거에 의거해 정의되었으며, 이는 조선의 식민지 근대성이 지극히 반근대적인 것으로 귀결되게 만들었다.

근대성, 즉 근대화로 인한 혼란을 "극복"하는 데 사로잡혀 있던 일본은 천황제와 같은 "전통"의 부활을 추구했다. 이를 통해 일본인의 "본질"을 과시하고 일본인들을 정신적으로 통합하고자 했다. 이는 마치 나치가 민족 공동 사회라는 "초월적인 통일성 신화"를 통해 계급 분열과 정치적 긴장을 극복하려고 했던 것과 유사하다.[110] 일왕을 통해 태곳적 시간으로 거슬러 올라가 추적한 일본 민족의 본질, 또는 계급적 당파적 분열에 맞서 독일 사회를 통합한 아리안 인종의 우수성 등과 같은 이데올로기는 모두 시간을 벗어나 현재(근대)의 혼란을 극복하고자 하는 시도에서 나온 산물이었다. 이런 맥락에서 이 두 체제는 지극히 반근대적이라 할 수 있다. 이와는 대조적으로 근대의 사회혁명들은 근본적으로 새로운 세상을 창조하기 위해 전통과 급격히 단절함으로써 과거를 전복하려 했다. 북조선에서 진행된 혁명 역시 이 점에서 근대의 다른 사회혁명들과 다를 바 없었다.

다음 장에서 우리는 사회주의적 근대성의 특징을 일상의 현실로 이루어 낸 북조선의 사회적·정치적·문화적 특징들을 살펴보고자 한다. 비록 6·25전쟁이 끝나기 전까지는 주체사상이 체계적인 이데올로기로 발전하지 못했지만, 해방 이후 북조선에서 그것이 중심적인 위치를 차지하게 된 것은 당연했다.[111] 세 가지 중요한 사건이 근대적 주체성을 탄생시켰다. 수백 년간 착취받아 온 농민들을 해방시킨 토지개혁, 대중 정치를 재구성한 전례 없던 선거, 문화 및 교육에 대한 접근성을 대폭 개선한 문맹 퇴치 운동이 그것이다. 다음 장에서는 인제군 사례를 토대로, 북조선 혁명에서 나타났던 일상생활의 변화를 좀 더 가까이에서 살펴보자.

3장

세 가지 개혁:

혁명의 시작

그림 3.1. 일하면서 배우자(장소, 날짜 미상)
출처: RG 242, SA 2005, box 7, item 9. 미국 국가기록관리청 제공

문맹은 문명의 적이다. …… 글을 배워야 하겠다는 자각 밑에 꾸준히 자기 학습에 노력한 결과로
오늘날 내 손으로 회의록을 작성하는 실력을 가지게 되었[다].
| 인제군 서화면 당부 회의록(1948년 3월 26일)

일제강점기가 끝날 무렵 조선의 행정구역은 13개 도로 나뉘어 있었고, 도는 다시 군, 면, 리로 구성되어 있었다.[1] 인제군은 38도선을 따라 한반도 중심에 있는 강원도에 위치한다. 38도선으로 13개 도 가운데 5개 반이 이북 지역에 포함되었고, 강원도는 인제군과 마찬가지로 반으로 나누어졌다. 38도선 이북에 위치한 인제군은 인제면, 서화면, 북면, 그리고 남면의 위쪽으로 구성되며, 인구는 [1948년 기준] 약 3만 명에 달했다. 1948년 12월, 인제군의 성인 인구는 1만8359명이었다.[2] 강원도는 인제군과 함께 1953년 6·25전쟁이 끝난 후 국경이 다시 그려지면서 남한의 일부로 재편되었다.[3] 미국 로스앤젤레스 카운티보다 조금 더 넓은 인제군의 인구는 현재 3만2000명 정도를 유지하고 있으며, 경치 좋은 산으로 유명한 설악산을 보기 위해 이 지역을 방문하는 관광객으로 붐비고 있다.[4]

분단된 지역으로서 인제군은 해방 직후 북조선에서 나타난 정치 상황[이데올로기적 지형]의 중간 지점을 제공한다. 전통적으로 좌파가 강했던 함경남도나 오랫동안 그리스도교 활동의 중심지였던 평안남도와는 달리, 인제군에서는 보수주의 세력이나 공산주의 세력이 서로를 압도할 만한 지배적인 위치에 있지 않았기 때문이다.[5] 해방 이후 지방인민위원회의 정치적 성향에서 지역별 편차가 있기는 했지만, 혁명 기간 동안 지역별 차이는 중앙집권화로의 압력과 혁명정부의 조치에 대한 농민들의 광범위한 지지에 의해 약화되었다. 북조선의 다른 군이나 도와의 비교 연구는 전반적으로 주목할 만한 유사성들을 보여 주는데, 이 점에서 인제군은 북조선의 미시사를 연구하기에 적합한 사례가 될 수 있다. 실용적인 측면에서도 인제군은 가장 풍부한 기록물을 가지고 있는데, 이를 통해 우리는 당시의 역사를 세밀하게 재구성할 수 있다.[6]

2장의 〈표 2.2〉에서 볼 수 있는 것처럼, 강원도는 38도선상에 위치하고 있었던 탓에 1945년 10월 18일, 가장 늦게 지방인민위원회가 조직되었지만[7] 1945년 11월 전국인민위원 대표자대회가 개최되었을 당시 매우 효과적으로 통치되고 있었다. 강원도 대표는 대회에서 이 같은 강원도의 상황을 보고했는데, 그 내용을 보면 해방 후 불과 3개월 시점에 지역 수준에서 자치에 대한 열망과 능력이 얼마나 높았는지 알 수 있다.

행정과 사법은 인민위원회의 손으로 행하고 있다. 본 도에서는 14만의 인민이 실업했는데 8500만 원의 자본금으로 …… 수력 전기 공사를 착수 실시 중이다. …… 물가는 인민위원회에서 사정査定하야 결정하나 가량 백미일두白米一斗 20원과 같다. 치안은 매우 순조로워 인민재판도 수차 열었다. 소작료는 삼칠三七제를 엄수하며 …… 일본인 토지, 민족 반역자 토지 …… 는 전부 몰수하였으며, 이 몰수 토지의 소작료는 역시 삼칠三七제의 비율로 농민은 조세로써 인민위원회에 납부하고 일반 농민은 자가 보유 양식을 제외하고 기타 전부를 건국미로 인민위원회에서 받아 보관하고 있다.[8]

도내의 이런 역동적 변화에도 불구하고 인제군은 주요 도시들로부터 한 참 떨어져 있는 시골이었다. 군의 90퍼센트는 숲과 산으로 이루어져 있었고, 교통이 좋지 않아 신문이 지역에 도착하는 데 거의 2주가 걸렸다.[9]

당시 한반도 지역 대부분이 그랬듯, 인제군 역시 전형적인 농촌 지역으로 6388가구 가운데 대부분이 전업으로 농사일에 매달려야 했다.[10] 하지만 전통적으로 반도의 "미작 지대"로 알려진 이남 지역과 달리, 인제는 무논이 얼마 안 되는 이북의 다른 지역과 유사했다. 인제군은 대체로 비옥하지 못한 땅으로 이루어져 있었으며, 주로 밀 보리 감자 등을 생산했다. 물을 댈 수 있는 토지는 절반에도 미치지 못했다.[11] 인제군은 문화적 혜택이나 교육 기회를 거의 누릴 수 없는 가장 "낙후한" 지역 가운데 하나였다. 인제군 경제의 80퍼센트는 농업에 의존하고 있었는데, 이를 위해서는 가축, 특히 소가 가장 중요했다.[12] 남북한 농촌에는 소가 흔했는데, 상당수 경작지가 산으로 둘러싸인 계곡에 산재해 있었기 때문이다. 몇몇 연구에 따르면, 북조선 지역 토지 가운데 3분의 1이 트랙터를 사용하기에 적절하지 않았다.[13] 인제군은 몇몇 도자기 공장을 제외하고는 산업이 거의 없을 정도로 농업 중심 지역이었다. 그나마 숲이 있어 벌목이 가능했다.[14] 해방 이후 대부분의 산업은 정체되어 있었다. 이는 기술자들이 대부분 일본인이었기 때문으로, 그들이 떠나자 공장에는 직원이 남지 않았다. 1946년 북조선로동당이 작성한 목록에 따르면, 인제군 내에는 소수의 숙련 노동자들이 있었다. 이 목록을 보면 우선 군사기술을 가진 175명의 노동자들이 있었는데, 이들은 대부분 일제강점기가 막바지로 치닫던 해에 강제로 징용을 당했던 사람들이었다. 그 밖에도 당시 인제군 인구인 3만 명 가운데에는 도자기공 7명, 목공 2명, 선반공 4명, 자동차 운전수 7명, 자동차 정비사 1명, 용접 기능사 1명, 전화 수리공 1명, 의사 1명 등이 있었다.[15]

1947년에 조사한 바에 따르면, 인제군 인구의 대다수가 여전히 빈농에 해당한다. 그들은 수확 조건에 상관없이 만성적인 식량 부족에 시달렸다. 해

표 3. 1. 인제군 농민들의 계급 분류: 1947년 7월 면 단위 분류

	고농				빈농				중농				부농				총계			
	가구	남성	여성	소계	가구	남성	여성	소계	가구	남성	여성	소계	가구	남성	여성	소계	가구	남성	여성	소계
인제면	19	28	22	50	1,478	4,100	3,694	7,794	292	1,008	881	1,899	4	11	7	18	1,793	5,147	4,604	9,751
남면	6	9	5	14	480	1,576	1,392	2,968	151	386	403	789	-	-	-	-	637	1,971	1,800	3,771
북면	6	6	-	6	1,117	2,964	2,746	5,710	138	361	329	690	-	-	-	-	1,261	3,331	3,075	6,406
서화면	10	14	3	17	1,581	4,535	4,083	8,618	304	1,309	1,334	2,643	10	44	40	84	1,905	5,902	5,460	11,362
총계	41	57	30	87	4,656	13,175	11,915	25,090	885	3,064	2,947	6,011	14	55	47	102	5,596	16,351	14,939	31,290

출처: RG 242, SA 2007, box 6, item 9, "인제군당부 기요과 지령철"(1947).

방 전에는 지주·자영농·소작농 같은 계급 범주가 사용되었다면, 해방 후에는 인구의 압도적 다수를 구성하는 농민들을 생활 조건에 따라, 각각 고농·빈농·중농·부농 등으로 새롭게 분류했다. 이는 그들이 처한 생활 조건을 강조하기 위한 것이었다. "중농"은 작황에 의존하는 사람들로 풍년에는 식량이 충분하지만 흉년에는 생계가 어렵다. "부농"은 작황에 상관없이 식량이 충분한 사람들로 잉여분을 팔거나 대부해 줄 수 있다. 사다리 맨 아래에는 고용농(고농) 혹은 농업 노동자들이 있다. 이들은 다른 사람들의 농장에 고용된 사람들이다. 인제군 농민의 80퍼센트는 〈표 3.1〉에서 볼 수 있는 것처럼 1947년 당시 빈농 범주에 해당했다. 이 시기는 아직 1946년 토지개혁의 결과가 완연히 반영되기 전이다.

이런 환경에서 농민들을 위한 혁명은 세 가지 — 토지의 재분배, 정치적 대표, 교육 기회 — 를 의미했다. 이는 한반도에서 농민들에게 경제적·정치적·문화적 측면에서 전례 없는 발전의 전망을 만들어 냈다. 이 각각은 아래에서 차례로 다룰 것이다.

토지개혁

한반도 인구의 80퍼센트를 구성하는 농민들에게 토지문제의 해결만큼 긴급한 문제는 없었다. 농민들은 다른 무엇보다 토지문제의 해결을 위해 혁명에 참여했다. 1946년 2월 북조선임시인민위원회의 창설은 북조선 전역에 걸쳐 며칠 동안 축제와 환호의 물결을 만들어 냈다. 평양에는 10만여 명의 군중이 운집했다. 농민들은 이 기회를 이용해 새롭게 들어선 임시정부에 봄철 파종 전까지 철저한 토지개혁을 실시하라고 요구했다. 일부는 김일성에게 직접 서한을 보내 토지개혁을 요구하기도 했다.[16] 2월 23일과 3월 2일 사이에 제2차 북조선농민동맹['농맹' '농민동맹' 등으로 약칭] 대회가 평양에서 개최되었다. 150명의 농민 대의원 가운데 93명이 빈농 출신이었는데, 그들은 모든 "토지를 농민에게" 분배하라고 요구했다.[17] 그들은 일본인, 친일 부역자, 민족 반역자들에게서 나온 토지는 토지를 가지지 못한 농업 노동자와 농민들에게 무상으로 분배할 것을 요구했다. 소작인들의 채무는 모두 면제되고 소작제는 영구히 폐지되었다. 300명 이상의 농민들이 임시인민위원회 사무실에 모여 농업 문제의 해결을 요구했다. 1946년 3·1운동 기념식에서는 300만명 이상의 농민들이 북조선 각지에서 집회를 열었고, "우리는 토지개혁을 원한다"라고 외치며 시위를 벌였다.[18]

토지문제의 이 같은 폭발력은 충분히 예측할 수 있었던 것이었다. 조선에 대한 일본의 식민화는 농민들의 가뜩이나 어려웠던 상황을 더욱 악화시켰다. 식민지 기간 동안 사적 소유, 불평등한 토지 분배, 소작이 전체적으로 증가했다.[19] 토지조사사업이 식민 통치 초기 10년에 걸쳐 완료되었을 당시, 토지의 사적 소유와 상품화가 공식적으로 인정되었고, 농촌 주민 가운데 77.2퍼센트가 그들이 경작하고 있는 땅의 일부 혹은 전부를 소작하고 있는 것으로 조사되었다.[20] 대부분의 소작인들은 수확물의 50~70퍼센트를 임대료로 지불해야만 했다. 그래서 농민들의 절대다수는 거의 기아 상태에 있었다.[21] 1929년 이후 세계시장의 붕괴와 함께 생활 여건이 급속도로 나빠졌고, 농촌 지역의 계급 양극화는 심화되었다. 전체 농가 호수의 4퍼센트를 차지하는 지주들이 전체 농지의 50퍼센트를 소유했다.[22] 한 신문 기사는 이처럼 절망적인 상황을 다음과 같이 기술하고 있다.

파종 시기를 바로 앞두고 있음에도 불구하고 수많은 빈농들이 마을을 떠난다. …… 상황은 생지옥과 다르지 않다. …… 농민들은 살기 위해 초근목피에 의존하고 있었지만, 그마저도 다 떨어진 상황이다. …… 나가 구걸하는 것 말고는 다른 방법이 없었다. 그들은 죽지 못해 살고 있다.[23]

상황이 악화되는 가운데 적색농민조합들은 1930년대 내내 급진적인, 때때로 폭력적인 시위를 주도했다. 이는 1940년대에 이르러 일제가 억압 통치를 통해 식민지 조선에서 거의 모든 형태의 저항운동을 분쇄할 때까지 이어졌다. 그때까지 적색농민조합들은 식민지 조선의 북동쪽 지역에서 활약했다. 소작농만이 아니라 자영농들 역시 운동에 참여했다. 그들은 전통적인 경제적 이해관계를 넘어서는 요구를 하고 있었다. 임대료 감축, 소작 계약의 보호 외에도 폭압적인 법률의 폐지 같은 정치 이슈들이나 민족 해방을 주장했다.[24] 이런 과제들은 해방 직후 북조선에서 농업혁명의 근간이 된다.

혁명정부의 정당성을 공고히 하고, 농민들의 요구를 충족하기 위해, 〈북조선토지개혁에 대한 법령〉(이하 〈토지개혁법〉)이 1946년 3월 5일 공포되었다. 이 법령에서는 일본 정부, 일본 국민과 기관 그리고 "일본인에 협력한 조선인 반역자들"이 소유한 토지를 몰수하도록 했다.[25] 5정보 이상의 토지를 가지고 있는 조선인 지주들의 토지 역시 무상으로 몰수됐다. 지주들이 계속해서 소작을 주고 있던 토지는 면적과 상관없이 몰수됐다.[26] 해방 이후 월남한 사람들이 소유한 토지, 부재지주가 소유한 토지, 교회, 사원 및 기타 종교단체의 소유지 역시 무상으로 몰수됐다. 몰수된 토지는 "토지는 밭갈이 하는 농민에게"라는 원칙에 따라 농민에게 무상으로 분배되었다. 고농과 빈농은 토지를 받을 가장 적격한 자격을 가진 것으로 평가되었다. 토지는 상속될 수 있지만 〈토지개혁법〉에 의해 농민에게 분배된 토지는 매매하지 못하고, 소작을 주지 못하며, 저당하지도 못하게 했다. 게다가 토지의 상업화와 상품화 역시 금지되었다. 몰수 대상인 토지를 소유하고 있는 지주들에게 진 채무는 면제되었다. 토지를 몰수당한 지주가 소유한 소, 농기구, 주택은 물론이고 과수원과 과목, 관개시설 등도 몰수됐다.

개혁 법안의 초안은 소련의 영향을 받았지만 사실 토지개혁에 대한 논의는, 다양한 농업 개혁 모델의 역사적 기원에 대한 김성보의 세밀한 연구가 보여 주듯, 조선시대로 거슬러 올라간다. 북조선에서 이루어진 토지개혁의 직전 선구는 바로 식민지 시기에 사회주의자들이 제안한 개혁안으로, 그들의 요구는 모든 토지를 일괄 국유화하는 방안에서부터 농민들에게 최대한 토지를 분배하는 온건한 프로그램에 이르기까지 다양했다.[27] 개혁이 신속하게 추진될 수 있도록 소련군이 일정한 역할을 했지만, 농민들이 농업혁명의 중심에 있었고 궁극적으로 "세계사에서 가장 빠르고 급진적인 토지개혁"을 이루어 냈다.[28] 사실 1945년 9월 공산주의자들이 제시한 초기의 토지개혁안은 몰수할 토지를 일본인과 부역자들이 소유한 토지로 제한하고 있었다. 그러나 이것이 농민들의 요구에 의해 급진화되어, 국적에 상관없이 지주들이 소유한 모든 토지가 무상으로 몰수되어 농민들에게 무상으로 분배되었다.[29]

북조선의 경작지 186만 정보 가운데 절반 이상이 토지개혁으로 몰수되었다. 몰수 토지의 60퍼센트 이상이 중농에게서 나온 것이었다. 그들은 5정보 이하의 토지를 소유하고 있었지만 토지의 일부 혹은 전부를 소작을 주고 있었다. 몰수된 토지는 거의 모두 재분배되었다. 2퍼센트 미만의 토지만이 국가 소유로 남았다. 결국 전체 105만 정보가 몰수되었고, 25일 만에 98만 정보가 모두 71만 농민 가구에 무상으로 재분배되었다.[30] 99퍼센트의 소작지가 보상 없이 몰수된 것이다. 북조선 전체 농민 가구의 70퍼센트 이상이 혜택을 받았다.[31] 토지개혁은 지주의 권력을 무너뜨렸다. 지주들 가운데 다수는 일제 부역자로 비난을 받던 사람들이었다. 새로운 제도는 토지가 없는 다수의 농민과 빈농들로부터 지지를 받았다. 지주들은 쓴 약을 삼켜야만 했다. 당시 지주였던 한 사람은 훗날 당시를 이렇게 회상했다.

새로 들어선 공산주의 정부는 우리의 토지를 모두 하룻밤에 빼앗아 소작농들에게 나눠 주었다. 그들은 그것을 토지개혁 제1조라고 불렀다. 토지는 인민들의 것이 되어야만 한다고 말했다. …… 갑자기 우리는 조

표 3.2. 토지개혁의 결과: 1946년 몰수 토지

토지 소유자	전체 면적 (정보)	사례의 숫자*	사례당 평균 규모 (정보)
일본 정부와 일본인	111,561	12,919	8.63
민족 반역자와 이탈자	12,518	1,366	9.09
5정보 이상을 가진 지주	231,716	29,683	7.80
토지 전부를 임대하는 사람	259,150	145,688	1.77
지속적으로 토지를 임대하는 사람	354,093	228,866	1.54
교회, 수도원, 그리고 종교단체	14,916	4,124	3.54
총계	**983,954**	**422,646**	**2.32**

출처: Mun Woong Lee, "Rural North Korea under Communism: A Study of Socio-cultural Change," *Rice University Studies* 62. no. 1(1976), p. 21. *The Historical Experience of Agrarian Reform in Our Country*(Pyongyang: Foreign Language Publishing House, 1974), p. 95. 두 출처와 1949년 북조선 문헌에 나온 수치 사이에는 일치하지 않는 점들이 있다. 그러나 그 수치는 비슷하다. 여기서는 Lee(1976)의 자료를 따랐다.
주: 토지에서 과수원은 제외되었다.
*가구와 조합을 비롯한 여타 사회적 단위를 포함한다.

표 3.3. 토지개혁의 결과: 1946년 몰수 토지의 재분배

수혜자	면적 (정보)	가구 수	평균 분배 (정보)
농업 노동자	21,960	17,137	1.28
토지 없는 소작농	589,377	442,973	1.33
적은 토지를 가진 농민	344,134	260,501	1.32
다른 지역으로 재배치된 지주	9,598	3,911	2.45*
소계	**965,069**	**724,522**	**1.33**
인민위원회가 보유한 토지	18,885		
총계	**983,954**		

출처: <표 3.2>와 동일
* 다른 지역으로 재배치된 지주들에게 가장 큰 평균 분배 면적이 할당된 것은 개별 가구 구성원의 연령과 성별에 따라 조정된 점수를 기준으로 토지가 분배되었기 때문이다. 지주들은 일반적으로 가구 규모가 크다. 또 다른 이유는 지주에게 분배된 토지의 질과 생산성의 차이 때문일 수도 있다. Mun Woong Lee, "Rural North Korea under Communism: A Study of Socio-cultural Change," *Rice University Studies* 61. no. 1(1976), p. 22 참조.

상으로부터 물려받은 모든 토지를 잃었다. 그들은 우리를 집에 머물게 하고, 우리 집과 교회 사이에 있는 세 개의 논을 남겨 놓았다. 그때 나는 처음으로 논 — 내가 거머리 밭이라고 부르던 — 에 발을 담갔다.[32]

결과적으로 토지개혁은 해방 이후 지방인민위원회와 농민동맹의 주도하에 이미 추진 중에 있던 것을 정당화했다. 그것은 개혁의 혁명적 성격을 강화했는데, 개혁은 토지에 대한 농민들의 요구를 충족시켰을 뿐만 아니라 좀 더 중요하게는 수세기 동안 전횡을 일삼던 지주의 권력을 약화시켰다. 토지 재산과 정부 관직의 결합을 배경으로 오랫동안 안정적으로 유지되었던 양반 지주들의 지위는 식민 통치 시기에도 여전히 지속되었다. 지주는 일본인에게 협력하며 권력과 부를 유지했고, 식민지 정부는 지주를 활용해 농촌을 다스렸다. 조선왕조 500년은 물론 식민 통치 기간에도 지주들이 자신들의 지위를 유지할 수 있었던 토대가 마침내 토지개혁으로 무너지게 된 것이다.

토지개혁은 북조선인민위원회의 지도에 따라 [지방에서는 도, 군, 면 인민위원회의 책임 아래] 지역 농촌위원회의 주도로 실시되었다. 토지개혁의 수혜자이자 관리자로서 농민들은 혁명적 행위자로 전환되었다. 농촌위원회는 빈농과 농업 노동자들의 총회에서 [선거를] 통해 5~9명 규모로 구성되었다.[33] 혁명 기관으로서 농촌위원회의 역할은 농민들의 참여를 구조적으로 제도화하는 것이었다. 북조선 전역에 1만2001개의 농촌위원회가 9만697명의 농민동맹 맹원으로 조직되었으며, 이 과정에 약 80만 명의 농민들이 참여했다. "농민들은 농촌의 주인공이 되었다. 실지에 있어 농민들은 농촌 행정의 주인으로 바뀌게 되었다."[34] 결과적으로 지주는 토지와 부를 빼앗겼을 뿐만 아니라 정치권력으로부터도 배제되었다.[35] 법령이 통과되고 6개월 후인 1946년 9월, 인제군에 거주하는 지주들의 집 가운데 3분의 1이 몰수되었다. 24명의 지주는 다른 군으로 재배치되었다. 20명의 지주는 이미 1945년에 월남한 상태였다.[36] 이런 수치는 대체로 3만 명 이상의 인구를 가진 군 전체 인구와 비교하면 매우 적은 수치인데, 이는 인제군에 분배할 토지가 부족했음을 뜻한다. 실제로 토지개혁 이후 가구당 토지의 평균 규모는 인제군의 경우 약 1정보였다. 참고로 전국 평균은 1.33정보였다.

표 3.4. 인제군에서 〈토지개혁법〉에 따라 몰수된 토지

	〈토지개혁법〉 2조			〈토지개혁법〉 3조					계
	가. 일본인이 소유한 토지	나. "민족 반역자가" 소유했던 토지	소계	가. 5정보 이상의 토지	나. 소작 토지	다. 규모에 상관없이 지속적으로* 임대된 토지	라. 5정보 이상의 종교 기관 토지	소계	
토지 면적 (정보)	21.11	1.05	22.16	787.05	560.27	1,825.98	20.59	1,825.98	3,216.05 (전체 토지의 53퍼센트)
사람 수	20	1	21	72	321	424	3	820	841

출처: 인제군당부, "1946년 인제군 토지개혁통계총결표"(1947년 1월 21일), 『北朝鮮經濟資料集成』 7권, 619쪽. 한모니까, "한국전쟁 전후 '수복지구'의 체제 변동 과정: 강원도 인제군을 중심으로"(가톨릭대학교 국사학과 박사학위논문, 2009), 36쪽에서 재인용.

* '3조, 다'에 "지속적으로"라는 단어는 식민지 시기 말기에 강제 징용이나 징병 때문에 일시적으로 임대된 토지는 제외하기 위해 추가되었다.

이 정도 규모의 개혁이 이루어지기 위해서는 반드시 명확한 규정이 필요했다. 이에 북조선임시인민위원회는 〈토지개혁 실시에 대한 임시 조치법〉과 〈토지개혁 법령 실행 대책〉을 비롯한 지침을 공표했다.[37] 몰수 예정인 대상물을 은닉, 훼손, 매매, 처분할 경우 반드시 처벌하도록 했다. 지주들에게 도스스로 토지를 일구겠다고 할 경우, 토지를 할당해 주었다. 대신 그늘은 마을 사람들과의 전통적 관계를 끊어 내기 위해 다른 군에 있는 토지를 받았다. "토지는 밭갈이하는 농민에게!"라는 구호는 말 그대로였다. 5정보 이상을 소유한 사람들도, 그 토지를 스스로 경작한다면 토지를 보유할 수 있도록 했다. 토지개혁 법안의 초안을 작성한 사람들은 "토지의 몰수 대상을 옳게 규정하여" "누구와 동맹하여 어떤 세력을 반대하며 누구를 고립"시킬지에 대해 전략적이었다.[38] 소수의 지주들을 고립시키면서도 개혁에 대한 광범위한 지지를 이끌어 내기 위해 법의 적용은 중농과 부농을 소외시키지 않는 방식으로 이루어졌다.[39]

표 3.5. 인제군에서 <토지개혁법>에 따라 분배된 토지

| | 소유권이 인정되는 6.1항에 따라 분배된 토지 | | | |
	농업 노동자	토지가 없는 소작농	불충분한 토지를 가진 농민	총계
토지 면적(정보)	62.17	1,336.55	1,712.83	3,111.57
가구의 수	35.0	2,614.0	2,324.0	4,973.0
가구당 수용된 토지 면적	1.77	0.511	0.73	0.625
점수*	88.7	9,155.0	8,262.0	17,505.7

출처: 인제군당부, "1946년 인제군 토지개혁통계총결표"(1947년 1월 21일), 『北朝鮮經濟資料集成』 7권, 620-621쪽.
한모니까, "한국전쟁 전후 '수복지구'의 체제 변동 과정: 강원도 인제군을 중심으로"(가톨릭대학교 국사학과
박사학위논문, 2009), 41쪽에서 재인용.
*개별 가구당 분배된 토지의 정확한 면적은 가구원을 점수로 환산하는 점수제에 따라 계산된다. 18-60세 남성은 1점,
18-50세 여성 역시 1점이다. 15-17세 청소년은 0.7점, 10-14세 어린이는 0.4점이다. 9세 이하 소아는 0.1점, 61세
이상 남성과 51세 이상 여성은 0.3점이다.

    개혁 과정에 도전이 없지는 않았다. "극좌"와 "극우" 세력들의 일탈이 있었는데, 이는 정치 스펙트럼상 양극단에 있는 세력들이 가지고 있던 불만을 나타냈다. 개혁은 5정보 이상의 토지를 소유한 지주들을 표적으로 했지만, "극좌파"는 함경남도와 평안남도에서 5정보 미만의 토지를 가진 부농들까지 지주로 규정하려고 했으며 이로 인해 법률이 규정하는 범위 이상으로 토지와 재산을 몰수하는 모습이 나타났다. 실제로 함경남도와 평안북도에서는 자영농이 보유한 토지 역시 몰수되었고, 식민지 시기에 하위 관료로 있었던 사람들이 민족 반역자로 잘못 범주화되어 그들의 재산 역시 몰수되었다.[40]

    다른 한편 "극우파"는 토지개혁에 반대하는 무장 반란을 일으켰다. 반군은 신성한 권리인 재산권 보호를 요구하며, 북조선임시인민위원회가 통과시킨 법률의 적법성을 인정하려 하지 않았다.[41] 농민들은 또한 온정주의에 휘둘리는 모습을 계속해서 보여 주기도 했다. 지주들의 처지를 동정하며 자신이 소작인으로 있다는 사실을 숨기거나 지주들의 잉여 식량을 감춰 주고, 그들이 마을에서 추방되는 것을 막으려 하기도 했다. 인제군의 한 주민에 따르

면, 소작을 부쳤던 농민이 자신의 옛 지주에게 임대료로 쌀가마니를 계속해서 가져다주는 경우도 있었고, 몇몇 지주들은 토지개혁으로 몰수당한 집에 계속 살기도 했다.[42] 때때로 농민들은 자신들의 이익과 반대로 행동하는 것처럼 보였다. "농민의 강한 소유욕은 토지를 얻은 그때에는 좌경이던 것이 얻고 난 후에는 지주를 동정하는 우경의 노선을 걷게 되기 쉽게 할 가능성이 풍부하다. …… 아직도 농민의 의식 가운데 남아 있는 봉건사상의 잔여는 우경의 위험을 당내에 인입시킬 가능성이 많은 것이다."[43]

이런 도전이 있기는 했지만 개혁은 매우 인기 있었고 성공적이었다. "각종 모임이 개최되었고, 그 자리에서 농민들은 …… 법률을 제정한 임시인민위원회에 마음에서 우러나는 감사를 표현했다. …… 법률이 제정된 이후 한 달 동안 임시인민위원회에는 3만 통의 감사 편지가 쏟아져 들어왔다."[44] 개혁에 대한 농민들의 환영과 지지를 보여 주는 또 다른 사례는 북조선공산당(북조선로동당의 전신) 당원이 대거 증가한 데서 찾을 수 있다. 당원은 1945년 12월 4560명에서 1946년 3월 두 배가량 증가해 9058명이었다가, 다음 달에는 세 배가량 증가해 2만 6000명이 되었다. 이후 꾸준히 증가해 7월에는 10만 5000명, 8월에는 27만 6000명, 1948년 3월까지 75만 명으로 증가했다. 북조선공산당은 노련한 혁명가들의 전위 정당에서 농민들의 대중정당으로 바뀌기 시작했다.[45] 토지를 소유하게 된 이후 생겨난 열의와 더불어, 농업 생산량은 몇몇 도들에서 50퍼센트 정도 증가했다. 예를 들어, 함경남도의 곡물 생산은 1945년 126만 790가마에서 1946년 188만 5200가마로 증가했다.[46]

그러나 남한의 대규모 곡창지대와 단절되어 심각한 식량 부족에 시달리고 있던 상황이었기 때문에, 이 같은 증가량만으로는 충분하지 않았다. 임시인민위원회는 비농업 지역에 분배할 곡물을 시급히 모을 필요가 있었다. 토지개혁을 완료한 몇 달 이후 〈농업 현물세에 관한 결정서〉가 1946년 6월 27일 공포되었고, 이에 따라 농민들은 곡물 생산량의 25퍼센트를 현물로 납부해야 했다. 이는 과거에 소작료로 지주에게 생산량의 50~70퍼센트를 내야 했던 것에 비하면 훨씬 낮은 수준이었다.[47] 그러나 현물세 징수율은 지역별로 100퍼센트에서 30퍼센트에 이르기까지 커다란 편차가 있었다.[48] 이후 징수율이 떨어진 지역에 대한 처벌 규칙[〈농업 현물세 위반자 처벌 규칙에 대한 추가 결정서〉]이 발표되면서 징수 성적은 90퍼센트까지 급상승한다.[49] 하지만 이런 변화를 자발적 협력의 증거로 보기는 어려운데, 특히 조선민주당 당원들이 주로 불만을 제기했다. 수확이 좋지 않던 1949년, 한 당원은 빈정대면서 "오늘 세금을 다 갖다 바치고 내일 전부 죽겠다"라고 말했다.[50] 인민들이 세금 징수를 식민지 시기의 곡물 공출과 비슷한 것으로 오해할 수 있다는 우려로 말미암아, 임시인민위원회는 내부 문건들을 통해 세금이 어떻게 사용되는지 밝히기 위해 지역 예산 내역을 상세히 공개하도록 지방인민위원회 간부들에게 지시했다.[51] 게다가 세수 기반을 늘리고, 농업 생산량을 전반적으로 증가시키기 위한 토지 간척 사업을 추진하는 등 경작 면적을 넓히기 위해 노력했다. 지방정부와 당의 기록은 이 같은 사업을 추진하기 위해 노동력을 계획하고 동원하는 데 중점을 두었음을 보여 준다.

(규모의 경제를 가능케 하는) 국영 농장을 도입함으로써 생산량이 증가했지만, 1947년 발표된 공식 정책은 "개인의 창의성"을 증진하기 위해 그 어떤 형태의 집단화도 명시적으로 금지했다.[52]

1. 농촌에서 노력 조직을 합리화한다는 명목으로 예전부터 농민들 사이에 실행되고 있는 소제리*를 생산반으로 재조직하거나 또는 이것을

★ 소 품앗이를 일컫는 이북 지역 표현. 강원도 등지에서는 소개리, 소제리, 소쩨리 등으로도 부르는데, 모두 소겨리에서 나온 것이다. '소겨리'는 '소를 겨리한다'는 뜻으로, 겨리는 결합하다는 뜻의 '결'結을 연음한 것이다. 소를 가진 집과 소 없는 몇

생산반이라 칭하여 개인 경리를 무시하고 농민 경리의 집단적 발전을 연상시키는 여러 가지 명칭을 쓰는 것을 금지한다.

2. 소제리 혹은 품앗이를 조직하는 데 있어서는 농민들의 자원적 원칙 하에서 조직할 것이며 이것을 농민동맹의 세포조직 혹은 인민위원회의 하부 조직으로 하여서 마치 일제시대의 통제 기구를 연상시키는 일이 없도록 주의할 것.

3. 소제리 혹은 품앗이, 반식, 외에 이러한 것이 실지로 없음에도 불구하고 새로 생산반을 조직한 지방에 있어서는 이것을 즉시 해소시킬 것.[53]

농민들의 토지 소유욕에 부응해 경작하는 토지에 대한 통제권은 농민들 자신에게 있다는 점을 확신하도록 신경 쓸 필요가 있었다. 외부의 통제가 있을 수 있다고 암시를 주는 것은 일체 금지되었다. 식민지 시기의 노동력 동원을 연상시킬 수 있는 이름을 사용하는 것 역시 금지되었다. 몰수 토지는 국가가 인수하거나 국유화하지 않고 "농민들의 최대의 욕망"[제 땅을 가지고 제 농사를 짓는 겠을 충족시키기 위해서 분배되었다.[54] 농민들이 스스로 농업 경영과 생산을 담당함에 따라 북조선에서는 토지에 대한 농민들의 갈망이 충족되었을 뿐만 아니라, 이 과정에서 농민들은 스스로를 혁명의 행위 주체, 다시 말해 생산 활동을 통해 사회적 목적에 이바지하는 혁명의 주체로 이해했다. 수확물의 75퍼센트가 농민들의 관리 아래에 있을 수 있게 되면서 이 같은 견해는 더욱더 강화되었는데, 생산과 소비의 관리가 농민들에게 위임된

집이 참여해 만든 소 품앗이 조직을 보통 소겨리 또는 겨리라고 했다. 국립민속박물관, 한국민속대백과사전 누리집(https://folkency.nfm.go.kr/main). 소 품앗이 항목 참조. 2023년 3월 29일 검색.

것이다. 토지개혁은 지주들을 제거하는 데 효과적이었다. 지주들은 혁명에 강력히 반대하는 입장을 피력하며 토지개혁 직후 월남했는데, 그 수는 기록적이었다.[55] 좀 더 중요하게 그것은 토지의 탈상품화와 농촌에서 농민의 권력이 강화되었음을 알리는 신호였다. 이는 농민들의 일상생활에서 생산과 소비가 "사회적으로 생산적인 삶"의 일부로 통합되었다는 사실을 통해 확인할 수 있다.[56]

인민위원회 선거

폭발성을 가진 토지문제는 농민 동원을 통해 효과적으로 정리되었다. 토지개혁은 농촌에서 사회적 관계의 토대를 전복했다. 그다음으로 획기적인 사건은 정치적 풍경의 변화를 제도화하는 것으로, 이는 이미 지방인민위원회의 잠정적 형성과 더불어 시작되었다. 선거는 이웃 사람들에게 평판이 좋은 사람들이 후보로 지명될 수 있는 기회였는데, 이는 식민지 정부가 임명했던 마을 대표와는 대조가 되었다. 한 농민 여성은 이를 다음과 같이 표현했다. 즉, "옛날에는 구장을 상부에서 내놓았기 때문에 해방 후에 선거를 한다고 해도 '그까짓 게 무슨 필요가 있으랴' 했더니만 이렇게 자꾸 선거를 해서 더 좋은 사람을 내어놓으니 정치가 잘 안 될 리가 있나. 이번에는 저 건너편 동리에 사는 공서방을 꼭 내놔야 해. 그 사람이 고생을 많이 해서 남의 사정도 잘 알아 줄 거야."[57]

인민위원회 대표를 선발하는 투표는 도, 시, 군 대표 선거와 함께 1946년 11월 3일 시작되었다. 그리고 계속해서 1947년 2월 24~25일에 리 단위 선거, 1947년 3월 5일에 면 단위 선거가 있었다.[58] 당 문서는 간접선거와 직접선거를 구별하고, 나아가 이 선거를 식민 지배 체제에서의 선거와 대비하고 있다. 이 문서에 따르면, 식민지 시기에는 5원 이상의 세금을 낸 25세 이상의 남자들(그런 남자는 거의 없었다)만이 도지사 선거에서 투표할 수 있었다. 이와 달리, 인민위원회 선거에서는 평등선거와 비밀선거의 원칙에 따라 대표를 직접 뽑았는데, 주민 3000명마다 대표 한 명을 뽑을 수 있었다. 주민들은 자신이 뽑은 대표가 주어진 업무를 제대로 수행하지 못할 경우, 그를 소환할 수 있는 권한을 가지게 된다.[59] 이 선거제도는 1945년 10월 도 인민위원회 대표자 회의에서 임시로 시행되던 간접선거제를 대체하기 위한 것이었다. [기존에는] 각 리에서 리 지도자(촌장)를 선발했다.[60] 이후 촌장들을 소집해 7~9명의 면 인민위원회 대표를 선발했다. 이후 면 인민위원회 대표들이 모여 13~14명의 군 인민위위원회 대표를 선발하기 위해 투표한다. 마지막으로 이들이 북조선의 6개 도마다 19명씩 있는 도 인민위원회 대표를 선발하기 위해 투표하게 된다. 이런 간접선거제도에서는 촌장을 제외한 그 어떤 대표도 유권자들에게 직접적으로 책임지지 않는다.

대중의 광범위한 지지를 받는 일군의 후보들을 선발하는 과정은 1946년 7월 22일에 북조선민주주의민족통일전선(약칭 '통일전선')이 만들어지면서 수월해졌다. 통일전선은 1947년 북조선의 세 개 정당과 35개 사회단체의 연합으로 전체 회원이 (어린이들을 포함해) 600만 명에 이르렀다.[61] 선거는 전례 없는 사건이었다. 공식 문서들은 한반도 역사에서 처음 치러지는 민주적 선거에 대해 자축했다. 이를 단지 선전으로 치부하고 기각할 수도 있지만, 당시 평양에 진주했던 미군정의 24군단 연락반 소속 장교 월터 초인스키의 상세하면서도 구체적인 이야기는 인용할 만한 가치가 있다.

선거일은 밴드를 싣고 도로를 휘젓고 다니는 트럭들로 시끌벅적했다. 트럭에 탄 사람들은 투표 참여를 독려했다. 길모퉁이와 골목길은 무희들과 가수들이 늘어서서 자신들이 홍보하는 후보들의 장점과 능력을 큰 소리로 외치는 셔터콰 장면chautauqua scene을 연상시킨다. 라디오와 확성기는 하루 종일 주요 교차로에서 후보들에 대한 온갖 찬사를 쏟아 내고 있었다. 아침 일찍(오전 7시)부터 사람들이 부지런히 투표소로 모여들었다. 난생처음 경험하는 민주주의 선거의 매력에 빠진 열성적인 사람들이다. 정오 무렵으로 갈수록 투표소로 오는 사람들이 줄어들기 시작했다. 그리고 어둑해질 무렵에는 사람들이 어린애처럼 할일 없이 거리를 헤매고 다니고 있다. 가게들이 닫았기 때문에 사람들에게 '꼭 해야 할' 의무를 잊게 할 것이 아무것도 없었다. 투표 장소는 눈에 잘 잘 띄도록 아치형의 입구가 상록수 가지와 간판, 장식 리본, 그리고 무엇보다도 김일성과 스탈린의 채색된 초상화로 꾸며져 있었다. 투표 장소 주위에는 그 어떤 다른 초상화도 전시되지 않았다. 41명에 이르는 후보들 사진이 주요 거리의 교차로에 전시되었다. 상당수 후보들이 평양 주민들에게는 잘 알려지지 않았다. 투표를 하고자 하는 개인들은 투표 등록일 날 각 개인에게 제공한 작은 신분증을 제시한다. 신분증을 받은 투표소 직원은 유권자 목록에서 이름을 확인하고 유권자들에게 투표용지를 준다(투표용지에서는 숫자나 후보자 이름, 또는 유권자 이름이 적혀 있지 않음을 확인했다). 용지를 받은 투표자는 다른 방에 있는 테이블로 간다. 그 방에서 유권자는 선택을 한 뒤, 투표용지를 접어 두 상자 — 하나는 흰색, 다른 하나는 검은색 — 가운데 한 상자에 넣는다. 투입구는 각각의 상자 맨 위에 돌출되어 있고, 그 안에 투표용지를 넣으면 된다. '선택된' 후보에게 자신의 표를 주는 사람들은 투표용지를 흰색 상자에 넣는다. 선택된 후보에 반대하는 사람들은 표를 검은색 상자에 넣는다. 비밀을 보장하고 유권자를 보호하기 위해서 많은 투표소에는 두 상자 앞에 낮은 높이의 병풍을 두었고, 두 상자 사이에 있는 병풍 중간에 구멍을 뚫어 팔을 넣을 수 있도록 했다. 이는 투표자가 자신의 팔을 구멍에 넣어, 다른 사람이 그가 어디에 투표하는지 보지 못하게 하기 위해서다. …… 선거 '일꾼' 혹은 공무원은 투표함이 도난당하는 것을 방지하기 위해 흰 상자와 검은 상자 곁에 서서 개별 투표자들이 투표하는 모습을 살폈다. 믿을 만한 정보원에 따르면, 모든 마을 주민들에게 투표 참여가 권고되었다. 자발적으로 정오까지 투표소에 나타나지 않은 사람들은 지역의 경찰대가 방문해서 투표소까지 안내하기도 했다. 장로교 목사들의 집은 투표 24시간 전부터 선거 당일까지 내내 감시를 받았다. 가톨릭 학교는 평양의 투표소 가운데 하나였다.

부록

투표 장소는 조선어, 붉은 깃발, 이북을 상징하는 색깔, 밝은 초롱과 상록수 가지로 밝게 장식되었다. 일단의 어린 소녀들이 이곳저곳을 다니며 노래를 부르고 전통춤을 추었다. 트럭은 악단을 싣고 거리를 다녔다. 래디컬 엔진(은색)에, 조선의 전통적인 상징인 태극 문양이 새겨진 저익기가 (지붕 위에서) 아침 내내 전단지를 뿌리며 저공비행을 했다. 편서풍으로 대부분의 전단지는 대동강에 뿌려졌다. 사람들은 생각 없이 그리고 목적 없이 길을 따라 — 할 일 없는 애들처럼 — 걷고 있다. 모든 상점들은 문을 닫았다 — 용감한 상점 주인들만이 예외적으로 가게 문을 열었다. 투표 장소는 공산주의자 경찰대에 의해서 잘 지켜지고 있었다. 소련군은 드물게만 보였다 — 러시아인들은 좀처럼 투표소에서 보이지 않았다.

선거에 대한 관심을 불러일으키는 방식은 미국의 1900년대를 연상시킨다. 전차에는, 라디오와 신문에서 그랬던 것처럼, 선택된 후보자 41명의 장점을 떠들어대는 브라스 밴드가 타고 있었다. 시끌벅적한 당원을 실은 트럭은 길모퉁이에서 그리고 행진 경로를 따라 사람들에게 자신들이 홍보하는 후보자의 이름을 외쳤다. 밤에는 특별히 꾸며진 전차가 전구를 세 줄로 환하게 밝히면서 거리를 오가고 있었다.[62]

북조선 유권자들을 "할 일 없는 애들"이라고 업신여기는 듯 언급한 것을 제외한다면, 위에 묘사된 내용들은 그날의 흥분과 에너지를 잘 표현하고 있다. 그 모습들은 흡사 1장에서 벤야민과 아르바토프가 묘사했던 "사적인 삶이 없어지고 있"는 모습이나 사무실, 클럽, 길거리 등에서의 삶을 떠올리게 한다. 초인스키가 러시아인들이 선거 과정에서 좀처럼 눈에 띄지 않아 놀라웠다는 식으로 기록한 것은 냉전 속에서 이북 지역에 소련의 꼭두각시 정권이 수립되고 있는 중이라고 널리 알려져 있었기 때문이다. 북조선에서 치러진 선거는 그와 같은 인식이 전적으로 착각이었음을 보여 준다. 실제로 선거 결과 역시 전혀 예측할 수 없었는데, 이에 따라 조직적으로 그리고 정치적으로 몇 개월간 집중적인 준비를 통해 대중을 동원할 필요가 있었다. 유권자 명부가 만들어지고, 선전 일꾼들, 선거위원이 조직되고, 투표소가 마련되었다. 유권자들을 대상으로 투표의 의미와 중요성에 대한 교육이 이루어졌다. 그리고 유권자들은 통일전선이 지지하는 후보자 명단에 투표하라는 재촉을 받았다.

　도, 시, 군, 면 단위의 후보들은 등록된 정당과 사회단체들의 지명을 받아야만 입후보할 수 있었던 반면, 리 단위 선거에 출마할 후보자들은 마을의 유권자들이 모두 모인 공개회의에서 추천을 받아야만 했다.[63] 마을 사람들의 동의를 받아 (마을 규모에 따라) 5~7명의 후보들이 마을별로 입후보했다. 선거 경쟁이 금지되지는 않았지만, 입후보한 후보자의 수는 대체로 의석수와 일치했다.[64] 선전 일꾼들은 유권자들에게 [우리가] "대회[회의]에서 [7명을] 뽑은 이상 …… 7명[의 투표용지를] 전부 백함에 넣어야 할 것이다"라고 설득했다.[65] 마을 사람들이 받아들일 만한 후보가 누구인지에 대한 합의를 도출하는 전략은 상대적으로 간단했다. 마을 회의에서 한 당원이 온갖 좋은 이유를 들어 당이 선택한 후보자 명부를 추천하면 또 다른 당원은 지지의 박수를 치는 것이었다.[66] 마을 사람들은 이미 그 후보자가 가진 장점을 잘 알고 있기 때문에, 후보를 지지하는 확신에 찬 논의가 전개되면, 추천된 그 후보를 지지하게 된다. 사실 마을 회의는 선거가 치러지기 전에 미리 마을 사람들에게 인기 있고 존경받는 후보들을 면밀히 살펴보기 위한 자리였던 것이다.

1947년 북조선에 있었던 유일한 미국 기자 안나 루이스 스트롱은 서구의 경쟁적인 과정과 비교해 이 같은 선거제도의 효과성에 대해 북조선 여성과 논쟁을 했다. "나는 후보가 [통일전선이 지명한─옮긴이] 한 사람뿐이라면 투표해 봐야 아무것도 바뀌지 않을 텐데 선거가 무슨 소용이냐고 주장했다. 그녀는 사람들이 그 후보에게 찬성투표를 하지 않는다면 그 후보는 큰 창피를 당하는 것이라고 말했다. 심지어 그 후보는 최소한 반 이상의 득표를 못하게 될 경우 선거에서 지는 것이 된다고 말했다."[67] 북조선 여성은 계속해서 이렇게 말했다. "우리는 모두 후보자를 알고 있고 있습니다. 또 모두 그를 좋아하고 그에 대해 이야기합니다. …… 당은 우리 광산과 공장에서 모임을 주최해 인민들의 기호를 알아낸 것입니다. 그리고 나서야 가장 적절한 사람을 추천한 거죠. 여기서 뭐가 잘못됐고 미국인들이 왜 그것을 좋아하시지 않는지 모르겠네요. …… 어쨌든 미국인들의 얘기를 이해할 수 없어요."

단계적으로 마을별로 진행된 선거 과정은 북조선 사회의 모든 부문을 정치과정에 동원했다. 지방인민위원회는 5명으로 이루어진 선거관리위원회를 구성하고 유권자 등록을 위한 명부를 작성했다. 경찰들은 집집마다 다가오는 선거에 대한 안내문을 걸어 두고 있는지 선거를 방해하려는 음모가 없는지 확인하기 위해 순찰을 돌았다. 각종 여성·농민·청년 단체들은 회원들을 동원해 외딴 마을을 방문하고, 집회를 열며, 가가호호 방문해 선거를 홍보했다.[68]

그림 3.2. 선거운동(장소, 날짜 미상)

출처: RG 242, SA 2010, box 3, item 50. 미국 국가기록관리청 제공

유권자를 교육하는 창의적인 방법 중 하나로 소위 "인민위원 선거 경기"라 불리는 게임이 있었다. 서로 경쟁하는 두 팀 가운데 어느 팀이 먼저 "투표"를 마치는지를 가리는 게임이었다.[69] 각각 30명으로 이루어진 두 팀은 남녀 동수의 구성원을 다음과 같은 직업군, 즉 선거위원회 위원(운동복에 완장으로 선거위원 표시), 빈농, 부농, 노동자, 사무원, 승녀, 신부, 유림, 소시민 병자(노파), 장애 노인, 대학생, 자전거 혹은 이륜 짐차 유랑인 등으로 분장시켜 팀을 짠다. 게임은 적어도 50미터 길이의 큰 강당이나 공터에서 열린다. 기표소 두 곳에 각각 검은 투표함과 하얀 투표함이 놓이고, 기표소 앞에는 선거위원이 각각 한 사람씩 배치된다. 결과적으로 이 게임은 마을 사람들에게 투표하는 방법을 가르치기 위해 두 팀이 경쟁적으로 서로의 투표 과정을 모방하게 한다.

계주봉이 신분증 대신에 활용되었고, 두 팀은 각각의 투표소로부터 50미터 떨어진 곳에 나란히 줄을 섰다. 신호가 울리면 첫 번째 "유권자"는 계주봉을 들고 투표소까지 뛰어간다. 유권자는 계주봉을 이용해 투표소 앞 탁자에서 유권자 명부에 자신의 이름이 있는지 확인하고, 선거위원으로부터 투표용지를 받아서 투표를 한다. 그리고 재빨리 자기 팀으로 돌아와서 다음 "유권자"에게 계주봉을 넘겨준다. 각각의 팀원들에게는 환자와 장애인들이 투표권을 행사할 수 있도록 배려하기 위해 각기 다른 과제가 구체적으로 부여되었다. 몸이 '아픈' 사람은 자신이 투표를 할 때 "병자요!"라고 외치면, 투표소 옆에 있던 선거위원이 투표함을 들고 유권자에게 온다. 장애인이 투표를 할 때에는, 그 뒤에 줄 서있던 유권자가 투표소로 그를 업고 가 함께 투표하고 돌아온다. 이 같은 유권자 교육 방법은 선거 과정의 중요성을 알려 주는 동시에, 지금까지 듣지도 보지도 못했던 신기한 정치과정에 대한 흥분과 기대 수준을 높여 주었다.

실제 선거일에 글을 읽을 수 있는 사람은 7명의 후보자에 대한 각각의 투

그림 3.3. 병풍 뒤에 있는 투표함에 투표하는 여성(장소, 날짜 미상)

출처: RG 242, SA 2010, box 3, item 50. 미국 국가기록관리청 제공

그림 3.4. 찰리 채플린 복장을 비롯해 다양한 옷차림을 하고 선거를 축하하는 사람들(1946년 11월)

출처: RG 242, SA 2010, box 3, item 11(강원도 김화군, 김성면 6565명 주민들의 대중 집회),
미국 국가기록관리청 제공

혁명의 시작

표용지를 한꺼번에 받아 각각을 검은색 투표함 또는 흰색 투표함 가운데 자신이 원하는 곳에 넣는다. 문맹인 사람들은 한 번에 한 장의 투표용지를 받았고, 용지에 적힌 이름을 듣고 투표함에 간다.[70] 높은 문맹률로 말미암아, 농촌에서는 글을 읽을 수 없는 투표자를 위해 특별한 편의가 제공되었다. 비밀투표를 보장하기 위해 여러 가지 방법이 활용되었다. 그중 하나는 초인스키가 묘사했던 것처럼 투표함 앞에 병풍을 설치하는 것이었고, 투표자가 선거표를 감추어 쥐고 투표함에 접근해 각 함에 손을 넣되, 그 후보자를 찬성할 때에는 선거표를 흰색 함에, 반대할 때는 검은색 함에 떨어뜨리는 방법도 있었다.[71] 스트롱의 지적대로, 당시의 선거는 일반적으로 다수표를 획득하기 위해 복수의 후보들이 경쟁하는 방식이 아니라 통일전선이 지명한 후보에 대해 유권자들이 찬반을 표현하는 과정이었다. 그럼에도 450만 명의 북조선 사람들, 곧 모든 유권자의 99.6퍼센트가 한반도에서 처음 치러지는 대중 선거에 참여했다. 그 가운데 97퍼센트가 통일전선이 지명한 후보에 찬성표를 던졌다.[72] 선거에 대한 인민들의 넘치는 열정으로 말미암아 비판이 제기되기도 했는데, "선거 장소를 장식하는 공작에 많은 시간을 허비"하는 바람에 선거 과정이 지연되었다는 비판을 받기도 했다.[73]

선거 절차를 비롯한 새로운 정치과정에 익숙해짐에 따라, 정치에 대한 관심과 흥분은 점차 시들해졌다. 그사이 정치를 능숙하게 활용할 수 있게 된 사람들도 있었다. 이들은 경쟁 후보를 내세워 제도 내에서 도전을 시작하거나 선거에 반대하는 노골적인 방해 행위에 가담하기도 했다. 정부의 비밀문서에 따르면, [1946년 11월 도, 시, 군 단위 선거에 이어 1947년에 치러진 면, 리단위 선거 준비 과정에서 수많은 문제가 발생했다.[74] 선거위원회는 위원들의 출근율이 낮았고, 양식에 맞춰 유권자들에게 적절한 정보를 제공하지도 못했다. 함경남도에서는 과거 지주였던 사람들이 예전 소작인들에게 지대를 요구하면서 토지개혁이 곧 철폐될 것이라는 거짓 소문을 퍼뜨렸다. 평안북도에서는 선거위원들이 불필요한 전화 통화와 출장으로 공금을 남용했다.[75] 평안북도에서는 "반동 테러 분자"가 선거 사무실 세 곳에 방화를 저지르는 일이 있었다. 38도선으로 나뉘어 있었던 강원도에서는 이남 지역 마을에 사는 사람들이 투표일에 무상으로 음식을 제공한다고 선전해 이북 지역 사람들이 투표소에 나가는 걸 방해하기도 했다. 선거위원들은 리, 면 단위 선거에서 준비를 소홀히 하고 통일전선이 추천한 후보들을 충분히 알리지 못함으로써, 유권자들이 검은색 투표함에 투표하도록 부추기는 [반동들의] 역선전 공작을 막지 못한 일에 대해 경고를 받았다.[76] 실제로 강원도 통천군 통천면 서리西里에 거주하는 유권자의 55퍼센트 이상이 통일전선이 추천한 후보를 거부하며 검은색 투표함에 투표했다.[77] 결과적으로 통일전선 일꾼들이 대중적 지지가 없는 후보를 추천했다는 비판을 받았다. 다른 군들에서는 일제강점기 공무원들과 경찰들이 후보로 지명된 경우도 있었고, 평안북도 신천군에서는 토지개혁 기간 동안 위조문서를 이용해서 불법적으로 토지를 획득했던 사람이 후보로 지명되기도 했다. 황해도 몇몇 지역에서는 농민과 노동자가 아닌 상인과 기업가들을 대표로 선발했다. 강원도 철원군과 평안북도 의주군 같은 곳에서는 통일전선 후보를 공천하기 위해 최선의 노력을 경주했음에도 불구하고 [통일전선에 참여한 정당들 사이에 합의가 이뤄지지 않아] 여러 정당들 사이에서 경쟁이 표면화되었다.[78]

그리스도교인들은 일요일에 실시되는 선거를 비롯해 일요일에 개최되는 모든 행사에 참여하는 것을 거부함으로써 특히 격렬하게 도전했다.[79] 1947년 선거 직전 조선문학예술총동맹이 발행하는 잡지 『건설』에 "안식일에 대하여"라는 사설이 실렸다. 이 사설은 "안식일이 사람을 위하여 있는 것이지 사람이 안식을 위하여 있는 것이 아니니 …… 그런데도 불구하고 일요일에 실시되는 선거이기 때문에 기독교인들은 투표해서는 안 된다고 설교하는 근거는 대체 어디서 나온 것인가. 어느 나라에서 안식일이라고 해서 적군이 쳐들어올 때 싸우지 않고 그 하루를 안식일로 지켰다는 말은 들은 적 없다"라며, 〈마가복음〉(2장 23-28절)을 인용해 그리스도교인들에게 투표할 것을 강력히 촉구했다.[80] 또한 "왜 국가적 행사를 일요일에 개최하는가? 이는 명백히 그리스도교인들을 선거에서 배제하기 위한 것이다"라는 비판에 대해, "안식일에 대하여"는 인구의 5퍼센트만이 그리스도교도이고, 일요일은 1년 가운데 아직 52일이나 남아 있다고 응수한다. 나아가 이 사설은 다음과 같이 주장했다.[81]

> 하물며 이번에 실시된 선거 대표는 어느 모로 보나 결코 노동이나 장사 행위나 또는 하느님을 모독하는 성질은 조금도 없다. 오히려 이 나라 인민이 다 잘 살고 또 하루 바삐 완전 독립되는 것을 반대하지 않고 이를 원하고 기뻐하는 하느님이라면, 기특한 마음으로 한 표를 투표하는 자그마한 동작은 하느님의 뜻에 어긋남이 없을 것이다. …… 기독교도 중에서 고리대금업을 하는 자 가운데 일요일 분의 이자를 제해 주거나 일요일 분의 집세를 감면해 주는 집주인이 있다는 말을 들어 본 적이 없다. …… 고무신 배급이라도 있다면 일요일이든 아니든 아랑곳하지 않고 …… 길게 늘어서는 기독교인들을 우리는 항시 보아 왔다.

이런 주장에도 불구하고 몇몇 그리스도교 공동체들은 평안북도 정주에서처럼 선거 참여를 거부했다. 이 지역에서는 반대표를 던진 사람이 누구인지를 색출하기 위해서 투표용지에 비밀리에 표시를 하며, 반대표를 던진 사람들을 시베리아 강제 노동 수용소로 보낸다는 소문이 돌았다.[82] 소문이 사실일지 모른다는 두려움 때문에, 이 지역의 그리스도교인들은 토요일 밤 기도회를 위해 교회에 모인 뒤, 일요일까지 집단적으로 교회에 머물면서 투표 참여를 거부했다. 결국 아무 일도 벌어지지 않았지만 그들 가운데 대부분은 어쨌든 얼마 후 월남했다. 공교롭게도 남한 역시 1948년 5월 10일 일요일에 첫 번째 선거를 치렀다. 이 선거 역시 그리스도교들, 특히 이북에서 내려온 그리스도교들의 반발에 부딪힌다.[83]

전체적으로 인민들은 지역 당 간부들에 대한 불만이 가장 컸다. 이 같은 불만은 두 번째로 치러진 선거에서 대중들이 그들에게 던진 반대표에 고스란히 반영되어 있다. 당 지도자들이 앞장서서 마을 사람들로부터 세금을 징수하고 그들을 지역 사업에 동원했기에 이런 불만은 하등 놀라운 일은 아니다. 유권자들은 그들이 예전부터 직접 알고 지내던 지역 간부들에게 더욱더 비판적이었던 것으로 보인다. 통일전선 후보 가운데 당선자는 86.6퍼센트뿐이었다. 여전히 다수의 지지를 받기는 했지만, 1946년 11월 치러진 선거에서처럼 높은 지지를 받지는 못한 것이다.[84] 1946년 흉년 때문에 발생한 식량 부족이 특히나 부정적인 여론을 조성했으며 지지를 모으는 데 걸림돌이 되었다. 선전 일꾼들은 어려운 상황에 대한 이해를 호소하면서 식민 통치가 남긴 엄혹한 환경을 상기시키려 했다. "열악한 조건에서 새 나라를 세우기 위하여 싸우고 있다. 우리는 없는 것을 창조하고 부족한 것은 부족한 대로 모든 난관과 장해를 이를 악물고 나아가야 살 수가 있고 새로운 부강한 나라를 세울 수 있다."[85]

인제군 전체 인구 3만7776명 가운데 1만8176명이 투표를 위해 등록했고, 17명이 정신적인 문제 때문에 유권자로 적합하지 않다는 법원의 판단(민족의 반역자로 지정된 것으로 보인다)에 따라 투표권을 빼앗겼다.[86] 인제군은 두 번째 선거를 준비하면서 상당히 까다로운 분규를 겪게 된다. [당이] 지명한 후보들이 모든 사람들의 지지를 받지 못하면서 경쟁 후보들이 등장했기 때문이다. 인제군 소재 어느 면의 당세포 회의록에 따르면, 당원들은 당의 상급 단위가 지명한 후보를 지지하지 않기로 결정했다. 세포들의 업무를 검열하면서 당 간부들은 민주적 과정의 중요성을 인정하면서도 상급 단위에서 추천한 후보를 통과시키지 않은 것은 당의 지시를 거스르는 것이라고 지적했다. 간부들은 일반 당원들의 이견을 진정한 불만의 지표로 간주하기보다는 (인민의 진정한 이익이 무엇인지 대한) "정확한 이해"가 부족해서라고 보았다. "그러면 그들이 김구나 이승만을 좋다고 해서 그를 내세워야 되겠는가. 우리 지도자라는 것은 그런 경우에 있어 인민에게 옳은 인식을 주어 깨달아 진정하게 인민의 이익을 위하여 복무할 자를 내세울 때만이 우리의 사명이 달성될 수 있는 것이다."[87] 결과적으로 당원들의 지지 부족의 책임은 추대된 후보를 중심으로 당원들을 단합시키지 못한 일반 당세포들에 있는 것으로 귀결되었다.

공정하게 말하자면, 당 지도부의 선택과 일반 당원들의 선호 사이에서 나타난 불일치는 단순히 [상명하달식의] 강압적 정치 때문만은 아니었다. 많은 경우 당 지도부는 이런 불만을 미연에 방지하고자 했는데, 후보자들을 공정하면서도 다양하게 선정하기 위해, 말하자면 일종의 적극적 우대 정책을 추구했다. 예컨대, 인제면에서는 후보자의 40퍼센트가 북조선로동당에서 선택되었으며, 10퍼센트는 조선민주당에서, 나머지 50퍼센트는 무소속에서 선택되었다.[88] 남면의 경우에는 각 마을의 5~7명 후보자들 가운데 3명의 후보가 여성, 무소속, 조선민주당으로 대체되었다. 다양한 대표를 보장하기 위한 조치였다.[89] 실제로 〈표 3.6〉~〈표 3.9〉에서 볼 수 있는 것처럼, 특히 리 단위에서 무소속 농민들이 새롭게 대거 당선되면서 인민위원회 대표 가운데 압도적인 다수를 구성했다.

모두 4만6245명의 농부들이 리 인민위원회 대표로 선발되었다. 전체 리 인민위원회 대표의 86.7퍼센트에 달하는 수치다. 그리고 7795명의 농부들이 면 인민위원회 대표로 당선되었으며, 이는 전체에서 58퍼센트의 비중을 차지하는 수치다. 도 인민위원회(32퍼센트)와 비교해 리 인민위원회에서 당선된 북조선로동당 후보들의 비중(60퍼센트)이 더 큰 것은 토지개혁의 결과로 해석할 수 있다. 토지개혁으로 말미암아 상당수의 농민들이 북조선로동당에

표 3.6. 1946년과 1947년 선거에서 당선된 대표들의 출신 성분 (단위: 명, 퍼센트)

	농민	노동자	사무원	상인	인텔리겐차	기업가	전 지주	종교인	계
북조선 인민회의	62 (26)	52 (22)	56 (24)	10 (4)	36 (15)	11 (4명의 수공업자 포함) (5)	-	10 (4)	237
도·시·군	1,256 (36.3)	510 (14.8)	1,056 (30.5)	143 (4.1)	311 (9.1)	73 (2.1)	14 (0.4)	94 (2.7)	3,457
면	7,795 (58)	1,121 (8.3)	3,901 (29)	228 (1.7)	310 (2.3)	48 (0.4)	1	40 (0.3)	13,444
리	46,245 (86.74)	2,508 (4.7)	3,681 (6.9)	493 (0.92)	174 (0.34)	129 (0.24)	17 (0.03)	67 (0.13)	53,314

자료: RG 242, SA 2005, box 5, item 43, "북조선 면 및 리 동 인민위원회 위원선거에 관한 총결 (극비),"
중앙선거위원회 (1947), 195, 197쪽. RG 242, SA 2005, box 2, item 89, "북조선 도 시 군 인민위원회 대회
회의록"(1947년 4월) 대회 넷째 날. 49, 57쪽.

표 3.7. 1946년 선거에서 당선된 도, 시, 군 인민위원회 대표들의 당적 (단위: 명, 퍼센트)

	북조선로동당	민주당	천도교청우당	무소속	계
전체	1,102(31.8)	351(10)	253(8.1)	1,753(50.1)	3,459
평안남도	154(27.5)	68(12.1)	71(12.7)	263(47.7)	561
평안북도	214(28.8)	77(10.3)	61(8.2)	392(52.7)	744
함경남도	223(36.1)	39(6.4)	44(7.2)	307(50)	613
함경북도	125(33.3)	27(7.2)	21(5.6)	202(53.9)	375
황해도	213(32.6)	32(4.9)	34(5.2)	320(57.3)	653
강원도	162(34.7)	52(11.1)	17(3.6)	235(50.6)	467
평양	10(24.4)	6(14.6)	5(12.2)	20(48.8)	41

출처: RG 242, SA 2009, box 2, item 198, 『조선중앙년감』(평양: 조선중앙통신, 1949), 84쪽.

표 3.8. 1947년 선거에서 당선된 면, 리 인민위원회 대표의 당적 (단위: 명, 퍼센트)

	북조선로동당	민주당	천도교청우당	무소속
면	7,501(55.8)	1,122(8.3)	900(6.8)	3,921(29.1)
리	32,011(60.05)	3,962(7.43)	2,577(4.83)	14,764(27.69)

출처: RG 242, SA 2005, box, item, 43, "북조선 면 및 리 동 인민위원회 위원선거에 관한 총결 (극비)," 중앙선거위원회
(1947), 195, 197쪽.

표 3.9. 1947년 북조선인민회의 대의원의 당적 (단위: 명, 퍼센트)

	북조선로동당	조선민주당	천도교청우당	무소속
북조선인민회의	86(36)	30(13)	30(13)	91(38)

출처: RG 242, SA 2005, box 2, item 89, "북조선 도 시 군 인민위원회 대회 회의록"(1947년 4월). 대회 넷째 날, 57쪽.

가입했다. 게다가 7049명의 여성들(13.2퍼센트)이 리 인민위원회 대표로 당
선되었고, 1986명(14.7퍼센트)의 여성들이 면 인민위원회 대표로 당선되어,
전례 없이 많은 수의 여성이 정치권력 내부에 진입하게 되었다.

선거를 통해 인민위원회가 제도화되었고, 최고 입법기관인 북조선인민
회의의 대의원 237명이 도 대표 가운데 선발되었으며, [북조선인민회의 제1차
회의에서] 최고 집행기관인 북조선인민위원회가 창설되었다.[90] 1948년 9월
조선민주주의인민공화국을 건립할 당시에는 '북조선'이란 언급 대신 '공화
국'이란 단어를 선호하게 되면서 북조선이라는 표현은 더는 사용하지 않게
되었고, 북조선인민위원회는 최고인민회의 상임위원회로 불리게 된다. 최고
인민회의 대표는 5만 명당 한 명꼴로 선출되었고 임기는 3년이었다. 최고인
민회의는 내각과 최고재판소를 지명하는 권한을 통해서 행정부와 사법부를
구성할 수 있는 권한을 가졌다.[91]

따라서 역설적으로 1946년[도, 시, 군 인민위원회] 선거와 1947년 [면, 리 인
민위원회] 선거를 통한 지방인민위원회의 제도화는 마을[리] 단위까지 중앙
이 통제할 수 있도록 함으로써 중앙집권적인 북조선의 정치 구조를 효과적
으로 구축할 수 있게 했다. 그때까지만 해도 마을[리] 인민위원회는 고향에
서 자신이 가진 명망과 위상을 토대로 높은 지위에 있던 사람들이 차지하고
있었다. 중앙정부나 정당은 이렇다 할 역할을 하지 못했다. 상당수 마을 지
도자들이 1945년 8월 해방과 함께 이 같은 권력을 누리고 있었는데, 그들은
공식적인 선거를 치르지 않은 상태에서 식민 통치의 붕괴로 발생한 공백을

메우고 있었다.[92] 지역 정치에서 그들이 누리던 자율적인 권력은 중앙의 통제를 방해했다.

1급 비밀 문서에 따르면, 면과 리 인민위원회 선거가 실시된 주요 이유 가운데 하나는 농업 현물세 징수에 대한 반발 때문이었다. 이 같은 반발로 인해 면 인민위원회와 리 인민위원회는 국가정책을 집행하는 데 효과적이지 않다는 사실이 증명되었다.[93] 선거는 이중적인 목적에서 실시되었다. 즉, 지역 간부들의 식량 조달 방식에 대한 마을 사람들의 불만을 달래기 위해 민주주의가 작동하고 있음을 보여 주면서도, 중앙정부와 마을 주민 모두가 받아들일 수 있는 후보들을 선출해 미래의 협력을 용이하게 하기 위한 것이었다. 후보를 지명하는 과정에 여론이 반영되고 있다는 사실을 분명히 하기 위해 통일전선에서 리와 면의 선거 일꾼들에게 내린 지침은, 당적이 없는 사람들도 그 사람이 유권자들을 위해 일을 한다면 후보자로 추천할 것을 강력히 권고했다. 이는 지방정부가 "인민 대중의 생활과 접근되고 호흡을 함께할 수 있는" 긴밀한 협력 속에서 작동할 수 있게 할 것이었다.[94] 비록 도, 시, 군에서 대표로 선발된 사람들이 대부분 무소속 후보였지만, 중앙집권화의 과정은 굳건히 자리 잡고 있었다. 선거 과정은 그 자체로 모든 수준 ─ 공민증 발급과 유권자 등록부터, 중앙정부와 효율적으로 일할 수 있는 통일선선의 후보자를 지명하기 위한 각 지역의 정치적 상황에 대한 조사에 이르기까지 ─ 에서 중앙정부와의 협력을 필요로 했다. 이는 지주가 지방정부에서 더는 권력을 차지할 수 없다는 것을 의미했으며, 또한 여성들이 적어도 15퍼센트 이상 당선될 수 있도록 하기 위한 것이기도 했다.[95] 지방정부의 자율성은 이런 과정에서 축소되었지만, 중앙정부와의 협력은 또한 처음부터 끝까지 사회를 재구조화하기 위한 개혁과 운동을 가능하게 했다.

표 3.10. 해방 전 조선의 학력별 인구(1944년 5월)★

(단위: 명)

학력 수준	남성	여성	계
대학 졸	7,272	102	7,374
전문 졸	18,555	3,509	22,064
고등 졸	162,111	37,531	199,642
국고國高 졸	40,702	9,240	49,942
국초國初 졸	1,281,490	355,552	1,637,042
국초國初 퇴	190,250	64,555	254,805
간이 수簡易 修	864,308	115,814	980,122
미취학	8,430,940	11,211,835	19,642,775

출처: 民主主義民族戰線 編, 1946, 『朝鮮解放年報』(文友印書館, 347쪽). 김광운, "북한 권력구조의 형성과 간부 충원," 177쪽[PDF 파일상으로는, 189쪽]에서 재인용.

문맹 퇴치 운동

사회를 재구조화하기 위한 운동 가운데 하나는 농민들을 교육하고 지적 수준을 전반적으로 향상시키기 위해 전국적으로 진행된 문맹 퇴치 운동이다. 이 운동은 농촌 지역과 여성들 사이에서 놀랄 정도로 많았던 문맹자들을 교육시키기 위해 많은 사람들과 자원을 동원해 학교, 도서관과 같은 다양한 교육 시설을 건설했다. 〈표 3.10〉에서 볼 수 있는 바와 같이 1944년 당시 전체 2500만 명의 인구 가운데 거의 2000만 명이 그 어떤 종류의 정규 교육도 받지 못한 상태였다. 식민지 기간 동안 공교육이 일부 확대되었음에도 불구하고 인구의 대다수, 특히 농촌 지역에서는 학교에 다닐 수 있는 기회가 거의 없었다. 게다가 교육받은 사람들조차 일본어 교육만 받았을 뿐 한글은 거의 몰랐기 때문에, 교육 체계 전반에 대한 정비가 필요했다.

★ 일제는 1941년 〈국민학교령〉을 제정 공포해 소학교를 '국민학교'로 개명하고 수업 연한을 6년(초등과)으로 했다. 대도시의 경우 일부 국민학교에 6년 과정을 마친

해방 이후 문맹은 경제개발을 위한 교육과 숙련 향상 차원에서뿐만 아니라, 정치교육과 행정 업무에서도 문제가 되었다. 당원 모집을 통해 많은 수의 농민들이 북조선로동당원이 되었지만, 그들 중 다수가 문맹이었다. 그들은 활동 기록을 남기지 못했는데, 특히 회의록을 제대로 작성하지 못했다. 이것이 해방 직후 지방에서 이루어진 활동 기록을 발견하기 어려운 이유다. 수기로 작성되던 회의록은 정치 구조의 상이한 수준에서 다양한 세력들이 어느 정도의 교육을 받았는지에 대해 알려 준다. 쉽게 예상할 수 있듯, 회의록은 아래 단위로 내려올수록 (예컨대, 리 단위 수준에서는) 철자와 글씨체는 물론이고, 내용과 형식 모든 측면에서 더욱더 초보적인 수준으로 작성되었다. 반면 인민위원회는 한자 — 한자에 대한 교육은 전통적으로 엘리트들 사이로 한정되어 있었다 — 로 회의록을 작성한다고 비판받았다. 이는 인민위원회가 초기에 교육받은 식자층에 의해 운영되고 있었음을 알려 주는 증거이기도 하다. 이들은 대체로 지역의 유력 인사들, 다시 말해 지주나 상인들이었다. 이들은 "혁명적" 계급은 아니었지만, 지역 주민들 사이에서 명망 있는 인물들이었다.[96] 당은 이 같은 인물들에 대한 통제력이 적었고, 이는 종종 지역의 헤게모니를 놓고 당과 인민위원회 사이에서 발생하는 긴장의 원천이 되었다.

문맹 퇴치 운동은 선거선전실의 유지를 통해 좀 더 용이해졌다. 선거가 끝난 이후 선거선전실은 "민주선전실"로 이름이 바뀌었고, "사회적으로 생산적"인 일생 생활의 공간을 지역에 제도화했다. 1947년 6월에 이르면, 1만

자가 추가로 수료할 수 있는 2년제 고등과를 두게 했다. 표에 나오는 '국고'와 '국초'는 각각 국민학교 초등과, 국민학교 고등과를 말한다. 또한 '간이 수'는 간이학교 수료를 뜻하는데, 간이학교는 주로 농촌 지역에 설치된 2년제 속성 초등교육 기관을 말한다. 이에 대해서는, <조선교육령중개정등에따른관계조선총독부령중개정> 참조.

1595개의 민주선전실이 북조선 전역에 생겨났다.[97] "민주선전실"로 이름이 바뀐 데서 알 수 있듯, 이 공간들은 문화생활을 증진하고 공동체적 참여와 교육, 정보의 유통을 촉진하는 문화 센터 같은 역할을 했다.[98] 이런 공간들은 종종 김일성과 스탈린 초상화로 장식되었으며, 벽에는 홍보물, 최신 뉴스, 농업 생산율, 산업 생산율, 세금 징수율, 문맹 퇴치율 등과 관련된 도표가 걸려 있었다. 이곳은 지역 모임이 열리는 장소가 되기도 했고, 문맹 퇴치 교실이 되기도 했으며, 노인들을 위한 경로당이 되기도 했다.[99] 마을 사정에 따라, 여기에 스포츠 기구, 악기, 도서관, 공중목욕탕, 이발소, 병원 등이 마련된 곳도 있었다.[100]

인제면 남북리의 민주선전실은 모범적인 선전실로 선정되었다. 이곳에 작업장, 학습 공간, 이발소, 목욕탕, 오락실 등이 마련되었고, 벽은 각종 그래프와 만화, 최신 뉴스, 공표문 등으로 장식되었다.[101] 도서관 장서로 160여 권 이상의 책과 신문들이 있었을 뿐만 아니라, 레코드플레이어와 장기판, 바둑판도 있었다. 40여 명의 남성과 여성들이 매일 모여서 게임을 하거나 주어진 과제를 수행하고, 책을 읽었다. 이 공간은 "최신 소식을 들으려면 꼭 가야 하는 곳"으로 알려지게 되는데, 그 결과 온종일 사람들이 모였다. 여성들은 바느질거리를 가지고, 남자들은 짚신과 다른 수공예품을 만들기 위해서 지푸라기를 가지고 갔다. 모든 선전 일꾼들은 이 시간을 활용해서 토론회를 조직했다.

1945년 당시 여성의 90퍼센트가 문맹이었기 때문에, 문맹은 특히 여성들 사이에서 큰 문제였다.[102] 이 점에서 문맹 퇴치 운동은 여성들에게 많은 혜택을 제공했는데, 실제로 [문맹 퇴치] 학교의 학생 대부분이 여성이었다. 1948년 인제군 졸업생을 보면 여성이 남성보다 서너 배가 더 많았다(〈표 3.11〉 참조).

글을 읽지 못하는 인제군 주민들[대체로 만 12세 이상 50세 미만 남녀]은 거의 모두 한글학교*에 다녔고, 그들 가운데 다수가 [겨울철 농한기에 이루어지

표 3.11. 제1기 인제군 문맹자 졸업 시험 통계(1948년)

	문맹자 수 (명)			응시자 수 (명)			평균 점수	합격자	퇴치 비율 (퍼센트)	불합격
	남	여	계	남	여	계				
인제면	449	1,246	1,695	449	1,163	1,612	75	1,308	78	387
남면	132	457	589	132	457	589	82	542	90	47
북면	376	1,105	1,481	376	1,105	1,481	86	1,403	94	78
서화면	556	1,483	2,039	507	1,433	1,940	73	1,753	85	286
계	1,513	4,291	5,804	1,464	4,158	5,622	78	5,006	86	798

출처: "인제군당 상무위원회 회의록 7"(1948년 4월6일), 『북한관계사료집』 2권, 176쪽. 또한 RG 242, SA 2007, box 6, item 1.67 참조.

는 4개월 과정이 끝난 후 치러진 최종 시험을 통과했다. 여성 잡지에 실린 글에서 농촌 마을의 북조선민주여성총동맹('여성동맹' '여맹' 등으로 약칭) 위원장이었던 한 여성(그녀는 여성에게 교육을 시키지 않았던 가정에서 태어났다)은 당시의 경험을 다음과 같이 설명했다. 그녀는 "살림살이하며 여성동맹 일을 보며 하기 때문에 출석도 제대로 못해, 처음 얼마 동안은 말귀를 못 알아들어서 홀소리니 닿소리니 하는데 무슨 소린지 알 수"도 없었다고 한다. 그러나 "그러던 것이 한두 여러 번 듣고 또 정신을 차려서 집에 가서 써보기도 하고 그러니까 어느 틈에 배우는지 배워"졌다고 한다.[103] 이 글은 여성들이 그 이전과는 달리 공적 공간에 용기 있게 걸어 나와 대중 앞에서 자신의 의견을 표현할 수 있게 되었다고 말하며 글을 마치고 있다.

문맹 퇴치 학교에 마을 사람들이 참석하도록 독려하기 위해, 문맹 퇴치

★ 이들 학교의 이름은 "농촌학교" "야간학교" "야학회" "성인학교" "한글 강습소" 등 다양하게 불리다가 1946년 5월 25일 교육국 지시로 성인학교로 통일되었다. 이주환, "1945~1949년 북한에서의 문맹 퇴치 운동 연구," 『한국독립운동사연구』 제25집, 2005년, 353쪽.

반이 각 마을에 조직되었다.[104] 면, 리(동) 인민위원회 위원장이 반장을 맡고, 당원 가운데 한 사람이 총무를 맡아 지원했다. 문맹 퇴치반은 마을의 문맹자 수와 글을 가르칠 수 있는 사람의 수를 조사했고, 사회단체 회원, 교원, 학생들의 홍보와 지지를 독려했다. 학급은 4개월 동안 매일 세 시간씩 운영되었으며, 한글과 수학을 가르쳤다. 학급은 청년과 노인으로 나이에 따라 그리고 성별에 따라 나뉘었다. 12~50세는 문맹 퇴치 학교에 다녔고, 50세 이상은 "성인 재교육 학교"에 다녔다.[105] 기성세대들은 새로운 사회를 만드는 데 동원하기 특히 어려운 집단이었다. 북조선농민동맹은 그들을 교육하기 위해 그들이 잘 모이는 곳으로 나가 즉석에서 교육을 했다.[106]

문맹 퇴치 운동으로 마을[리]마다 두 개 이상의 학교가 설치되었고, 가정환경 때문에 학교에 갈 수 없는 사람들에게는 개인 교사가 배정되기도 했다.[107] 여성들을 학교에 나오게 하는 것이 가장 큰 과제였다. 이에 따라 글을 읽지 못하는 여성이 학교에 정기적으로 출석하지 못할 경우, 여맹 회원들이 남편이나 시부모가 학교 출석을 방해하는지 여부를 파악하기 위해서 가정 형편을 살폈다. 1948년 10월 인제군에는 글을 읽지 못하는 여성들이 여전히 1454명이나 있는 것으로 밝혀졌다. 그들은 너무 먼 곳에 살거나 돌봐야 하는 유아가 있거나 온갖 집안일을 하느라 너무 바빴다. 여성동맹은 이들을 가르칠 책임이 있었다. 여맹은 이런 여성들을 집에서 일대일로 가르칠 회원을 지정했다.[108] 1949년 3월, 마지막 국가 문맹 시험이 치러졌고, 인제군은 문맹 퇴치가 (너무 노령이거나 정신병자로 간주되는 30명을 제외하고는) 완결되었다고 보고했다.

불행하게도 시험에 합격한 사람들조차 학교를 그만두면 금방 문맹 상태로 되돌아가는 경우가 많았다. 대부분이 읽는 것만 배우고 쓰는 것을 익히지 못했기 때문이었다.[109] 1948년 말 인제군 여성동맹 회원 가운데에는 여전히 900여 명의 문맹 여성이 있었다. 문맹 상태의 여성들이 읽는 법을 배울 수 있

표 3.12. 인제군에서 3년간 진행된 문맹 퇴치 운동의 결과　　　　　　　　　　(단위: 명, 퍼센트)

	날짜	학교 수	교원 수	학생 수	퇴치 수	퇴치 비율
한글학교	1946.12.1.~1947.11.30.	155	155	8,323	3,157	28
	1947.12.1.~1948.11.30.	130	130	6,115	5,950	87
	1948.12.1.~1949.3.30.	48	50	273	273	100
속성 성인학교	1948.4.1.~1948.11.30.	201	201	6,964	1,817	26
	1948.12.1.~1949.3.30.	259	259	3,924	3,481	89

출처: RG 242, SA 2007, box 6, item 12.6, "인제군 인민위원회 상무 위원회 결정 제3호"(1949년 5월 10일). 또한 『북한관계사료집』 18권, 194-195쪽 참조.

도록 여성들이 잘 모일 것 같은 우물 같은 공공장소에 게시판을 설치하고, 빨래를 하면서 암송할 수 있을 만한 기본적인 수업 내용을 붙였다. 심지어 글을 읽지 못하는 사람이 사는 집에 [문맹자 ○○○라는] 문패를 붙이기도 했는데, 이는 공적인 수치심을 유발해 한글을 배우도록 압력을 가하는 방식이었다.[110] 문맹 퇴치 운동의 성과를 지속시키기 위해, 1946년 12월 18일 (6세를 대상으로) 유치원 1년을 의무화하고, 이어 인민학교(5년), 중학교·기술학교(3년), 고급중학(3년)·전문학교(3~4년) 등과 같이 공교육 제도를 표준화하는 결정이 내려졌다.[111] 학생들은 대학 4~5년 혹은 교원대학 2년 이후에도 원할 경우 교육을 더 받을 수 있었다. 이 같은 공식적인 학교교육은 성인과 노동자들을 대상으로 한 직업 훈련과 같은 다양한 프로그램을 통해 보완되었다.

1948년 말에 이르면, 인제군에는 85개의 민주선전실, 극장, 도서관, 병원 두 곳, 100명 이상의 교사와 거의 6000명의 학생으로 구성된 25개 인민학교[초등학교], 22명의 교사와 600명 이상의 학생으로 구성된 3개 중학교, 1개 고등학교, 1개 성인 중학교, 9개 성인학교, 약 5000명의 학생으로 구성된 191개 속성성인학교가 있었다.[112] 인민학교 취학률이 식민지 시기에는 50퍼센트 미만을 맴돌고 있었던 반면, 1948년 현재 북조선 전역에서 131만7630명의 농촌 가정 어린이들이 취학하고 있었다(이는 취학률이 204퍼센트 증가한 수치다).[113] 게다가 1948년 3월(3년간 이어진 문맹 퇴치 운동의 중간 무렵)에 이르게 되면 북조선의 문맹 농민 가운데 92퍼센트가 읽고 쓰는 것을 배웠다. 1948년 재정 보고에 따르면, 인제군 지출의 절반 이상이 거의 대부분 교육에 해당되는 사회·문화 사업에 사용되었다.[114]

교육에 대한 열정은 교육 기회가 거의 없었던 농민들 사이에서 뜨겁게 나타났다. 당 내부 문건(공개적으로 회람되는 것이 아니어서 제한적인 선전 가치만을 가진)에는 교육을 위해 자신이 가진 것을 기꺼이 나누었던 인민들에 관한 이야기들이 넘쳤다. 새로운 학교를 세우기 위해 자신이 아껴 뒀던 물건들을 기부하고, 농민들은 소중히 기르던 가축을 기부하고, 아이들은 저금통을 기부하고, 할머니들은 학교를 짓는 동안 목수와 노동자들이 자신의 집에 묵게 해주었다. 문맹은 "문명의 적"으로 간주되었다. 읽고 쓰는 것을 배움에 따라, 농민들이 지방인민위원회의 행정부, 당지부, 사회단체 등에서 자리를 잡게 되었다. 농민들은 새롭게 발견한 자신의 능력에 한껏 고무되었다. 한 당원은 "글을 배워야 하겠다는 자각 밑에 꾸준히 자기 학습에 노력한 결과로 오늘날 내 손으로 회의록을 작성하는 실력을 가지게 되었"다고 뿌듯해했다.[115] 이제 막 읽고 쓰는 것을 배운 사람들이 지도자가 되고, 보고서와 기록물들을 작성해서 올렸다. 농민들의 강화된 역량이 일상적 실천 속에서 나타났고, 과거 소외되었던 사람들이 이제 지도자의 위치에 올라서게 된 것이다.

북조선 혁명은 일상생활 속에서 사회관계의 기본적인 토대를 변화시키면서 시작되었다. 이 같은 변화는 [전 세계적으로도] 가장 빠르고 급진적으로 진행된 토지개혁을 통해 나타났다. 이런 개혁은 인민들이 토지개혁을 요구하며 거리에 등장함에 따라 가능했다. 토지개혁에 따라 토지가 탈상품화되면서 농업 생산과정의 사회적 의미가 고취됐다. 농민들은 집단적으로 수확물의 생산과 분배를 관리해야 했다. 이 같은 추세는 인민위원회의 제도화를 통해서 지속되었다. 거리에서, 민주선전실에서 인민위원회 사무실에서, 살아가는 모든 일상이 "철저히 공적인 것"으로 만들어졌다. [토지개혁 이휘] 역량이 강화된 농민들은 초기에는 자발적으로 공적 영역에 나섰다. 이후 농민들은 정치적 대표와 교육이라는 도구를 통해 지속적으로 혁명 과정에 참여하는 법을 배웠다. 점점 더 많은 권한을 행사하며 자신감을 갖게 된 수많은 농민, 여성, 청년들이 지도자 자리에 올랐다. 실제로 인구의 대다수를 대표하는 농민, 여성, 청년들은 그들에게 사회적 목적의식을 심어 주는 데 필수적인 단체 생활을 위해 세 개의 가장 큰 사회조직을 결성했다. 다음 장에서는 조직 생활에서 나타나는 일상적인 실천들과 다양한 집단에 참여하는 과정에서 자신의 정체성을 조정·확립하기 위해 필요한 협상의 과정에 대해 자세히 살펴본다.

4장

사회단체:

혁명의 실행

그림 4.1. 소년단 회의(장소, 날짜 미상)
출처: RG 242, SA 2012, box 5, item 139. 미국 국가기록관리청 제공

완전한 자유는 개체가 자기를 단체에 대립시킴으로써 얻어지는 것이 아니라 다만 단체를 경유함으로써만 찾을 수 있는 것이다. …… 어떠한 개체든지 단체의 한 부분으로 활동하면서 자기의 개체성을 완전히 보장하고 있다. 우리는 개인주의와 적극적으로 투쟁한다. …… 민주주의적 도덕은 개체의 행복이나 복리를 부인하지 않는다. 그러나 이것은 단체적으로 전체가 다함께 행복 복리를 향유하는 것으로서만 용인한다.

| 태성수, 『민주주의 도덕 교양의 제문제』(1949년)

옆에 인용되어 있는 (교사들을 대상으로 한) 글은, 개인과 집단 사이의 관계를 상호 갈등적인 것이 아니라 상호 구성적인 것으로 규정하고 있는데, 여기서 집단은 개인의 정체성과 복지의 근간을 규정한다. 일제 식민 통치에서 벗어난 상황에서 민족적 집단의식이 대두한 것은 어쩌면 당연했지만, 그렇다고 이것이 단순히 민족주의의 조장만을 의미하는 것은 아니다. 그것은 모두가 하나를 위하고 하나가 모두를 위하는 원칙에 구체적인 형식을 부여할 기존과는 다른 새로운 정치에 대한 요청이기도 했다. 3장에서는 그와 같은 [정치의 무대를 열어젖힌 세 가지 핵심적 사건을 살펴보았다. 즉, 사회관계를 재구조화한 토지개혁, 인민위원회를 제도화한 선거, 새로운 문화적 지평을 연 문맹 퇴치 운동이 그것이다. 이 장에서는 이 세 가지 사건들로부터 시작되어 일상생활의 일부가 된 실천들을 살펴본다. 이 실천들은 직업, 젠더, 연령에 따라 인민을 단체로 조직함으로써 이루어졌다. 앞서 인용한 제사에서 보여주었듯이, 개인의 행복과 복지는 집단을 통해 발견되며, 이는 [개인의] 생활이 단체 생활임을 보여 준다. 위 인용문에 따르면, 자본주의는 개인들 사이의 경쟁을 조장하며, 사회적 필요보다 이윤을 중시함으로써 사회적 소외를 양산한다. 사회적 관계의 진정한 성격은 공산주의 아래에서 이루어지는 단체 생활을 통해서만 드러날 것인데, 그런 단체 생활 속에서 새로운 사람은 "일반의 복리를 위한 노력에 …… 애착심을 가지고, 노력에 대한 능력을 가"져야 하며, "그것이 또한 새 사람의 가치가 되어야 된다."[1] 기존의 사회적 관계와는 다른 새로운 종류의 사회적 삶이 바로 이 같은 단체·조직 생활로부터 출현할 것이었다.

이런 맥락에서 집단을 통해 혁명을 "실행"[상연]하는 것은 다양한 의미를 가진다. 가장 기본적인 수준에서는 혁명을 지지·홍보하는 것이지만, 좀 더 구체적으로는 혁명을 재현하고 실연함으로써 그것이 존재하도록 하는 것이다. 북조선에서 혁명은 (사회혁명이 의미하는 바처럼) 기존의 사회관계를 전복했다. 이것이 일상생활에서 구체적으로 의미하는 바는 단체 생활의 출현이었다. 단체[조직] 생활은 그것의 부분들로 환원할 수 없는 그 자체의 고유한 특성, 곧 그 자체의 정체성들과 실천 관행들을 가지고 있다. (개인들을 단순히 모아 놓은 것과는 다른) 단체 생활은 개인의 행위 주체성과는 다른 형식의 행위 주체성을 만들어 내며, 이런 행위 주체성은 새로운 담론 형식과 시공간에 대한 상이한 배치 속에서 재현된다. 매일의 일정과 업무 속도는 회의와 학습회가 생산라인보다 우위에 있게 됨에 따라 변화한다. 일본인 저택들이 어린이집으로 변하고 신사가 공원으로 바뀜에 따라, 공동체적 공간은 새로운 의미를 가지게 되었다.[2] 사람들이 서로를 부르는 호칭도 변화해, 서로를 가족적 위계 관계에 빗대어 부르기보다는 "동무"라 부르게 되었다. 따라서 집단의 일부가 되어 조직 생활을 하는 것은 혁명을 구체적인 현실 속에서 실행하는 것, 다시 말해 혁명을 일상적 실천들을 통해 가시화하는 것이다. 다수의 조직들 속에서 수많은 책임과 의무를 효율적으로 수행해 나가는 것이 언제나 쉬운 일은 아니었다. 다수의 조직들 사이에서 개인과 집단 사이의 관계는, 특히 이 관계가 설정되는 초기에 나타난 불협화음과 갈등이 보여 주었듯, 협상 및 조정되어야 했다. 이 장의 목표는 당과 인민 대중 사이에서 다양한 사회조직들이 "인전대"★로서 수행하는 핵심적인 역할을 다루는 것이다. 다만 그에 앞서, 모든 조직들 가운데 가장 핵심적인 조직인 북조선로동당의 동학을 먼저 살펴보자.

정당

1920년대로 거슬러 올라가는 역사를 가진 조선공산당은 (식민 통치 기간 동안에는 어느 정도 억제되었던) 종파주의와 정치적 탄압에도 불구하고 해방 이후 가장 잘 조직된 집단이었다. 해방 이후 공산주의자들은 한반도 전역에서 재조직되기 시작했다. 이들은 서울에 가장 많이 집중되어 있었지만, 1945년 10월 [10일] 100여 명의 당원들이 참석한 가운데 평양에서 개최된 '조선공산당 서북5도 당 책임자 및 당 열성자 대회' 이후 한반도 이북 지역에 중앙집권화된 당[조선공산당 북조선 분국 중앙]이 빠르게 형성되었다.[3] 조만식이 이끌었던 조선민주당은 1945년 11월 3일 창당했는데, 당원들은 대체로 평양 인근에 거주하는 그리스도교 지식인들과 지주들이었다. 1946년 2월 8일 창당한 천도교청우당은 천도교를 믿는 농민들이 주요 당원이었다.[4] 옌안延安에서 중국 혁명에 참여해 (김두봉의 지휘 아래) 중국공산당과 함께 싸웠던 조선인들은 귀국 이후 1946년 2월 26일 조선신민당을 창당했다. 이들의 귀국으로 공산주의자들이 조선민주당과 천도교의 힘을 압도할 수 있게 되었다.[5]

1946년 8월 28일, 신민당과 북조선공산당이 합당해 북조선로동당을 창당했다. 북조선로동당의 당원은 36만6000명이었다. 이 가운데 9만 명이 조선신

★ 전달 벨트를 뜻하는 말로, 북조선로동당과 대중을 연결하는 외곽 대중 단체를 의미한다.

민당 당원이었고, 27만 6000명이 조선공산당 당원이었다. 이들의 통합 당원 수는 (당원이 될 수 있는) 전체 성인 인구의 10퍼센트 이상을 차지했으며, 그들 가운데 대다수가 젊은 세대였다. 다시 말해, 당원의 80퍼센트 이상이 20~40대였다.[6] 2년이 채 지나지 않은 1948년 무렵에 이르면 당원수는 75만 명으로 성장했는데, 특히 노동자의 수가 7만 3000명에서 14만 3000명으로 두 배가 되었고, 빈농의 수는 10만 5000명에서 37만 4000명으로 세 배가 되었다.[7]

당원들은 모범 시민이 되어야만 했다. 그들은 혁명에 적극적으로 참여하고, 소득의 1~3퍼센트에 이르는 당비를 내야 했으며, 경우에 따라 특별 당비를 내기도 했다.[8] 당원들은 성실하게 당비를 납부해야 했는데, 대략 80~100퍼센트에 이르는 당원들이 그러했다. 물론 지역과 시기에 따라 편차가 있었고, 농산물의 수확량에 따라 달라지기도 했다.[9] 당 강령은 매우 광범위했다. 우선 주권이 인민위원회에 있는 민주적 독립국가의 건설을 강조했다. 또한 토지개혁, 주요 산업의 국유화, 8시간 노동을 규정한 〈노동법〉, 선거권과 피선거권 같은 정치적·시민적 권리 등의 중요성을 강조했다. 나아가 정치적으로나 경제적으로 남성과 동등한 여성의 권리, 어머니와 어린이에 대한 보호, 인민 교육, 평등하고 공정한 과세, 의무적 군 복무, 세계 평화를 위해 투쟁하는 민족들과의 튼튼한 연대 등 사회주의적 프로그램 전반을 포괄하고 있었다.[10]

1948년 당원 충원 과정이 안정을 찾아갈 무렵, 인제군에는 5000명의 당원이 있었다. 빈농이 당원의 80퍼센트를 차지했으며, 그 외 중농이 10퍼센트, 노동자가 5퍼센트, 사무원이 5퍼센트, 마지막으로 상인을 비롯한 여타 계급이 극소수 있었다.[11] 대부분 가정주부였던 여성들이 당원의 25~30퍼센트를 차지했다. 당원은 주로 농민이었는데, 당 내에서 그들이 지도부의 위치에 오르기까지는 일정한 시간이 걸렸다. 1946년, 인제군에서 당 지도부의 70퍼센트는 사무원으로, 이들 가운데 60퍼센트는 일제 식민 정부에서 일한 경

표 4.1. 당 관료들 사이에서 나타난 출신 성분의 변화(인제군)   (단위: 퍼센트)

	노동자	빈농	사무원	중농
1946년 군 인민위원회	8.0	19.0	70.0	20.0
1948년 초 군 인민위원회	26.3	21.4	41.4	0.63
1948년 11월 군 인민위원회	47.0	33.3	19.7	-
면 위원회	18.2	63.6	18.2	-
세포 의장	6.85	83.15	10.0	-
세포위원회	3.3	93.8	2.6	-
1949년 9월 군 인민위원회	42.8	57.2	4.5	

출처: RG 242, SA 2007, box 6, item 1.62, "북조선로동당 강원도 인제군당 상무위원회 회의록 제69호"(1949년 11월 13일). 또한 『북한관계사료집』 3권, 813쪽.

험이 있었다. 그러나 1948년 말에 이르게 되면, 당 지도부의 47퍼센트가 노동자, 33.3퍼센트는 빈농, 19.7퍼센트는 사무원으로 2년 만에 당 내 구도가 역전되었다. 〈표 4.1〉에서 볼 수 있듯, 인제군 당 관료들 사이에서 빈농이 차지하는 비율은 시간이 지남에 따라 더욱 증가해, 1946년 19퍼센트였던 것이 1949년 57.2퍼센트가 되었다. 이 같은 변화는 이들을 지도부에 편입하기 위한 당의 노력을 반영하는 것이었다. 3장에서 살펴보았던 것처럼, 1946년과 1947년 선거는 농민들을 정부 내 지도부의 위치에 오르게 하기 위한 수단이었다. 당연히 빈농들은 지역 수준에서 더 많은 수가 대표되었는데, 당 조직의 가장 기본 단위인 당세포 지도자의 94퍼센트가 빈농이었다. 급증하고 있던 노동자들 가운데 대다수 역시 그 직전까지 농민이었는데, 왜냐하면 그들 가운데 93.9퍼센트가 1년 미만의 노동 경험을 하고 있었으며, 그들 가운데 46퍼센트가 26세 미만이었다.[12]

　그러나 당이 너무 빠르게 성장함에 따라 당원의 자질에 문제가 발생했다. 인제군의 경우 대략 87.8퍼센트에 이르는 대부분의 후보자들이 결격사유가 있어 당원 가입이 거절되었다. 지역 당 지부들은 자질을 제대로 따져 보지도 않은 채 단순히 출신 계급만을 기준으로 당원을 모집했다는 비판을 받았는데, 이 같은 모집 방식은 "좌경적 오류"로 간주되었다.[13] 다른 한편, 당의 급속한 확대는 "착취 계급들이 당에 잠입"하는 결과를 낳기도 했다. 이에 당은 1946년 12월부터 1947년 2월까지 약 2개월 동안 당내에 잠입한 자본가, 기업가, 상인, 일제 부역자, 토지개혁에서 토지를 몰수당한 지주, 종교 단체의 신도 혹은 간부 등을 숙청했다. 이들은 "종파적 사상과 행동으로 …… 인민 정권과 경제를 약화시키는 자, 사생활 또는 공적 생활에 있어서 로동당의 위신과 도덕을 손상케 하는"[14] 분자들로 간주되었다. 숙청이라는 강한 표현을 사용하기는 했지만, 당에서 축출된 자들 가운데 대다수 — 인제군의 경우 89.5퍼센트 — 는 행방불명되었기 때문에 숙청된 것으로, 이는 통상적으로 그들이 월남했음을 의미했다(인제군은 38도선상에 있어서 월남이 용이했다). 이같은 축출로부터 살아남은 당원들조차 이념적 통일성과 조직 생활을 강화하기 위한 당내 운동 과정에서 비판을 피하지 못했다. 인제군 당원들 사이에서 가장 흔한 질책 사유는 당 사업을 게을리했다는 것(70.7퍼센트)과 당원증을 부주의하게 관리했다(34퍼센트)는 것이었다.

당 지도부의 계급 구성에서 나타난 변화와 누구를 당원으로 받아들이고 누구에게 그 자격을 부여할 것인지를 둘러싼 갈등에서 알 수 있듯이, 당의 성격은 당원에게 적합한 적절한 자질과 품행이 무엇인지를 두고 당원들이 투쟁을 벌임에 따라 유동적으로 변화했다. 당원들이 새로운 형태의 집합적 실천을 배우는 가장 기본적인 조직 단위는 당세포였다. 당세포 조직은 5명 이상의 당원들이 있는 모든 작업장에 건설되었으며, 당원들의 성장과 의식 고양을 위해 많은 노력을 경주했다.[15] 1948년 4월, 인제군에서만 143개 세포 조직이 있었는데, 인제면에 50개, 남면에 16개, 북면에 32개, 서화면에 45개가 있었다.[16] 여성의 정치 참여가 늘어나긴 했지만, 1948년 현재 23개 세포에는 여성 당원이 전무했다. 대략 30~40명 내외의 당원으로 구성된 세포 조직은 위원장, 부위원장, 세 명의 위원들로 이루어진 세포위원회가 지도했다.[17] 위원장은 수직적으로는 당 상층부와 당세포를 연계하는 책임을 지며,

수평적으로는 해당 지역의 다른 조직들과 당세포를 연계하는 책임을 진다. 또한 세포위원회 위원들에게 업무를 지시한다. 세포위원회 위원들은 당의 결정과 결의를 토의하는 당세포 회의를 준비한다.

신입 당원이 되어 새로운 조직 생활에 참여하는 것의 의미와 중요성은, 신입 당원을 꼼꼼히 심사하는 엄격한 절차를 통해 분명히 드러난다. 실제로 세포 지도자들은 출신 배경, 교육 수준, 현재 직업 등에 관한 정보를 비롯해 지원자에 대한 정보를 꼼꼼히 살폈다.[18] 후보자는 당원 가입을 위한 지원서를 개인 이력서 및 짧은 자서전(이는 다음 장에서 검토한다)과 함께 제출한다. 그 내용은 일제강점기하에서 식민 정부와 그 어떤 연관도 없었다는 점에 초점이 맞춰져 있었다. 지원서가 세포에 의해 승인되면, 면 단위의 세포 조직에 제출되어 최종 승인을 받는다. 기존 당원의 추천서를 몇 명으로부터 받아야 하는지는 지원자의 출신 계급에 따라 다르다. 노동자와 빈농들은 한 사람으로부터만 받아도 되었다. 상인, 기업가, 지식인들은 두 명의 추천서가 필요했다. 가장 엄격한 요건은 소속 당을 바꾼 사람들에게 부과되었다. 그들은 1년 이상 당원 자격을 유지하고 있는 세 명의 북조선로동당 당원으로부터 추천서를 받아야만 했다. 당원의 대다수가 최근에 가입한 사람들임을 감안하면, 이는 매우 까다로운 조건이었다. 게다가 지원서는 도 수준의 승인을 받아야 하거나, 만약 지원자가 다른 당에서 지도자의 위치에 있었던 경우 평양에 있는 중앙 위원회의 최종 승인을 받아야만 했다.

까다로운 심사 절차에 비해 입당 의례는 간소하게 치러졌다. 신입 당원은 첫 세포 모임에서, 다음의 내용을 맹세했다.[19]

1. 끝까지 무산계급을 위하여 철저히 싸울 것.
2. 당면에서 조선의 완전 독립 해방을 위하여 철저히 싸울 것.
3. 당의 이익은 다른 어떠한 것보다도 높아야 할 것.

4. 당의 규율을 지킬 것.

5. 어떠한 곤란도 겁내지 않고 당일을 위하여 노력할 것.

6. 군중 속에서 모범 행동을 할 것.

7. 당의 비밀을 지킬 것.

8. 당을 절대로 믿을 것.

9. 어떠한 일에도 굴하지 않고 당을 배반치 않을 것.

서약이 끝나면 당 지도자가 짧게 인사말을 한 뒤 당원의 책임과 규칙을 다시 한번 설명한다. 가입 의례는 "종교 예식이나 미신과 같이 꾸벅꾸벅 절만 하는 것이 아니라" 교육의 일환이기도 했다.

모범 세포로 간주되었던 인제군 남면의 당세포를 검토해 보자.[20] 회의는 일반적으로 대부분의 당원이 참석한 가운데 한두 시간 정도 개최된다. 세포 위원회 위원들은 회의가 개최되기 사흘 전에 모여 토론 방향을 준비하고 결정한다. 회의에서는 자발적 토론이 권장되지만, 토론자는 위원회에 의해 사전에 구성된다.[21] 수준별로 이루어지는 다양한 세포 학습회는 매주 화요일과 금요일에 대략 두 시간 반 정도 모임을 갖는다. 각자는 모두 자신의 공책을 가지고 있는데, 자원이 매우 제한적인 상황에서 이는 상당한 자랑거리다. 첫 30분 동안은 다음 주제로 넘어 가기에 앞서 모든 사람이 기존 주제에 대해 충분히 이해했는지를 검토한다. 매달 말에 두세 번의 특별 학습회가 열리는데, 이를 통해 그 달에 이루어진 수업에 대해 평가하고 각 학생들의 평가 점수를 공지한다. 이를 통해 가장 좋은 성적을 받은 학생들에게는 상으로 공책과 연필이 수여된다. 출석률은 95퍼센트였다. 선전실은 활발히 운영되었는데, 독서 모임들이 주로 그곳에서 개최되었다. 당세포들의 노고 덕분에 매일 최소 20~30여 명이 선전실을 이용했다.

이 같은 모범적인 세포들의 활동도 있었지만, 부패 및 종파주의에서부터

호칭 문제에 이르기까지 부적절한 품행에 대한 비판 역시 지속적으로 제기
되었다. 당 내부 문건들에는 다음과 같은 비판들이 실렸다. 지역 당 간부들
이 인민을 지도하기보다 따르기만 하는 "책상머리적인 사업"이라는 잘못을
반복적으로 범하고 있다. 지역 간부들이 벌이는 사업은 "형식주의적이고, 관
료적이며, 무계획적이고, 무질서했으며, 추상적"이다. 간부들이 문제를 해
결하기 위해 인민들에게 직접 다가가지 않고, 책상머리에 앉아 기계적으로
명령만 내리고 있다. 또한 수업 자료를 배우고 가르치는 데 충분한 노력을
경주하지 않는다. '가족주의'가 당내 만연해 모든 사람들이 서로를 "동무라
하지 않고, 김형이니 최형이니 부르는" 일은 "봉건적 잔재를 완전히 숙청하
지 못했"기 때문으로, 이로 인해 적절한 비판을 서로 주고받지 못한다.[22] 가
족 간에 부르는 명칭으로 서로를 부르는 전통이 종파주의를 낳을 수 있다는
우려도 있었다.[23] 당은 특히 당 내부에 종파가 생기는 것을 극도로 경계했는
데, 당원들이 자신들의 출신 지역, 가족을 비롯한 집단 연고에 따라 파벌을
형성하려는 경향이 나타나지 않도록 감시했다.[24] 그러나 이것이 당이 핵가
족을 해체하고 싶어 했다는 뜻은 아니다. 왜냐하면 북조선 헌법은 가족을 사
회의 기본 단위로 지적하고 있었기 때문이다. 당은 리 인민위원회와 같은 지
역 현지 제도들의 중요성을 간과하지 않았는데, 리 인민위원회는 핵심 대의
기구로 간주되었다. 이 장 후반부에 살펴보겠지만, 당은 외부적으로 인민위
원회를 비롯한 다양한 조직들과 헤게모니 경쟁을 벌였지만 당 **내부**에서의
분열은 엄격히 금지했다.

당세포들은 또한 보고서와 회의록을 제대로 작성하지 않는다는 비판을
받았다. 또 상부의 결정을 무시했다는, 예컨대 당원 가입에 대한 상부의 승
인을 기다리지 않았다는 질책도 받았다.[25] 반면, 지방 당 간부들은 거꾸로
업무 수행에서 상부에만 의지한다는 비판을 들었다.[26] 어느 지역의 회의에
서 당세포는 "상급 당에서 내리는 명령과 결정을 단순히 전달하는 일"만 하

거나 "혼자서 알고 그치는 작풍"을 일소해야 하며, "상급 당의 지시와 결정을 세포에게 내리는 즉시 당원을 발동시켜 군중 속에서 사업이 전개되고, 대중이 발동되는 실제 사업"으로 만들라는 말을 들었다.[27] 이와 같은 언급들은 일견 모순적인 것처럼 보일 수 있지만, 당 간부들은 당의 결정과 명령을 현지에서 실행하기 위해 현지의 "실정과 지리적 환경에 알맞도록 구체적으로 토의"할 필요가 있다고 설명했다.

따라서 상부의 결정을 따르면서도 이 같은 결정을 현지의 조건에 맞게 조정하고, 이를 통해 당면한 문제를 해결하기 위해서는 어느 정도의 독립성과 자율성을 유지하는 섬세한 균형이 필요했다. 지방의 간부들은 일제 식민 통치하에서 "비판을 수용하기보다 두려워만 하는" 고위 간부들의 관료주의적 행태를 모방하지 말라는 말을 들었다. 당 상부와 하부 사이의 이 같은 관계는 "민주 집중제"의 원리 — 하위 단위가 상위 단위에 맹목적으로 복종하는 것이 아니라 토론 과정을 통해 복종하는 것을 요구하는 — 를 반영한 것이었다.[28] 당 생활에 대한 문건이 설명하듯,

상급의 지시와 결의에 대하여 이견이 있을 때는 자기 이견을 말할 수 있지만 새로운 지시나 결의가 있을 때까지는 무조건으로 그것을 집행하여야 하며 그것을 벗어나거나 마음대로 변경할 수 없다. 개인이 조직에 복종하는 것, 즉 당원이 당에 복종하는 것은 절대적이다.[29]

이 같은 민주 집중제의 원리는 개인과 집단 사이의 관계를 규정하는 일반적 틀로서 다른 조직들에서도 사용되었다.

사회단체

상대적으로 엄격한 당 가입 기준으로 말미암아 대다수 인민들은 좀 더 대중적인 사회단체들에 가입해 새로운 조직 생활을 영위했다. 당은 이런 조직을 당과 대중들을 연결해 주는 "인전대", 다시 말해 당 정책을 대중들에게 전달하는 경로이자 언제든 모범적인 회원을 당에 충원할 수 있는 당원들의 저장고로 간주했다.[30] 실제로 대중조직과 당에서 이루어지는 조직 운영 절차와 관행들 가운데 많은 것들이 유사했는데, [사회단체는] 회원들이 당원이 되기 이전에 단체 생활을 처음 접할 수 있는 기회를 제공했다. 사회단체들은 회의를 개최하고, 학습회를 진행하며, 민주적 절차에 따라 토론을 하기도 했으며, 지도자를 정하기 위해 거수로 투표를 하기도 했다.[31] 도에서 군·면·리에 이르는 단체의 각 단위는 자신들이 속한 단위의 지도부를 선출했는데, 도의 경우 27명이, 리의 경우 5명의 위원들이 지도부를 구성했다. 후보 지명[추첸은 회의에 참석한 회원들이 할 수도 있었지만, 회원들은 퇴임하는 위원이 신임 위원을 지명하도록 결정할 수도 있었다. 회원은 자동적으로 임명되는 것이 아니었다. 가입을 위해서는 추천서와 함께 지원서를 제출해야 했는데, 이런 절차는 당 가입 절차와 비슷했다.[32] 당원과 마찬가지로 사회단체의 회원이 되는 것은 특권이자 명예로 간주되었으며, 그 사람이 삶의 모든 영역에서 혁명에 헌신했음을 증명하는 것이었다. 회원이 준수해야 할 의무는 회비 납부, 정기적인 모임 참석, 조직의 결정 사항 이행 등이 있었고, 사회단체의 선거에 투표하거나 입후보할 수 있으며, 토론에 참석하고 비판을 제기할 권리가 있었다.[33] 당세포와 마찬가지로 초급 단체[기층 조직을 뜻한대가 가장 기본적인 조직 단위로 초급 단체는 회원이 5인 이상인 작업장에 설립될 수 있었다.[34]

당은 사회단체 내부에 당조黨組를 결성해 사회단체에 영향력을 행사하

려고 했는데, 당조는 대체로 단체 내의 핵심 간부 지위에 있는 이들로 구성
되었다. 당조는 공장, 학교, 사회단체, 정부 기관 등 어떤 기관 내에 3명 이상
의 당원이 있을 때 조직되었다. 그러나 3장에서 살펴본 바와 같이 1947년 선거
때까지만 해도 당이 리 단위까지 침투하지는 못했다. 실제로 인제군 기록에
따르면 사회단체의 지역 지부에 당조가 결성된 것은 지부가 설립된 지 1년이
지나서였다.[35] 그때까지 당의 통제력은 미약했지만, 사실 모든 조직의 목표
는 본질적으로 동일했다. 단체 생활의 제도화, 그리고 그것을 실현하기 위한
관행은 회의록과 자서전 작성에서부터 각종 회의와 학습회에 이르기까지 모
든 과정에서 반복되었다. 북조선에서 가장 규모가 큰 세 가지 사회단체는 농
민·여성·청년 조직이었다. 차례로 살펴보자.[36]

북조선농민동맹(이하 '농맹'으로 약칭)의 결성 대회는 1946년 1월 31일, 대
규모로 개최되었다. 대회에는 각 도의 농민 대표 130여 명과 정당을 비롯한
각종 사회단체 방청자 300여 명이 참석했다.[37] 토지개혁의 성공적인 시행으
로 농맹의 위상이 강화되었는데, 농민들은 토지개혁에 대한 요구가 정부 지
원으로 충족되자 자신들이 가진 집단적 힘을 자각하게 되었고, 이에 따라 농
맹은 농민들 사이에서 확고하게 자리 잡았다. 18세 이상이면 누구나 가입할
수 있었지만, 보다 젊은 농민들은 민청에 가입했기 때문에, 농맹은 대부분
28세 이상 농민으로 구성되었다.[38] 1949년 1월까지 북조선 전체 농민 약 600
만 명 가운데 249만3713명이 농맹에 가입해 전체 농민의 3분의 1 이상이 농
맹에 가입한 것으로 알려졌다.[39] 인제군의 경우, 1948년 11월 현재 1만2924
명이 농맹에 가입했는데, 이는 대략 인제군 성인 인구의 75퍼센트에 이르는
수치였다.[40] 예상대로 빈농이 모든 단위에서 지도부의 압도적 다수를 구성
했다.

농맹은 빈농들이 협동 농업 프로젝트를 통해 경제 집단으로서뿐만 아니
라 정치 집단으로서도 중요한 사회적 세력이 될 수 있는 역량을 부여했고 지

표 4.2. 정당 및 사회단체 회원 수(1948-49년)　　　　　　　　　　　　　(단위: 명)

단체명·정당명	전체 회원 수(1948년 2월)	인제군 회원
북조선로동당	771,306	4,984 (1949년 2월)
조선민주당	184,357	
천도교청우당	282,743	
북조선민주청년동맹	1,052,449	5,121 (1948년 9월)
북조선농민동맹	2,448,520	12,726 (1949년 1월)
북조선민주여성동맹	1,369,188	5,805 (1949년 3월)
북조선직업동맹	458,436	130 (1947년 9월)
북조선소비조합ª	5,180,000	13,167 (1949년 11월)
애국투사후원회ᵇ	1,068,997	4,625 (1948년 5월)
조선적십자협회	787,773	3,836 (1948년 5월)
조소문화협회	756,352	5,182 (1949년 12월)
북조선불교연합	375,478	
북조선개신교협회	82,118	
항공대발전협력협회	73,251	
북조선기술자협회	41,130	
농업과학자협회	4,923	
보건노동자협회	4,287	
북조선문학예술총연맹	1,026	

출처: "Soviet Civil Administration Three Year Activity Report: August 1945-November 1948," Russian Federation Foreign ministry Archives, Record Group 0480, Index 4, box 14, folder 46, 김광운, "북한 권력 구조의 형성과 간부 충원: 1945.8-1947.3", 136쪽[PDF 파일상으로는 148쪽]에서 재인용. 인제군 사회단체의 회원수는 김재웅, "해방 후 북한의 지방 통치체계 : 1946-49년 강원도 인제군을 중심으로," 『역사와 현실』(한국역사연구회, 2006), 38쪽.
a 북조선소비조합과 애국투사후원회는 정치 지향적인 사회단체라기보다는 재화와 서비스 분배를 위한 공리적 단체였다.

도력을 발휘할 수 있는 발판을 제공했다. 농맹은 농업 계획과 농촌 공동체에서의 단체 생활, 선거 조직, 마을 자위대 구성, 교육 프로그램 운영 등과 같은 중요한 역할을 했다. 농맹은 다양한 기념행사와 정치 집회에 농민을 동원하고, 사기 진작을 위해 모범 농민에게 상을 수여하며, 세금 징수와 수공예품 생산을 조직하고, 지역 치안을 유지하고, 산불을 예방했다. 특히 농번기인 겨울철에는 교육 및 오락 프로그램을 마련하고 농업 기술의 혁신을 촉진했다. 당연히 농맹의 활동은 대체로 우수한 종자와 비료를 개발하는 것에서부

표 4.3. 인제군 농맹 대표자들(1949년) (단위: 명, 비율)

단위(대표자 수)	노동자	빈농	사무원	북조선로동당	조선민주당	무소속
군 대표자(19)	10.6	84.5	5.0	89.4	5.3	5.3
면 대표자(41)	2.5	95.0	2.5	80.0	7.5	12.5
리 대표자(199)	-	100	-	83.0	-	17.0

출처: "북조선로동당 강원도 인제군당 상무위원회 회의록 제73호"(1949년 12월 27일), 『북한관계사료집』 3권, 923-924쪽. "북조선로동당 강원도 인제군 농민 동맹 당조 제37차 회의록"(1949년 1월 19일), 『북한관계사료집』 4권, 371쪽.

터 가축 사육에 이르기까지 농업 생산량 증진에 초점을 맞추었다.

농맹 모임의 회의록에는 ─ 목표일, 작업 일정, 동원 인원, 다양한 작물 품종, 생산성 증가율 등 ─ 농업 생산의 실행 계획에 대한 논의로 가득 차 있었는데, 이는 서류상으로는 지루해 보이지만 농촌에서 이루어지는 단체 생활에 사회적 의미를 부여하고 농촌 경제 전반을 지탱하는 원천이 되었다. 회의록에 따르면, 대규모 협력이 필요한 관개 및 개간 사업이 수행됨에 따라 마을들 사이의 협력 수준이 높아졌다. 이 같은 사업은 농맹의 면 위원회를 통해 관리되었는데, 당면 과제가 있을 경우 면 위원회에서 먼저 논의했다. 그런 다음 위원회의 각 구성원이 마을[리]로 돌아가 각 마을 농맹이 해당 사업을 어떻게 수행할 것인지 논의했다. 마을 주민 대다수가 농맹의 구성원이었기 때문에, 전체 주민이 함께 계획을 세우고 적절한 작업반을 구성하는 것이 일반적이었다. 작업이 완료된 후에는 마을 주민들이 다시 모여 작업을 검토하고 개선할 부분이 있는지 살폈다. 마지막으로 마을에서 작성한 보고서가 면 위원회에 제출되고, 최종적으로 군과 도 농맹 지도부에 제출되기 위해 취합되었다.[41]

대부분의 농맹 모임들은 농업 계획을 세우는 데 집중했다. 농업 계획은 그들이 제일 잘 하는 일이면서도 그들의 집단적 이해관계가 달려 있는 것이기도 했다. 회의 기록에는 정치적인 토론이 거의 없었다. 이는 정치와 관련된 교육이 이 시기에는 매우 제한적이었기 때문이었다. 정치적인 토론이 필요한 경우 당은 지침을 제시했는데, 실제로 농맹에 가입한 당원들에게 "보고회에서는 농민들에게 지주의 압박과 비인간적인 착취를 회상함으로써 오늘 공화국 남반부를 식민지화하려는 미 제국주의자와 친일파 민족 반역자를 증오하는 토론회를 조직"[42]하라고 구체적으로 지시했다. 당은 또한 토지개혁의 성과를 강조하면서, 해방 이후 농민들의 삶이 얼마나 달라졌는지를 보여주는 (음악과 춤을 곁들인) 공연을 연출하도록 강력히 권고했다. 이 같은 지침은 아주 상세하게 내려졌는데, 이는 농민들 사이에서 정치적 토론을 촉진하는 데 따르는 난점을 반영하고 있다. 농촌을 현대화함으로써 도시와 농촌 사이의 격차를 극복하는 개혁의 이점에 대해 토론하도록 농민들을 독려하기 위해, 모범적인 농민들을 평양으로 보내 수도의 발전상을 관찰하도록 했다. 그들은 마을로 돌아와 농촌 생활의 희망찬 미래를 엿볼 수 있는 보고서를 작성했다.[43] 특히 평양에서 이들이 관찰한 주요 변화 가운데 하나는 의심할 여지없이 여성이 수행하는 역할의 확대였다.

1945년 11월 18일, **북조선민주여성총동맹**(이하 '여맹'으로 약칭)의 결성과 더불어, 여성은 가장 먼저 조직된 단위 가운데 하나였다. 중앙집권화되기 전 마을 단위에서 자발적으로 결성된 인민위원회와 마찬가지로 여성 단체 역시 여맹의 우산 아래 모이기 전까지 전국적으로 흩어진 형태로 조직되어 있었다.[44] 1946년 5월 10일 첫 번째 총회를 개최할 무렵, 여맹은 12개 도시, 89개 군, 616개 면에 지부를 두고 총 80만 명의 회원을 확보하고 있었다.[45] 1946년 말까지 여맹 회원은 103만 명으로 확대되어 18~61세(은퇴 연령) 성인 여성 인구의 3분의 1을 조직한 상태였다.[46] 1947년 무렵 여맹의 회원 수는 150만 명에 달했으며, 이 가운데 농민이 73퍼센트를 차지했다. 노동자는 5.3퍼센트, 사무원은 1퍼센트 미만이었으며, 나머지 20퍼센트는 '기타'로 분류되었는데, 대부분 주부를 지칭하는 것으로 보인다.[47]

인제군에서는 1948년 11월까지 가입 자격이 있는 여성 8749명 가운데 5749명, 즉 거의 3분의 2에 달하는 여성들이 여맹 회원이 되었다.[48] 1949년 4월에는 인제군의 모든 마을에 총 5805명의 여맹 회원과 112개 초급 단체가 조직되었다.[49] 여맹 회원들의 초기 임무 가운데 하나는 어린이들을 학교에 보낼 수 있도록 농촌 가정을 "계몽"하는 것이었다. 1948년 무렵 인제군에는 취학연령의 아동이 6885명 있었는데, "봉건 잔재"로 말미암아 상당수의 가정이 교육을 소홀히 했다. 이에 여맹은 회원들에게 모든 아동을 학교에 입학시키도록 독려했다. 하지만 현실적으로는 아이들이 학교에 가지 못할 만한 이유가 있었다. 학교에 입고 갈 만한 옷이 부족했고, 부모가 밭에 나가 일하는 동안 가장 나이 많은 아이가 동생들을 집에서 돌봐야 했기 때문이다.[50]

몇몇 활동들은 여성이 다른 사람들을 접대하거나 시중을 드는 것과 같은, 전통적인 젠더 역할을 명백히 재현하는 것이었다. 여맹은 인제군을 방문하는 손님을 맞이하고 지역 보안원에게 보낼 위문품을 모으는 일을 담당했다. 또한 인민군을 위해 음식과 손수건, 양말 같은 생필품을 제공하고 옷을 세탁하고 수선하는 위안대를 조직하는 일을 맡았다. 여성들은 현물세를 내러 온 사람들에게 음료와 간식을 제공해야 했다. 또한 식량 부족 문제를 해결하기 위해 여맹은 여성들에게 가정에서 쌀 소비를 절약해 '애국미'를 정부에 헌납하도록 장려했다.[51]

그러나 이처럼 비교적 온화한 형태의 참여조차 긴장의 원인이 되었는데, 이는 농촌 지역에 만연한 보수주의 때문이었다. 여성의 공적 영역 진출은 가정 내에 국한돼 왔던 여성들의 전통적인 역할과 충돌했다. 여성들은 공적인 것과 사적인 것의 경계를 넘나드는 것에 대해서뿐만 아니라, 그런 공간들에서 행동하는 방식에 대해서도 비판받았다. 당 회의에서 여성들은 예의범절을 지키지 않았다고 서로 비난했는데, "접대에 대한 의의를 망각하고 아무렇게나 냉수를 내주어" 세금을 내러 온 농민들의 기분을 상하게 했다는 것이었다. 여맹 내 당원들은 "중간에 나오다 마다 하는 산만한 협조 사업"으로 업무에 혼란이 초래되었다고 지적했다.[52]

　여성들은 또한 전통적으로 여성의 일로 여겨지던 일을 남편이 맡게 함으로써 〈남녀평등에 관한 법령〉을 잘못 이해했다는 공격을 받았다. 한 예로, 어느 지역 여성동맹의 선전 책임자는 "사회 나와서 건국 사업 투쟁을 한다고 해서 〈남녀평등권에 관한 법령〉을 올바르게 파악하지 못하고 남편에게 조석을 지으라고 하며 자기는 치장만 하고 다"녔고, 심지어 이 소문이 이남에까지도 나서 "북조선의 〈남녀평등권에 관한 법령〉에 악한 영향을 주는" 등의 잘못을 저질렀다는 비판을 받았다.[53] 또 다른 사례로, 한 지방인민위원회 선전 담당자는 남편에게 요리를 시키고 목욕물을 떠오게 했다는 이유로 당에서 제명을 당했다. 비난을 받은 두 여성이 모두 선전원이었다는 것은 우연이 아니다. 두 사람은 온종일 대중과 만나 대화를 나누는 일을 하느라 집안일을 돌볼 겨를조차 없었을 테니 말이다. 자신의 업무를 완수하기 위해 지칠 줄 모르는 노력을 쏟아부었지만, 남과 북이 한반도 전체의 패권을 놓고 긴박하게 경쟁하던 시기에 그들의 행위는 남한에서 〈남녀평등에 관한 법령〉이 나쁜 평판을 얻는 데 일조한 것으로 간주되었다.[54]

　반면, 남성들도 비판에서 자유롭지 못했다. 여성들은 남성들이 말로는 여성을 위해 성 평등을 옹호한다고 하면서도 그 기준에 부합하는 행동을 보이지 못하고 있다고 비난했다. 한 당 회의에서 여성 당원 이필여는 자신의 아내를 당에 영입하지 않는 남성 동지들을 꾸짖었다.

　　여 당원의 흡수가 적다고 냉정히 비판했고 특히 세포 위원 자신들의 부인들을 입당시키지 않고 여 당원을 흡수해야 한다고 떠드는 것은 관료주의적이며 또한 여성들을 봉건 유습에서 해방시키지 않았다고 비판하였으며 당원이 자기 부인이 당원이 아니라고 하는 것은 당 사업을 열성적으로 하였다 하더라도 절름발이 당 생활을 하였다고 날카로운 비판을 하였음으로 자기 부인을 입당시키지 않은 동무들의 가슴을 서늘케 하였으며 이에 자극을 받은 남성들은 앞으로 자기 부인을 입당시킬 것과 여 당원 장성 사업에 적극 노력할 것을 자아비판과 아울러 맹서한다.[55]

남성들의 진지한 자기비판에도 불구하고 당 지도자의 아내를 당원[이나 여맹의 간뷔으로 모집하는 것은 대중을 소외시키는 엘리트주의라는 공격을 받았다. 당은 여맹이 가장 열정적이고 모범적인 여성 노동자와 농민을 지도자로 뽑지 않고, 학교 교사, 주부, 군에서 공식 직책을 가진 남성의 아내를 여맹 지도자로 뽑은 것에 대해 비판했다.[56] 여맹 군 지도부의 75퍼센트를 차지한 "뻔뻔한 얼굴을 가진 가정부인"은 노동자와 농민 같은 일하는 여성의 삶의 조건에 관심을 가지지 않아 일을 제대로 하지 못한다는 비판을 받았다. 지도력이 이렇게 빈약하다 보니 하위 지부로 갈수록 여맹 여성들은 회의를 개최하거나 회의록을 작성하는 방법을 몰랐고, 이에 민청이나 당세포의 남성들이 회의록을 대신 작성했다.

그러나 갈등은 단순히 남성과 여성 사이의 문제만은 아니었다. 여성들 스스로도 [여성의 역할에서] 우선순위를 바꾸길 꺼려했기 때문이다. 어떤 여성은 회비를 감당할 수 없어 여맹에서 탈퇴하길 원했고, 또 어떤 이들은 "여성들은 사회사업 분야에서 활동할 필요가 없이 가사와 농업 분야에서만 활동하면 된다"고 생각했다.[57] 젊은 여성들조차 "봉건적인 관습"에서 벗어나지 못했는데, "'여자가 무엇을 해' 하는 구실과 습관으로 민청 사업에 참가하기를 거부했다.[58] 미신과 "봉건적 관습"은 계속해서 문제가 되었다. 일부 민청 회원들은 남녀칠세부동석을 운운하며 남성과 여성 인민군이 밤새 함께 훈련하는 것은 부적절하다고 주장하기도 했다. 그러나 이 모든 갈등의 사례는 누군가를 불안하게 하고 또 누군가를 분노하게 할 만큼 급진적인 변화가 북조선에서 일어나고 있었다는 사실을 방증했다.

여성의 등장 외에도 해방 이후 북조선에서 가장 심오한 변화라고 할 수 있는 젊은이들의 영향력 증가는 일부 사람들에게 자극을 주었다. 1946년 1월 17일, 간부 양성, 정치 교육, 문화 발전을 위해 16~26세 청년 25만 명이 모인 **북조선민주청년동맹**(이하 '청년동맹' '민청' 등으로 약칭)이 창립되었다.[59] "'배우고 배우고 또 배우자!' 청년은 미래 사회의 주인공이다"라는 구호 아래 북조선 전역의 직장, 학교, 마을에 민청 지부가 조직되었다. 이후 5월까지 불과 4개월 만에 회원 수는 세 배로 늘어 80만 명에 달했다.[60] 청년들은 사회에서 가장 활동적이고 조직적인 계층이었으며, 상대적으로 젊기 때문에 동원 잠재력이 컸다. 인제군 북면에서는 인구의 거의 절반이 18세 미만이었고, 인제군 전체에서는 거의 3분의 1이 18세 미만이었다.[61]

1948년 7월까지 인제군에서는 해당 인구의 91퍼센트가 민청에 가입했다. 회원은 5000명이 넘었고 거의 대부분이 농민(90.9퍼센트)이었다. 나머지 구성원에는 노동자(1.4퍼센트), 기술자(0.2퍼센트), 사무원(3.2퍼센트)이 포함되었는데, 이는 농민에 비해 극소수였다. 남성이 57퍼센트, 여성이 43퍼센트로 남성과 여성의 비율은 엇비슷했다. 회원 가운데 다수는 어느 정당에도 소속되지 않았지만, 대략 3분의 1은 북조선로동당 당원이었고, 조선민주당 당원은 1퍼센트 미만이었다.[62] 전국적으로 1948년 말까지 가입 대상자의 80퍼센트가 민청에 가입했으며, 약 2만4212개의 초급 단체와 3만5000개의 학습 모임이 구성되었다.[63] 민청의 광범위한 호소력과 대중적 기반을 증언하듯, 그리스도교 청년의 65퍼센트와 천도교 청년의 80퍼센트도 민청 회원이었다. 처음에는 여성 회원 모집에 어려움이 있었지만 1949년에 이르러서는 26세 미만의 여성 가운데 72퍼센트가 민청 회원이었으며, 이는 나이든 농민들 사이에서와는 달리 젊은이들 사이에서 젠더 관계가 빠르게 변화하고 있음을 시사했다.[64]

전통적인 가치관에 물들지 않은 젊은이들은 새로운 시대의 상징이었고, 혁명 과업을 이어갈 차세대 일꾼으로서 그들의 교육에 많은 관심이 기울여졌다. 교육자들을 위한 팸플릿에는 젊은 세대와 기성세대 사이의 관계를 정의하는 새로운 민주주의 원칙이 다음과 같이 설명되어 있다.

> 물론 민주주의 도덕에 있어서도 존경성이 필요하다. 그러나 봉건사회에서와 같이 어른 앞이라고 하여 숨도 바로 못 쉬고 꿇어 앉아 있어야 하는 형식적인 존경은 아니다. 지금에 있어서도 농촌에 가면 회합이나 집회에 있어서 동리洞里 부노父老나 노인의 말이라고 하여 틀린 것도 그대로 복종하는 그릇된 '장유유서'의 봉건적 잔재의 옳지 못한 경향이 간혹 있음을 지적할 수 있다. 이런 봉건 도덕은 하루 빨리 퇴치하여야 할 것이다. 이와 같이 나이가 어리다고 하여 아동 생활을 무시하고 그들의 권리를 박탈하는 불평등한 케케묵은 도덕과는 절대로 투쟁함으로써 우리들의 세대를 계승할 씩씩한 후진들을 양성하여야 할 것이다.[65]

청년들 상당수가 지도자 직책을 맡으면서 기성세대를 무시하고 권력을 남용해 무례하고 부적절한 행동을 했다는 비판을 받아, 민청의 명성에 먹칠을 하기도 했다. 예를 들어, 한 회원은 시부모를 모욕하고 때린 혐의로 민청에서 제명되었고, 다른 회원은 부모와 나누지 않고 아내와 몰래 닭고기를 먹어 민청의 권위와 품위를 훼손한 혐의로 제명되었다.[66]

청년들의 급진적 성격을 증명하듯, 1945년 10월 6일 대표 200여 명이 모인 회의에서 공산주의청년동맹(약칭 '공청')이 가장 먼저 결성되었다. 이후 다른 청년 단체들, 특히 교회 및 조선민주당과 관련된 단체들이 등장함에 따라 공청은 자신의 기반을 확대하기 위해 민청으로 전환했다.[67] 이 같은 전환이 모두 순조롭게 이뤄진 것은 아니었다. 일부 급진적인 청년들은 이 같은 변화를 혁명적 열정에 찬물을 끼얹는 것으로 간주했기 때문이다.[68] 그 밖에도 청년들 사이에서는 다양한 갈등이 존재했으며, 이들은 양 극단을 오가기도 했다. 예를 들어, 함경북도 중농 출신 고등학교 교사였던 정균수는 이력서와 함께 제출한 자서전에서 학생 시절 청년들 사이의 갈등에 대해 상세히 기술했다.[69] 그의 고향 청년들은 해방이 되어 소련군이 이 지역에 진주하기 이전인, 1945년 8월 12일부터 조직을 결성해 일본군과 맞섰다.

8월 13일부터 삼촌을 수반으로 하는 공산당 조직이 나왔으며 8월 16일 해방되었다는 기쁜 소식을 듣자 8월 17일 어랑면 인민위원회가 나왔다. 8월 18일 소련군이 어대진 항구에 상륙하여 촌락을 지났다. 오촌은 면 인민위원회 위원장으로 삼촌은 치안대 대장으로 있었다. 일본이 멸망했다 하니 별로 애석한 기분도 낮지만 조선말을 자유롭게 쓰고 자기 조국을 자기 손으로 세운다는 새로운 기분은 해방의 감격을 엿보아 주었다. 나도 치안대에 들었다. 삼촌과 같이 사회과학을 연구하였다. 일부 소련군의 소행에 대하여 질문하니 '문제를 대국적으로 보아라' 하고 교시하여 주었다. 9월 10일 다시 학교에 등교케 되었는데 학교에는 논쟁이 매일 벌어지고 일부 옳지 못한 자유주의가 농후하였다. 매부 최상구가 어랑중학교 교양 주임으로 들어오자 (최상구는 콤소몰위원장이었다) 학생들 간에 조장되었던 일부 옳지 못한 미군 숭배파 중간파들이 그를 학교에서 추방하라고 외쳤다. 나는 자치회 간부로 있었기에 최상구 형께서 처음에는 '자본주의 기만'이라는 책부터 읽어 보고 그 본 사실은 학급에 가서 교양을 줄 것을 지시했는데 교단에 올라서면 마치 겨울이라 석탄 덩어리가 뛰곤 하였다. 그래서 끝내 실행 못하곤 했다. 나는 그들 패의 완력이 무서웠다. 그들은 마치 새로 부임한 반동배 역사 교원 전동섭과 음모를 꾀하여 소위 신탁 반대라 하고 나섰고 수많은 학생을 강제로 위협하여 삐라를 쓰게 하였다. 나도 삐라를 썼다. 이렇게 하여 그들은 자기의 수중에 전학생을 넣으려 했다. 1946년 3월 이 삐라 문제가 커져서 주모자 8명이 체포된 후 나도 3월 25일부터 5일간 구금되었다가 오촌 정석화가 땀을 흘리면서 교화를 주었는데는[교화를 받는―옮긴이] 꿈에서 깬 것 같고 후회의 마음이 자꾸 나오곤 했다. 그리하여 완전히 자기가 설 입장을 알고 5월 30일 민청에 들어 학교 민청 간부로 있다가 7월 7일 영예의 일등상으로 어랑중학교를 졸업하였다.

위에 제시된 서사가 고르지 못하고 일관적인 것도 아니지만, 몇 가지 중요한 지점이 눈에 들어온다. 저자는 공산주의자로 보이는 친척이 있었음에도 불구하고 다른 학생들과 함께 신탁통치 반대 운동에 나섰다 감옥에 갇히게 된다. 1945년 12월 모스크바 협정에 따라 미국과 소련은 연합국이 한반도에 대한 신탁통치를 실시해 공동으로 최대 5년간 관리하다 분할 점령을 종식하고 한반도에 하나의 통일된 국가를 건설하는 방안을 제시했다.[70] 북조선 당국이 이 같은 제안을 공식적으로 지지했음에도 불구하고 함경북도와 같은 공산주의 거점 지역에서조차 모스크바 협정에 대한 조직적인 반대가 있었다. 식민지 통치에서 벗어난 지 얼마 되지 않은 상황에서 다시 외세의 지배를 받아야 한다는 생각은 격렬한 반대에 부딪혔던 것이다. 정균수는 결국 민청에 가입했지만, 이런 복잡한 상황 속에서 민청에 가입하는 데 거의 5개월이 걸렸다. (소련 공산주의청년동맹의 러시아식 약자인 콤소몰이라는 이름을 사용한 점에서도 알 수 있듯) 함경북도에서처럼 공산주의자들이 우세한 지역에서도 젊은이들은 다양한 극단을 오가며 흔들렸다. 그러나 해가 바뀌고 1946년 11월 첫 선거가 치러지면서 청년들은 혁명의 가장 강력한 보루로 떠올랐다.

민청은 선거 기간에 특히 활발하게 활동했다. 1947년 선거 기간 동안 전체 선전원의 76퍼센트가 민청 출신이었다. 청년은 전체 면 인민위원 당선자의 27퍼센트, 리 인민위원 당선자의 34퍼센트를 차지했을 뿐만 아니라, 북조선로동당 당원의 절반을 차지하기도 했다.[71] 다른 사회단체와 마찬가지로 민청은 학습 모임과 강연회 조직, 포스터, 슬로건, 게시판을 활용한 선전 활동을 벌이고, 동호회[써클]와 선전실을 통해 정기적으로 문화 강좌를 기획했다.[72] 예상대로 노동력이 필요한 사업에 가장 많이 동원된 단위도 바로 민청이었다. 인제군 건설 사업에 동원된 노동력의 90퍼센트가 민청을 통해 이루어졌는데, 민청이 단순 노동력 동원에 그치지 않고 회원들의 문화 수준 향상과 체력 단련에 더 많은 노력을 기울여야 한다는 의견이 제기되었다.[73]

실제로 민청의 강령은 정치 교육의 중요성과 사회적으로 유용하고 생산적인 문화 발전의 중요성을 강조하는 것으로 시작했다. 민청의 문화 개념은 광범위하고 총체적인 것으로, "오늘 조선 실정에 적합한 과학 예술 문학 철학 등 각 방면에 걸친 지식을 말하며 인민적 정치와 인민 경제를 무한히 발전시킴에 큰 역할을 할 수 있는" 것을 의미했다.[74] "관료주의, 형식주의, 개인주의 사상, 협소한 민족주의 사상 경향, 국가 공공 재산을 애호 절약하지 않으며 근로를 싫어하는 사상 등"과 같은 식민지 잔재는 모두 청산되어야만 했다. 일제강점기는 "국가 법령"을 존중하지 않고, "국가 및 사회 재산을 사랑하는 정신을 가지지 못하게" 했으며 "노동을 천시"하는 시대로 특징지어졌다.[75] 그러나 이제 국가와 모든 자산이 인민의 소유가 되었기 때문에 국가 법률을 존중하고, 사회적 자산을 소중히 하며, 노동에 대해 애착심을 갖는 새로운 의식을 키워야 했다. 정치·경제·문화는 서로 밀접히 관련되어 있는 것으로 간주되었기 때문에 정치·경제·문화의 발전은 나란히 함께 진행되어야 했다. 북조선에서 이는 "제국주의 식민지 노예 민족으로서 수치스러운 역사를 되풀이하지 않"기 위해 인민 민주주의, 자립적 민족경제, 민주적 민족문화를 추구해야 한다는 것을 의미했다.[76]

따라서 민청의 강령은 회원들에게 국제주의 정신에 입각해 세계민주청년연맹과 연대하면서 "강력한 민주주의적 자주 독립 국가 건설"을 위해 총력을 다할 것을 촉구했다. 다른 조직과 비교했을 때 민청만의 고유한 강령은 없었지만, 제6조에서 "청년들에게 우리 조국의 복리와 번영을 위한 노력에 애착심을" 갖도록 촉구한 것이 눈에 띈다.[77] 민청에 따르면, 노동은 사회 체계에 따라 다른 의미를 가질 수 있다. 즉, "중요 생산수단이 소수 특권 계급의 수중에 있다면 그 나라에서의 노동은 노예적 노동이고 수치스럽고 천한 노동이며 한탄스럽고 억울하며 자기 자신의 최저 생활조차 유지할 수 없는 노동인 것이다." 그러나 필수적인 생산수단이 인민의 수중에 있을 때 "노동은 존경스럽고 영예스러우며 용감하며 **영웅적**"이다.[78] 노동은 사회 발전의 기본 동력 가운데 하나로 국가의 번영 발전과 인민의 행복을 이끄는 창조적인 사회적 힘으로 선전되었다.

열등하고 비참한 것으로 기피해야 할 것이 아니라 사회적으로 생산적인 것으로 노동의 가치가 새롭게 평가되고 강조됨에 따라, 학생과 청년들이 수로, 제방, 도로 등의 건설에서부터 농업 현물세 징수에 이르기까지 모든 주요 노동 집약적 사업에 동원되었다. 이는 '사회적으로 생산적'이고 '사회적으로 창조적'인 형태로 단체 생활에 참여하는 것이었는데, 이를 통해 사회주의적 근대성의 표현인 혁명적이고 영웅적인 주체성이 형성되었다. 이를 위해 민청의 임무 가운데 하나는 압도적인 다수를 이루고 있던 농민 청년을 노동자 청년으로 "노동계급화"하는 것이었다. 노동자가 되면 얻을 수 있는 혜택과 노동자가 국가 발전의 중추임을 선전함으로써 민청은 생계를 제대로 유지할 수 없을 정도로 가난한 농민과 소작농을 노동력으로 흡수했다.[79] 예를 들어, 1948년 5월, 인제군에서 200명의 소작농과 가난한 농민들이 군을 떠나 전국의 여러 공장 및 노동 단위로 배치될 예정이었다.

물론 노동에 대한 애착심을 중시하는 것이 공부의 중요성을 외면하는 것은 아니었다. 민청 기관지 『청년생활』에 실린 기사는 독서의 중요성["독서는 청년들의 일상생활에서 고상한 품성으로 될 것]을 강조하고 있었다.[80] 이 기사는 책이 선전실에 방치되어 그 위에 먼지만 쌓이고 있는 것을 비판한 후, 독서 시간을 갖기 위해 한 시간 일찍 출근하는 새로운 실천을 모범적인 사례로 칭찬했다. 한 초급 단체 위원장은 자신의 사랑방을 마을 청소년들이 독서실로 사용할 수 있도록 선전실로 바꾸어 칭송받았다. 그 결과 독서실과 도서관을 설치하는 것이 민청의 우선 과제가 되었고, 지역 단체들은 '문학의 밤', 러시아어 문헌 번역, 독서 모임 등 독서를 장려하는 프로그램을 조직했다. 이런 유형의 교육 프로젝트는 대부분의 교사와 학생이 민청 회원이었기 때문에 학교와 밀접한 관련을 맺고 있었다. 따라서 민청 활동의 대부분은 학생과 교사에게 리더십을 발휘하도록 하는 데, 곧 교사들이 세심하게 업무를 처리하고 학생들이 학교에 출석해 성실하게 공부할 수 있도록 동기를 부여하는 데 중점을 두었다.[81] 민청은 (일제강점기에 흔히 있었던) 교사가 학생들을 훈육하기 위해 체벌하는 것을 금지하고, 고학년 학생이 저학년 학생에게 물리적 폭력을 통해 인사를 강요하는 관행을 없애도록 하는 등 학교 내의 사회적 역학 관계를 변화시키는 일에서도 중요한 역할을 했다.

소년단은 10~15세 학생을 대상으로 한 조직으로, 인사법에서 목에 두르는 붉은 스카프까지 소련의 소년 단체인 피오네르[삐오녜]의 행동과 모습을 모방했다. 1948년 66만 명의 회원을 보유한 소년단은 전체 가입 대상 어린이의 약 절반을 조직했다.[82] [소년단 산하 조직인] "반 생활이 단원들의 일상생활로 변했"다고 주장한 소년단 내부 문서에 따르면, 매주 열리는 반 총회는 반원들이 직접 지은 작문과 시 등을 소개하고 감상하며 학습에 대한 문제, 노력 협조 등의 문제들을 토론한 뒤 명랑하고 활발한 오락 사업으로 마무리하는 등 매우 열성적으로 진행되었다.[83] 단체 생활의 한 부분으로 동급생의 학습에 대해 책임을 지는 것이 포함되어 있어서, 수업 내용을 "아는 동지들이 모르는 동지들을 돌"봐야 했다. 우수한 학생들이 자신의 개인적 성취를 추구하기보다 다른 사람들을 돕도록 장려하는 이런 집단 학습은 식민지 시대와 해방 후 남한 사회의 특징이었던 경쟁적 개인주의 학습과는 대조를 이루었다.[84] 소년단이 제공하는 다양한 과외 활동을 통해 학생들이 학교에 흥미를 갖게 되면서, 학부모들은 자녀들의 성적이 우수해지고 품행이 좋아지는 모습을 지켜보며 소년단 활동을 높이 평가했다.[85] 남학생들은 무용을 경시하던 이전과는 달리, 신체 훈련의 일부이자 필수 요소로서 무용의 중요성을 배웠다. 그들은 집단 규율을 기르기 위한 체육 무용과 행진 무용에 적극적으로 참여했다.[86]

소년단은 또한 민청의 지도 아래 모든 주요 공적 행사에 참여했다. 예를 들어, 선거 기간 동안 유권자들에게 달아 줄 종이꽃을 만들고, 노동절 기념 행사를 위해 만화와 포스터를 그렸으며, 노동력 동원 기간 동안 마을 주민들을 위로하기 위해 음악회를 개최하고, 연극을 공연하기도 했다. 소년단은 그리스도교 가정의 어린이들을 대상으로 주말 활동을 지속적으로 조직해, 어린이들이 교회에 나가지 않도록 했다. 캠핑과 같은 레크리에이션 활동을 통해 조직 생활도 장려했다. 1947년 7월, 평안북도 선천군의 민청 회원들은 일주일 동안 캠핑을 다녀오기도 했다. 최종 보고서에는 이 여행에서 얻은 세 가지 성과로, 인민위원회에 대한 자부심, 단체 생활에 대한 감사, 자유주의와 개인주의가 단체 생활의 장애물이라는 깨달음이 나열되어 있었다.[87]

회의와 학습회

사회단체 활동에서 알 수 있듯이, 단체 생활을 한다는 것은 각종 회의와 학습 모임에 참석하는 것을 일상생활의 일환으로 삼는 것을 의미했다. 공장에 다니는 20대 초반의 여성 노동자는 조선직업총동맹(이하 '직맹'으로 약칭), 여맹, 민청, 당 등 각 조직의 가입 여부에 따라 여러 회의에 참석했다. 가정을

그림 4.2. 벽보를 읽고 있는 사람들(장소, 날짜 미상)

출처: RG 242, SA 2005, box 7, item 9. 미국 국가기록관리청 제공

소홀히 하고 싸돌아다닌다는 비판이 여맹 지도자들에게 일찌감치 제기된 것을 보면 "사적인 삶이 없어지고" 있었음을 유추할 수 있다. 사적인 생활이 공적 생활의 극적인 확대로 대체되었는데, 이는 사회적 인정과 자기 계발이라는 내외부적 압력으로 말미암아 의무적으로 참석해야 하는 각종 회의와 학습 모임이 늘어나는 것을 통해 일상적인 현실이 되었다.

그럼에도 불구하고 농촌에서 열린 회의 기록을 보면, 새로운 토론과 논쟁의 장을 만드는 과정에 어려움이 있었음을 알 수 있다. 예를 들어, 22명의 당원 — 그중 82퍼센트가 가난한 농민이었고, 여성은 한 명도 없었다 — 으로 구성된 어느 당세포는 대체로 15~20명의 당원들과 한 집에서 한두 시간 동안 회의를 진행했다.[88] 회의는 당원 가운데 한 명, 대부분 세포 조직의 지도자가 안건을 보고하는 것으로 시작되었다. 각 안건에 대해 대략적인 토론이 진행되고 난 후 결정이 내려졌다. 토론은 당의 정책을 확인하고 그 정책을 마을에서 어떻게 실행할 것인지에 대한 개략적인 설명으로 이루어졌다. 조선로동당 지도자들은 당 내 민주주의를 보장하기 위해 당원들에게 지속적으로 발언하고 의견을 표명할 것을 촉구했다. 그러나 마을 주민들은 좀처럼 자신의 의견을 밝히거나 자신의 이웃들을 비판하려 하지 않았다. 이는 "융화주의적이며 친목주의적인 경향" 때문이기도 했지만, "전체 당원들을 토론에 참가시켜 당원들의 의사를 접수하지 않고 몇몇 동무만 일상적으로 도맡아 토론을 함으로써 당원들의 창발성을 발휘시키지 못해 민주주의를 말살시키는 사업을 했기" 때문이기도 했다.[89]

당은 활발하면서도 개방적인 토론을 장려하기 위해 노력했는데, 이는 당내 민주주의를 보장할 뿐만 아니라 창의적이면서도 독립적인 사고를 촉진하기 위해서였다. 당세포는 세포 총회에 모든 구성원을 참여시키기보다는 소수의 사람들로 토론을 제한함으로써 당내 민주주의를 제대로 살리지 못하고, 모든 구성원의 실제 의견이 고려되지 않아 당 결정의 효과적인 실행을 방해한다는 비판을 받았다.[90] 이런 문제를 해결하기 위해 한 신문은 "학습토론은 어떻게 해야 잘 진행되는가?"라는 제목의 칼럼을 통해 사람들이 회의 때 발언을 기피하는 이유를 설명하려고 했다.[91] 이 칼럼에 따르면, 사람들은 자칫 실수를 저질러 비판을 받고 망신을 당할까 걱정한다. 또한 사람들은 다른 사람들이 이미 말한 것을 따라 하는 것을 내켜 하지 않고, 남 앞에서 말하는 데 필요한 교육과 준비가 스스로 부족하다고 생각한다. 이 기사는 이 같은 두려움을 과감하게 극복할 필요가 있으며, 다른 사람 앞에서 말하는 걸 어려워하는 사람들에게는 미리 준비할 수 있는 충분한 시간을 주고, 말솜씨가 좋은 사람들보다 먼저 발언할 수 있도록 해야 한다고 제안했다. 이 기사는 자유롭게 의견을 표현할 수 있는 기회가 모든 사람에게 주어져야 하고, 발언 도중에 끼어들거나 누군가를 무조건적으로 비판을 해서는 안 되며, 충분한 토론이 이루어진 후에 의사 결정을 내려야 한다고 조언했다. 부분적으로는 이런 문제들로 말미암아, 정규 학교교육이든 학습 모임이든 인민의 '정치적 수준'을 높이기 위한 교육이 우선시되었다. 이 같은 목표는 계몽주의의 언어로 표현되었는데, 민주주의를 보장하기 위해서는 정치 교육이 필수적이라는 것이었다.

도시 지역 학교의 당세포는 더욱 빈번하고 장시간 진행되는 회의에도 불구하고 비판을 아끼지 않았다. 평양여자고급중학교의 당세포는 한 달에 두 번씩 모임을 가졌는데, 회의 시간은 대체로 2시간 반~7시간 정도였고 경우에 따라 자정까지 이어지기도 했다.[92] 교사들로 구성되었기 때문에 토론 수준은 리 세포 조직보다 훨씬 높았다. [누군가에 대한] 비판과 자기비판 시간이 반복되었고, 개인주의적 요소들, 당 업무에서 감독과 감시의 차이, 당의 위계적 조직화에서 나타날 수 있는 관료주의의 위험성에 대한 성숙한 토론이 종종 벌어졌다. 당은 당 업무에서 실수를 발견하고 수정하는 방법으로 비판과 자기비판을 장려했다. 이를 통해 당은 봉건적 유습과 식민주의 잔재를 뿌리 뽑고 내부 민주주의를 보존할 수 있는 당원을 양성하려 했다. 1949년 조선로동당 중앙위원회가 모든 당원들에게 보낸 편지에 대한 반응으로, 인제군 산하 각급 당 지부들은 비판과 자기비판의 장점에 대해 토론하며, 그것이 당과 지도자의 위신을 "저락하는" 것이 아니라 "지도자들과 당원들 간에 가장 활기 있는 사업상 연락과 동지적 연락을 설정하는 데 도움"을 준다고 논의했다.[93] 한 토론자는 "과거 봉건적 아부심의 잔재들"이 인민들 사이에 만연한 것은 일본의 식민 통치 때문이기도 했지만, "일부 당원들은 비판을 하면 인간적으로 멀어지니까 …… 당내 무기로 되는 비판을 두려워하는 까닭에" 비판을 꺼려했다는 점을 예리하게 관찰했다.[94] 그 결과 당은 자기비판과 관련해 소련과 중국의 사례를 광범위하게 인용한 팸플릿을 당원들에게 배포해 회의 도중에 그런 방법을 사용하는 것의 중요성을 심어 주었다.[95]

그러나 인제군 내 외진 곳에서는 정치 교육에 계속해서 문제가 발생했다. 신문[『로동신문』, 『강원로동신문』, 『민주청년신문』 등]이 도착하는 데 거의 2주가 걸렸고, 도착하더라도 200부 정도만 공급되었다.[96] 따라서 학습 모임은 정치 교육과 이념 훈련의 일환으로 최신 뉴스를 전달하는 중요한 수단독보회이 되었다. 인민들의 출석과 참여를 유도하기 위해 학습 모임 이후에는 노래와 춤을 곁들인 오락 시간이 이어졌다. 민청 회원들은 종종 짝을 지어 손을 잡고 러시아 전통 춤을 추어 이성과의 접촉을 달갑게 보지 않는 기성세대를 놀라게 하기도 했다.[97]

학습 모임에서 다루는 주제는 조선사, 북조선의 해방 후 성과, 다른 공산주의 국가들의 상황, 국내외 정세를 비롯한 다양한 시사 문제, (상급 당원들을 위한) 볼셰비키 역사의 맥락에서 살펴본 마르크스-레닌주의 이론 등이었다. 1948년 2월 인제군 인민위원회의 강습회 내용은 현대사에서부터 실용적인 행정 문제에 이르기까지 광범위한 주제를 다루었다.[98]

1. 인간 사회 발전의 기본 계단(4시간)

2. 임시 헌법 제정에 대하여(4시간)

3. 북조선 민주개혁의 역사적 의의(5시간)

4. 인민위원회와 인민 회의(2시간)

5. 국제 국내 정세(3시간)

6. 민주선전실을 어떻게 이용할 것인가(3시간)

7. 남면 개답 사업과 전기 시설에 대하여(1시간)

8. 실무 공작(5시간)

총: 27시간

총 106명의 남성과 4명의 여성이 사흘 동안 하루 9시간씩 이 강습회에 참여했다. 위와 같은 주제 목록은 해방 후 북조선이 이룬 성과와 조선사에서 그것이 차지하는 중요성에 중점을 두고 있음을 보여 준다.

농한기인 겨울은 농촌에서 학습회를 진행하기 좋은 시기였다. 인제군 여맹은 2월에 진행했던 학습 모임과 마찬가지로 12월 한 달 동안 주말을 포함해 매일 학습 모임을 진행했다.[99] 2주간 진행된 이 모임에서는 한반도 상황, 특히 한반도 이남과 비교되는 이북의 상황에 초점을 맞췄으며, 마르크스주의 이론은 개략적인 수준으로 약간만 다루었다(전체 커리큘럼은 이 책의 부록을 참조). 당연히 여성 농민들은 특히 소련이나 국제 정세와 관련된 문제를 다룰 때 어려워했다.[100] 실제로 사흘간 진행된 민청의 강습회에 대한 수기 반성문과 평가서를 보면 초보적인 글쓰기 실력을 보여 주는데, 그 가운데서도 일부는 "간사 동무의 결점에 있어서, 동무는 너무 말씀을 빠르게 했고 또 필기가 세세하지 않았다" 같은 의견을 남기기도 했다.[101]

당 지도자들을 대상으로 하는 당 강습소는 특히 소비에트의 역사를 모델로 삼아 대중들을 이끄는 당의 역할에 초점을 맞추었다. 당세포 지도자들을

대상으로 한 1개월 과정에는 하루 8시간의 강의와 3시간의 토론이 포함되어 있었다.[102]

오전 7:00 기상

7:00~7:30 체육

7:30~7:40 소제

7:40~8:00 세수

8:00~8:40 식사

8:40~9:00 청강 준비

오전 9:00~오후 1:00 오전 강의

1:00~1:40 중식

1:40~2:00 청강 준비

2:00~6:00 오후 강의

6:00~6:40 식사

6:40~8:00 휴식

8:00~11:00 토론회

오후 11:00~오전 7:00 취침

25일 동안 이어진 학습 목록(총 184시간)에는 조선의 역사에 대한 수업이 포함되어 있었지만, 당의 발전에 중요한 교훈을 제공하는 볼셰비키 역사를 훨씬 더 중시했다. 이처럼 소련 공산주의 운동의 역사는 북조선로동당이 나아가야 할 방향에 대한 모델을 제시했지만, 사회주의 국가로서 북조선의 미래에 모범이 되는 것은 단순히 소련의 정치사만이 아니었다. 조소문화협회 회원의 급속한 증가에서 알 수 있듯이, 상당수의 사람들은 소련이 새로운 사회문화 발전의 대안적 패러다임을 제시한다고 생각했다.

1945년 11월 소련과의 우호 증진 및 문화 교류를 위해 **조소문화협회**가 결성되었다.[103] 1947년 초에는 회원수가 3703명에 불과했지만, 이후 그 수가 폭발적으로 증가해 1948년 12월에는 85만 명에 이르렀다.[104] 소련의 점령, 이후 북조선과 소련 사이의 긴밀한 외교 관계가 조소문화협회의 창설에 자극을 주었지만, 협회 가입에 대한 대중들의 엄청난 관심은 소련이 "진정한 민주주의적 민족 문화를 발전시켰으며 국제주의적 애국 사상"을 가진 "선진" 국가로 인식되었다는 맥락 속에서만 이해할 수 있다.[105] 다시 말해, 이들에게 소련은 북조선 "농촌에 광범위하게 주입"시켜야 할 "민주주의 문화"[106]를 가진 우월한 국가였다.

조소문화협회 인제군 지부의 회원은 대부분 남성들로 이루어졌는데, 전체 2782명 가운데 여성은 10퍼센트 미만(217명)이었다. 대다수는 20~30대 농민 출신(2253명)의 북조선로동당 당원(2471명)이었다.[107] 그러나 여성 회원 수는 빠르게 증가해 1949년 12월에 이르면 전체 회원 5182명 가운데 4분의 1에 달할 정도였다.[108] 또한 인제군의 남성 48명과 여성 5명이 일주일에 두 번 4시간 동안 러시아어를 배우고 있었다. 소련 문화에 관한 사진 전시회와 영화 상영회, 조선의 독립과 발전에서 소련이 수행한 역할에 대한 강연회 등도 인제군 전역에서 개최되었다.[109]

1949년까지 인제군에서는 소련 "농민들의 생활, 특히 선진 소련 인민들이 사회주의사회에서 실지 생활하는 모습을 직접 보여 주"는 사진 전시회가 1000회 이상 열렸는데, 이 전시회에는 총 9만5910명이 다녀간 것으로 집계되었다.[110] 인구가 약 3만 명인 인제군에서 이렇게 많은 사람들이 전시회에 다녀가려면, 여러 번 참석하는 사람이 많아야 할 것이다. 이듬해의 연말 보고서에 따르면 2506개의 강연회와 토론회 등에 26만8265명이 참석했는데, 이는 인제군 주민 한 명당 평균 약 아홉 번이나 행사에 참석한 것이었다.[111] "소련에 한번 가볼 수만 있으면 죽어도 한이 없겠다"는 어느 참가자의 논평

표 4.4 . 조소문화협회 강연회(인제군, 1948년) (단위: 명, 퍼센트)

제목	장소 수	청강자 총수	남성 비율	여성 비율
조선 민족을 위한 소련	11	429	90	10
소련 문화의 우수성과 미국 문화의 반동성	27	2,744	82	18
조선 민족 문화 발전을 위한 소련의 원조	8	473	95	5
소련의 대외 정책	5	257	79	21
조선 민족 문화 발전을 위한 소련의 원조	2	97	86	14
소련의 대외정책	17	1,650	67	33
조선 민족 문화 발전을 위한 소련의 원조	2	184	97	3
소련 인민은 전 세계 인민의 평화와 민주의 완전의 전초이며 담보이다	3	110	96	4
총계	75	5,944	86.7	13.3

출처: "북조선로동당 강원도 인제군당 상무위원회 회의록 제32호."(1948년 12월 31일), 『북한관계사료집』 3권, 50쪽. 또한 RG 242, SA 2007, box 6. item 1.55.

표 4.5. 조소문화협회 사진 전시회(인제군, 1948년)

제목	사진 수	일수	관람자 수	남성 비율	여성 비율
소련 사정 사진 전시회	39	3	260	90.0	10.0
소련	23	3	1,440	64.0	36.0
소련, 파쇼의 발악상	33	9	5,770	67.0	33.0
소련의 체육, 소독 전쟁	68	9	7,309	58.7	41.3
소련의 체육, 소독 전쟁	130	61	32,202	66.0	34.0
조소 친선, 소련 국가	45	11	2,199	79.0	21.0
소독 전쟁, 소련 체육	90	11	267	70.0	30.0
소독 전쟁, 소련 체육	45	24	2,785	87.5	12.5
소독 전쟁, 소련 체육	45	15	768	79.0	21.0
총계	518	146	55,350	72.3	27.7

출처: "북조선로동당 강원도 인제군당 상무위원회 회의록 제32호."(1948년 12월 31일), 『북한관계사료집』 3권, 50쪽. 또한 RG 242, SA 2007, box 6. item 1.55.

표 4.6. 조소문화협회 기념행사(인제군, 1948년) (단위: 개소, 퍼센트)

행사별	장소 수	참가 인원수			참가자 성분별				
		총계	남성(%)	여성(%)	노동자(%)	농민(%)	사무원(%)	학생(%)	기타
레닌 서거	1	34	90	10	9		91		1
붉은 군대 창설	14	2,182	81	19	4	82	9	4	1
레닌 생일	1	36	92	8	3		97		
히틀러 패배	1	99	94	6	12	6	82		
고리키 서거	1	238	84	16		9	46	45	
10월혁명	28	17,696	55.8	44.2	4	92.3	9	6	4
총계	46	20,285	82.8	17.2	6.2	31.6	52.2	9.2	0.8

출처: "북조선로동당 강원도 인제군당 상무위원회 회의록 제32호."(1948년12월 31일), 『북한관계사료집』 3권, 51쪽.

에서 알 수 있듯이 소련의 발전상을 바라보는 사람들의 경이로움에 비추어 볼 때 높은 참석률은 놀라운 일이 아니었다.[112] 이 같은 반응은 농민들에게만 국한된 것이 아니었다. 1949년 초 소련을 방문한 북조선 대표단에는 식민지 시절 도쿄에서 공부한 백남운과 같은 지식인들도 있었는데, 이들은 소련에 대한 찬사를 담은 여행기를 여러 편 남겼다.[113]

레닌의 생일과 서거 기념일, 붉은 군대 창설 기념일, 히틀러 패전 기념일 등을 비롯해 소련 역사에서 중요한 기념일이 조소문화협회를 통해 기념되었지만, 가장 큰 행사는 러시아혁명 기념일로, 1948년 인제군에서는 마을[리]전역에 걸쳐 28개의 다양한 행사가 개최되어 1만7696명이 참석했다. 다른 대부분의 행사는 한 곳에서만 열렸고 대부분 사무직 노동자(사무원)가 참석했으며, 〈표 4.6〉에서 볼 수 있듯이 훨씬 적은 인원만 참석한 직장 행사였을 가능성이 크다. 1948년 12월 소련 점령이 끝나고 군대가 철수하면서 소련군은 더 이상 눈에 띄는 존재가 아니었지만, 소련 문화는 새로운 종류의 집단생활에 대한 영감을 계속 이끌어 냈다.

기계적 규율과 자각적 규율

사람들은 인민위원회, 당, 사회단체의 정확한 차이점을 두고 종종 혼란스러워했다. 차이를 설명해 달라는 질문에 민청 출신의 한 당원은 "종교인은 당에 가입할 수 없지만 사회단체에 가입할 수 있다"라고 잘못 답했다.[114] 인민위원회 선전 국장이 같은 질문을 받았을 때, 그 역시 "당은 정치 기관이고 사회단체는 행정 기관"이라고 잘못 대답했다. 정확하지 않은 답변이었지만, 이는 대중들의 눈에 비친 각 기관의 역할과 회원 가입 조건을 반영하고 있었다. 종교인들이 북조선로동당에 가입하는 것을 금지하는 규정은 없었지만, 현실적으로 종교인들이 가입하는 것은 매우 어려웠다. 반면, 당이 결정한 다양한 정치 프로그램을 관리하는 역할을 했던 사회단체는 당에 비해 훨씬 더 개방적이었다. 광범위한 정책 목표는 사회단체의 도움을 받아 인민위원회가 현장에서 실행하고, 당은 대중에게 정책의 정당성을 교육하는 '정치 사업'을 통해, 정부가 내린 결정이 성공적으로 실행될 수 있도록 보장하기 위해 노력했다.

당은 당원들에게 인민위원회를 지배하려 하지 말아야 한다고 주의를 주었다. 또한 당과 정부를 혼동해서도 안 된다고 반복적으로 주지시켰다. 당은 당원들에게 다양한 기관들 사이의 차이를 명확히 주지시킴으로써 당 관료들이 관할권을 과도하게 행사하지 않도록 했다. 예를 들어, 당은 내부 문서를 통해 정부의 모든 단위는 인민에 의해 선출되었기 때문에 정부 내에 "불순분자"가 있더라도 ["정권 자체는 우리의 정권"인 만큼] 지지해야 한다고 설명했다.[115] 당원들은 정부 내 권력을 독차지하려 해서는 안 되며, 모든 정당과 사회단체의 의견을 포함하는 "군중[대중 옮긴이] 노선을 집행"하라는 지시를 받았다. 당은 인민위원회의 독립성과 자율성이 대중 노선에 필수적인 요소이며, 이는 대다수 인민이 정부를 지지하도록 단결시킬 것이라고 생각했다.[116] 당은 전위로 간주되었으며, 국가와 명시적으로 분리되어야만 했다. "당의 지도적 역할과 국가의 정권은 동일하지 않고 서로 다른 것이다. 국가는 단일한 조직체로서 전체 인민 대중을 망라하기" 때문이었다.[117]

당은 광범위한 목표를 수립하고 이를 정치적·이념적으로 이끌어야 했지만, 이런 목표를 수행하는 방법과 조건을 구체화하는 것은 정부, 즉 인민위원회였으며, 사회단체는 이를 뒷받침해 사회를 동원하는 역할을 했다. 실제로 소비에트 블록의 다른 국가들과는 달리, 북조선에서는 지역 당 지부와 인민위원회의 지도자가 동일인인 경우가 거의 없었기 때문에, 두 가지 명령 계통 사이에서 권력투쟁이 발생했다. 어느 인민위원회 위원장은 "세포 위원장의 당 방망이만 무섭고 주권 기관 사업은 무섭지 않느냐"고 불평했다.[118] 이런 국가와 당 구조의 이중화는 주권을 노동자계급에 두는 사회주의와 주권을 국가 전체에 두는 민족주의라는 서로 다른 두 가지 대중 주권 개념을 채택한 결과였다.[119] 따라서 당과 정부가 헤게모니를 놓고 경쟁하면서 당과 정부 관리들 사이에서 긴장이 나타났다. 두 가지 경쟁 전략 — 당의 지시에 따른 계급투쟁 전략과 인민위원회 아래에서 통일 전선을 구축해야 하는 전략 — 이 있었기 때문에, 당 관료와 인민위원회 관리들은 서로 상반된 입장에 놓이게 되었다.[120] 예를 들어, 사기업이 노동자를 고용하는 것은 합법적이지만, 당원이 사기업을 운영하며 노동자들을 고용하는 것은 계급투쟁의 틀 내에서 착취로 해석되어 심각한 제재를 받을 수 있었다.

그럼에도 불구하고 당은 대중 노선에 충실하여 정부의 자율성을 보존하기 위해 최선을 다했다. 지방의 한 면에서 열린 일련의 북조선로동당 회의에서 이종해 인민위원회 위원장은 술에 취해 직무를 태만히 한 것부터 토지개혁 과정에서 식량과 토지를 불공정하게 분배한 것에 이르기까지 여러 가지 잘못을 반복적으로 비판받았다.[121] 그러나 그는 당으로부터 견책만 받았을 뿐 2년이 넘는 기간 동안 계속해서 인민위원회 위원장직을 수행했다. 이종해는 진정한 반성의 뜻으로 사직서를 제출하기도 했지만 당은 "이종해 동무는 적어도 북면 전체 인민의 총의로 나온[선출된] 것"이라는 이유로 사직을 받아들이지 않았다. 1947년 선거 이후에도 이 면의 인민위원회는 당이 지주 출신을 배제하려 했음에도 불구하고 빈농 8명, 노동자 3명, 지주 4명, 소시민(소부르주아) 1명으로 구성되었다.

따라서 당과 인민위원회 사이의 관계는 복잡 미묘했다. 이는 수평적이고 수직적인 명령[권위] 계통을 통해 발생한 정부 내의 이중 책임성 체계로 말미암아 더욱 복잡해졌다. 이는 지방 지도자가 단순히 중앙정부에 종속되는 것이 아니라 지역 유권자들에게 책임을 지도록 함으로써 관료주의적 경향이 나타나는 것을 방지하기 위한 것이었다.[122] 예를 들어, 인제군 교육부는 수평적으로는 지역 인민위원회에, 수직적으로는 평양에 있는 교육부에 종속되어 있었다. 수직적 연계는 전국의 모든 지역이 통일된 교육정책을 시행할 수 있도록 보장했고, 수평적 연계는 지역 실정에 맞는 정책을 시행할 수 있도록 지역 단위에서 교육정책을 관리할 수 있는 여지를 제공했다. 이것이 의도한 효과였다. 그러나 지방인민위원회는 자신을 선출한 마을에 더 큰 충성심을 갖는 경우가 많았다. 지방 관리들은 지역에 많은 세금이 부과되는 것을 피하기 위해 자신들이 관할하는 지역에서 경작 중인 토지의 양을 중앙정부에 과소 보고해 지방주의를 초래했다.[123] 자신들이 관할하는 지역에서 생산된 곡물이 타 지역으로 유출되는 것을 막기 위해, 농작물 검사 시 생산량을 축소해 보고하는 일도 반복적으로 발생했다.[124] 지방인민위원회들은 자신들의 즉각적인 이익을 생각하는 경향이 있는 반면, 당원들은 국가 차원의 정책을 시행하며 위에서 내려오는 당의 규율을 따랐다.

그렇다고 지역 공무원들이 항상 마을 주민의 이익을 위해 행동한 것은 아니었다. 과도한 노동력 동원과 세금 징수에 대한 경고에도 불구하고 지방 행정에 필요한 예산을 충당하기 위해 농민에게 계속해서 불법적인 세금이 부과되었다. 예컨대, 토지 대장이나 신분증 발급, 지방 관공서 유지 보수, 선거 비용 등의 다양한 명목으로 농민들에게 세금이 부과되었다. 소풍이나 교사 결혼식 같은 행사에도 학부모에게 추가 비용이 부과되는 경우가 많았다.[125] 이런 관행은 정부와 인민 사이의 분열에 기여하는 것으로 당으로부터 심각하게 비판받았다. 불법적인 세금 부과에 대해 엄격하게 법을 집행하고, 고위 공직자가 지방 사무소를 방문했을 때 무료로 식사하는 관행을 없애며, 해당 공직자가 자신의 식사비용을 지불하도록 하라는 명령이 내려졌다. 당은 사적인 이익을 위해 자신의 지위를 이용하는 엘리트주의적 정부 및 당 관료들 — 이를 조선시대의 엘리트 집단인 양반에 빗대어 '양반화하는 경향'이라 불렀다 — 에 대해 매우 비판적이었다.[126] 비슷한 비판이 내부 문서에서 반복해서 제기되었다. 대중을 소외시키는 "관료주의"를 공격하는 것이었다. 당이 지적하는 관료주의의 특징은 다음과 같았다. 즉, "꼭대기에 앉아서 호령하고 남을 지배하기 좋아하고 억누르기를 좋아하고, 남을 부려먹기 좋아하고, 그 자신은 상급 명령을 잘 듣지 않는다. 하부에 대해서는 뽐내기 좋아하고 책망하기 좋아하고 …… 높은 곳만 바라보고 …… 목전에 일보다 먼 장래의 것을 말하기 좋아하며 실체에 대하여는 하등의 구체적 계획도 방침도 없는 것이다."[127]

개인과 집단의 이상적인 관계를 설명한 이 장 맨 앞의 인용문으로 다시 돌아가 보자. 다양한 조직과 그 안에서의 생활에 대한 설명에서 보았듯이 모든 집단[단체]이 용인된 것은 아니었다. 파벌주의는 맹렬히 공격받았고 관료주의는 조직에 해로운 것으로 간주되었다. 여기서 상정하고 있는 [새로운] 집단은 사회주의적 계급 정치와 민족주의적 동일성[정체성]의 정치에 의해 규정된다. 나아가 이 집단은 민족적 자긍심과 국제주의를 조합한 평등주의적인 사회주의적 국제주의를 포용하면서도, 하층계급에 특권을 부여하는 사회주의적 계급 정치를 아우르고 있다. 이 새로운 집단은 이 장의 서두에서 소개한 교사들을 대상으로 한 태성수의 글에서 개념화된 것처럼, 다른 집단이나 단체들보다 우선시되고 우위에 있어야 했다.

또한 태성수는 개인이 집단 속에서 어떤 방식으로 행동해야 하는지 설명하기 위해 실시實施와 실행實行을 구분했다. 이에 따르면, 실시는 "순종하여 기계적으로 실행하는 것"인 반면, 실행은 당면한 과제를 수행하기 위해 "창발적 열성과 최대한도의 창발력을 발휘"하는 것이다.[128] 태성수는 이와 같은 정의를 항상 일괄되게 사용하지는 않지만, 두 개념을 통해 기계적 규율과 창발적 규율을 다음과 같이 구분한다.

자각적 규율에는 명령과 복종 사이에 모순이 없을 뿐 아니라 이 두 가지는 서로 유기적 연결을 가지고 있으며 항상 상호 간에 영향을 가지고 있다. 기계적 규율이나 억압적 규율에 있어서는 명령 실시와 명령 실행 두 사이에 큰 모순이 가로 놓여 있다. 왜 그러냐 하면 명령자의 명령을 실행하는 것이 자각적으로 행하는 것이 아니라 명령에 눌려서 행하는 까닭이다. 여기에는 독립적 행동이나 창발력이 없고 실행하는 사람부터 명령의 목적을 완전히 파악하지 못하는 것이며 또 실행하는 사람에게는 아무런 이익도 없는 것이다. 뿐만 아니라 억압적 규율로 명령을 실시할 때에는 일정한 조건과 검열 아래에서만 그것이 실시될 수 있고 조건이 변경된다거나 검열이 없다면 그것이 실시되지 못할 수도 있다. 그러나 자각적 규율에 있어서는 실시자가 목적과 과업을 인식한 후 그 명령을 출발점으로 삼아서 모든 실시를 행하여 창발력과 노력을 아끼지 않고 끝까지 투쟁하는 까닭에 어떠한 조건의 변동이 있다거나 또는 검열 독촉이 없다고 할지라도 시작된 일이 끝까지 달성되고야 만다.[129]

위 인용문은 집단생활에 필요한 규율이 개인의 이익과 모순될 필요가 없음을 보여 주기 위해 '기계적 규율'과 '자각적 규율'을 구분하고 있다. 집단과 개인의 이익이 합쳐질 때 개인은 개인의 창의성과 독립적 사고를 통해 집단이 설정한 목표를 달성함으로써 집단에 봉사하고, 이는 궁극적으로 개인에게도 이익이 된다. 이를 알기 때문에 개인은 집단을 위해 최선을 다하는 것이며, 그럴 경우 개인의 이익과 집단의 이익 사이에는 모순이 없다. 그러나 이 같은 유기적 연결을 인식하지 못하는 사람들은 자발성 없이 기계처럼 외부의 압력에 의해 피상적으로만 명령을 따르기 때문에 집단이나 개인 모두에게 도움이 되지 않는다.

따라서 단체 생활, 조직 생활을 한다는 것은 "조직의 힘으로서만 앞에 세운 목적과 과업을 가장 효과적으로 실시할 수 있다는 것을 믿고 조직을 존중히 여기면서 모든 사업을 꾸준히 하는 것이다.”[130] 개인의 이익과 집단의 이익 사이에 모순이 없는 자각적 규율은 “절대적 복종과, 독립성 또는 신중한 자각성과 자발성 등이 함께 어울려서 조화”를 이룬 것으로 간주되었다. 이 장 전체에서 살펴본 바와 같이, 다양한 단체와 조직의 확산은 사람들을 (수많은 회의와 학습회를 비롯한) 그 자체의 독자적인 조직 담론과 관행을 가진 다양한 단체[집단]에 모이게 함으로써 이 같은 ‘조화로운 결합’을 촉진했다.

집단에 대한 북조선의 강조는 종종 스탈린주의로 비난받아 왔지만, 해방 직후 북조선에서는 1930년대 스탈린 치하에서처럼 정적에 대한 대대적인 숙청이 나타나지 않았다. 또한 해방 후 북조선의 정치는 공포에 기반을 둔 것이 아니라 농민과 지식인을 광범위한 대중 연합의 일부로 포용하는 일종의 포퓰리즘[인민주의]에 기반을 둔 것이었다. 국가사회주의의 전형인 소련을 모델로 삼아 국가의 역할을 아무리 강조한다고 해도, 중앙집권적 권력의 틈새들로 말미암아, 특히 해방 직후 국가 형성기에는, 서로 경쟁하는 이해관계들을 지역적 차원의 개입을 통해 중재할 여지가 남아 있었다. 국가의 역할이 지속적으로 확대되는 것은 사회주의 국가뿐만 아니라 자본주의국가를 비롯한 모든 현대 국가의 특징으로, 이를 국가사회주의만의 특징이라고 보기는 어렵다. 북조선은 여전히 국가 중심 모델에 머물러 있지만, 인민위원회를 비롯한 다양한 지역 조직들은 지역이 자치권을 행사하는 데 필수적인 것으로 간주되었고, 이 같은 과정은 개인의 이익과 집단의 이익을 조화시켰던 방식으로 국가와 사회를 조화롭게 통합하는 것이었다.

어떤 단체의 일원으로서 그 안에서 생활하려면, 누구나 이력서와 짧은 자서전이 포함된 지원서를 각 조직에 제출해야 했다. 전부는 아니더라도 이와 같은 제도적 관행은 ─ 오늘날 포스트모더니스트들이 근대성의 곤경이라고 비난하는 ─ 푸코주의적 규율[훈육]의 한 형태로 이해되기 쉽지만, 이런 규율은 얄궂게도 근대적 주체를 생산하는 도구였으며, 물질적 결핍이나 식민지 잔재로부터 인간 해방을 위해 투쟁할 수 있도록 했다. 즉, '기계적 규율'과 '자각적 규율' 사이의 차이는 근대적 주체성에 내재된 양면성을 잘 보여 주는데, 이는 생산물이자 생산자로서 이 세계 속에서 살아가는 한 사람이 된다는 것이 어떤 의미인지, 그 사람이 어떻게 구성되는지를 보여 주는 변증법을 나타내고 있다. 자율적인 근대적 주체라는 개념은 당연한 것으로 여겨지지만, 'Subject'[주체/신민]라는 개념은 역설적으로 두 가지 상반된 의미를 지니고 있는데, 한편으로는 자신보다 더 큰 힘을 행사하는 권위체의 통제 아래 놓인 사람[신민]을 의미하며, 다른 한편으로는 자기 결정적 행위자[주체]를 뜻하기도 한다.[131] 이것은 마르크스주의적 주체에서 나타나는 변증법, 다시 말해 "즉자적 계급"과 "대자적 계급" 사이의 변증법과 동일하다. 대규모 산업 노동자계급과 같은 전형적인 "즉자적 계급"은 없었을지 모르지만, 북조선은 "대자적 계급"을 만드는 데 주저하지 않았다.

이 장에서 논의한 '대자적 계급'으로서의 집단 정체성을 구축하기 위해 각각의 단체들이 맨 먼저 실천한 것은 이력서와 자서전을 쓰는 것이었다. 이력서와 자서전 쓰기는 한 개인의 삶이 더 큰 혁명적 의제에 어떻게 부합하는지에 대한 이야기를 구성함으로써 개인이 받아들일 수 있는 구체적 정체성을 가진 새로운 집단을 건설하는 첫 단계였다. 다음 장에서는 이 주제를 다룬다.

5장

자서전:

혁명의 내러티브

그림 5.1. 김호철의 이력서에 실린 사진(1948년)
출처: RG 242, SA 2005, box 8, item 15.2. 미국 국립기록관리청 제공

[나는-옮긴이] 공산주의 세계관을 가지고 있으며, 해방 후 조선을 부강한 민주주의 국가로 발전시키기 위해서는 노동계급의 중심인 강력한 근로 인민의 정당이 있어야 하겠기에 당 조직에서 활동했으며 입당했던 것이다.

| 김호철(1948년)

1905년 4월 8일 함경남도 흥남에서 태어난 김호철은 1948년 6월 14일 이력서와 짧은 자서전을 작성할 당시 북조선인민위원회 외무국에서 일하고 있었다.[1] 자서전에서 그는 식민지 조선의 소년으로 성장하는 동안 마주했던 고난을 자세히 묘사한 후, 1927년 처음으로 샌프란시스코에 가서 잠시 머물다 시카고로 이동해 오늘날 일리노이 공과대학교의 전신인 루이스 공과대학교 영문과 학생으로 4년 동안 유학했던 여정에 대해 서술하고 있다. 그는 1932년 미국혁명작가동맹에 참여했다가 구금되어 국외로 추방당했기 때문에 학위를 마칠 수 없었다. 그 후 베를린으로 이동해 한 달 동안 적색원조운동에 참여했고, 모스크바에서 6개월 동안 국제적색원조기구[국제혁명가후원회][2]에서 활동을 하다 1933년 귀국했다. 귀국 직후 그는 흥남에서 적색원조 단체를 조직하려 했다는 혐의로 체포되어 5년 동안 수감되었다.

김호철의 삶은 국제 사회주의 활동의 측면에서 주목할 만한 사례이기는 하지만, 이와 같은 초국가적 경험이 조선인들 사이에서 드문 일은 아니었다. 일제 식민 통치로 말미암아 수많은 사람들이 더 좋은 삶의 기회를 찾아 고향을 등지고 떠나야 했기 때문이다. 다른 사람들의 인사 서류철에도 만주 중국 일본 등지에서의 경험이 기록되어 있지만, 김호철의 서류철이 남다른 점은 자서전이 세 개나 들어 있다는 것이다. 이는 당시 한창 진행 중이던 북조선 혁명에 대한 내러티브가 어떻게 변화해 왔는지를 검토할 기회를 제공할 뿐만 아니라, 더욱 중요하게는 (자서전을 매개로 혁명을 서술하는 과정을 통해) 북조선 사람들이 자신의 삶을 좀 더 광범위한 사회적 동학 속에서 어떻게 인식했는지, 그리고 가장 이상적인 경우에는, 혁명을 진전시키는 데 중요한 역할을 담당한 혁명가로 자신을 어떻게 인식했는지 살펴볼 수 있는 흔치 않은 기회를 제공한다. 북조선 역시 인민을 역사의 주체로 규정해 변혁 운동에 동원하려 했다는 점에서 예외적이지 않았다.[3] 소련의 경험이 선례로 영향을 미쳤을 수도 있지만, 이 같은 자서전들은 북조선 사람들이 자서전 작성 관행을 활용해 자신의 개인사를 북조선 혁명이라는 좀 더 넓은 맥락 속에 어떻게 통합시켰는지를 이해할 수 있게 해준다는 점에서 중요하다.

혁명 기간 동안 사회적으로 새로운 삶을 창조하기 위해 개인과 집단의 이해관계가 어떻게 협상되고 구축되었는지 탐구하기 위해, 이 장에서는 이력서를 작성하고 자서전을 쓰는 행위를 통해, "노동자"와 "빈농" 같은 범주들이 (단순히 서술적 용어가 아니라) 혁명적 함의를 지닌 **대자적 계급**으로서 개인의 중요한 정체성이 되어 가는 메커니즘을 검토한다. 또한 노동자나 농민 계급이 아닌 사람들을 포괄하는 사무원(사무직 노동자)이라는 범주가 만들어져 새롭게 사용되는 과정을 살펴본다. 이 장에서는 개인과 집단이 4장에서처럼 대립적 범주로 병치되기보다 변증법적으로 상호 구성되는 과정을 자세히 설명한다. 개인의 자서전은 노동자와 농민 같은 집합적 범주가 구체적으로 누구를 의미하는지 정의하는 데 기여한다. 반면, 그와 같은 집단 정체성은 개인의 경험을 서술하고 이해할 수 있는 방식을 제공한다.

자서전들 전반에 걸쳐 주요 주제들[예컨대, 가난, 민족적 차별 등]이 공통적으로 나타난다는 사실은 내러티브 형식이 특정한 삶의 이야기들을 "구성"하는 토대로 기능함을 보여 준다.[4] 그럼에도 불구하고 이 당시 북조선에서 나타난 새로운 내러티브 형식이 역사적으로 근대성의 산물임을 잊어서는 안 된다. 실제로 일제 식민지 시기에는 독특한 내러티브 형식으로서 역사서가 확산되었고, 자서전과 전기물이 다수 번역·출판되었다.[5] 자본주의적·식민지적 근대성에 대한 경험을 공유하고 있는 자서전들에는 민족 차별로 인한 경제적 고난과 관련해 서로 비슷비슷한 이야기들이 포함되어 있다. 이는 탈식민지 시대에 누군가가 자신의 인생 이야기를 구성할 때 들어가는 주요한 주제 가운데 하나였다. 하지만 식민 통치하에서 특권 계급으로 살았던 사람들의 내러티브는 억압받았던 사람들의 표준적인 내러티브와는 달랐고, 이에 따라 자신들이 어떻게 그렇게 살 수 있었는지 설명해야 했다. 만약 이를 적절히 설명하지 못할 경우 반동분자로 색출될 위험이 있었다. 식민 지배의 여파로, 이 같은 관행은 과거를 청산하고 앞으로 나아가기 위해 필요한, 식민지 시절에 대한 반성과 성찰의 순간을 만들어 냈다.[6] 자서전은 그 성격상 과거를 다루는 것이지만, 거기에서 멈추지 않는다. 자서전은 또한 북조선 혁명을 건설하는 데 부합하는 삶을 장차 어떻게 살 것인지 구상하는 방식으로, 자신이 앞으로 어떤 목적으로 살 것인지를 정식화할 수 있는 기회이기도 했다. 다음 절에서는 먼저 혁명에 대한 집단적 내러티브의 발전을 보여 주기 위해 김호철의 자서전 세 편을 비교할 것이다. 이후 이 세 편의 내터리브에서 두드러지게 나타나는 공통 주제를 밝히기 위해 다른 사람들의 자서전을 살펴본다.

자서전

김호철의 자서전 세 편은 별도의 종이에 각기 다른 글씨체로 쓰였다. 내가 공식 원고라고 부르는, 이력서 양식에 적혀 있는 자서전은 한글로 작성되었으며, 우아한 필기체의 가로쓰기로 되어 있다. 다음 원고는 한글 정자체로 작성되었으며, 화선지에 세로쓰기를 했다. 마지막 원고는 가장자리에 "쇼와"(히로히토 일왕 시대의 연호)라고 인쇄된 식민지 시대부터 사용됐던 종이에 국한문 혼용으로 세로쓰기를 했다. 자서전에는 날짜가 적혀 있지 않아 세 가지 자서전 원고의 연대별 순서를 확실히 판단할 수는 없었다. 하지만 인사 서류철에 있던 마지막 원고의 자서전이 맨 먼저 작성된 것으로 보인다. 점차 사라지던 관습인 국한문 혼용으로 작성되었을 뿐만 아니라 식민지 시대의 종이에 기록되었기 때문이다. 더불어 다른 자서전에 들어가 있는 해방 후 김호철의 다양한 지위와 관련된 언급이 전혀 없기 때문이기도 하다. 이런 이유로 나는 내가 유추한 연대순으로 앞의 두 원고를 각각 "첫 번째" 자서전과 "두 번째" 자서전으로 부르며, 마지막에 쓴 공식 자서전과 구분하고자 한다.

공식 자서전에 따르면 김호철의 아버지는 어촌 마을인 [함흥] 서호진의 소상인이었는데, 조선 말기에 김호철의 두 형인 김호연, 김호식과 함께 미국 회사와 계약을 맺고 하와이로 건너갔다. 김호철의 아버지와 형들은 미국으로의 이민 1차 물결 때 대부분의 조선인들이 그랬던 것처럼 하와이의 사탕수수 농장에 채용되었던 것으로 보인다.[7] 그런데 하와이에 정착한 다른 이민자들과 달리 김호철의 아버지는 조선으로 돌아와 하와이와 일본 사이에서 수산물과 인삼을 비롯한 다양한 물품들을 거래하는 무역업을 했다. 하지만 사업은 실패로 돌아갔고 빚이 어마어마하게 늘어나면서 가산을 탕진하게 되었다. 가족은 조그마한 초가집에서 살게 되었는데, 이 집에서 넷째 아들 김호철이 태어났다. 그의 아버지가 일자리를 구하지 못하게 되면서, 어머니가 삯바느질도 하고 일본인 학교 교장의 가사일을 맡아 하면서 가족을 부양했다. 김호철이 여덟 살이 되었을 때, 가족들은 학교 관리인 자리를 얻게 되어 사립 동진 학교로 이사했지만, 김호철은 열세 살이 되어서야 그 학교에 겨우 입학할 수 있게 되었다. 학교를 다니면서도 그는 매일 방과 후에 땔감을 모아 가족의 생계를 도우며 학교를 마쳤다.

그의 셋째 형 김호열은 마산의 창신학교에서 학생을 가르치던 중 1921년 "조선 사람으론 호주에 처음 간 사람"이 되어 멜버른대학교로 유학을 떠났다. 하지만 그는 5년 후 27세의 어린 나이로 사망했다. 김호철은 평양 숭실전문학교에서 교편을 잡게 된 큰형을 따라 숭실중학교에 다니기 위해 평양으로 갔고, 5년 후에 졸업해서 1925년에 2년제 숭실전문학교에 입학했다. 졸업한 후 1927년에 큰형을 따라 미국으로 갔고, 65세의 아버지와 50세의 어머니는 땔감을 모으는 등 잡다한 일을 하며 근근이 생계를 유지했다. 미국에 있던 둘째 형이 1000달러를 송금해 줘서 살림이 어느 정도 나아졌다. 김호철은 1933년 귀국한 직후 체포되어 공산주의 단체를 조직하려 했다는 혐의로 5년형을 선고받았다. 1935년 그가 수감되어 있는 동안 어머니가 돌아가셨다. 1938년 형기를 마친 후 그가 고향으로 돌아왔을 때 "80세 되는 아버지는 반소경이 되어 동리집에서 걸식하는 형편이었다." 1939년 6월 13일에 그의 아버지도 사망했다. 김호철은 아버지의 정치적 성향에 대해 다음과 같이 서술했다. "아버지는 일찍이 일본, 미국, 해삼위[블라디보스토크-옮긴이]를 다녔기 때문에 퍽 진보적인 사상을 가지고 계셨다. 나는 어렸을 때 아버지가 세 형들에게 미국 독립사, 월남 망국사, 조선 역사 등을 가르쳐 주는 것을 알게 되었고 세 형들의 애국열에 많은 감화를 받았다."

공식 자서전의 첫 두 쪽에서 가족에 대해 서술한 뒤, 김호철은 다음 두 쪽에서 성인이 되어 자신이 경험한 것들을 서술하고 있다. 1927년 5월 31일, 샌프란시스코 항에 도착했을 당시 그의 주머니에는 25전(그의 두 번째 자서전에 따르면 4달러)이 들어 있을 뿐이었다. 그는 시카고로 이사하기 전인 1927년 6월부터 8월까지 로스앤젤레스 소재의 "세계적으로 유명한" 버지니아 호텔에서 일하며 처음으로 "미국 사람에게 착취"를 받았다고 썼다.[8] 미국, 중국, 조선 식당과 공장에서 일하며 1927년 9월부터 1932년 6월까지 루이스대학교에서 수학했다.[9] 김호철은 1929년 10월 미국혁명작가동맹에 가입하면서 "흑인문제"에 관심을 갖게 되었다.[10] 1932년 3월, 그는 스코츠보로 소년들 사건으로 알려진 흑인 청소년 8명의 사형 집행을 저지하기 위한 운동에 참여했다. 그러나 이 일을 알게 된 미국 정부가 그를 체포해 쿡 카운티 교도소에 수감했다. 추측컨대 이민자들이 특정한 급진적인 단체의 일원이 되는 것을 금지하는 법으로 말미암아, 김호철은 결국 미국에서 추방된 것으로 보인다.[11] 그의 이력서에는 두 번째 자서전에서 썼던 것처럼 베를린에 머물렀던 것이 분명히 언급돼 있지만, 마지막에 쓴 공식 자서전에는 모스크바로 가기 전의 체류에 대해 언급돼 있지 않았다.

1932년 8월 모스크바를 방문한 김호철은 1933년 3월 적색원조 조선 지부, 조소우호협회 등 좌익 문화 단체를 조직할 계획을 세우고 귀국했지만, 10월혁명을 기념하려는 계획이 일제 식민 정부에 발각되어 1933년 11월 체포됐다. 이력서에 썼듯, 그는 함흥 형무소에서 "혁명자"로 5년간 복역했다. 그는 "출옥 전 …… 혁명운동을 계속하지 않고 가정생활에만 종사하겠다고 그들 앞에서 본의가 아닌 맹세를 하고 나왔다."[12] 그는 본의가 아닌 맹세를 하고서라도 출소하기로 한 자신의 결정을 이기적인 행동이 아니라 더 큰 목적을 위한 결정으로 정당화했다. "정직하게 말한다면 생에 대한 애착보다는 일을 좀 일같이 해보고 죽겠다는 일에 대한 욕심이 머리를 지배했다." 1938년 11월 7일 석방된 후 정치 활동을 계속하려 했지만, "미국 유학생으로 혁명운동에 참가하여 증역한[복역한―옮긴이] 사람이 내가 처음이었던 까닭에 놈들의 감시가 특별히 심하였던 까닭에 사람들은 나하고 접촉하기를 꺼려하였다." 그는 조직 활동을 포기했지만 처가가 운영하는 책방에서 일하며 만난 학생 및 지식인들을 통해 함흥의 반제국주의 운동 세력과 계속해서 접촉을 유지했다.

1945년 8월 14일, 그는 다음 날 일제가 항복을 선언한다는 소식을 듣고 동지들과 적극적으로 조직 활동을 시작해 8월 17일, 함경남도 인민위원회 준비위원회를 설립했다. 또한 그는 이 지역에서 유명했던 공산주의자 정달현, 오기섭 등과 함께 공산당 지부를 건설하는 데 관여하기도 했다.[13] 1945년 10월 22일 정식 당원이 되어 1946년 3월까지 함흥시 인민위원회 세포 책임자로 있었지만, 당원 심사에서 모스크바에서의 활동을 보증할 증인을 제시하라는 무정과 허가이의 요구에 응하지 못해 후보 당원으로 좌천되었다가 3개월 후인 1946년 6월 23일 정식 당원으로 다시 복권되었다. 김호철은 자신이 공산주의 세계관을 가지고 있음을 선언하는 문구로 공식 자서전을 마무리한다.

김호철이 작성한 생애사는 세부적으로는 그만의 고유한 내용을 담고 있지만, 자서전의 전체 구조는 그렇지 않다. 그는 자서전을 작성하면서, 태어난 때부터 1945년 8월 15일 해방되기까지 가족 구성원들의 직업 변동, 경제 상태, 사상 동태가 무엇인지 먼저 기술하라는 (이력서에 명시된) '기입상 주의 사항'을 명확히 따랐다. 그다음에 7세 이후의 개인사를 쓰고, 해방을 전후로 인간관계, 친구들의 이름과 직업, 이런 친구들과 어떤 계기로 교우 관계를 맺게 되었는지, 특히 해방 이후 사회생활이 어떻게 변했는지를 썼다. 마지막으로 친구들과 부모, 친인척 등의 직업 및 정당 가입 여부를 상세히 밝히며 마무리했다. 이런 지침들은 자서전의 내용을 구성하는 주요 기준점으로 1945년 8월 15일 해방을 꼽으며, 이를 기준으로 일제강점기 시절과 해방 이후의 행적, 그리고 해방이 자신에게 미친 영향에 대해 쓰도록 했다. 이에 따라 김호철은 공식 자서전 두 쪽에 걸쳐 부모의 경제 상황, 직업, 아버지의 "진보적 사상" 같은 가정환경에 대해 상세히 적었다. 그 후 그는 해방 전 해외 활동과 정치 활동에 대해 설명한 뒤, 해방 후 북조선로동당 입당을 비롯해 열정적으로 조직 활동에 나섰던 일들을 묘사하며 자서전을 마무리했다.

자서전 가운데에는 공식적인 이력서 형식이 아닌, 별도의 종이에 아무런 작성 지침 없이 쓴 것도 있지만, 그런 자서전들 역시 일반적인 형식을 따랐다. 사실 별도의 지침은 거의 필요 없었는데, 반복되는 관행이 가이드라인으로서 글을 작성하는 행위 자체에 내재화되었기 때문이다. 실제로 이런 관행은 식민지 시대부터 [현재까지의] 구체적인 내용을 세세하게 작성하도록 하는 더욱 정교한 지침으로 개선되었는데, 여기에는 식민 정부나 일본 군대를 비롯한 친일 부역 조직과의 관련성 여부뿐만 아니라, 혁명 조직 참여 및 이와 관련된 범죄 기록, 구속 사유, 수감일, 석방 사유, 석방 후 정치적 입장 등 부정적인 것과 긍정적인 것을 모두 기록하게 되어 있다. 게다가 자서전 작성자는 자신이 작성한 개인사가 사실임을 증명할 수 있는 보증인과 확증인이 필요했고, 한글로 가로쓰기를 하도록 지시받았다. 이력서 양식은 어떤 내용을 써야 하는지 제시함으로써 내러티브의 내용을 문자 그대로 조형했을 뿐만 아니라, 언어적 경관 — 국한문혼용인지, 국문 전용인지, 가로쓰기를 할지, 세로쓰기를 할지 같은 — 을 상당히 가시적으로 결정했다.

이 같은 증거를 토대로, 누군가는 자서전들이 정형화된 표준적인 내러티브를 가지고 있으며, 따라서 대동소이한 것으로 생각할 수도 있다. 하지만 자서전마다 세부 내용들이 독특할 뿐만 아니라, 그런 내용을 바탕으로 바람직한 내러티브 형식에 맞게 자서전을 작성하는 것은 여러 번 고쳐 써야 하는 (성공할 수도 있지만 실패할 수도 있는) 과정이었다. 김호철의 자서전 세 편은 한 사람의 개인사를 집단의 역사에 효과적으로 삽입할 수 있는 방식으로 혁명을 내러티브화하는 세 가지 서로 다른 시도를 대변하고 있다. 자서전 작성과 관련된 지침은 먼저 가족 배경[출신 성분]을 중심으로 식민지 시기의 경제적 형편에서 시작해 삶의 분수령으로서 해방의 의의를 밝히고, 마지막으로 해방 후 활동으로 끝나는 구체적인 형식을 제시하고 있다. 이런 내러티브 형식에 내포된 논리는, 고난과 역경을 거친 이후 해방을 맞이하고, 이후에도 국가 건설을 위해 지속적으로 투쟁하는 영웅적인 이야기의 가능성이다. 그것은 사람들에게 어떤 일들이 [무작위로] 발생하는 세계에 대한 이야기가 아니라, 자신의 운명을 스스로 개척해 나가는 행위 주체로서 인간이 겪는 시련, 극복, 승리의 이야기다. 이는 본질적으로 근대적인 설명 방식이다. 그러나 이런 내러티브 구성 속에 개인사를 배치하는 것은 손쉬운 일이 아니었다. 내러티브 전략은, 김호철의 자서전 세 편이 예시하듯, 다수의 초고들을 여러 번 고쳐 쓰는 과정을 통해 학습되고 다듬어져야 한다. 실제로 당원 신청서에 첨부된 초기의 자서전들에는 개인사와 관련된 서술이 없이, 학력이나 직업 경력 같은 간단한 목록만 기재되어 있어, 이력서에 있는 정보와 다를 바가 없었다. 줄거리가 없는 이 같은 자서전은 단지 한두 쪽으로 끝난다.[14] 마찬가지로 개인사가 바람직한 내러티브 형식에 들어맞지 않는 사람들이 쓴 자서전은 기승전결 없이 하나의 사실에서 다음 사실로 이동하는 단순한 연대기와 같았다.

국한문혼용의 다소 엉성한 필체로 쓴 김호철의 첫 번째 원고는 아버지의 사업 실패로 시작해 일본인 학교 교장을 위해서 일했던 것, 13세에 학교에 입학했던 일과 같은 연대기를 짧게 제시하는 간단한 내용으로 구성되어 있어 세 편의 자서전 가운데 가장 짧다. 형제들에 대한 별 내용도 없고, 일제에 의해 투옥되기 전 미국 유학 시절 공산주의 운동에 가담했다는 짧은 문장만이 있을 뿐이다. 세 편 가운데 가장 평범하게 보이는 첫 번째 자서전의 결정적인 요소는, 아래의 맺음말이 보여 주듯, 비판적 성찰의 순간이 들어가 있다는 점이다.

조국 해방 운동에 나섰던 사람으로 그놈들이 강도 전쟁을 최후로 하는 때에 양심적 생활을 하며 비겁한 앞잡이 노릇을 하지 않으려 무한히 노력하였다. 그런 까닭에 내 주관적 양심에 부끄러운 일은 하지 않은 것이 사실이었으며, …… 해방되는 날부터 해외에서 ○○에 돌아와 …… 적은 힘이나마 조국 건설에 도우려고 오늘까지 이러고 있다.

위에 나오는 맺음말에 앞서, 김호철은 석방 후 정치 활동을 하겠다는 명분 아래, 교정 당국이 시키는 일에 맞서 좀 더 노골적인 반대 투쟁을 하지 못했다며 자신의 수감 생활에 대해 비판적으로 평가하기도 했다. 이는 이제 막 해방된 조선에서 살고 있는 영웅적 혁명가의 모습으로 보이지 않는다. 이 같이 고백하는 그의 태도는 방어적이고 머뭇거리며 조심스러운 어조로, 취조실에서 심문을 받는 피식민지 주체의 그것과 놀랄 정도로 닮았다.[15] 이런 자아비판 — 해방 후 북조선을 비롯해 공산주의 국가들에서 널리 실천된 관행 — 은 다른 사람들이 쓴 자서전에도 나오지만, 대부분의 자서전들에서는 과거의 잘못과 실수를 어떻게 바로잡았는지를 보여 주는 방식으로 서술되어 있다.

김호철의 두 번째 자서전에는 첫 번째 자서전과 공식 자서전에선 볼 수 없는 감정적 표현이 여럿 나오는데, 이는 그가 전체적으로 동일한 내러티브 구조를 유지하면서도 서로 다른 서술 전략을 채택했음을 나타낸다. 두 번째 자서전의 독특한 특징 가운데 하나는 자신의 가족에 대해 상세히 설명했다는 것이다. 그것은 연대기순으로 조선왕조 말기부터 서술된다. 그의 아버지는 과거 시험을 보기 위해 한양을 오가던 중 동학농민운동(1894~95년)에 참여하게 되었고, 친척들은 농민 봉기 과정에서 학살당했다.[16] 그의 아버지가 유일한 생존자였다. 이런 방식으로, 조선 역사에서 규모가 가장 큰 농민 항쟁으로 기록된 동학농민운동을 핵심 사건으로 포함시키기 위해 가족사는 훨씬 오래전으로 거슬러 올라가서 시작되었다. 북조선의 역사학은 이 같은 역사를 마르크스주의적 역사 발전의 원동력인 계급투쟁의 일환으로 전유하려 했다. 그렇다면 공식 자서전에서는 왜 이 일화가 빠졌을까? 한 가지 가능한 해석은, 북조선에서 발생한 사회혁명은 조선시대의 봉건적 유산인 신분제를 타파하려 했는데, 아버지가 과거 시험을 볼 수 있었다는 것은 그의 가족이 양반 출신이라는 것을 의미했기 때문일 것이다. 그러므로 비록 동학농민운동이 조선의 혁명사에서 중요한 사건이었지만, 김호철은 본인의 가족이 양반 신분이었음을 밝히지 않고서는 항쟁에 참여한 가족의 이야기를 계속할 수 없었을 것이다. 결국 공식 자서전에서는 김호철 자신의 생애와 직접적 연관이 없는, 다분히 양면적 의미를 내포한 가족사를 생략했다.

두 번째 자서전에는 함흥 영생중학교와 경성 연희전문을 졸업해 "천재"라 불리며 가족에게 더 나은 미래를 가져다줄 것이라는 희망을 안겨 준 셋째 형에 대한 자세한 내용이 담겨 있다. 우리는 또한 재능 있는 학생의 가족에 대한 마을 사람들과 선생들의 동정심 덕분에 사립학교의 관리인이라는 일자리가 마련되었다는 것을 알게 된다. 하지만 셋째 형에 대한 설명은 공식 자서전에는 모두 빠져 있다. 오스트레일리아에서 이른 나이에 죽었기 때문에 공식 자서전에서 상세히 서술할 필요가 없었다고 해도, 두 번째 자서전에서는 이를 세세하게 다루었던 점을 감안한다면, 그것을 뺀 이유는 식민 통치하에서 거둔 성공이 양면적인 함의를 가진 것으로 판단했기 때문으로 보인다. 실제로 다른 사람들의 자서전에서 좀 더 분명해지겠지만, 식민 통치하에서 좋은 교육을 받을 기회가 있었다는 사실은 의심을 사기 쉬웠다. 왜냐하면 그것은 일제에 협력한 대가이거나 더 높은 수준의 교육을 받을 수 있는 자원을 보유한 특권계급의 일부임을 나타내는 지표로 간주되었기 때문이다. 더구나 그리스도교 계열 사립학교였던 함흥 영생중학교는 해방 후 북조선에서 시민 소요의 중심지가 되었고, 역시 사립 그리스도교 학교였던 연희전문은 이남 지역인 경성에 있었다.

어쩌면 김호철의 자서전에서 가장 혼란스러운 측면은, 세 가지 자서전 모두에서 베를린이나 모스크바에서 어떤 활동을 했는지에 대한 설명이 부족하다는 점일 것이다. 그의 이력서에는 식민 통치 시기에 수행했던 혁명적 활동들이 두드러지게 나열되어 있는데, 그는 국제적색원조의 '선전원'으로 1932년 7월 1일부터 8월 10일까지 베를린에 머물렀다.[17] 베를린에서 모스크바로 건너가서도 그는 1933년 3월 조선으로 귀국하기 전까지 계속 국제적색원조에서 활동했다. 그는 1933년 3월부터 10월까지 흥남, 함흥, 원산, 양양에서 적색원조 지부를 설립하려 했으나 식민 당국에 의해 체포되었다. 그렇다면 왜 자신이 혁명적인 삶을 살아왔음을 증명해야 할 때 자신의 자서전에서 일견 바람직해 보이는 이런 세부 사항들을 빼기로 결정했을까? 그의 공식 자서전에 따르면, 그는 1946년 3월, 당원 자격 3개월 정지 처분을 받게 되는데, 모스크바에서 활동한 사실을 증명할 수 있는 증인을 제시할 수 없었기 때문이었다. 이것이 적색원조 활동을 자세히 설명하지 않았던 한 가지 이유일 수도 있지만, 더 중요한 것은 자서전의 작성 지침이 내러티브를 조직하는 주요 사건으로 민족 해방을 가장 강조하고 있었기 때문이다. 따라서 [민족 해방 운동과 별반 상관이 없으면서되 서로 경쟁하는 집단에게 양가적으로 해석될 여지가 있는 애매한 이야기들 — 동학이든지, 그리스도교 학교 혹은 적색원조 활동 같은 — 은 이러저런 해석의 여지를 남기지 않도록 생략되었다.

이 같은 전략은 사실 그렇게 놀라운 것이 아니었다. 진보와 반동 세력 사이에 극단적인 대립이 발생해 사회가 양분된 혁명기 사회에서는 애매모호함을 최소화하려는 경향이 나타나기 때문이다. 그런데 두 번째 자서전이 공식 자서전과 확실히 구별되는 지점은 감성적인 내러티브 방식이다. 예를 들어, 그는 아버지의 사업 실패 후 "어떤 날 우리 형제는 저녁도 굶고 아침도 굶었다"라고 쓰고 있다. 이어 김호철은 어머니가 학교 교장의 가족을 위해 차린 밥상을 간절히 바라보았던 기억과 그들이 남긴 음식을 먹었던 것에 대해 서술하고 있다. 그는 당시의 상황을 회상하며, 어머니 "눈에 눈물이 괴어 있었다. …… [주인 앞에서—옮긴이] 개처럼 굴었던 이 모욕은 내 어린 가슴에 …… 깊이 박혔다"라고 썼다. 가난과 굶주림에 대한 이야기는 일제의 식민 지배로 말미암아 더욱 악화되었다. 그가 수감되었을 때 어머니는 아들을 보기 위해 1935년 11월에 함흥 형무소로 면회를 왔지만, 형무소 당국은 어머니와 아들의 만남을 허락하지 않았다. 어머니는 비통한 마음으로 돌아갔고 결국 병에 걸려 얼마 후인 12월 15일, 아들이 석방되기 전에 돌아가셨다. 마침내 김호철이 감옥에서 나와 집으로 돌아왔을 때 아버지는 "눈이 어두워져 아들이 와도 잘 보지 못"할 지경이었고, 집은 한쪽이 무너져 반쪽만 남아 있었다. 그는 "농 속에 …… 나의 눈에 익은 약간의 의복들이 잘 간직되어 있었는데, 마치 내가 나오기를 기다리는 것 같았다"라고 회상했다. 학창시절에 겪었던 일에 대해 쓴 긴 이야기는 특히 감정적이다.

> 70여 명 학생들은 매일 공부하며 운동장에서 유쾌히 노는데 나는 바닷가에 나가 …… 과일 바구니 들고 어부와 부두 인부들에게 팔기도 하며, 지게를 지고 산에 가서 나무해 어머니의 괴로움을 도왔다. 나무 지게를 지고 학교 운동장을 지날 때마다 내 가슴은 터질 것 같았다. 산에 올라가서 바윗돌 위에 앉아 서호동해 바다를 보며 돈 없으면 공부 못하는 세상을 저주한 적도 한두 번이 아니었다. 학교 집에 살면서도 13세 되는 때에 동진학교에 입학하였다. 15세 되는 1919년 3월에 나는 학생들과 함께 경찰서 앞에서 '조선 독립 만세!' 하였다. 순사 놈들한테 죽어라 얻어맞고, 학교 선생한테 죽으라고 욕을 먹었다. '너 이따위 만세 부른다고 독립할 줄 아니' 이렇게 모욕을 당하였다. 나는 기억한다. 분명히 기억한다. 어머니께서 조선이 독립된다고 좋아하시며 경찰서장이 쫓겨나면 그놈 있던 집에서 우리가 살아봤으면 좋겠다고 하신 말씀을! 나는 반드시 그런 일이 있을 것이라고 대답하면서 어머니를 위로하였다.

두 번째 자서전에만 포함돼 있는 이 내용들은 구체적인 에피소드 — 남은 음식을 얻어먹었던 일, 나무 지게를 지고 학교 운동장을 지나가던 일, 동해 바다를 바라보며 세상을 저주했던 일, 3·1운동 참여했던 일, 어머니가 형무소에 면회를 왔던 일, 귀향 등 — 를 중심으로, 감성적인 언어로 기술돼 있다는 점에서 (자신의 젊은 시절, 학교생활이나 가정생활 같은 세부적인 사항에 대한 언급 없이) 무미건조하게 가족이 겪었던 고난만을 언급했던 공식 자서전과는 다른 내러티브 전략을 보여 준다.

3·1운동에 참여했던 이야기가 공식 자서전에서 생략되었던 것은 3·1운동의 평화주의적·민족주의적 성향에 대한 공산주의자들의 비판적 시선 때문일 수 있다. 하지만 두 번째 자서전에서 나타나는 다른 자서전들과의 전체적인 어조 차이는 다음의 결론에서 가장 극적으로 표현되고 있다.

> 나는 미국에서 고학하여 공부한 까닭에 내 자신이 노동자의 생활을 해 보았으며 자본주의사회의 실정 또는 사회주의사회인 소련 등을 내 눈으로 직접 봤다. 나는 공산주의의 세계관을 가지고 있다. 나는 앞으로 오는 조선 세대들을 향하여 자랑한다. 그것은 오늘에 살아서 김일성 장군의 영명한 지도위에서 민주 건설에 한 개의 일군이 된 것을 무한한 영광으로 생각한다. 나를 일본 칼쟁이들 손에서 건저 준 붉은 군대 영원 만세! 나를 버리지 않고 올바른 길로 걷게 하여 주는 우리 민족의 위대한 영도자며 태양이신 김일성 위원장 만세!

다른 자서전과 달리 두 번째 자서전은 가난, 굶주림, 고난에 대한 윤색이 많이 더해져 감성적이고 시적인 방식으로 서술되었고, 집회에서나 어울릴 것 같은 외침으로 끝을 맺고 있다.

더 많은 내용과 더욱 정교한 설명을 향해 나아가는 선형적 내러티브 전개 모델과는 대조적으로 공식 자서전은 더 짧고, 소련이나 위대한 지도자에 대한 언급 없이 핵심 요점만 전달하고 있다. 맨 마지막에 쓴 공식 자서전에서는 첫 번째 자서전에서 보여 준 망설임이나 조심성도, 두 번째 자서전에서처럼 내면의 심리 상태를 표출함으로써 무언가를 증명하려는 것처럼 보였던 의식도 나타나지 않았다. 최종 자서전은 자신감 있고, 안정적이었으며, 글쓴이로서 혁명 과정에서 자신이 차지하고 있는 위치에 대한 확신이 있었다.

개인의 자서전은 지배적 내러티브master narrative에 의존하지만, 지배적 내러티브는 다시 개별 내러티브에 의해 재해석되고 강화된다. 이 같은 내러티브들을 구성하고 있는 메타내러티브는 변증법적으로 서로를 생성하는 보편적 내러티브와 특수한 이야기 사이의 밀접한 연관성을 강조하는데, 이 같은 메타내러티브의 골격은 이력서에서 찾을 수 있다.

이력서

한글 전용을 강조하는 분위기가 보편화되면서 지원자들은 최대한 오자와 수정이 없도록 조심스레 한글로 이력서를 작성했다.[18] 초기 이력서는 종종 한자 또는 국한문혼용으로 작성되었으며, 비교적 단순한 양식이었다.[19] 민청 가입에 사용된 최초의 이력서에는 본적, 현 주소, 성명, 성별, 종교, 가족의 직업 및 생활 여건, 개인 재산, 교육 및 직업 경력, 특기, 조직원 자격, 정치투쟁 경력 등과 같은 11개 항목이 포함되어 있다.[20] 이 이력서에는 사진이 첨부되지도 않았으며, 두 쪽 정도의 짧은 길이로 상세한 내용을 담고 있지도 않았다. 하지만 시간이 지나면서 이력서는 점점 길어졌고, 해방 전후를 기준으로 그 사람의 이력을 알 수 있는 인적 정보를 더 많이 요구하게 되었다. 1948년 김호철의 마지막 인사 서류철이 만들어졌을 당시, 표준 이력서는 네 쪽에 걸쳐 42개 항목으로 구성되어 있었으며, 8월 15일이 핵심 기준점으로 제시되어 있었다.[21] 계급은 필수 정보 목록 가운데 하나일 뿐, 가장 중요한 단일 요소로 부각되지 않았다.

이력서에 제시된 긴 목록에서 알 수 있듯이, 계급(9~15번 항목)뿐만 아니라 정치 참여(31~36번 항목)의 측면에서도 해방 전과 후를 구분하는 것이 중요했다. 따라서 자서전에 포함된, 또한 이력서 한 쪽을 꽉 채운 7세 이후 경험한 것들(24번 항목)에 들어 있는 내용은 직책, 표창 경력, 정치활동, 군복무, 해방 전 수감 기간 등 이력서 아래쪽에 있는 항목들에서 다시 한번 적어 넣어야 했고, 이는 식민지 신민으로서 한 사람의 행동을 평가할 수 있는 기회를 이력서를 쓰는 사람과 검토하는 사람 모두에게 제공했다. 본인의 직업, 재산, 식민지 시절의 경력은 그 사람의 사회 계급을 결정하는 충분조건이 아니었다. 해방 전후 부모의 배경 역시 그만큼 중요했다. 그러므로 "사회 성분별"(14번 항목)과 "가정 출신"(15번 항목)은 누군가가 어떤 사회 계급에 해당하는지를 결정하는 중요한 역할을 했다. 이에 반해, 초기의 당원 가입 신청서는 오직 현재의 직업 정보만을 요구했고, 본인 또는 부모의 재산에 관한 정보를 추가적으로 요구하지 않았다.[22]

이와 비슷한 흐름을 초기 소련 역사에서도 추적할 수 있다. 계급 철폐를 목표로 했던 혁명의 여파로, 1920년대 소련에서는 사람들이 임금 소득자(프롤레타리아트)와 자산 소유자와 같은 사회경제적 집단에 따라 분류되었다.[23] 실제로 1936년 이전까지만 해도 소련은 사회적 출신 배경을 강조하기보다는 "프롤레타리아독재"를 내세우며 시민권과 투표권을 오직 "임금노동자"에게만 부여했다(1936년 새로 제정된 헌법에 따라, 1936년 이후에는 모든 인민이 새로운 헌법에 따라 헌법적 권리를 보장받게 되었다). 기존과 같은 계급 식별 방식이 부재한 상황에서[따라서 개인의 계급적 정체성을 알 수 없는 상황에세], 계급투쟁을 사회적 현실에 각인하기 위해 볼셰비키들은 농업 사회였던 러시아를 즉시 계급에 따라 재분류할 필요가 있었다. 이에 혁명 전 엘리트 지위에 있던 이들 가운데(자본가와 지주들은 대부분 재산을 몰수당해 해외로 도피했다) 가장 눈에 띄는 생존자인 인텔리겐차에게 부르주아지의 지위가 상징적으로 부여되었다. 또한 프롤레타리아는 콜호즈니크Kolkhoznik(과거 농민이었다가 도시

No.1

리 력 서

1. 소속직장명 북조선인민위원회외무국 직명 서구부 부원

2. 성 명 김호철 본명 김호철 별명 없음

3. 성별 남자   4. 민족별 조선   5. 생년월일 1905년 4월 8일

6. 본적지 함남흥남시 서호리 205번지

7. 출생지 함남흥남시 서호리 205번지

8. 현주소 평양특별시 률리 밀리 일번지의 1[?]호

| 9. 부모의주 | 8. 15전 | 노상인 | 취업장소및 | 8. 15전 흥남시 서호리 |
| 로한직업 | 8. 15후 | 없음 | 사업체명칭 | 8. 15후 없음 |

| 10. 부모의 로 개혁관계 | 몰수된평수 | 없음 | 11. 본인의 토지개 혁관계 | 몰수된평수 | 없음 |
| | 분여받은평수 | 없음 | | 분여받은평수 | 없음 |

| 12. 부모의재 산정도 | 8. 15전 가옥일동 | 13. 본인의재 산정도 | 8. 15전 가옥일동 |
| | 8. 15후 없음 | | 8. 15후 가옥일동 |

14. 사회성분별 사무원   15. 가정출신 어초 노상인

16. 정당관계	당별	로동당	입당 년월일	1946.6.23	당증 번호	30129
	입당한당 부와명칭	북조선 로동당 함흥시당부				
	입당보증인	ㄱ. 성명 한흥조	현직함남도인민재판소 위원장
		ㄴ. 성명 강시원	현직 함흥인민재판소 소장

17. 타당및외국정당에참가한일이있는가   없음

18. 지식정도 대학중퇴   최후졸업학교   학위 없음

19. 8. 15전보통문맹및고등공민에합격되였는가   없음

20. 어떤지작혹은발명이있는가   없음

21. 무순기술이있는가   없음

22. 8. 15후정치학교및강습을받었는가 강 흥이간부 주최 간부야간 학교 졸업까지

23. 외국에갔든일이있으면기입할것

어느때부터	어느때까지	어느국가어느행정구역에	무순일을하였는가
1929.5.31	1932.6.20	불미 시카고시	루이스대학에서 공부
1932.7.1	1932.8.10	독일 백림시	독일 모쓰에서 공작
1932.8.15	1933.2.28	쏘련 모쓰크바시	로동동양부에서 공작

그림 5.2. 김호철의 이력서

출처: RG 242, SA 2005, box 8, item 15.2. 미국 국립기록관리청 제공

21. 7세이래 학력。 직업。 감옥생활。 혁명운동。군대복무。무직등 막질없이기입할것

시작한 년월일	끝마친 년월일	취업 장소(도。시。군。면。리)	취 업 기 관 명	직책및직위
1913.3.1	1917.4.2	함남 흥남시 서호리	가정	고용인
1917.4.3	1920.3.15	"	사립 동진 학교	생도
1920.4.3	1925.3.15	평양 특별시	사립 숭실중학교	"
1925.4.3	1927.3.15		사립 숭실전문학교	학생
1927.3.18	1927.4.20	함남 흥남시 서호리	본적지에서 있음	무직
1927.4.25	1927.5.15	일본 신호시	없음	"
1927.6.5	1927.8.20	북미 남가주 로스엔젤시	버전니아 호텔	고용인
1927.9.1	1932.6.20	북미 시카코시	루이스 대학	학생
1932.7.1	1932.8.10	독일 백림시	독일 모플	선전원
1932.8.15	1933.2.28	소련 모스크바시	국제 모플	선전원
1933.3.5	1933.10.22	함남 흥남시 서호리	각국 노동	"
1933.10.22	1938.11.9	함남 함흥시	함흥 형무소	혁명가
1938.11.9	1938.11.9	함남 함흥시	가정에서 병치료	없음
1938.11.10	1945.8.15	함남 함흥시	타 서각 책방	사무원
1945.8.15	1945.8.27	"	함남도인민위원회	위원
1945.8.27	1945.9.3	"	함흥시 연반위원회	행정책임자
1945.9.3	1947.7.10	"		교육과장
1947.7.10	1947.7.19	평양 특별시	교육국	교학
1947.7.19	현재	"	외무국	부원

장 사항	리면에		1913 년부터 1930 년까지	ㄱ. 증명인성명 리 강 빅	현직 함남제부장
456.	25.	대 한	1930 년부터 1945 년까지	ㄴ. 증명인성명 최 흐 민	현직 직흥 조직부장
		증명인	1945 년부터 1947 년까지	ㄷ. 증명인성명 한 흥 정	현직항남도위원회서기장

26. 근본직업외에경하여리행한직책

어느때부터	어느때까지	어떤한기관에서무슨일을경함엿는가	행정구역 (도·시·군면)
1945.10.1	1946.5.1	한 흥시 혁명자후원회 조직 부장	함남함 흥시
1946.6.1	1947.7.10	북조선교육문화후원회 함흥시 부위원강	"
1947.5.10	1947.7.10	북조선항공 협회 함남도 부위원강	

27. 중앙, 도, 시, 군, 면, 리 선거에피선된것 을싰것 (정권기관및·정당·사회단체)

어느때부터	어느때까지	선거 기관소재지및명칭	어떤책임에피 선되엿는가
없은	없은	없은	없은

28. 외국어소유에대한것

어느국가말	어떤한정도로	어느국가말	어떤한정도로
영어	쉬운말 리해하는 정도		

29. 행정책벌및정당사회단체책벌에대한것

책벌받은 년 월 일	책벌해제 된년월일	어떠한과오로써	어떠한책벌	어느기관에서
없은	없은	없은	없은	없은

30. 행정포창및·정당·사회단체표창에대한것

표창받은 년 월 일	어떠한공로로포창상을받엇는가	어떠한표창	어느기관에서
없은	없은	없은	없은

31. 8.15전 정권기관이나어용단체(국민총련맹·대화속·협화회·북기련맹·지성회·경방단·방문단·도·시·군·면·협의원·구장·의사장·기타)에참가하엿든가

대화속 명부에 등록되 없은

32. 8.15전어떠한상(훈위·품·뭘 및 반)및표창을받엇는가

없 은

33. 해방운동과 지하운동에 참가하엿는가

어느때부터	어느때까지	어느지방에서	어떤조직에참가하여 무슨공작을하엿는가	지도자성명
1933.3.5	1933.10.22	흥남,함흥,원산,양양	모플 조직	본인
1938.12.5	1945.8.15	함흥시	반제학생운동	"

34. 정치운동에 참가한원인으로체포。구금。및 감옥에갓든가

어느때부터	어느때까지	어느지방에서무슨사건으로	석방된리유
1933.10.22	1938.11.8	흥남 혁명자 후원회 사건	형기완료

35. 정치운동의에 체포。구금。감옥에갓든가

없음

36. 군인복무에대한것(해방을위한군대。해방운동에대한군대)를쓸것

참가년월일	해태년월일	부 대 명	참 가 한 리 유
없음	없음	없음	없음

37. 신앙。종교명칭및년한　　없음

38. 가족관게 (전가족을기입하되20세이상은성명년령당별을쓰고。친척은20세이상을쓸것)

동거가족	처。 니경락 40세, 로동향처, 장남 김동옥 10세, 이남 김동근 6세, 삼남 김동전 2세。
별거가족	없음
친척관게	없음

39. 친우관게　없음

40. 어떤취미가있는가　　배구, 경치

41. 리력서기입년월일 1948.6.14일 성명 김호철　　수표 HoChul Kim

42. 리력서취급자성명　　　　　수표

노동자가 됨)와 바트라크batrak(농장 노동자)로 "재분류"되었으며, 농민은 다시 빈농·중농·부농으로 나뉘었는데, 이 같은 방식은 북조선에서도 채택되었다. 그러나 (귀족·성직자·상인·농민 같은) 신분을 증명하는 데 사용되던 국내 여권 제도가 봉건적 억압의 잔재로 비판받아 폐지됨에 따라, 새로운 계급들을 체계적으로 식별할 수 있도록 하는 효율적인 메커니즘 역시 사라졌다.

따라서 소련 정부가 표면적으로는 기근에 시달리던 농민들이 농촌을 탈출해 도시로 몰려드는 것을 막기 위해 1932년 국내 여권 제도를 복원했다고 하지만, 이 같은 변화는 "사회적 지위"라는 형태로 (개인에게 귀속되고 또 세습되는) 신분 증명 제도가 사실상 복원되었음을 알리는 것이었다. 1974년까지 유지되었던[24] 이 같은 사회적 지위는 현재 본인의 사회적 지위, 혁명 전 본인의 사회적 지위, 부모의 사회적 지위를 조합해 구성되었는데, 이 세 가지 가운데 어느 것이 개인의 사회적 지위를 결정하는 데 가장 중요한지를 두고는 의견이 분분했다. 과거와 미래로 펼쳐지며, 개인의 "사회적 경로"를 명확히 보여 주는 가계도는 계급의 적을 색출하는 데 활용되며 점점 더 중요해졌다. 1930년대 소련의 모든 노동자와 당원은 (기록 관리 관행의 일부로서) 개인의 인사 서류철에 사회적 정체성에 관한 설문지를 작성해 넣어야 했다. 이 설문지에는 과거의 지위, 부모의 직업 같은 출신 성분, 국가에 고용되기 전 직업, 현재의 사회 지위 등에 관한 질문이 들어 있었다. 이런 기록들 외에도 소련 사회 전반에 걸쳐 당과 국가기구뿐만 아니라 교육기관 및 비당파적인 기관에 속한 사람들 역시 짧은 자서전을 작성했는데, 이로 인해 "근대 역사에서 가장 대규모의 집단적인 자서전 쓰기 프로젝트"가 탄생했다.[25]

소련 모델을 명백히 모방했음에도 불구하고 북조선은 [프롤레타리아의] 계급적 순수성과 관련해 볼셰비키들이 보였던 불안*(볼셰비키는 농민과 수공업자를 보수 세력으로 간주해 경멸했다)을 드러내지 않았다.[26] 게다가 북조선에서 지식인[인텔리겐차]은 부르주아지로 낙인찍혀 계급의 적으로 간주되지도 않았다. 이력서에는 소련이 끼친 영향(소련에서 사용한 것과 비슷한 계급 분류 체계와 자서전을 쓰게 하는 것과 같은 관행)이 뚜렷이 나타나지만, 북조선의 이력서와 자서전에서는 **민족** 해방이 전환점으로서 강조되었다. 해방은 조선 자체에서 나타난 내부적인 변화라기보다는 식민 통치의 종식과 더불어 나타난 (물질적 조건 차원의) 외적인 변화였다. 북조선 혁명 과정 전반에 걸쳐 채택된 반식민주의 대중노선과 통일전선 전술에 따라 농민들이 대거 북조선로동당에 편입되었고, 인텔리겐차는 지식인, 교사, 사무직 노동자, 화이트칼라 노동자, 관리자, 기술자 등을 아우르는 사무원이라는 사회적 범주를 통해 혁명 과정에 통합되었다. 사무원이라는 용어는 도시 화이트칼라 노동자, 인텔리겐차, 국가 엘리트에서부터 중농과 수공업자까지 포괄하는 소련의 "피고용인" 분류와 유사하지만, 북조선에서는 스탈린 시절의 소련 또는 문화대혁명 시기의 중국에서 나타난 지식인에 대한 모욕 같은 것을 관찰할 수 없었다. 김호철은 자신의 사회 계급을 사무원으로 규정했는데, 이는 출신 배경이 애매한 다수의 사람들(김호철의 가족은 어쨌든 상인 계급이었다)이 혁명에 동참할 수 있게 한 편리하면서도 애매모호한 범주였다.

새로운 집단 정체성이 중요해짐에 따라, 이력서에 자신의 "사회적 성분"을 명시하는 동시에 자신의 사회적 성장 과정을 자서전으로 내러티브화하는 관행이 나타났고, 이는 사람들을 [기존의 출신 배경이 아니라] 새로운 사회적 분류 체계에 편입했다. 이력서에 제시되어 있는 단순한 범주를 넘어, [자신

★ 볼셰비키들은 프롤레타리아트의 계급적 순수성과 프롤레타리아 자격의 유효성에 대한 불안(우려)으로 말미암아, 도시 사무직 노동자, 중산층, 농민, 장인 등을 프롤레타리아의 대의에 참여시키는 일에 대해 주저했음을 말한다. Sheila Fitzpatrick, "Ascribing Class: The Construction of Social Identity in Soviet Russia," *Journal of Modern History* 65(December 1993), p. 751 참조.

이 바람직한 사회 계급에 속함을 명확히 밝히기 위한 전략은 다양했다. 김호철이 세 편의 자서전에 각기 다른 글쓰기 전략을 사용했던 것처럼, 자신의 개인사를 효과적으로 활용해 자신의 계급 정체성을 긍정적으로 표현하는 것은 자서전을 쓰는 저자 본인의 몫이었다. 한 사람의 일대기는 이력서에 정리되어 있지만, 자서전에서는 좀 더 거시적인 혁명사 내에서 한 사람의 삶을 유의미하게 묘사하는 줄거리 구성 과정을 통해 이런 사건들이 서로 관계를 맺도록 해야 했다. 높은 교육 수준과 같은 과거의 성취는 애매모호한 계급 정체성과 부역의 징후였던 반면, 식민지 시절에 겪은 투옥과 가난은 영웅적인 의미를 새롭게 갖게 되었고, 이는 사업에 실패해 가산을 탕진한 상인의 넷째 아들이라는 김호철의 주변부적인 계급 정체성을 함흥 형무소 "혁명자"라는 혁명의 핵심 주인공으로 공고히 하는 데 일조했다. 아버지가 소상인이었던 김호철의 사례처럼, 자신이 바람직한 계급 출신임을 선명하게 보여 주지 못할 경우, 계급의식을 분명히 표현하기 위해 식민지 시절에 겪었던 경험들이 부각될 수도 있었다.

북조선은 해방 이후 사회를 새롭게 규정하는 가장 중요한 기준으로 식민지 시대의 경험을 전면에 내세웠다. 출신 성분은 개인의 정체성을 밝히는 데 중요했지만 언제나 결정적인 것은 아니었으며, 자서전은 가족의 지위를 재구성하기 위해 다양한 전략을 구사할 수 있는 무대였다. 많은 이들이 자신의 출신 배경과 거리를 두는 방법으로 가족 구성원의 급작스런 죽음이나 질병으로 인한 토지의 상실, 부모와의 불화 등을 이야기했다. 김호철 역시 이 같은 전략을 사용했는데, 그는 [비록 고학으로 미국에서 대학교에 다니기까지 했지만] 자신이 학교에 제대로 다닐 수 없을 정도로 가족이 가난했음을 부각했다. 사실, 식민 통치하에서 고등교육을 받는 것은 특권의 표시였다. 이에 따라, 자서전에서는 자신이 받은 고등교육을 계급 특권과 무관한 것으로 만들기 위한 다양한 전략들이 제시되었다.

예를 들어, 황해도 출신의 이윤명(1926년 1월 11일 생)은 교사 집안의 장남으로 태어났다.[27] 자서전에 따르면, 그는 중학교를 다니면서 "경향적인[좌파 성향을 지닌-옮긴이] 선배들에게 영향을 받아" 선생들의 미움을 사게 되었고 결국 "일본인 교사를 배척하고 일본인을 구타한 사건으로 무기정학 처분을 받았다." 그는 경성제국대학에 입학할 정도로 성적이 좋았다(해방 당시 2학년이었다). 그렇지만 그는 "과거의 생활은 정열은 있었으나 이론이 없는 생활"이었고, "해방을 맞이했으나 투쟁 속에서 조국과 인민을 위해 복무할 만한 이데올로기적 무장이 없었다"고 학창시절을 회고했다. 그는 "학원을 그만두기는 싫었으나 당시 학원에 [계속 다니면서-옮긴이] 배우는 것은 반동과 타협하는 것만 같았다"라며, 서울을 떠나 북쪽의 고향으로 돌아왔다. 결국 그는 온 가족과도 헤어졌는데 당시 상황을 다음과 같이 설명한다. "비장한 각오와 넘치는 희망을 안고 고향에 왔으나 투쟁의 길은 순탄치 않았다. 부친은 나와 계급적 입장을 달리했다. 나는 가정과의 투쟁에서 더욱 용감해졌다. 부친은 1947년 여름 마침내 가족을 끌고 남조선 연안으로 이주해 갔다. 나는 나의 계급적 입장의 순수성을 위해 독신으로 여기에 남았다."

그의 인사 서류철에 있는 평정서를 보면 이윤명은 "성격은 정열적이고 평범한 것을 싫어하며 굴곡 있는 것을 좋아하고 극단적인 것을 좋아하는 성격이다"라고 적혀 있다. 평가자는 다음과 같이 썼다. 그는 "투지가 강하여 책임감이 있다. 단점으로는 준비적 사업과 검열력이 약간 미약하다. …… 적극적이고 스스로 나서는 작풍을 가지고 있다. …… 군중 영도력이 풍부하다. 정치적 의식은 매우 높다. 사상 의식은 확고하게 표현되고 본인도 사업에서 나타내나 그의 가정적 견지로 보아 방심하여 두지 못할 뿐이다. 사업 과정과 일상생활에서 사상적 결함을 찾으려 하나 발견되지는 않는다." 그의 출신 성분은 평가자들이 그에 대해 의구심으로 품게 했다. 그러나 그는 자신의 자서전을 활용해 일제강점기의 교육과 남한 정권에 대한 환멸을 표출했다. 특히 그는 홀로 북에 남기로 결정함으로써 가족과 의도적으로 의절하는 모습을 통해 자신의 계급적 입장을 가장 극적인 방식으로 증명했다. 그리하여 그는 황해도로 돌아온 1947년부터 자서전을 집필한 1949년까지 사리원고급중학교에서 교사로 재직할 수 있었다.

평안북도 중농 출신의 길순자로도 알려진 길송희(1905년 10월 9일 생)는 중년 여성이 자서전을 작성하는 과정에서 자신의 계급의식을 어떻게 표현했는지를 보여 주는 사례를 제공한다.[28] 그녀의 이야기에 따르면, 아버지는 딸이 소학교 이상의 교육을 받는 것을 금지했다. 3·1운동에 가담했다는 이유로 복역했던 오빠와 상의한 뒤, 그녀는 평양에 있는 학교에 입학하기 위해 집을 몰래 떠났다. 길송희는 졸업해서 교사가 되었지만 조선인 교사에 대한 차별이 무척 심했다. 그녀의 글에서 표출된 억울함은 민족 차별에만 국한되지 않았다.

> 부르주아계급의 여성들이 황금과 백금으로 손 장식을 하고 화려한 비단으로 몸단장을 하고 횡행하며 소학교 여교사 보기를 돈도 없고 권리도 없는 직업 부인이라고 가장 멸시하는 교만한 태도에 진저리가 나고 썩어 빠진 사회에 대한 불평과 격분을 참을 수 없었다. 그러나 생활난으로 할 수 없이 희천공립보통학교 교원으로 박봉을 받아 가면서 그날그날의 생활을 간신히 유지해 오던 중 …… 그러면서도 양심의 가책을 받아 가며 천진난만한 어린이에게 왜말 사용과 신사참배를 강요하지 않으면 안 될 비참한 생활환경 속에서 8·15까지 10여 년간이나 커다란 민족적 죄악을 범한 것이다. 그러나 소련 군대의 영웅적 투쟁으로 말미암아 왜적은 쫓겨 가고 해방된 조국에서 김일성 장군의 영명하신 영도 아래 <남녀평등권법령>이 제정되어 여성들의 나아갈 길을 찾은 오늘날 자유와 평화에 넘치는 민주 학원에서 희망에 날뛰는 어린이들을

건국 투사로 길러 내는 이상적인 사업에 종사하는 나의 기쁨은 비할 데가 없다. 나는 어디까지나 혁명 교원의 투지로서 조국이 부르고 역사가 가르치는 길을 찾아, 인민이 원하고 학동들이 요구하는 민주교육의 마당에 이 몸을 던져 최후까지 용감히 싸울 결의를 굳게 할 뿐이다. …… 비록 나의 역할은 미약하지만 조국 통일을 앞두고 우리의 영명하신 지도자 김일성 수상 주위에 튼튼히 뭉쳐 이승만 김성수 도당을 타도하고 조선민주주의인민공화국 국토 완정과 통일을 위하여 목숨을 아끼지 않고 마음껏 힘껏 용감히 싸울 각오를 거듭할 뿐이다.

앞선 사례처럼 길송희는 일제강점기에 교사로 20여 년간 일했던 것을 되돌아보며, 교사로 일하며 계급적으로나 민족적으로 업신여김을 당했지만 생계를 유지하기 위해 어쩔 수 없이 참아야만 했다고 말했다. 그러나 "해방된 조국"에서 '이상적인' 사업에 종사하게 된 점과, 특히 여성 교사에게 일어난 놀라운 변화에 대해 그녀가 환희에 차 말했던 것처럼, 해방은 그녀에게 핵심적인 전환점이었다. 1946년 북조선로동당에 입당한 후 그녀는 1947년 희천 지역에 위치한 학교의 교장이 되었다. 식민 통치하에서 교사로 일한 경력에도 불구하고 그녀는 부역자로 낙인찍히지 않았던 것이다. 이는 그녀가 자서전을 통해 일제 식민 통치에서 경험했던 계급과 민족 갈등을 서술할 수 있었기 때문이었다.

이런 사례들과는 대조적으로 지주 신분이었거나 일제에 부역한 이력 때문에 자서전을 전략적으로 사용할 수 없거나 그럴 마음이 없는 사람들은 이력서의 정보를 그대로 옮기며 다른 이들에 비해 훨씬 짧은 자서전을 썼다. 예상대로 이런 인사 서류철에는 "사상적 미약함과 지주적 근성을 완전히 퇴치 못한 점이며 사무적 사업에 박약한 것"과 같이 그들의 활동에 부정적인 평가가 매겨져 있었다.[29] 그럼에도 지주 집안 출신들이 북조선로동당에 가입할 수 있었던 사례도 많다.[30] 서류철을 통해 결격사유가 있는 사람이 어떻게 당에 가입할 수 있었는지 모두 확인할 수 있었던 것은 아니다. 그러나 자서전에 대한 꼼꼼한 평가서가 포함된 서류철들도 있었는데, 이 경우 평가서와 자서전을 비교해 사람들이 자신에게 유리하도록 어떻게 정보를 조작하고 다듬었는지를 살펴볼 수 있다. 어떤 이들은 자신의 출신 성분을 숨기거나 거짓말을 했다. 하지만 평가자들은 "고생을 모르고" 또는 일본에서 받은 학위 등과 같은 증거를 통해 "소부르주아적 성향"이 있음을 언급하며 큰 어려움 없이 그런 거짓말들을 잡아낼 수 있었다.[31] 아래에 제시된 사례들은 자서전이 저자에게 이제 막 새롭게 건설되고 있는 사회에 맞게 자신의 출신 배경을 표현할 수 있는 (모든 시도가 성공으로 이어진 것은 아니었지만) 기회와 담론장을 제공했음을 보여 준다.

평안남도의 한성봉(1919년 11월 29일 생)은 자신의 서류철이 만들어진 1949년 당시 북조선로동당 당원이자 평안남도 교육간부양성소 소장이었다.[32] 그는 자서전에서 빈농 집안의 셋째 아들로 태어난 아버지가 일본인 소유의 정미소 관리인으로 열심히 일한 덕에 가난에서 벗어날 수 있었다고 적었다. 여덟 살이 되어 학교에 입학했을 때, 그의 가족은 비교적 잘 살고 있었다. 하지만 아버지는 1930년에 7000평(2.3정보)의 땅을 가족에게 남기고 돌아가셨다. 그는 어머니를 설득해 학업을 계속 이어 가 1938년에 경성고등상업학교[서울대학교 상과대학의 전신]에 입학하게 되었다. 그곳에서 지내는 동안 그는 마르크스주의 서적을 읽기 시작했는데, 프리드리히 엥겔스의 『반듀링론』(1877)이 가장 인상 깊었다고 말했다. 1941년에 졸업을 하고, 중국에 있는 사립 조선인 학교에서 교직을 맡았다. 하지만 그는 그곳에 주둔해 있던 일본군 장교와 갈등을 빚어 결국 그곳을 떠나 고향으로 돌아왔다. 고향에 돌아와서도 그는 창씨개명을 거부했고, 이후 일본 경찰의 감시를 받았다. 그는 정미소에서 일자리를 구했다. 그는 그곳에서 (수많은 자서전에서 공통적으로 언급하는) "위대한 소련의 결정적 승리로 8·15 해방을 맞"을 때까지 일했다. 한성봉은 정미소에서 계속 일하다가, 1946년 4월부터 1949년 3월까지 지방 인민위원회에서 교육 분야를 담당하게 되었다.

비록 1946년 토지개혁 당시 가족이 소유한 7000평의 땅 가운데 6000평을 몰수당한 이야기가 유일하게 눈에 띄는 잠재적 흠결이지만, 한성봉에 대한 평정서에는 남한에 연고가 있는 그의 가족에 대한 추가적인 정보가 들어 있었다. 평정서에 따르면, 그의 처가는 서울에서 작은 공장을 운영했는데, 해방 전에는 양복점을 했다고 한다. 서울에 있는 아내의 두 남동생은 남조선 로동당 당원이었다. 아내의 고모는 남조선 여성동맹에서 활동을 했고, 현재는 평양으로 올라와 『로동신문』(로동당 기관지)의 편집자로 일하고 있었다.[33] 한성봉에 대한 평정서에 따르면, 그는 출신 성분이 (모친이 가졌던 토지 6000평이 몰수된 전력으로 보아) 이상적이지는 않지만 해방 후 많은 정치적 경험을 쌓으며 진보적인 이데올로기를 가지게 되었다. 또한 평정서는 한성봉이 적절한 재교육과 조직 내에서의 훈련을 통해 충실한 공직자가 될 수 있을 것이라며, 그의 잠재력을 인정했다.

출신 성분이 지주라는 사실 또는 남한에 연고가 있다는 사실보다 더욱 심각한 오점은 부역이었다. 함경남도의 김주형(1922년 12월 30일 생)은 북조선로동당 당원으로, 1950년 1월 자서전을 작성했을 당시 함흥제1고급중학교 교원이었다.[34] 그의 자서전은 "출생 당시 부의 직업은 군청 고원雇員"이었다로 시작한다. 그의 아버지가 군청에서 어떤 직위였는지 명확히 밝히지는 않았지만, 이 사실 하나만으로도 상당히 불리한 것이었다. 그러나 김주형은 가족이 겪었던 비참한 상황을 이야기하면서 출신 성분을 재정식화하려 했다. 그의 큰형은 1934년에 병으로 일찍 세상을 떠났고, 둘째 형은 해방 후 흥남 인민 공장에서 일하다 이후 일꾼으로 건설 현장을 전전했다. 김주형 자신도 아버지의 잦은 전출로 한동안 이사를 다니다가 소학교 졸업 후에는 아예 외조부 밑에서 자랐다. 아버지의 박봉으로 대가족이 근근이 생계를 유지했고, 어머니 이후 더 이상 자식이 없었던 외조부가 그를 키웠다. 그런 관계로 해방 후 김주형은 외조부모를 돌보고 있었다. 그는 아버지가 1942년에 군청 일을 그만두고 함흥 고무화조합 이사로 일했다고 설명하면서 가족의 이야기를 마무리했다. 이런 식으로 그는 일제강점기에 군청에서 일했던 아버지가 가족 내에서 차지하는 위상을 최소화한 반면, 형이 노동자계급이었으며, 가족의 궁핍한 생활로 인해 외조부가 자신을 키우게 되면서 아버지와 거리를 두었다는 사실에 집중했다.

자신의 품행과 성격을 설명하기 위해 그는 "신경질적이며 제멋대로만 생각하여 행동하는" 성격을 외조부모의 "맹목적인 사랑" 때문으로 설명하는 전략을 택했다. 여기에 자신이 가진 또 다른 나쁜 조건으로 "원래 말할 때 더듬는 생리적 결함을 가지고 있어 …… 사람들이 모이는 곳, 사람들 앞에 나서는 것을" 싫어하게 되었다고 밝혔다. 이어 김주형은 이런 환경으로 말미암아 자신이 "타인의 행동 및 의견을 반대하려고 의식적으로 애쓰는 편협하고 고독하며 비사교적인 청년으로 자랐다"고 썼다. 김주형은 자신이 "비정상적인 성격"을 갖게 된 것을 조부모 밑에서 평범하지 않은 양육을 받고 자란 탓으로 돌렸던 것이다. 그는 1935년 함흥고등보통학교에 입학해 1940년에 졸업을 했고, 이듬해에 도쿄로 유학을 갔다. 1944년 1월에 강제 징집되었고, 1945년 10월에야 고향으로 돌아올 수 있었다. 이후 1946년 봄까지 잠시 와병 중에 있다가 그해 10월, 결혼했다. 김주형은 1947년 2월에 교원 생활을 시작해 같은 해 6월, 북조선로동당에 입당했다.

출신 성분을 은폐하기 위해 최선을 다했음에도 불구하고 김주형의 인사서류철에 실린 평정서에는 아버지(김병호, 60세)가 일제 치하에서 20여 년간 [군청에서] 일했고, 해방 전 2년간 군수를 지냈다는 사실이 폭로되어 있다. 이런 정보에 기초해서 평가자는 김주형이 일본에서 공부할 수 있었고 대학을 졸업할 수 있었던 것은 이 같은 지위에 있던 아버지 덕으로, 그는 "고생이란 겪어 본 적이 없"다고 추론했다. 그는 "퍽 신경질적이며 조급하고 비판적이며 불평이 많은" 성격으로 "인텔리적 근성이 다소 남아 있으나 의식적인 노력에 의하여 많이 시정이 되어 가고 있다"는 평가를 받았다. 교사로서 그가 담당하는 과목에서는 출중한 실력을 발휘하고 있다고 인정을 받았고, 동료들의 존경까지 받았지만, 아버지의 부역 전력 때문에 도 교육간부양성소 수학 교원으로 승진하지는 못했다.

또 다른 교사(그는 결국 교직에서 해고되었다)의 자서전을 보면 부역 행위가 단순한 문제가 아니었음을 알 수 있다. 다시 말해, 친일 부역 행위는 사람들 사이에 갈등을 초래하고, 가정에 불화를 일으키기도 하며, 해묵은 원한을 표출하는 빌미가 되기도 했다. 한기창(1921년 4월 10일 생)은 평안북도 중농 집안 출신으로, 토지개혁 당시 가족이 소유했던 1만2000평의 땅을 몰수당했다. 그럼에도 그는 북조선로동당 당원이었다.[35] 한기창은 자서전을 통해 부역자로 몰려 재배치된 가족의 명예를 회복하기 위해 노력했다. 그는 일제 식민 통치 마지막 해에 아버지가 구장區長을 하게 된 것과 관련해, 이는 일본어를 하지 못하는 사람들을 공직에서 배제하는 새로운 규정에 따라 전임 구장이 강제로 사퇴하게 되었고, 이에 따라 자신의 아버지가 어쩔 수 없이 그 자리를 맡게 된 것이라고 설명했다. 한기창에 따르면 전임 구장은 이 일을 자신의 아버지가 자리를 차지하기 위해 음모를 꾸민 결과로 오해했다고 한다. 어느 날 그가 살던 마을이 적절한 양의 전쟁 물자를 납부하지 못하자 일본인 관리가 곡물을 강제로 공출해 가려 왔는데, 이때 전임 구장은 자신의 아버지가 곡물을 숨기고 있다고 그 일본인 관리에게 밀고했다. 이런 혐의에 분노한 한기창의 형이 폭력을 행사해 전 구장에게 상해를 입혔다. 이듬해에 해방이 되자 전임 구장은 농민동맹 위원장이 되어 한기창의 가족을 재배치시켰는데, 소문에 의하면 이는 해방 직후의 혼란을 틈타 마을 주민을 협박해 자신들에게 앙갚음한 것이라고 한다.

그의 이야기는 아버지가 구장 자리를 원하지 않았을 뿐만 아니라 일본의 강제 공출에 비협조적이었던 것으로 묘사함으로써 친일 부역자라는 아버지의 오명을 씻고자 했다. 하지만 그의 서류에 첨부된 평정서에는 그의 아버지가 일제강점기 마지막 해에 구장을 맡기 전에도 이미 십수 년 동안 통장을 지냈던 사실을 지적하고 있다. 한기창은 자서전에 이런 사실을 언급하지 않았는데, 가능한 이를 밝히지 않는 것이 최선이었기 때문이다. 게다가 그는 해방 후 아버지가 첩과 살림을 차렸고, 이에 자신이 따로 나와 살았다고 말함으로써 이미 오래전부터 아버지와의 거리를 두었다고 밝혔다. 그럼에도 불구하고 한기창은 교직에서 해임되었다.

북조선 혁명이 진행되는 동안 사람들은 사회적 출신 성분을 자신에게 유리하도록 재구성하기 위해 노력했다. 자서전은 그런 목적을 달성하기 위한 매개체 역할을 했다. 하지만 후자의 사례에서 나타나듯 식민지 시기에 공직을 맡아 부역 행위를 했던 과오는 지우기 어려웠다. 이는 척결해야 할 반혁명 세력을 규정하는 선이 명확했음을 보여 주는 사례들로, 해방이라는 집단 내러티브 안에 일정한 한계가 있음을 나타낸다. 가족 구성원이 직접적으로 일제 식민 정부에 부역한 사람들은 해방이라는 집단 내러티브에 포함될 수 없었다. 그럼에도 불구하고 식민지 시대에 교사로 있었던 사람들에게는 자서전을 전략적으로 활용할 수 있는 일정한 여지가 상대적으로 폭넓게 주어졌다. 그들의 자서전을 보면 지식인들이 자아비판을 통해 해방이라는 집단 내러티브에 편입되는 과정이 잘 나타난다.

집단 내러티브

상당수 교사들의 이력서에는 일제강점기 동안 교육자로 일한 경력이 포함되어 있었다. 그럼에도 그들은 부역자라는 이유로 배제되지 않았다. 그들은 자아비판의 내러티브를 통해 혁명에 통합되었다. 사실 북조선 당국은 해당 교사들을 쉽게 숙청할 수 없었다. 혁명의 주요 목표 가운데 하나인 대중 교육을 확대해야 하는 시점이었기 때문이다. 하지만 이런 실용적인 이유 못지않게 중요했던 것은, 일제 식민 통치 말기에 수많은 사람들이 식민 통치 기구에서 봉사하도록 강요당했다는 사실, 그리고 자서전 쓰기를 통해 일제 식민 통치 기간 동안 자신이 수행한 문제적 역할에 대해 속죄하는 일이 어느 정도 용인되었다는 사실이다. 나아가 당시 상당수 [우파] 지식인들은 문화 민족주의에 경도돼 있었는데, 이 같은 방법은 교사들이 [해방 이후] 민족주의 이데올로기와 거리를 두게 했고, 그렇게 함으로써 보수적인 민족주의 운동이 조선의 독립을 이끌어 내는 데 실패했음을 암묵적으로 비판할 수 있게 했다.

평안북도의 빈농 집안 출신인 김정성(1919년 1월 20일 생)이 그런 교사였다.[36] 그는 1932년 4월 오산학교에 편입해 1938년 3월까지 [교사로 재직 중이던] 퀘이커 평화운동가 함석헌으로부터 배웠다. 그는 이 시기 경험이 자신의 인격 형성에 가장 중요한 영향을 미쳤다고 서술했다. 그의 자서전에 따르면 오산학교에서는 왜놈을 멸시하고 자신의 민족을 사랑하라고 가르쳤다고 한다. 특히 그는 함석헌으로부터 식민 당국이 금지한 조선의 역사에 대해 비밀리에 배웠다고 한다. 이 같은 수업을 통해 김정성은, 교사로서 자신이 일제 치하에서 "노예 교육"에 종사했음에도 불구하고 "나는 조선 사람이다"라는 인식을 잊지 않았다고 했다. 그럼에도 김정성은 일제 식민 통치하에서 교사로 일한 것에 유감을 표하며 다음과 같이 썼다.

오산에서 받은 협착한 민족주의적인 사상[을] …… 속으로는 자각하면
서도 학생들에게는 조선말을 못 하게 하고 황국신민이 되어야 한다고
어린 학생들에게 이야기하였으며 내선일체를 부르짖었던 것이다. 그
보다도 더 큰 죄악은 젊은 조선 청년을 사지로 몰아내는 청년 훈련소
및 특히 적령자 양성인 청년 특별 연성소 지도원으로서 조선 청년들에
게 천황 폐하를 위하여 목숨을 바쳐야 한다고 내 입으로 내가 외쳤던
것이다. 왜놈의 압박이 심했고 놈들이 감시하에 삶을 위한 불가피한 일
이라는 변명도 할 수는 있을 런지도 모르나 이러고도 해방된 오늘에 있
어서 다시 교단에 서기에는 너무나 양심이 없는 놈 같아 보이는 동시에
참을 수 없는 부끄러움과 과거의 죄악을 뉘우치는 바이다.

이 글을 쓸 무렵 그는 자신에게 사상적으로 큰 영향을 미친 함석헌과 친구들
이 모두 이남으로 도주했다며 크게 한탄했다. 이 같은 인물들과 사회적 관계
를 맺었고, 식민 통치 시절 교사로 부역했음에도 불구하고 그는 1947년과
1948년 두 차례에 걸쳐 모범 교사로 선정돼 표창을 받았다.

또 다른 사례로 평안북도의 교사 집안 출신인 김기활(1930년 11월 5일 생)
이 있다.[37] 해방을 맞이해 유사한 참회의 과정을 거치며 그는 "나는 미약하게
나마 일제의 야만적 노예 교육에 눈뜨기 시작했다. 지금까지는 왜놈의 모든
행위가 우리에게 행복을 가져다주는 것으로 생각했지만, 징병 징용 지원병
제도 그 모두가 왜놈의 침략 전쟁을 위한 것이라는 것을 깨닫게 되었다." "노
예 사슬"로부터의 자유는 "1945년 8월 15일 소련군의 결정적 역할"에 따른 해
방과 함께 마침내 찾아왔다. 그 결과 그는 해방 후 "사상적으로 백팔십도 되
는 위대한 개혁"을 경험하며, "국제주의 사상으로 무장"하게 된다. 그는 "민
족과 민족주의는 전혀 다른 것이며, 민족주의는 가장 악독한 것임을 알게 되
었으며, 국제주의 사상으로 무장[해야만-옮긴이] …… 올바른 민주주의 조선"

을 건설할 수 있음을 똑똑히 알게 되었다고 말한다. 그는 출신 성분에도 불구하고 1949년에 신의주교원대학을 졸업할 수 있었고, "건전한 정치 이데올로기"를 지닌 "높은 이론 수준"을 갖춘 사람으로 인정받아 사리원남자고급중학교 교원으로 부임했다. 바로 앞에서 살펴본 두 자서전은 모두 민족주의를 식민 지배에 저항하는 데 부적절하고 독립을 가져올 수 없는 이데올로기라고 비판하며, 궁극적으로 국제 사회주의를 더 높이 평가하고 있다.

이 같은 정서는 평안북도의 빈농 집안 출신으로 토지개혁 당시 1000평의 땅을 받았던 이인전(1911년 4월 15일 생)에게도 되풀이된다. 그는 자서전을 작성했던 1949년 6월 당시 평안북도 교육간부양성소의 교무주임으로 있었다.[38] 1919년부터 1929년까지 오산소학교와 오산고등보통학교에 다녔던 그는 "학교의 교육 방침은 여전히 반일 교육이었다. 오늘 이것을 생각하여 보면 물론 일본 제국주의를 반대한 것만은 좋았으나, 결국 그 사상의 근거는 역시 편협한 민족주의였던 것도 사실이다"라고 평가했다.[39] 그는 당시 학교에 낼 월사금이 없어 여러 차례 정학을 맞아 가며 힘들게 공부해야 했는데, 이런 시련으로 말미암아 자신이 우울한 성격을 갖게 되었다고 썼다. 그는 졸업 후 오산 중학교 교비생으로 추천을 받아 (졸업 후 다시 오산학교에서 근무하는 조건으로) 사범대학에 진학했다. 이인전은 사범대학 진학이 그리 마음에 들지는 않았다고 적었다. 특히 그는 사립 조선인 학교인 오산학교를 다녔기 때문에, 자신이 사범학교에 다니는 13명의 조선인 가운데 유일하게 일본어를 하지 못하는 학생이었고, 이로 인해 일본인 선생과 동기생들로부터 조롱과 천대를 받았다고 했다. 그는 이 일로 일본인들을 더욱 미워하게 되었다.[40]

그는 해방 전 [청정보통학교에서] 교사로 지낸 6년의 시간을 "빈곤의 생활, 병신의 생활이었으며 왜놈의 충복 교원"으로 살았던 시절로 묘사하면서도 "그저 묵묵히 일하는 가운데 아동들에게 사랑을 퍼붓자"라고 생각했다며, 당시의 생활을 정당화했다. 해방 이후 그는 자서전을 쓰는 과정에서 지난날을 되돌아보며 "나는 진심으로 자아를 비판하고 또 그것을 원통하게 생각한다"라고 적었다.

1944년 4월 영변군 봉산국민학교장으로 임명되어 가서 1년간 근무하다가 해방을 맞았다. 어딘지 모르게 몸이 무겁고 양심에 항상 가책을 받아 가면서 국민학교 일을 보았다. 일본 놈들은 독일을 모방하여 소학교를 국민학교로 이름을 고치고 모든 것을 전쟁에 바치는 판인지라 교육도 전쟁에 바치게끔 강요했다. 봉산국민학교에 가서 나는 놈들의 전쟁을 돕기 위한 교육을 실시했다. 신사참배, 궁성요배 일본어 사용을 장려하였고 전쟁을 방조하기 위해 학생들을 여러 가지 일에 동원했으며 공출을 독려했다. 그놈들의 종노릇을 충실히 한 데 대하여 나는 진심으로 자아를 비판하고 또 그것을 원통하게 생각한다. 아버지의 환갑잔치 하나 못하고 어머니와 동생이 앓아 죽어도 약 한 첩 못 사드린 나로서 이와 같은 빈궁 속에서 헤매며 지내던 나로서 왜 먹기 위하여 그놈들의 종노릇을 하였을까 나는 너무나 어리석었다.

해방 직후에도 그는 자신이 "우리 민족의 나갈 노선을 명확히 모르고 있었다"며 스스로를 비판했다. 그의 표현에 따르면, "아무런 사상 체계도 못 가지고 단순히 우리의 손으로 우리의 일을 꾸며 나간다는 무원칙한 생각만을 가"지고 있었다. 현재의 시점으로 돌아와 이인전은 교육자로서 자신이 식민 통치 시절에 저지른 죄를 크게 뉘우치고 있으며, 일본 제국주의의 잔재를 청산하기 위해 노력하고 있음을 설명한 뒤, 앞으로의 포부를 밝히며 자서전을 마무리한다.

현재 나는 일제 교육자로서의 죄악을 크게 자비하며 일본 제국주의의 잔재 요소를 숙청하기에 노력하고 있다. 그리고 관료적이고 영웅적인 사상 경향을 일소하기에 한 가지 일에도 늘 주의를 게을리 아니하고 철두철미 근로 인민의 입장에 서려고 애쓰고 있다. 그리하여 나의 사상 의식을 철저히 개변하고 동시에 학원의 민주화를 위하여 견결히 투쟁함으로써 과거의 죄악을 조금이라도 더 말소해 가며 조국 통일을 위한 교육에 세계 평화를 위한 투쟁에 이바지하련다.

어떤 이는 [해방을 전후로] 자신의 사상이나 생각이 얼마나 크게 변화했는지 생생하게 설명하는 전략을 취하기도 했다. 이 경우 일제 식민 통치 시절에 겪었을 법한 가난이나 차별, 박탈감에 대해 굳이 언급할 필요조차 없었다. 평안 북도 중농 집안 출신의 리원갑(1923년 3월 1일 생)은 토지개혁 당시 1만5000평에 달하는 땅을 몰수당했음에도 불구하고 [자서전을 쓴 1949년 당시] 교사이자 북조선로동당 당원이었다.[41] 앞에서 소개한 자서전들과는 달리, 그는 일제강점기 시절에 겪은 고난을 전혀 언급하지 않았다. 오히려 자신이 경험했던 식민지 시절을 새로운 것에 대한 경탄과 매력으로 가득 찬 시기로 묘사했다.

서당에서 겨우 한문만 배운 저는 학교에서 여러 가지 과목을 배우는 것이 무한 자미가 있었다. 더구나 일본어를 배우는 것도 어린 마음에 취미가 있었다. …… 농촌에서 학교교육을 받으면서 여러 가지 현대적 초보적 지식을 얻는 동안 나도 장래에 교원이 되어 나를 교육시켜 주는 선생과 같은 훌륭한 사람이 되겠다는 포부를 가지게 되었고 …… 17세 (1939년 2월)에 평양사범학교를 수험한 결과 뜻대로 합격했다. 이때의 나의 기쁨은 타에 비할 바가 없었다. 자기가 지원하여 달성하고자 노력하여 실현되었기 때문이다. 이때 정세는 소위 지나사변이 점차 그 지역을 확장하고 있으며 일제의 동양에 대한 전면적인 침략의 마수가 퍼지고 있을 때였다. 이런 시기에도 불구하고 나는 다만 장차 교원이 될 수 있게 된즉 사범학교에 합격된 것만 크게 자랑으로 알며 행복으로 생각하였던 것이다. 이때 일제의 침략전과 조국에 대한 무단 정책 등을 알지 못하고 일본의 조선에 대한 정책이 정당하다고까지 생각하였다. 이러한 나의 청년 초기의 사상은 사범학교에 입학하여 그 교육을 받으면서 더욱 발전했다. 그리하여 아무런 혁명적 사상도 못 가지고 도리어 일본 제국주의자들의 교육정책을 받아들여 우리 민족의 어린이들을 황국신민으로 양성하겠다는 반인민적 반민주적 매국적인 방향으로 나가려고 하였던 것이다.

그러나 "이런 기만적인 사실을 이해 못하고 그 교육 이념과 그 정책을 옳다고 인정한 나의 친일적인 사상을 해방된 오늘에 반성하여 볼 때, 너무나 양심의 가책과 무익한 인간 생활을 한 것이 원통하다"고 뉘우친 것처럼, 해방은 큰 전환점이 되었다. 자신의 죄책감을 표현하면서 리원갑은 해방 후의 삶을 이야기하고 자신의 전향을 상세히 설명한다.

1945년 8월 15일 우리 조국과 민족의 해방의 날이 우리 조국을 찾아왔다. 소련 군대의 영웅적 투쟁으로 우리 민족은 일제의 기반에서 해방되었다. 해방 이후 우리는 소련에 대한 정당한 인식을 못 가지고, 우리 북조선에 진주한 후에도 적극적으로 이 소련 군대에 대한 친절을 도모하지 못하였다. 물론, 로어를 이해하지 못한 점이 …… 큰 원인이었다. 해방 이후에도 지방 인민들의 요청으로 다시 나의 모교인 동상인민학교에서 근무하게 되었다. …… 일제의 깊은 잠에서 깨어난 나는 인제야 나의 과거의 과오와 이제부터의 나갈 방향을 깨닫고, 적극적으로 어린이들에게 조선 민족의 새로운 국가 건설에 대하여 힘써 나갈 것을 교육했다. 이 동안에 상부에서의 지시, 각종 회의, 북조선에서 발간하는 신문, 잡지 등을 통하여 우리 조선 민족이 나갈 길을 명확하게 알게 되었다.

결과적으로 1946년 5월부터 1947년 1월 사이 평안북도 교육국의 추천으로 그에게 북조선로어학교에 입학할 수 있는 기회가 주어졌다. 그는 매달 500원의 장학금을 비롯해 모든 필수품과 기본 용품을 제공받았다. 일제가 주도한 식민지 근대성을 열정적으로 옹호해 왔던 사람들에게 [해방 후의] 상황은 훨씬 더 열악했을 것이기에, 이 같은 상황은 확실히 그에게 나쁜 것이 아니었다.

사상적으로 완전히 교화되었다는 이 같은 자기 고백은 해방을 기점으로 한 전향의 생생한 내러티브로 만들어졌다. 자신의 생각이 이처럼 극적으로 변했다는 주장은 일반적으로 의심을 사지 않을 수 없었다. 하지만 개인사를 민족사에 효과적으로 통합하는 해방의 내러티브는, 다음의 사례에서 가장 잘 나타나듯이, 민족의 해방을 개인의 해방으로 전유하는 데 특히 초점이 맞춰져 있다.

함경북도의 빈농 출신인 리상원(1922년 5월 18일 생)은 자서전을 쓴 1949년 당시 부모가 토지개혁으로 1700평의 땅을 받은 고등중학교 교사였다.[42] 일제 강점기 시절 그의 조부와 아버지는 소작농이었지만, 넓은 논밭을 경작했기에 리상원은 큰 걱정 없이 소학교를 마칠 수 있었다. 그러나 곧 가세가 기울었고, 진학을 포기하게 된다. 몇 년간 이러저런 일자리를 전전하던 리상원은, 다시 진학의 꿈을 품고, 조부와 아버지로부터도 학비 지원을 약속받는다. 하지만 빈약한 가정환경 탓에 진학에 도움이 될 다른 사람의 '자산 증명서'를 구해 지원서에 첨부해야 했고, 그 과정에서 거절을 당하는 수모를 겪는다. 마침내 자산 증명서를 구하기는 했지만, 높은 경쟁률로 말미암아 결국 진학에 실패하게 된다. 이에 그는 "나는 자기 실력이 부족한 것을 느끼기 전에 너무나 돈푼이 있는 자들의 얄미운 그 행동에 분개하였다"고 썼다. 하지만 해방은 전환점이 되었다.

> 그러다 1945년 8월 15일 영웅적 소련 군대의 위력에 의하여 조국이 해방을 얻자 인차 행리를 수습하여 내 고향으로 돌아왔다. 오늘 나는 생각하노라. 이때 나와 친한 동무들 가운데는 여하한 행동을 취하는 자들이 있는가? 1945년 9월1일부터 인차 고향 칠반인민학교 교원으로 근무하여 해방 후 치안이 유지되지 못하고 학생들이 각산 분리하여 있는 것을 모집하여 우리글을 가르쳤다. …… 1947년 3월 면리위원선거 당시 선거위원으로서 선거 사업에서 성과를 얻었다. 1947년 4월 5일 노동계급의 선봉대인 로동당에 입당했다. 1946년 12월부터 1947년 6월까지 반년 동안 고향 용연리 관개공사 위원의 한 사람으로서 그 과업을 전담하여 30정보에 가까운 개답 공사를 완수했다. 나는 이때 인민주권이 올바른 시책임을 똑똑히 알았다. 그리하여 이 공사가 완성된 오늘 집으로 가면 우리가 분배받은 옥토 1700평과 그 신답에 황금이 타도는 새 기쁨을 북돋아 준다. …… 이렇게 국가적 혜택을 이중삼중으로 받은 나는 생각했다. 부여된 국가적 혜택을 고수하며 더욱 확보하며 발전시키기 위하여 노력을 계속할 것이라고.

의심의 여지없이 여기에서 리상원은 혁명이라는 집단적 내러티브를 그 자신의 개인적 해방의 내러티브와 동일시하고 있다. 3장에서 살펴보았던 북조선 혁명 초기의 세 가지 중요한 개혁이 모두 자신의 삶을 유익하게 변모시켰다고 언급하면서, 리상원은 혁명을 수동적인 관찰자나 수혜자의 입장에서가 아니라 주인공의 입장에서 서술하고 있다. 그는 문맹 퇴치 운동이 공식적으로 출범하기도 전에 이미 지역의 아이들에게 읽고 쓰는 법을 가르쳤다. 그는 인민주권이 행사되는 지방선거를 성공적으로 치렀으며, 토지개혁 때 자신의 땅을 분배받고 나서도 경작과 분배에 필요한 땅을 더 많이 개간할 수 있도록 도왔다. 이처럼 그는 자신이 혁명을 이끄는 전위대 집단의 일원임을 분명하게 밝혔다. 열성적인 참여에서 알 수 있듯이 그는 이미 혁명의 열렬한 지지자였지만, 자서전을 쓰는 과정은 그에게 자신이 이룬 업적에 대해 자부심을 갖고 서술할 수 있는 기회를 부여했다. 리상원은 자서전을 통해 혁명 과정에서 자신이 수행한 역할과 그의 삶에서 혁명이 가지는 의미를 명확히 밝혔다. 이를 통해 그는 자신을 평가하는 사람들에게 북조선 혁명에 대한 자신의 헌신을 확신시킬 수 있었으며, 그 스스로도 이를 다시 한번 확인할 수 있었다.

이 장에서는 자서전을 근대적인 사회주의적 주체를 구성하는 창조적 실천으로 검토했다. 하지만 이것이 그와 같은 실천이 가진 훈육적 기능을 무시하는 것은 아니다. 표준 이력서에 더해, 요주의인 카드와 군중 여론 수집을 통해 개인에 대한 정보가 추가되기도 했다. 더구나 자서전에 서술된 내용은 '평정서'와 '문의서'에 의해 다시 검토되었다. 상당수의 인사 서류철에 평정서가 포함되어 있었다. 평정서에는 출신 성분, 다른 가족과의 관계, 평판 및 타인과의 관계 속에서 반영된 성격, 학업과 직업에 대한 태도, 정치의식의 수준 등이 들어가 있는데, 이는 해방을 전후로 지원자의 일대기를 평가한 것이다. 다음 세대의 정신과 마음을 형성하는 데 중요한 역할을 하게 될 교사를 평가하는 일은 특히나 신중하게 이루어졌는데, 관리능력과 수업 계획 능력, 종교, 남한에 인적 연고가 있는지 여부 등이 평정서에 추가되었다.[43] 자서전이 해방에 대한 집단 내러티브에 개인의 내러티브를 접합할 수 있는, 그리하여 개인들이 자신의 이미지를 가장 보기 좋게 만들어 낼 수 있는 무대를 제공하기는 했지만, 이 무대가 무한정 제공된 것은 아니었다. 여기에는 특정한 원칙과 경계에 따른 조건이 있었다. 작성자들에게는 어떻게 자신의 자서전을 구성해야 하는지에 관한 지침이 있었고, 평정서를 통해 그 안에 적힌 내용을 확인받아야 했다.

이 장 서두에서 살펴본 김호철의 서류철에도 두 개의 평정서가 익명으로 실려 있다. 하나에는 1948년 8월 24일이, 다른 하나에는 1949년 1월 15일이 기록되어 있다. 첫 번째 평정서에는 김호철이 쓴 글에는 없는 그의 사생활과 출신 성분 등에 관한 세세한 내용이 담겨 있다. 여기에는 가족 가운데 이북에 남은 사람이 혼자였기 때문에 그가 어떻게 봉급만으로 처와 아이들을 부양했는지 적혀 있다. 그의 부모는 해방 전에 돌아가셨고, 그의 형들은 일제 식민지 시절 다른 곳에 정착했는데, 큰형은 서울에서 장사를 했고 둘째 형은 미국으로 이민을 가 그곳에서 지내고 있다. 서울 소재 일간지인 『동아일보』의 기자였던 처의 언니는 실종된 것으로 보고되었는데, 이는 월남을 의미하는 것으로 보인다. 비록 이것이 김호철에게 유리한 정보는 아니었지만, 이런 사실들은 자신의 당적과 아내, 아내의 형제들, 여동생 남편의 당적을 통해 어느 정도 만회되었다.

평정서에는 김호철에 대한 평판 및 동료들과의 관계 역시 포함되어 있었다. 대체로 그는 인민위원회 위원으로 추천받기에 충분할 만큼 좋은 평가를 받았다. 그의 성격과 인격에 대해서는 자신보다 나이가 어린 간부도 깔보지도 않으며, 조직이 내준 과업을 불평 없이 성실히 수행한다고 적혀 있다.

활동력은 약한 편이나 …… 자기 맡은 과업을 충분히 실행하며 조직에서 준 과업을 일언반구의 불평도 없이 실행하고 사업을 자주 상부에다 회보하는 편이다. 연로한 편이나 연소한 간부를 깔보는 경향이 없다. 상인 출신으로서는 비교적 진보적이라고 보며 좀 더 정치 수준이 제고되리라고 보나 아직은 약하다. 언어가 부자유한 점도 있다고 본다. 학습에 열심히 참가한다. 지시한 범위에서는 충실히 하나 영도적 입장에서는 말을 좀 더듬기 때문에 사업에 지장을 줄 수 있다. 직접 미국서 습득한 영어로서는 번역 사업이 약하다는 평이 있다.

평가자는 외국에 대한 풍부한 지식과 영어 사용 능력은 그가 몸담고 있는 현재의 부서에도 적합하지만, 향후 교육 사업에서는 더 많이 발전할 수 있을 것이라 결론 내렸다.

두 번째 평정서는 비록 덜 상세하지만, 그의 가족이 동학농민운동에 가담했던 혁명적 전통을 갖고 있다고 칭찬하면서 훨씬 더 긍정적이다. 그는 "책임진 사업은 반듯이 완수하며 일언반구의 불만도 없이 꾸준히 집행하는 모범적 작풍이 있다. 상부 외 동지 간 호상 친절히 하며 의견 교환에 자세히 하는 주밀성이 표현되며 민주 작풍에 모범이 된다. 침착성 있고 순박한 성질이 있다. 자만심은 없고 신경질을 볼 수 없으며 군중과 동지 간 평이 좋은 편이다." 첫 번째 평정서와는 달리 두 번째 평정서에서는 "투쟁 경험이 있고 영어가 능숙하며 학습에 노력하여 사상 정치의식을 더욱 확고히 하며 앞으로 조국 건설에 사무원으로서 자기 책임을 충분히 하여 모범적 일꾼으로 평정한다"라고 결론지었다. 다행스럽게도 두 번째 평정서에서는 첫 번째 평정서에서 표출된 의구심이 대부분 해소되었고, 자서전과 평가자들의 조사 결과 사이에 사실적 불일치가 거의 없는 것으로 확인되었다. 결국 김호철은 집단 내에서 자신의 입지를 안전하게 확보한 것으로 보인다.

자서전은 목적의식적인 개인을 창조하는 데 기여했다. 이는 담론적으로는 혁명이라는 내러티브 안에서 개인을 역사적 주체로 창조하는 일이었을 뿐만 아니라, 실천적으로는 바로 그 자서전을 쓰는 행위를 통해 목적의식적인 개인을 창조하는 것이기도 했다. 이를 위해 자서전 작가는 사건들 사이의 중요성과 인과관계를 배치하는 내러티브 구성을 해야 했다. 식민 통치, 해방, 혁명이라는 집단적 내러티브의 틀 속에서 한 개인의 역사를 쓴다는 것은 북조선 혁명을 내러티브의 절정으로 서술하고, 그 과정에서 개인의 변화를 민족적 변화에 융합하는 정치적 행위 그 자체였다. 물론 해방을 소련의 붉은 군대와 김일성의 공로로 돌린 자서전도 있었다. 하지만 이 시기에 쓰인 대부분의 자서전에는 그와 같은 일방적 찬양이 없었다. 해방과 관련된 특정한 사건들의 인과관계를 민족과 개인의 전환점으로 귀결시키는 방식은 각각의 자서전 작가에게 달려 있었고, 따라서 개인은 미리 정해진 형식을 단순히 모방하기보다는 진정한 창작자[저재의 위치에서 이를 구성해야 했다.

내러티브를 만드는 것은 수많은 노력이 필요한 작업이다. 만약 당국이나 기관들이 지원자들에게 자서전을 쓰게 했던 동기가 정보 수집이었다면, 이력서로도 충분했을 것이다. 대부분의 필수 정보가 이력서와 평정서에 이미 들어 있는 상황에서 다시 자서전을 쓰게 하는 것은 효율적이라고 보기 어렵다. 그렇다면 이렇게 생산된 집단 내러티브를 통해서 자서전이 성취하려던 것은 무엇이었을까? 대체로 그 목적은 오늘날 대학 입학이나 입사 지원에 사용되는 학업 계획서나 자기소개서와 상당히 유사하다. 지원자들은 학업 계획서나 자기 소개서를 통해 자신의 개인사를 좀 더 거시적인 사회적 목적과 연관시킨 내러티브를 제시함으로써, 자신이 지원한 대학이나 기업에 들어가 이루고자 하는 목표를 입증하려 한다. 어떤 부분은 과장되고 또 어떤 내용은 생략되었을 수 있지만, 그것과 무관하게, 자서전을 여러 번 고쳐 쓰게 하는 행위는 글쓴이가 자신의 과거를 이해하고, 미래의 계획을 세우는 데 도움이 된다. 그 과정에서 과거의 사건과 일화들은 새로운 의미를 갖게 되어 (창의성, 지향성, 책임성을 갖춘) 역사적 주체를 만들어 내는 데 필요한 의식적인 선택이거나 우발적 시련으로 자리매김된다.

사회 전반으로 확대된 북조선 대중들의 자서전 쓰기 관행은 개인의 운명을 혁명의 운명과 연결해 해방의 역사를 작성하려는 집단적 실천이었다. 헤이든 화이트에 따르면, 이 같은 내러티브적 표상[재현]을 가능하게 하는 것은

"자기 자신의 역사를 쓰고 있는 문화나 집단이 자신에게 중요한 사건이 무엇인지 그 순위를 매기고 싶게 만드는 필요성 또는 충동"이다.[44] 마찬가지로 북조선에서 쓰인 자서전들의 내러티브는 식민 통치의 여파 속에서 자국의 역사를 써야 할 필요성을 집단적으로 표현한 것으로 볼 수 있다. 이 장에 제시된 다양한 사례들에서 본 것처럼, 북조선에서 광범위하게 쓰인 자서전들은 새로운 민족 집단의 탄생을 서술하면서, 그들이 위대한 업적을 달성할 수 있는 혁명적 행위자임을 명시적으로 표명하려 했다. 자서전 쓰기는 (그것이 조직이나 단체가 요구했던 것이라 해도) 자서전을 쓰는 사람들에게 개인의 자부심, 공통의 목적, 집단의식을 불어넣는 담론 장치로서 강력한 힘을 발휘했다. 자서전은 국가가 채택한 훈육 수단이었을 뿐만 아니라, 자서전을 쓴 사람들이 기존의 식민지적 정체성을 벗어던지고 역사를 만들어 가는 근대적 주체가 될 수 있도록 만드는 교육적 실천이기도 했다.

그럼에도 불구하고 자서전 쓰기 과정은 개인의 인생사와 역사적 과정의 복잡성을 확신에 찬 설명과 함께 잘 정리된 지배적 내러티브로 압축하는 일종의 '환원에 의한 폭력'에 의해 제한되었다.[45] 지배적 내러티브가 미리 정해진 것은 아니었다. 하지만 자서전을 쓰고 읽는 집단적인 실천은 공통분모를 중심으로 내러티브의 경계를 만드는 역할을 했고, 그 경계에 도전하려는 시도들은 대부분 성공을 거두지 못했다. 함경북도 빈농 출신으로 북조선로동당 당원이었던 허리복(1910년 4월 6일 생)의 서류철에 이 같은 결과가 반영되어 있다.[46] 1930년대부터 다수의 문학작품을 쓴 작가이자 공산주의 활동가였던 그는 해방 직후부터 1946년 11월 첫 선거까지 함경북도 경성시 시장, 함경북도 경성군 인민위원회 교육과장, 함경북도 인민위원회 도위원을 역임했으며, 그 후에는 함경북도 인민위원회 간부 학교 교무주임과 교장, 그리고 중앙으로 올라가 북조선 교원문화일꾼직업동맹 중앙집행위원을 지냈다. 이후 부적절한 것으로 간주된 조선 역사에 관한 두 편의 글을 쓰고 나서 그는 허가 없이 해당 글을 출판 및 배포를 했다는 이유로 1947년 10월 당으로부터 징계를 받았다. 폭넓은 정치 경험과 창의적인 성과에도 불구하고 평가자들은 허리복이 수업 준비를 제대로 하지 않았다고 지적하며 직위에서 해고할 것을 권고했다. 그는 공금을 개인의 식음료 비용으로 유용하는 등 교원으로서 자신의 지위를 돈을 버는 수단으로 여긴다는 혐의로 기소되었다. 평가자들은 업무에 대한 허리복의 열정을 인정하면서도, 오만한 성격으로 인해 다른 교사들과 빈번히 갈등을 빚었다는 소문 역시 인정했다. 이런 혐의가 정당한 것이었는지, 당의 관점에서 과장된 것인지는 불분명하다. 확실한 것은 그가 자신에게 부과된 제재에 동의하지 않았고, 자신의 자서전을 이용해 불만을 표출했다는 것이다. 출판된 지 거의 1년 만에 지역 당 지부가 "『사회발전사개론』 및 『조선 해방 투쟁사』를 허가 없이 인쇄하여 교재로 배부하였다는 정치적 조직적 과오를 지적"했으나, 그는 "이론상으로 상무위원회에서 지적한 것이 틀렸"다고 주장했다. 이를 통해 그는 반항적으로 "나의 이론이 옳았다"고 선언하며 자아비판을 하지 않은 이유를 정당화한 것이다.

근대적 주체를 육성하기 위해 소련에서 시작된 대중의 자서전 집필로 인해 지적 자기 성찰은 대중적으로 널리 이루어지는 집단 사업이 되었다.[47] 북조선은 근대적인 사회주의적 주체, 즉 사회주의적 새 인간[남성]Socialist New Man으로 구성된 사회주의적 근대화를 향한 경로로서 그와 같은 방식을 수용했다. 하지만 젠더화된 정식화에서 명확히 알 수 있듯이, 새로운 인간이라는 개념이 주장하고 있는 보편성은 환상에 불과할 뿐이었으며, 심지어 마지막 인사 서류철에 반영된 것처럼 사회주의적 주체들 간의 중요한 차이를 얼버무릴 뿐만 아니라, 인간 경험의 다양성과 해석의 이질성이라는 가능성을 억압했다. 식민주의, 해방, 혁명이라는 집단적 내러티브에 대한 강조는 새로운 국가 건설이 자아내는 "집단적 흥분"을 다수가 공유할 수 있게 해준 반면, 지배적인 내러티브에 자신의 인생사를 담으려다 실패한 허리복 같은 이들은 비난을 받아야 했다. 그 후 허리복이 어떻게 되었는지는 알 수 없다. 자기주장의 정당함을 입증함으로써 집단적 내러티브에서 자기 자리를 되찾았을 수도 있지만, 당에서 추방됐을 수도 있다. 일제강점기 이래로 확고한 공산주의자였던 그가 (북쪽에서는 좋지 않게 보는 이질적 입장들이 설 수 있는 입지가 줄어든 이후) 다른 많은 이들이 선택했던 것처럼 월남했을 가능성은 희박하다. 확실한 것은 집단적 내러티브를 만드는 과정이 포섭과 배제를 모두 수반했다는 점이다.

다음 장에서는 여성을 남성과 동등한 주체로 포용할 것을 요구한 남녀평등 프로그램이 궁극적으로 어떻게 여성성과 남성성이라는 관념들 사이의 경계를 희미하게 했는지 살펴볼 것이다.

6장

혁명적 모성:

혁명의 젠더

그림 6.1. 해방 지역에 조직되는 여성동맹(장소, 날짜 미상)
출처: RG 242, SA 2005, box 7, item 6. 미국 국립기록보관청 제공.

요사이는 밤낮 할 것 없이 거리에 여성들의 가두 진출이 많아졌다. 가두 진출이 많아졌다고 하니 혹시 모르는 인사들은 '요사이 여자들은 미쳤다' …… '풍기가 문란하다'라는 등 이상한 눈초리로 바라볼지도 모르지만 그렇지도 않다. 눈을 똑바로 뜨고 보라 — 그 여자들을 — 민주 나라 새 역사를 창조하기에 있는 힘 있는 열정 밤낮을 헤아리지 않고 싸우지 않는가.

| 남현서, "새나라의 녀인들," 『조선녀성』(1947년 1월)

조선에 있어서는 고래로부터 가정의 주인 하면 그것은 남편을 가리키는 말이고 여성은 가정의 주인인 가장의 의사에 의하여 노력을 제공하는 존재에 지나지 못하였던 것이다. 그러나 …… 실상에 있어서는 가정의 주인은 여성이 즉 안해나 어머니가 되어야 한다는 것을 지금에 와서 우리는 아니 느낄 수 없다.

| 장정숙, "새로운 가정과 주부," 『조선녀성』(1947년 10월)

근대사의 모든 사회혁명은 사회변혁의 핵심 요소로 여성의 지위와 관련된 문제를 다루려 했다. 이는 북조선에서도 다르지 않았다. 당시 사진들은 여성이 대중들 앞에 나서서 어떻게 연설하고 있는지 직접적으로 보여 준다. 특히 〈그림 6.1〉은 청중을 마주하고 서있는 연설자의 뒷모습을 보여 주고 있기에 더욱 인상적이다. 이미지를 더욱 강력하게 만드는 것은 연설자의 익명성이다. 이 사진을 본 사람이라면 누구든지 그녀의 자리에 설 수 있으며, 자신이 만약 저 무대에 서있다면 어떨지 상상할 수 있다. 여성들이 사회에 진출하고 있음에도 불구하고 사진에는 전통 의상인 한복을 입은 모습이 담겨 있다. 해방 후 북조선 여성들은 전에 없이 공적 영역에 참여하기 시작했지만, 여성의 주체성은 여전히 가정이라는 틀 안에서 주조되었으며, 이는 아내와 어머니 같은 소위 전통적인 것처럼 보이는 역할을 강화했다. 어떻게 "전통"은 기존의 낡은 생활양식을 전복하려는 혁명 기획 속에 통합되었을까? 단서는 옆의 인용문에서 찾을 수 있다. 여성은 **새로운** 가정에서 **새로운** 주부로서 **새로운** 나라에서 적극적인 역할을 하게 되었다. 새로움의 중요성은 아무리 강조해도 지나치지 않다. 북조선 혁명에서 여성의 역할을 이해할 수 있는 열쇠는 가정과 같은 전통적인 공간이 그리고 그 안에서 여성들의 역할이 어떻게 "새롭게" 구성되었는지 파악하는 데 있다.

　북조선에서 새로운 것은 전통적으로 이어져 온 관습을 다루는 방식이었다. 1947년 1월 24일 북조선임시인민위원회는 〈북조선봉건유습 잔재를 퇴치하는 법령〉을 발표했는데, 이 법은 봉건적 혼인 관습을 다룬 네 개 조항으로 구성되어 있다.[1] 제1조는 지참금 교환을 불법화한 것으로, 혼인 당사자 가운데 어느 한쪽의 부모나 친척에게 금전, 가축, 재물, 또는 노무를 제공한 자는 1년 이하의 강제 노동에 처하도록 규정했다. 형사처벌을 받지 않더라도 지참금을 주고받은 사람은 그에 상당한 벌금을 물어야 했다. 제2조에서는 결혼의 자유 선택 원칙을 지지하고, 여성의 결혼 또는 결혼 생활 유지를 강제하는 사람이나 결혼을 목적으로 여성을 기만 유인한 자에 대해 2년 이하의 징역에 처하도록 했다. 제3조는 법적 결혼 연령에 도달하지 않은 사람(여성의 경우 만 17세, 남성의 경우 만 18세)과 혼인한 자에게 강제 노동을 부과해 조혼의 관습을 금지했다. 마지막으로 제4조는 일부일처제를 준수하지 않는 자에게 1년 이하의 강제 노동이나 2000원(당시 약 50달러, 오늘날 500달러)[2] 이하의 벌금을 부과하도록 규정했다. 이런 조항들은 6개월 전인 1946년 7월에 통과된 〈남녀평등에 관한 법령〉에 포함되어 있었다. 하지만 전통적인 결혼 관습이 좀처럼 근절되지 않았고, 이에 따라 좀 더 구체적으로 일부다처제, 지참금 교환, 조혼 및 중매결혼에 대한 추가 입법이 필요했던 것이다.

　이와 같은 이유로 14세 아들(정모)을 둔 41세 남성 안성운과 18세 딸(금옥)을 둔 47세 여성 이영순이 관련된 사건이 1947년 재판소에 회부된 사례가 있었다. 이들은 법적 혼인 연령 미만의 자녀를 결혼시켜 〈남녀평등에 관한 법령〉을 위반한 혐의로 기소되었다.[3] 〈남녀평등에 관한 법령〉을 알고 있었느냐는 검사의 질문에 안성운은 알고는 있었지만, 그것이 그렇게 심각한 범죄인 줄은 몰랐다고 답했다. 결혼을 중매한 이유를 묻자 그는 자신이 17세에 결혼해서 가정을 꾸릴 수 있을 때까지 10년 동안 처가살이를 했기에, 자녀에게는 "정상적으로" [처가살이를 안 하고] 결혼할 기회를 주고 싶었다고 진술했다. 당시에 가난한 집의 경우 신부를 집으로 데려오는 것이 아니라 신랑이 신부의 집, 즉 처가에 가서 사는 관례가 있었다. 또한 그는 이영순의 집안이 먹을 것도 없이 힘든 시간을 보내고 있었고, 그녀가 찾아와 자녀의 결혼을 제안했기 때문에 자신도 결혼에 동의했다고 진술했다. 아들에게 결혼을 강요했냐는 질문에 대한 그의 대답은 부모가 말한 것을 자녀가 그대로 따르는 전통적인 부모 자식 관계를 상징적으로 나타냈다. "내가 강요해서 보낸 것은 아닙니다. 정모는 그저 내가 보내기 때문에 간 것이고, 안 가겠단 말도 하지 않았습니다."

이영순 역시 심문을 받았을 때 이 결혼이 〈남녀평등에 관한 법령〉에 위배된다는 것을 알고 있었다고 대답했지만, 3년 전인 1944년 2월에 일제의 관리들이 미혼 여자(아마도 "위안부"였을 것)를 모집하러 와서 자신의 딸이 끌려가는 것을 막기 위해 이웃인 안성운과 자녀의 결혼에 대해 이미 합의했다고 설명했다. 홍수로 인해 직전 해의 농사를 망치게 되면서 그녀는 아이들을 결혼시키자고 안성운에게 두 번에 걸쳐 이야기했고, 마침내 그가 승낙을 했다. 그녀는 자신의 딸이 어쨌든 결혼을 하게 되면, "남의 사람인 만치 더 둘 것 없"기에, 딸을 더 이상 집에 붙잡아 둘 필요가 없었다고 이유를 설명했다. 그녀는 혼인을 통해 딸이 스스로 먹고 살 수 있게 되고, 덕분에 자신도 살림살이가 나아지길 희망했다. 딸에게 혼인의 의사를 물었냐는 질문에 대해 그녀는 "딸에게 물어보니까 먹을 것이 없어서 그런지 가겠다 해서 보냈습니다"라고 답했다. 이 사건이 법원에 회부되면서 이들 부부는 분리가 되어 딸은 엄마의 집으로 돌아가 살게 되었다. 검사는 안성운과 이영순에게 징역 6개월을 구형했지만, 두 사람은 "피고인들이 자신들의 잘못을 깨달은 것 같다"는 이유로 집행유예를 선고받았다.

이 사건뿐만 아니라 다른 사건에서도 특정 관행들이 어떻게 "봉건적"인 것으로 규탄을 받았는지 알 수 있다. 하지만 1920년대 소련에서 "집안 쓰레기 타도" 운동 같은 캠페인이 벌어지며 [장식품 같은 불필요한 물품을 양산하는] 자본가를 공격하거나, 중국에서 1960년대 문화혁명과 1970년대 반유교 운동이 벌어졌을 당시 여성 억압의 근원으로 가족을 비난했던 것과 같이, 전통이나 가정을 공격하는 그 어떤 입법이나 정치 운동도 북조선에서는 나타나지 않았다.[4] 오히려 북조선에서 가족은 여성 억압의 근원이 아니라, 조선 민족 자체를 상징하는 것이 되었다. 탈식민지 연구가 잘 보여 주듯이, 식민지적 맥락에서 여성과 가정은 종종 특권적인 장소가 되었다. 빠르타 짯떼르지는 인도 민족주의의 발전을 설명하면서 반식민 민족주의 작가들이 묘사하는 두 가지 영역, 즉 "내적인" 문화적·정신적 정체성과 "외적인" 물질적·기술적 능력을 명확히 구별했다. 외적인 영역은 정치권력을 위한 투쟁의 장소인 반면, 내적인 영역은 상상의 공동체로서 민족을 탄생시킨 주권적 영역을 제공했다.[5]

비록 전통적인 민족주의 역사 서술이 공적 영역을 특권화했지만, 공적 부문과 사적 부문은 동전의 양면을 이루고 있으며, 모두 민족[국가]의 발전에 필수적인 것이다. 주권을 가진 국가는 주권이 표출되는 공적 영역을 특권화하는 반면, 반식민 민족주의는 — "보완적인 장소가 아니라 민족주의의 헤게모니 프로젝트가 착수되는 본래의 장소"로서 — "내적인" 영역에 특별한 가중치를 부여했다.[6] 가정과 여성의 공간은 식민자의 시야 밖에 있는 것으로, 그리하여 안전한 피난처를 제공하는 것으로 간주되었다. 실제로 식민지 조선에서 여성 작가들은 남성 작가들이 가혹한 감시와 검열의 대상이 됨에 따라 출간의 기회를 얻을 수 있었다. "능력 있는" 여성과 "무능력한" 남성에 관한 이야기는 식민지 문학에서 주요 테마가 되었다.[7]

따라서 민족주의를 남성적인 것으로 묘사하는 전통과 달리, 북조선에서 민족주의는 여성이 민족의 화신이 되면서 남성성과 여성성의 경계가 모호해진 형태로 출현했다. 이 과정에서 북조선과 과거 사이의 관계는, 혁명이 과거 극복을 자신의 목표로 삼음에 따라 매우 양가적이게 되었다. 결과적으로 마르크스주의적 역사학을 채택한 북조선의 정책은 "봉건제 및 식민지 잔재들"과 남녀 사이의 "봉건적 관계"를 개혁의 대상으로 삼았지만, 모든 전통을 [개혁의 대상으로] 삼을 수는 없었다. 〈남녀평등에 관한 법령〉은 봉건제 및 식민지 시대의 악습으로 축첩, 조혼, 매춘을 금지했지만, 그 어디에서도 유교 전통이나 가족을 사회 병폐의 근원으로 언급하지는 않았다. 엥겔스가 규정한 것처럼, 공산주의에서 가족은 "사라지지" 않았고, 공산주의의 구성 요소로서 지속되었다.

사회혁명이 일어난 곳에서 여성의 지위는 대체로 여성이 "해방된" 정도에 달려 있다. 하지만 이 장에서는 해방되어야 할 진정한 여성 주체가 있다고 가정하기보다 여성의 주체성들이 창조되고 형성되는 역사적 메커니즘에 초점을 맞추려고 한다. "여성 문제"를 다루는 데 있어 북조선이 다른 사회혁명의 사례들과 구별되는 점은 전통을 양가적으로 배치했다는, 다시 말해 모성의 의미를 변화시킴으로써 여성과 남성 모두 어머니로서의 정체성을 부여받음에 따라 젠더 도식 전반이 변화했다는 점이다. 어머니를 가장 희생적인 모범 시민이자 모든 사람이 본받아야 할 존재로 칭송함에 따라 북조선에서 모성은 여성의 혁명적 주체성뿐만 아니라 모든 북조선 인민의 주체성을 구성하는 주요한 수사가 되었다. 이는 볼셰비키 혁명과 중국 혁명 당시 남성처럼 [강인해진] 여성을 칭송하고, 남성 노동자나 남성 농민 이미지 속에서 혁명적 형제애를 표상했던 것과는 완전히 다른 것이었으며, "심지어 남성이 여성으로부터 배워야만 한다고 했던 가장 유토피아적인 운동에서조차도"[8] 결코 제시되지 않았던 것이었다. 이와 대조적으로 북조선에서는 옛것과 새것을 혼합한 혁명적 어머니상이 혁명적 주체성의 전형적인 아이콘이 되었다. 그렇다면 어떻게 모성이 혁명적 잠재력을 구현할 수 있게 되었을까.

1940년대 후반의 북조선에서 여성 문제를 이해하는 것은 대단히 복잡한 일이다. 이는 중국 혁명의 열기와 맞닿아 있으면서도, 일제강점기와 [해방 그리고 소련군의 점령이 서로 교차하는 시점에 북조선이 위치해 있었기 때문이다. 북조선은 이런 유산들을 자신만의 독특한 방식으로 조합했으며, 이를 통해 다른 사례들과 견줄 수 없을 정도로 전통의 영향을 받은 독특한 형태의 사회주의적 근대성을 만들어 냈다. 이 장에서는 해방 직후 북조선에서 발행된 유일한 여성지인 『조선녀성』을 통해 북조선 여성들이 어떻게 혁명의 어머니로 동원되었는지 탐구할 것이다. 다만 그에 앞서 모성에 관한 그 이전의 언급들에 대해 먼저 검토해 볼 것이다.[9] 1946년 창간호에서부터 모성은 가장 무조건적인 희생의 형태로 제시되며, 여성뿐만 아니라 모든 북조선 구성원들에게 혁명적 주체를 상징하는 것으로 그려졌다. 모성을 공적인 페르소나로 재창조하는 것은 식민지 경험이 없었다면 불가능했을 것인데, 이는 식민지 경험이 여성과 가정의 영역에 특권을 부여할 수 있도록 했고, 소련의 영향이 다른 국가들에서와는 전혀 다른 방식으로 뿌리 내릴 수 있는 기틀을 마련했다.

현모양처

조선의 오랜 유교 전통이 전통적인 젠더 역할을 지속시키는 주된 이유로 종종 선전되지만, 구습의 폐기를 목표로 하는 사회 격변 시기에도 전통적인 젠더 역할이 북조선에서 왜 지속되었는지에 대한 설명은 거의 없다.[10] 소니아량의 주장에 따르면, 여성을 어머니로 구성하는 것의 핵심에 있는 것은 유교의 유산이 아니라, 독특한 형태의 지도자 숭배와 가부장적 담론들이다. 이것들이 여성성을 모성성과 등치하고, "여성"이라는 범주를 "모성"으로 대체하는 현상을 둘러싸고 있으며, "정치의 표면으로부터 젠더라는 관념을 일괄 지우고 있다." 량은 북조선에서 "'여성 문제'를 둘러싼 토론은 거의 없었고" 젠더 평등을 위한 법률적 조치들은 여성들의 참여 없이 상의하달 방식으로 추진되었다고 결론지었다.[11] 그러나 모성에 젠더 문제가 전혀 없었다고 할 수는 없다. 이 장에서는 해방 후 북조선에서 "여성 문제"가 실제로 어떻게 모든 계층의 북조선 여성들을 참여시키고, 젠더 관계의 재구성과 관련된 커다란 도전을 제기하며 열띤 논쟁의 대상이 **되었는지** 보여 줄 것이다.

"젠더"는 상대적으로 새로운 용어이며 량이 인정한 것처럼 한글에는 이에 상응하는 용어가 없다는 점도 기억해야 한다. 성sex과 구별되는 개념으로서 젠더는 20세기 서양의 페미니즘 이론에 뿌리를 두고 있다. 이 개념이 동아시아로 이동하면서 종종 "성별"[성차]로 번역되면서, 성과 젠더의 구분에 혼동이 발생하자 생물학적 차이와 구별되는 사회적 차이라는 의미를 보존하기 위해 최근에는 주로 젠더라고 번역된다. 따라서 사회 분석의 범주로서 젠더는 량이 제시한 것처럼 북조선에서 "지워"지거나 "망각"된 것이 아니라 북조선에서 사용하는 어휘가 아직 되지 못한 것이다. 이런 현상과 관련해서 하이디 하트먼은 대부분의 마르크스주의적 실험들이 페미니즘의 문제를 다루지 않은 채 여성 문제를 해결하려 시도했다고 지적함으로써 "페미니즘의 문제"와 "여성 문제"를 적절히 구분했다.[12] 즉 남성과 여성 사이에서 나타나는 사회적 구분을 근본적으로 문제 삼지 않은 채, 사회·경제·정치 영역에서 여성의 참여만을 촉진해 왔다는 것이다. 궁극적으로 량의 분석은 가족과 모성에 대한 북조선의 강조를 젠더 불평등과 등치시키고 있지만, 그것이 어떻게 서로 연결되는지는 보여 주지 않는다. 하지만 북조선에서만 모성을 활용·강조한 것은 아니었다. 적절한 역사적 맥락을 살펴보면, 북조선에서 나타나는 모성의 중요성을 단순히 여성 억압의 표시로서가 아니라, 전반적인 젠더[관계] (재)구성의 일환으로 검토하는 데 도움이 될 것이다.

모성은 20세기 전반 전 세계적으로 여성의 정체성을 구성하기 위해 광범위하게 사용된 수사로, 모성은 근대화 기획의 일환으로서 점점 더 국가정책에 종속되어 갔다. 19세기 내내 국가가 통치성을 발휘하는 데 필요한 역량을 키울 수 있는 토대가 점진적으로 마련되었는데 그중에는 인구조사도 있었다. 산업화와 대규모 전쟁으로 말미암아, 특히 전간기에 세계 각국은 대규모로 훈련된 인구와 국력을 연관 짓기 시작했다. 하지만 이와 동시에 도시화와 여성의 생산 활동 참여 증가로 출산율은 감소하고 있었다. 그 결과 인구 증가를 위한 방안으로 모성과 가정을 강조하면서, 가정생활과 재생산 문제에 국가가 관심을 기울이게 되었다.[13] 예를 들어, 영국에서는 상류층의 여성들이 이상적인 여성상을 구축하는 과정에서 근대화 기획을 수용함에 따라, 모성은 "모성 기능"mothercraft[어머니로서의 지식과 기술]이 되었는데, 이에 의거해 하층계급 여성들은 현대적인 가정을 꾸리는 데 필요한 과학적 지식을 갖춘 아내와 어머니로 훈련받아야 했다.[14]

　마찬가지로 일본 역시 1868년 메이지유신을 시작으로 대대적인 산업화에 착수했다. 조선을 식민화한 1910년 무렵에 이르러서는 전통적 형태의 대가족이 중산층 중심의 핵가족으로 빠르게 대체되었다.[15] 노동자든 군인이든 훈련이 잘 되어 있고 국가의 부름에 즉시 응답할 수 있는 근대국가의 주체를 만들어야 할 필요성에 따라, 여성 교육은 새로운 세대를 양육하기에 적합한 어머니를 훈련시키는 데 필수적인 것이 되었다. 강력한 근대 민족국가의 토대를 건설하는 일은 여성을 "현모양처" 이데올로기에 노출시키는 것으로 시작되었다. 유교에서 비롯되었다는 기존의 통념과 달리, "현모양처"는 근대 국가가 형성되던 시기에 여성을 교육시키고 동원하기 위해 만들어진 근대적 이데올로기였다.[16]

　실제로 "현모양처"에 대한 근대적 정식화는 효를 중시하며 아내나 어머니보다 딸의 역할을 우선시했던 유교적 전통과 뚜렷이 대조된다. 조선 시대를 지배했던 성리학에서 군신 관계보다 앞섰던 부모 자식 관계는 아내와 어머니의 역할이 새롭게 강조되면서 전복되었다. 일본에서 민족의 정수와 순결의 화신으로 활용되었던 "현모양처" 이데올로기는 식민지 조선의 맥락에서 일왕의 신민으로서, 가족보다 일제에 충성하는 아내이자 일제를 위해 자녀를 양육하는 어머니로서 여성을 형상화했다. 조상숭배와 효도를 통해 표출되었던 가문에 대한 충성은 (가족 역사에 뿌리를 둔 과거와의 유대를 끊을 수 있는) 미래지향적이고 진취적인 다음 세대에 대한 강조를 통해 깨져야 했다. 이를 위해 1900년대 초 조선 여성이 본받아야 할 애국 여성의 사례로 프랑스의 여성 영웅인 잔 다르크와 롤랑 부인에 관한 전기가 한글로 번역되어 널리 보급되었다.[17] 사실상 "현모양처" 이데올로기는 젠더화된 근대적 시민을 만드는 핵심 요소였는데, 여기서 어머니는 자녀를 국가의 신민으로 양육하고 가사를 전담함으로써 남성이 민족국가의 시민으로 참여할 수 있게 했다. 여성은 재생산을 담당함으로써 시민으로서의 자격을 갖추게 되었는데, 이는 가족에 대한 의무를 민족국가에 대한 의무와 결합한 것이었다.

예를 들어, 1930년대 중반을 기점으로 소련은 혁명 초기부터 견지해 왔던 결혼과 이혼에 대한 자유주의적 정책을 규제하기 시작하면서, 가족과 국가를 동시에 안정시키고자 했다. 중국공산당 역시 정책을 바꿔 여성을 "새롭게 해방된 여성"이 아니라 효, 순결, 모성으로 정의되는 "진정으로 혁명적인 여성"으로 바라보기 시작했다.[18] 일제 역시 식민지 조선에서 가족 정체성과 국가 정체성의 융합을 시도했다. 하지만 이는 매우 취약한 것이었다. 왜냐하면 식민지 신민[주체]들의 민족성과 시민권 사이에는 모순이 존재하기 때문이었다. 다시 말해, 조선 여성의 가족에 대한 의무를 일본 제국에 대한 의무로 전환하도록 설득하는 데는 한계가 있을 수밖에 없었다. 조선인 어머니(이는 조선인 성씨를 통해 표상된다)가 일본 제국을 위해 기여한다고 해도, 그녀는 제국주의 질서 속에서 여전히 2등 시민의 지위를 가질 뿐이었다. 이와 달리 일본에서는 여성이 희생적인 어머니로서 전시에 동원되면서 여성 역시 남성과 마찬가지로 제국의 시민이 될 수 있는 기회를 부여받았고, 이는 더욱 폭넓은 투표권과 출산 수당의 확대 등과 더불어 여성의 참여 범위를 정치와 경제 영역에서 확대할 수 있었다.[19] 약 1600만 명의 여성이 대일본부인회大日本婦人會에 가입함에 따라, "제2차 세계대전 기간 동안 그 어느 때보다 더 많은 여성들이 공공 생활에 적극적으로 참여하게 되었다."[20]

1920년대에 신여성과 모던 걸이 잠시 인기를 얻었으나, 이 같은 인기는 일제가 수행하는 전쟁에서 후방 부대 역할을 하도록 여성을 동원한 "현모양처" 이데올로기가 부활하면서 시들해졌다.[21] 신여성은 서구에서 유입된 국적이 불분명하고 믿을 수 없는 정체성이 되었다. 신여성이 "성적으로 문란하고, 부도덕하고, 불결하고, 개인주의적이며, 비생산적이고, 부패하고, 외부 세력에 의해 쉽게 휘둘리는" 존재로 간주되었던 것과는 대조적으로 전통적인 여성은 민족의 순수한 구현체였다.[22] 따라서 여성들은 국내 전선[후방]의 보호자로 전쟁에 동원되어 모든 것을 기꺼이 희생하는 어머니로 형상화됐다. 식민지 조선에서도 전쟁 총동원이 시작되면서 가족이 전시 동원 체제의 기본 단위가 됨에 따라, 전통적 가족에 의해 유지되었던 [민족의 내적 영역에 대한] 마지막 장벽마저 깨지게 되었다.[23]

식민지 조선의 여성을 일제에 충성하는 집단의 일원으로 끌어들이기 위해 총독부는 어머니들을 대상으로 광범위한 선전 활동을 벌였다. 수많은 작가들이 어머니의 희생에 관한 이야기를 만드는 데 동원되었다. 1942년의 『군국의 어머니』라는 글에서 박태원은 다음과 같이 썼다.

애지중지하여 기르시는 아들들이 정녕 내 아들인 듯하면서도 실상은 내 아들이 아니요, 참으로 모두가 황송하옵게도, 천황 폐하의 귀하신 아드님이라는 것을 생각하여 보신 적이 있으십니까? …… 폐하로부터 황송하옵신 분부를 받자와 잠시 맡아 가지고 기르는 아들이다. 장래

'국가의 간성'으로 남부끄럽지 않은 인물을 만들어 놓자. 그리하여 다시 폐하께서 부르실 때 감격과 영광 속에서 아들들을 도로 바치자. …… 내지內地의 어머님들을 힘써 본받고 배우셔야만 하게 되었습니다.[24]

하지만 작가들이 현실을 완전히 외면할 수는 없었다. 1942년 최정희의 친일 단편소설인 〈야국초〉에는 [지원병 입소에 대한 부모 형제의 찬부에서] "언제나 모친 쪽의 반대가 많기" 때문에 조선인 징집이 자발적으로 이뤄지기 어려운 현실이 나타나고 있다. 이처럼 어머니들이 지원을 반대했던 자들은 입대 후에도 "성적이 좋지 않"거나 탈영을 하기도 했다. 이런 상황에 대해, 〈야국초〉는 어머니들이 가족의 단기적 이익과 아들에 대한 "맹목적인 애정"에만 연연하지 말고 일본 제국을 위해 "크고 빛나는 미래"를 바라봐야 한다고 역설하고 있다.[25] 그러나 조선의 어머니들은 일본의 어머니들을 본받을 수 없었다. 1940년대를 지나며 창씨개명, 한글 사용 금지, 신사참배 의무화 등 조선인들이 치를 떨었던 정책이 본격적으로 강요되면서, 그들이 처해 있던 식민지 종속성이 명백해졌기 때문이었다. 조선 여성과 일본 여성 사이에 존재하는 민족성의 차이로 말미암아, 식민지 정부는 조선인 여성의 역할을 활용하기 어려웠다. 이 같은 사실은 식민지 시대의 여성 동원과 해방 이후 시대의 여성 동원 사이의 차이를 가장 명확히 보여 준다. 실제로 조선의 어머니들은 식량을 몰수당하고 가족이 노동자, 군인, "위안부"로 강제 징집되는 상황에 맞서 일제에 저항했다.

이런 어려움에도 불구하고 일제는 부녀회를 조직하고, 여성들이 노동단체에 가입하도록 장려했다.[26] 여성이 노동인구로 쉽게 편입될 수 있도록 탁아소와 공동 주방을 만들어 가사 노동을 집단화했다. 또한 빨래를 줄이기 위해 전통적인 흰색의 농민 복장을 어두운 색의 작업복으로 대체하는 등의 방법이 사용되기도 했다. 일본과 마찬가지로 식민지 조선 전역에 애국부인회가 조직되어 후방 부대 역할을 했다. 이들은 거리 청소와 도로 보수 같은 일상적인 일 외에도 군인을 위한 의료 활동, 전쟁 동원 선전, 임산부 보호, 교육 교화 시설 관리, 빈곤 아동 구조, 화재 예방, 대중 집회 조직, 생필품 배포, "애국" 저금 등의 활동을 했다.[27] 강제 징집으로 남성과 노동력이 부족해짐에 따라, 여성들이 기존의 가부장적 제약에서 점차 벗어나 공적 영역에 진입할 수 있게 되었고, 이는 해방 후 여성을 동원할 수 있는 토대가 되었다. 이렇게 여성에 대한 대규모 동원은 식민 지배하에서 시작되었고, 비록 그것이 마지못해 이루어진 것일지라도, 전시 동원은 수많은 여성들이 근대국가에 처음으로 참여할 수 있게 했다. 이 같은 식민지 시절의 경험은 해방 후 남과 북에서 식민지 신민으로서가 아닌, 민족 주체로서 여성을 동원하기 위해 전용·재활용되었다. 북조선에서 여성이 가정에서 수행해야 할 의무와 근대적인 주체로서 수행해야 할 역할이 성공적으로 융합될 수 있었던 것은 민족을 가족의 확장으로 보았던 관점과 많은 관련이 있는데, 북조선 정치에 만연한 가족주의적 이미지 역시 이를 통해 설명할 수 있다. 실제로 북조선에서 국가 지도자인 김일성은 아버지이자 동시에 어머니인 지도자, 곧 어버이 수령으로 불리게 되었다.

민족 해방으로서 여성해방

일제 식민 통치가 남긴 유산은 "현모양처" 같은 보수적인 사상에 국한되지 않았다. 그것은 사회주의 이념의 탄생을 낳기도 했다. 일제 식민 통치 초기 10년 동안 고난이 점차 증가함에 따라, 1917년 10월 러시아혁명이 설득력 있는 대안 모델로 부상했는데, 이 같은 생각은 평화적 수단으로 독립을 쟁취하려 했던 3·1운동이 실패로 돌아가면서 더욱 강화되었다. 1920년대에 사회주의 및 공산주의 사상이 확산되면서 반식민지 운동은 급진적인 방향으로 선회했다. 온건한 민족주의로부터 떨어져 나온 여성 사회주의자들은 1924년에 조선 최초의 사회주의 여성 단체인 조선여성동우회를 설립했다.[28] 보수적 민족주의 운동의 대안을 찾던 여성들에게 사회주의 여성운동은 "무산계급 여성해방"과 민족 해방을 결합해 대다수 여성이 이 운동에 참여할 수 있는 방식을 제시하는 것처럼 보였다. "무산"계급은 의식적으로 매우 광범위하게 규정되었는데, 여기에는 농민과 노동자뿐만 아니라 지식인과 학생들도 포함되었다. 이들의 활동 가운데 핵심은 각종 강연회와 좌담회 및 3월 8일 '세계 여성의 날' 집회 등을 통해 여성 문제를 공론화하는 것이었다.

1927년 7월 결성된 근우회는 민족주의 여성과 사회주의 여성의 통일전선을 구축함으로써 여성들의 조직화 수준을 한 단계 끌어올렸다.[29] 근우회는 여성에 대한 차별과 조혼 및 중매결혼 같은 "봉건적" 관습의 철폐를 요구하는 동시에, 여성 농민과 노동자의 권리 보호를 주장했다. 근우회의 행동 강령은 아래와 같다.

1. 여성에 대한 사회적·법률적인 일체의 차별을 철폐한다.
2. 일체의 봉건적인 인습과 미신을 타파한다.
3. 조혼을 폐지하고 결혼의 자유를 확립한다.
4. 인신매매 및 공창을 폐지한다.
5. 농민 부인의 경제적 이익을 옹호한다.
6. 부인 노동의 임금 차별을 철폐하고 산전産前 및 산후産後 임금을 지불하도록 한다.
7. 부인 및 소년공의 위험 노동 및 야근을 폐지한다.

1929년 사회주의자들이 근우회에서 우위를 점하게 되자 교육, 이혼, 보육,

보건에 대한 권리를 포함한 네 가지 새로운 항목이 행동 강령에 추가되었다. 북조선에서는 1946년에 〈남녀평등에 관한 법령〉과 〈노동법〉을 통해 이런 문제들이 다뤄졌다. 허정숙은 조선여성동우회와 근우회 모두에서 핵심 인사로 활약하며 중요한 역할을 담당했으며, 해방 후에도 북조선에서 최고위급 여성 지도자에 오르는 등 지속적으로 활동하는 모습을 보여 주었다.[30]

북조선민주여성동맹(여맹)의 회원들은 여성의 삶을 개선하는 새로운 법의 시행을 위해 함께 노력했다. 여기서 여성의 이해관계는, 반식민주의 운동에서와 마찬가지로 "부국강병"이라는 틀에서 짜여졌다. 1946년 5월 여맹 제1차 대표자 회의에서 채택된 강령은 북조선인민위원회의 정치 강령에 지지를 표하며, 여맹 회원들이 모든 역량을 집중해 '조선 반도'에 민주공화국을 건설하는 데 매진하도록 요청했다. 여기에는 민주국가 건설의 장애물인 "일본의 파시스트 분자와 민족 반역자를 박멸하기 위한 분투"가 포함되었다. 이런 투쟁은 조선의 정치·경제·문화를 배양하고, 여성의 문맹을 근절하기 위해 적극적으로 노력하며, "봉건적 도덕 인습과 미신 타파"를 위해 분투하는 것을 목적으로 했다.[31] 여맹의 활동은 국가 건설에 집중하고 있는 당시의 분위기를 반영하고 있었다. 여성은 건설 사업과 교육 캠페인, 세금 징수, 지역의 고아원과 보안대에 보낼 위문품 마련과 기부, 지역 순회강연 등을 비롯해 새로운 국가를 건설하는 데 필요한 모든 일들에 동원되었다. 국가 건설 과정에서 여성의 역할이 증대되었다는 사실은 여성 문제를 다룬 두 가지 핵심 법안을 통해서도 명확히 표현되었다.

북조선인민위원회에서 발의되고 통과된 〈북조선 노동자 및 사무원에 대한 노동법령〉(이하 〈노동법〉)과 〈남녀평등에 관한 법령〉은 북조선 사회에서 여성의 역할을 노동자와 어머니로 규정하는 기본 틀을 마련했다. 1946년 6월 24일에 공표된 〈노동법〉에는 기본 조항으로 1일 8시간 노동, 유급휴가제, 동일 노동에 대한 동일 임금, 사회보험제를 비롯한 노동조건의 개선에 더해 아동과 부녀자를 보호하기 위한 특별 조항이 포함되어 있었다. 여성에 관한 특별 조항은 출산 전 35일 출산 후 42일간의 휴가, 임신 6개월부터 임산부에게 수월한 노동 배정, 한 살 미만의 자녀를 둔 여성에게 하루 두 차례 30분의 수유 휴식 시간 제공 등이 있었다.[32] 임산부와 수유 여성이 야근을 하는 것도 금지했다. 여성은 어머니인 상황에서도 노동을 해야 했기 때문에 모성은 신중히 보호되었다.

가족에 대한 강조는 1946년 7월 30일 〈노동법〉 시행 후 한 달 만에 통과된 〈남녀평등에 관한 법령〉에서 확인할 수 있다.[33] 이 법의 전문은 다음과 같다.

제1조. 국가, 경제, 문화, 사회, 정치 생활의 모든 영역에서 여성들은 남자들과 평등권을 가진다.

제2조. 지방 주권 기관 또는 최고 주권 기관 선거에서 여성들은 남자들과 동등한 선거권과 피선거권을 가진다.

제3조. 여성들은 남자들과 동등한 노동의 권리와 동일한 임금과 사회적 보험 및 교육의 권리를 가진다.

제4조. 여성들은 남자들과 같이 자유결혼의 권리를 가진다. 결혼할 본인들의 동의 없는 비자유적이며 강제적인 결혼을 금지한다.

제5조. 결혼 생활에서 부부 관계가 곤란하고 부부 관계를 더 계속할 수 없는 조건이 생길 때에는 여성들도 남자들과 동등한 자유 이혼의 권리를 가진다. 모성으로서 아동 양육비를 이전 남편에게 요구할 소송권을 인정하며 이혼과 아동 양육비에 관한 소송은 인민재판소에서 처리하도록 규정한다.

제6조. 결혼 연령은 여성 만 17세, 남성 만 18세 이상으로 규정한다.

제7조. 중세기적 봉건 관계의 유습인 일부다처제와 여자들을 처나 첩

으로 매매하는 여성 인권유린의 폐해를 앞으로 금지한다. 공창, 사창 및 기생 제도(기생권번, 기생학교)를 금지한다. 이 항을 위반하는 자는 법에 의하여 처벌한다.

제8조. 여성들은 남자들과 동등한 재산 및 토지 상속권을 가지며 이혼할 때에는 재산과 토지를 나누어 가질 권리를 가진다.

제9조. 본 법령의 발포와 동시에 조선 여성의 <권리>에 관한 일본 제국주의의 법령과 규칙은 무효로 한다. 본 법령은 공포하는 날부터 효력을 발생한다.[34]

제4조부터 제8조는 결혼과 이혼을 규제하는 가족법과 관련되어 있으며, 이는 여성 문제를 다루는 데 있어 가족 문제가 중요했음을 나타낸다.

[가족에 대한 강조와 관련해] <남녀평등에 관한 법령>보다 더 시사하는 바가 큰 것은 6주 뒤인 1946년 9월 14일에 발표된 <남녀평등에 관한 법령>의 <시행 규정>이었다. 규정 제8조는 모든 혼인은 반드시 해당 지방인민위원회에 혼인 증명서를 제출해 등록해야 한다고 명시했다. <남녀평등에 관한 법령>은 자유로운 결혼을 원칙으로 했지만, 혼인은 반드시 등록해야 했고 사실혼을 비롯한 미등록 혼인은 인정되지 않았다. 이는 소련에서 1918~36년 사이에 사실혼에 합법적 혼인과 동일한 지위를 부여하고 혼외 자식에게도 "합법적인" 자녀와 동일한 법적 권리를 보장했던 것과는 뚜렷이 대조된다.[35]

또한 소련에서는 부부가 상대방의 동의 없이도 간단히 지역 당국에 이혼 신고를 하면 바로 이혼할 수 있어서 "엽서" 이혼이라는 용어가 생기기도 했다. 반면 북조선에서는 규정 제10조부터 제22조까지 이혼 절차를 구체적으로 규정하고 있다.[36] 자유 이혼의 권리가 인정되었지만, 실제로 이혼을 하려면 여러 난관을 통과해야 했다. 양측이 동의를 하면 이혼 서류를 해당 구역 인민위원회에 제출해 이혼할 수 있었지만, 만약 어느 한쪽이 동의하지 않았을 경우 소관 인민재판소에 이혼소송을 제기해야 했다. 이혼을 인정받기 위해서는 법원이 정당한 이혼 사유가 있다고 인정해야만 했다. 또한 두 번 이상 이혼하려고 할 경우 5000원의 벌금을 소관 인민재판소에 납부하도록 함으로써 반복되는 이혼에 재정적 부담을 지웠다(단, 벌금은 법원의 재량에 의해 증감될 수 있었다). 1956년 3월에 이혼은 상호 합의된 경우라 해도 법적인 절차를 거쳐야 하는 것으로 변경됐다.[37]

소련에서 발생한 일을 고려해 보면, 이 같은 제한이 없을 경우 북조선에서도 급진적인 효과가 나타날 것을 미리 예상할 수 있었다. 소련에서 여성의 지위가 높아진 것을 상찬한 후 『조선녀성』은 다음과 같이 조심스럽게 경고했다.

끝으로 소련의 남녀관계를 보기로 하자. 혁명 직후 봉건적 폐풍을 일소하기 위하여 결혼과 이혼을 간단이 하여 자유를 허가하였다. 이것은 여자의 자유를 보장하는 것이 못 되고 여자에게 육체적으로 큰 타격을 받는 ○○[임신 중단을 의미하는 것으로 보인다—옮긴이]를 감행하거나 또는 고아원에 갖다주거나 그러지도 못하면 자기 손으로 기르게 된다. 동시에 이와 같은 남녀 방종에 가까운 자유결혼과 이혼은 사회의 건전한 풍기를 문란케 할 뿐만 아니라 인구 증가에 있어서도 큰 지장이 됨으로 점차 이혼의 조건을 엄격히 규정하고 또 이혼을 한 후에도 남자에게 큰 부담을 걸어 여자의 입장을 보호한다. …… 책임 없는 자유 이것은 방종에 지나지 못한다. 하물며 현재 가정 단위의 구성인 만큼 가정 관계의 여하가 일국가 일사회—社會에 큰 영향을 미치는 것을 생각할 때 건전한 가족 즉 부부 관계의 수립은 극히 필요하다. 명랑하고도 깨끗한 엄숙하고도 자유로운 일부일부—夫—婦의 가정의 확립이 절대로 필요하다. 또한 우리가 소련에서 배울 것이다.[38]

식민지 조선에서 자유로운 혼인과 이혼에 대한 논의는 1920년대부터 시작되었다. 이 당시 남성이 나이 많은 본처를 떠나 젊은 "신"여성에게 가는 일이 종종 있었기 때문에 자유로운 이혼 정책의 희생자는 여성인 경우가 많았다. 이 같은 정책은 러시아의 어느 노동계급 여성이 설명한 것처럼 여성을 해방시키기보다 여성에게 상처를 입혔다. "대부분의 경우 여성은 남성보다 발전이 더디고, 덜 숙련되어서 덜 독립적이다. …… 결혼하고, 아이를 낳고, 부엌의 노예가 되고, 그러다가 남편에게 버림받는 것, 이는 여성에게 매우 고통스러운 일이다. 이것이 내가 손쉬운 이혼을 반대하는 이유이다."[39]

그 결과 소련은 1944년에 새로운 가족 칙령을 도입했는데, 칙령은 법원의 판결을 요구함으로써 이혼을 제한했고, 사실혼을 더는 인정하지 않았다.[40] 이 같은 교훈을 받아들여 1946년 개혁을 시작한 북조선은 사실혼이나 "엽서" 이혼을 인정하지 않았다. 봉건적 또는 부르주아적 생산 단위로서 가족의 존폐를 두고 중국이나 소련에서 벌어졌던 논쟁을 거치지 않은 채, 북조선에서는 가족을 사회의 기본 단위로 하는 두 가지 법, 즉 〈노동법〉과 〈남녀평등에 관한 법령〉을 통해 어머니이자 노동자로서 여성이 수행하는 역할을 하나로 통합했다. 그리고 소수민족의 존재로 말미암아 민족성을 강조할 수 없었던 소련과 달리, 북조선의 여성은 가족의 확장으로서 민족이라는 관념을 수립하는 데 동원되었다. 마르크스주의적 국제주의에 충실한 볼셰비키에 의해 발행된 최초의 여성지 제목은 『라보트니차』*Rabotnitsa*('여성 노동자'라는 뜻)로 1914년 세계 여성의 날에 발간되었다.[41] 반면, 북조선은 첫 여성지인 『조선녀성』의 제목에서 알 수 있듯이, 여성을 무엇보다 조선인으로 묘사했다.

『조선녀성』

북조선민주여성동맹의 주요 출판사인 조선여성사는 해방 후 북조선 여성을 교육하는 데 필요한 거의 모든 자료를 도맡아 인쇄했다. 조성여성사의 주요 임무 가운데 하나는 북조선민주여성동맹의 기관지 『조선녀성』(1946년 9월 창간)을 출판하는 것이었다.[42] 두 번째 호는 [두 달 후에] 1946년 11월에서야 발간되지만, 1947년 1월부터는 월간으로 발행되었다. 1946년에는 약 2만 부가량 인쇄되었으며, 다음 해에는 9만 부로 늘렸다.[43]

『조선녀성』이 어떻게 배포되었고, 여성들이 그 내용을 어느 정도까지 접했는지는 충분히 밝혀지지 않았다. 제한된 자원과 높은 문맹률에 비추어 볼 때, 여성들이 개인적으로 사본을 한 부씩 갖기보다는 여맹 회의나 학습 모임을 통해, 지방정부와 민주선전실을 통해 사본을 공유했을 가능성이 크다. 1947년 조선여성사의 업무 보고를 보면, 잡지 출간에 소요되는 연간 200만 원의 예산을 확보하기 위해 여맹 지부들로부터 구독료를 받아야 하는데, 구독료 징수에 어려움이 있다고 언급되어 있다.[44] 잡지는 30원에 판매되었는데, 수입을 늘리기 위해 미용실이나 양복점 같은 소상공인들의 광고를 뒤표지에 제한적으로 실었다. 『조선녀성』에 대한 반응은 지역적으로 차이가 있었다. 역사적으로 급진적인 농민운동의 본거지였던 함경북도와 함경남도가 가장 열심히 글을 기고하고, 구독료를 지불하며, 잡지를 배포했다. 38도선을 따라 위치해 있어 소련과 미국의 점령 지역으로 나뉜 강원도에서의 반응이 가장 낮았다. 평안남도에서도 잡지에 대한 관심이 거의 없어서 사본을 "그냥 쌓아 두고" 있었다고 한다. 이전 연도의 잡지 내용을 분석한 것을 보면 논설 16.4퍼센트, 가정란 15.6퍼센트, 교양 자료 19.7퍼센트, 문예란 21.5퍼센트, 지방 소식 11.2퍼센트, 기타 12.5퍼센트로 나타났다. 이런 결과를 바탕으로 보고서는 문예란이 교양 자료를 제치고 가장 많은 지면을 차지하고 있는 사실을 비판했다. 또한 잡지가 목표로 삼는 독자층이 불명확하고 다수의 여성 노동자와 농민에게 다가가지 못했다는 점을 비판적으로 평가했다. 또 지방 기자의 부족으로 지방 소식 역시 미흡한 것으로 나타났다.

이런 문제점에도 불구하고 『조선녀성』은 경제 발전 속도에 대한 기사부터 집안일을 돌보는 요령에 이르기까지 폭넓은 주제를 다뤘다. 잡지사 소속 작가들이 쓴 기사에 독자 투고까지 더해 대략 80~100쪽 분량으로 구성되어 있었으며, 사설, 가사에 관한 칼럼, 교육 자료, 소련에 관한 단신 뉴스, 예술과 문학 부문 글들이 포함되었다. 대개 국가정책에 대한 공표로 구성된 발간사가 언제나 맨 앞에 나와 출판물의 공식적인 성격을 확인시켜 주었다. 교육 자료는 모범적인 소련 여성의 사례부터 정치 관련 소식이나 한글 강좌까지 다양한 주제가 실렸다. 문예 부문에는 단편소설, 희곡, 에세이, 시 등이 포함되어 있었으며, 이 가운데 많은 작품들이 독자 투고에 의한 것이었다. 쟁점에 따라 특집으로 광복절 기념행사, 〈남녀평등에 관한 법령〉 공포 등 국내외 뉴스를 조명하는 기사가 실렸다. 1948년 4월호부터는, 소련 군정의 종식과 더불어 조선민주주의인민공화국의 9월 공식 수립이 임박함에 따라, 소련에 관한 소식은 간헐적으로만 실렸다.

일제강점기 시절 개혁가들이 다뤘던 주제들은 요리법, 자녀 양육 및 재봉, 특히 여성의 생식 건강을 비롯한 기초 의학 지식, 자녀의 영양과 위생 등과 같은 가정관리 칼럼들 속에 재현되었다. 현대적인 가정을 일구는 것과 관련해, 이 주제들은 전 세계적으로 인기 있는 여성지의 주제였다. 1920, 30년대 식민지 조선의 일간지들은 가족과 가정을 위한 칼럼을 실었다.[45] 예를 들어, 『조선일보』는 1924년 11월에 "가정부인"이라는 제목의 칼럼을 싣기 시작해서, 1931년 10월에 "가정"이라는 칼럼을 추가했고, 이 칼럼들은 1940년 8월 폐간될 때까지 계속 연재되었다.[46] 다른 신문들 역시 "가정 메모" "가정 상식" "가정 시론" 같은 칼럼을 이어 갔다. 이런 경향과 겹치기는 했지만, 해방 후 『조선녀성』에서 새롭게 떠오른 주제는 아내와 어머니로서 가족에 대한 의무를 가진 여성과 가정 밖 노동자로서 여성의 새로운 지위를 결합하는 것이었다.

앞서 살펴본 바와 같이 모성은 〈노동법〉과 〈남녀평등에 관한 법령〉을 통해 보호받았다. 여성의 노동력이 새로운 사회 건설을 위해 동원되면서, 여성이 모든 일을 하도록 요청받았다. 다음은 남편과 유치원 연령의 아들, 한살 된 딸로 이루어진 4인 가족의 아내이자 어머니에게 추천되는 하루 일정표의 예시이다.[47]

5시(오전)	기상
5시~7시	아침 식사 준비, 세면 및 식사
7시~7시 30분	가내 정리, 출근 준비, 장남 등교 준비
7시 30분	출근
12시~2시(오후)	젖먹이는 시간
5시	퇴근
5시 30분~7시	식사 준비, 간단한 빨래, 저녁 식사
7시~9시	아이들 시중, 의복 정리
9시~10시 30분	본인 시간(공부 사업 정리)
10시 30분~5시(오전)	취침

여성은 요리, 청소, 육아 등 모든 집안일을 도맡았을 뿐만 아니라 빡빡한 일정 속에서도 퇴근해 집에 가는 길에 장보기를 해야 했다. 그녀의 유일한 자유 시간은 저녁 9시~10시 30분이다. 수면 시간조차 충분히 할애되지 않고 있다. 비록 이 기사에서도 직장 여성들이 마주하게 되는 어려움을 인정했지만, 결국 가사 부담은 여전히 여성에게 있었다. "어느 시대이든 가정 일은 여성의 책임이다. 여성의 해방이 여성으로 하여금 가정을 버리라는 것이 아님을 다 알고 있는 이상 이 문제 역시 직장 여성의 책임이다. …… 어린이에게는 어머니의 힘이 가장 필요한 것이다. …… 경제계획의 완수를 위하여 조선의 부강한 민주 발전을 위하여 가정을 가진 여러 어머님들은 가능한 조건하에 또는 불가능을 자기의 열성으로 가능하게 만들어 많이 활약해 주실 것을 끝으로 부탁한다."

그렇다면 여성들의 반응은 어땠을까? 앞서와 같은 [직장 생활과 가정생활의 성공적 양립에 대한] 공식적인 당부에도 불구하고 여맹이 주관하는 좌담회에서 평범한 여성들의 목소리를 기록한 기사를 보면, 가사 의무와 직장 일을 결합하는 데 따른 어려움이 지속적으로 표출되었다.[48] 이들의 한결같은 불만은 시간이 턱없이 부족하다는 것이었다. 1946년 12월 25일 직업여성에 관한 토론회에 기자, 교사, 판매원, 미용사, 여맹 대표 등이 참석한 가운데, 여성들이 가정 밖에서 일하는 동기가 무엇인지, 일과 가정 사이의 균형을 찾는 과정에서 마주하게 되는 문제는 무엇인지에 대한 질문이 나왔다.[49] 그들은 직업 부인을 꿈꾸는 여성들의 선구자로서 나라 경제에 공헌하고 싶으며, 성평등을 달성하기 위해 경제적으로 독립해야 할 필요성을 느낀다고 답했다. 그들은 대체로 정부의 지원과 〈남녀평등에 관한 법령〉의 제정으로 해방 이후 여성의 상황이 실제로 개선되었다는 점에 동의했다. 또 학교가 더 많이 생기고, 비록 부족하나마 생필품을 공평하게 배분하는 것에도 감사했다. 하지만 가장 큰 문제는 아래의 의견에서 표현된 것처럼 시간 부족이었다.

저는 언제나 시간이 모자랍니다. 아침 일찍부터 저녁 늦도록 내 성의껏 하여도 그냥 시간이 부족합니다. 느끼는 바는 시간의 여유가 좀 있었으면 합니다. …… 솔직한 말씀을 하면 현재 계단에 있어 직업 부인은 가정의 일부분을 희생시키고 있다고 생각합니다.

시간에 여유가 없으니까 자연 모든 것이 간소하게 됩니다. 음식 같은 것도 '지지개' '면' '지지개' 한 가지로 먹게 되고 의복도 양복 한 벌로 지내게 됩니다. 제일 문제는 빨래입니다. 바느질은 고사하고 양말 같은 것을 기울 짬도 없습니다.

여성의 퇴근이 늦어질 때 남편이 이해를 하는가에 대한 질문에 여성들은 웃으며 다음과 같이 말했다. "이해는 하지만 아무래도 부분적으로 불쾌한 말 못할 감정을 느끼는가 봐요. …… 불쾌가 아니라 불안을 느끼겠지요. …… 야단이에요. 글쎄 남편이나 부인이나 같이 직장에 나갔다 돌아오는데 왜 나는 미안함을 느끼고 상대편은 미안함을 안 느낄까 이 현상에 심리를 무엇으로 해결해야 합니까?" 여성들은 남편들이 집안일을 돕지 않는 것에 대해 불만을 토로했다. 여성들은 남편들의 고집, 즉 남성만을 가정의 유일한 생계 부양자로 간주하며, 집안일은 하지 않아도 된다고 생각하는 뿌리 깊은 관습을 지적했다.

그리고 가정에 있어서도 좀 더 여성들에게 협력해 주면 좋겠어요. 신혼 시대 같이 신혼 때에는 하라는 말 안 해도 남편이 잘 부인을 도와주는데 …… 그러나 보통 남자의 자존심이 허락하지 않는 모양이에요. …… 남자가 가정에서 부인을 도와주는 것이 큰 수치가 되는 듯이 생각하는데 이것이 아동들에게 커다란 폐해를 주는 것입니다. 어려서부터 남아에게 집안일을 돕는 습관을 시켜 주어야 할 것입니다. 지금까지와 같이 남녀에게 차별감을 두어 교육하는 것은 절대 금물입니다.

무엇보다도 여성 문제의 해결을 위한 방안으로 가사에 대한 협조를 원했다. 위의 인용문에서 여성이 언급한 것처럼 일부 사람들은 [기존의 고정된 젠더 역할을 해체하기 위한 방안으로 현대의 페미니스트와 놀라울 정도로 유사하게 남자아이와 여자아이의 평등한 사회화를 옹호하기까지 했다. 또 다른 칼럼 "남성에게 들이는 말씀"에서 한 여성 공장노동자는 법의 개혁보다 실질적인 실천의 중요성을 재차 강조하며, 남성에게 가사를 도와 줄 것을 요구하는 동시에, 여성도 한 단계 발전해야 한다고 주장했다. "앞으로 우리들은 남자들에게 조금도 뒤떨어지지 않도록 힘껏 일하고 열심히 공부하겠습니다. 끝으로 남자에게 요구하는 것을 말씀드린다면 많기도 하지만 무엇보다도 가정 생활하는 데 있어서 법령만 가지고 하는 것이 아니라 감정적으로까지 여자에게 남녀평등으로 생각하여 주고 서로서로 도와주고 살림하여 주면 대단히 좋겠습니다."[50]

여성을 노동력으로 동원하기 위해서는, 아내와 어머니로서 여성의 역할에 대한 재검토가 필요했는데, 이는 일과 가정을 병행하기를 요구하기 때문이다. "역사상 여성의 지위와 그의 과업"이라는 기사는 남성들이 태도를 개선해야 한다고 비판하며, 여성의 변화된 역할에 적응할 것을 강력히 촉구했다.

우선 남성 자신부터 여성에 대하여 인식을 새로이 하며 크게 반성을 하지 않으면 안 될 것이다. 이제 남자들의 큰 각성을 바라는 의미에서 다음 몇 가지 돌이켜 생각해야 할 범위를 지적하려는 바이다.

I. 과거의 남존여비의 인습을 청산하는가.

1. 아들이 나면 기뻐하고 딸이 나면 섭섭히 여기지 않는가.
2. 아들과 딸을 차별하여 학교에 보내지 않는가.
3. 여자의 가정상 노동을 너무나 요구하지 않는가.
4. 여자의 섬김을 받으려는 생각이 없는가.
5. 식사에 남녀 차별을 하지 않는가.

II. 남자라는 우월감을 갖지 않는가.

1. 주먹의 힘을 너무 믿지 않는가.
2. 여성의 장점을 무시하지 않는가.
3. 혼인에 대하여 딸의 의견을 존중히 하는가.

4. 여자의 중역을 전반적으로 너머 없이 여기지 않는가[여성의 역할 증
   대를 싫어하는가─옮긴이].

5. 남녀가 같은 봉급을 받을 때에 불평이 있지 않는가.

III. 여성해방에 관심을 가지는가.

1. 여학교의 수효가 부족함을 절실히 느끼는가.

2. 여자의 지위가 높아짐을 찬성하는가.

3. 여성동맹의 사업을 도와주는가.

남성들은 "여성을 약하게 만든 자는 특권 계급의 남자들이다"라는 표
어로써 위에 말한바 모든 사항에 대하여 항상 스스로 묻고 대답하면서
그것을 고치려고 노력하는 동시에 적극적으로 여성운동을 도움으로써
영국의 문호인 '셰익스피어'가 여성을 모욕한 말 "약한 자여 너의 이름
은 여성이로다"를 부정하며 이런 사상을 남자의 머릿속에서 소제하지
않으면 안 될 것이다.[51]

이는 문맹이 많았던 농경 사회의 맥락에서 봤을 때 매우 급진적인 선언이다.
여성들은 일과 가정을 결합하게 되면서 직면하는 모든 어려움에 대해 남성
이 자기 몫의 책임을 다해야 한다고 주장하는 것으로 반응했다. 여성들은 단
순히 상의하달식으로 동원되기보다, 남성들도 여성 문제를 해결하기 위해
스스로 변화할 필요가 있다고 지적했다. 여성들은 가정에서 자신들이 처한
"자연적" 지위와 가사노동에 대한 통념에 이의를 제기했지만, 그런 도전에
양가적 감정이나 어떤 죄책감이 없었던 것은 아니었다. 많은 여성들이 가정
에서 자녀를 돌보는 데 있어 여전히 어머니들이 핵심적인 역할을 해야 한다
고 믿었다.

1947년 8월 13일 여맹이 주최한 또 다른 좌담회에서 대학, 검찰, 여맹 등 여러 부문의 여성들이 공장노동자, 기자, 중학교 교사, 가정주부와 함께 여성의 지위에 대해 토론했다. 지난 한 해 동안 이루어진 진전 상황을 모두 검토한 후 토론에 참여했던 기자는 다음과 같이 지적했다.

> 과거에 있어서는 생활이 생활 같지 못했으니까 그 화풀이를 그래서는 안 될 줄은 알면서도 자연 아이들에게 하게 되던 관계로 과거의 어린이들은 자연 명랑치 못한 눈치만 엿보는 아이들이었습니다. 그러던 것이 지금은 부부 싸움 하던 시간도 술 먹던 시간도 없으리만큼 바빠지고 또 짬이 나면 독서하게 되니 아이들도 자연 서적을 읽는 시간이 많아졌습니다. 앞으로는 조선의 어린이들도 퍽 명랑하고 행복한 어린이들이 될 것입니다. 그러나 어머니들이 많이 직장으로 나가는 관계로 어린이들의 건강이라든가 기타 모든 시중이 등한하게 되는 무리한 점이 적지 않은데 이 점에 관하여서는 어린이들도 많이 이해해 주며 또 자발적으로 이에 협조하는 경향을 보여 주고 있습니다. 그러나 암만하여도 어린이들은 어머니가 늘 옆에 있는 것만은 못 할 것입니다.[52]

가족은 계속해서 중요한 사회적 단위였기 때문에 어머니와 아내로서 여성의 역할은 결코 비난을 받지 않았다. 따라서 여성 문제는 여성이 일하고 있는 현재 상황에서, 어머니와 아내로서 여성의 정체성을 어떻게 재구성해야 하는가, 다시 말해 여성들은 일과 가정을 어떻게 하면 최대한 효율적으로 결합할 수 있는지에 관한 것이었다.

여성의 노동력에 관해 경합하는 주장들과 여성들의 불만(시간은 물론이고, 남성의 협조가 턱없이 부족하다는) 사이에서, 여성 문제의 해결책은 옛것과 새것을 융합할 수 있는 모성의 역할 속에서 모색되었다. 전통적인 젠더 역할을 무너뜨리기보다 "가정의 주인"으로서 여성이 최고의 지위에 오를 수 있는 공간이 개척되었다. 이 장이 시작되는 인용문에서 주장했듯이 "새로운" 가정과 "새로운" 주부는 가정 영역에 대한 여성의 지배력으로 정의되었다.

조선에 있어서는 고래로부터 가정의 주인 하면 그것은 남편을 가리키는 말이고 여성은 가정의 주인인 가장의 의사에 의하여 노력을 제공하는 존재에 지나지 못하였던 것이다. 그러나 그것은 남자 전제專制의 가족제도가 낳은 관념이고 실상에 있어서는 가정의 주인은 여성이 즉 안해나 어머니가 되어야 한다는 것을 지금에 와서 우리는 아니 느낄 수 없다. 그렇다고 해서 '가정의 주인'이라는 명칭이나 권력을 남성과 다투자거나 또는 여성이 무조건 복종하고 맹종하는 일이 옳지 못하다 하여 참견할 일 아니 할 일을 가리지 않고 나서라는 의미는 물론 아니다. 내가 주장하고자 하는 바는 가정생활에 있어서 여성이 남성보다 더 많은 자유와 권리를 가지고 가사를 처리하지 않으면 안 된다는 것이다. 왜 그러냐 하면 여성이 가정에서 담당하고 있는 일은 참으로 광범위한 영역을 차지하고 있기 때문이다. 즉 산아 육아는 말할 것도 없고 제복 세탁 요리 소제 일용품의 매매 아동교육에 이르기까지 가정에서의 대부분 일은 여성이 맡아 하고 있는 것이다. …… '여편네란 아이나 잘 낳고 집안일이나 잘 했으면 그만이지' 하는 썩어빠진 생각은 이미 지난날의 흔적도 남기어서는 안 될 것이다. 오늘날에 있어서는 아무리 가정에 있는 여성이라 할지라도 사회나 정치에 큰 관심을 갖고 국가와 세계의 평화 자유와 더불어 기뻐하고 슬퍼하며 또 여기에 기여하는 바가 마땅히 있어야 할 것이다.[53]

가정을 운영하는 권한과 나란히, 이 기사에서는 여성이 담당하는 가장 중요한 일의 영역을 가정 경제, 가족 화합, 자녀 교육으로 규정했다. 유교적 가부 장제에서 아들을 낳아 가문의 대를 잇는 의무로 이해되어 왔던 모성은 가정 경제의 관리와 다음 세대의 교육을 통해 사회 관리의 한 형태로 재구성되었다. 여맹 초대 위원장 박정애는 "모성이 가지는 직무"를 "인간의 근본적인 자연성일 뿐 아니라 사회적으로도 불가결한 중대한 직무"로 정의해 여성이 어머니로서 수행해야 할 중요한 사회적 의무를 되새겼다.[54]

모성을 사회적 의무로 재구성하는 것은 새로운 것이라 할 수 없다. 이는 전 세계적으로 유행하는 추세와 상당히 일치했다. 1945년 설립되어 북조선을 비롯해 40개국의 여성 단체를 대표하는 '국제민주여성연맹'은 공장에서 모성을 보호하고 임신부와 유아를 가진 여성을 위해 '특별한 방책'을 취하도록 촉구했다.[55] 마찬가지로 소련은 1946년 7월에 미혼모와 다수의 자녀를 둔 여성을 지원하는 모성 보호 법안을 통과시켰다. 자녀가 10명 이상인 여성은 "영웅적 어머니", 7~9명은 "명예로운 어머니"로 예우를 받았고, 5~6명은 "모성 훈장"을 수여받았다.[56] 남성인 산업 노동자는 혁명 직후 10여 년간 볼셰비키 혁명의 영웅으로 그려져 왔지만, 제1차 5개년 계획(1928~32년) 동안 고난이 가중되면서 더 많은 여성 노동자를 공급하고, 더욱 큰 안정감을 제공해야 할 필요가 발생했다. 소련의 정치 도상학자들은 여성을 동원하기 위해서뿐만 아니라 "모성 이미지가 제공하는 지속감, 그것이 주는 친밀감과 위안을 위해 모성을 사용했다. …… 어머니와 모국, 가족과 국가의 상징적 융합은 당을 인간화하고 정당화하는 데 기여하기"[57] 때문이었다. 이 같은 융합은 근대에 흔한 일이었는데, [일제는] 식민지 조선에서 희생적인 어머니라는 유사한 담론을 통해 전쟁 수행에 필요한 여성을 동원하려 했다.

모성에 대한 강조가 전례 없는 일은 아니었지만, 북조선을 다른 길로 이끈 결정적인 변화는 모성을 단지 여성만이 아니라 **모두가** 본받기 위해 노력해야 할 이타적 봉공심의 가장 모범적인 형태로 확장했다는 점이었다. 이타적인 어머니의 희생은 모범적인 미덕으로 찬양 받았다.

> 나는 이 위대한 희생적인 봉공심의 한 가지 모형을 여성들의 생활 가운
> 데서 발견하며 여성들의 그러한 희생적인 봉공심을 높게 평가하는 바
> 이다. 여성들에게 있어 제이세 국민을 출산한다는 것은 하나의 거룩한
> 직무이려니와 이 직무를 수행하기 위한 노력과 인내와 성심은 결코 이
> 만 저만한 것이 아니다. …… 그러나 결코 보상을 요구하지 않는다.
> …… 이리해서 나는 민족 전체를 위한 가장 위대한 희생적 봉공심의 한
> 가지 모형을 이러한 여성 생활 가운데에서 발견하는 것이니, 건국사상
> 총동원하의 **모든** 인민들은 이러한 아무러한 상취인적 교환조건도 또
> 는 하등의 세속적인 야욕과 야심도 없는 순수한 모성애적 희생심에서
> 많은 것을 배우며 많은 것을 본받아야 하리라고 생각한다. 오직 새 생
> 명 창조의 유일한 기쁨을 안고 최대의 고난을 달게 참아 이기는 여인과
> 도 같이 우리 인민들은 또한 오직 조국 창건의 유일한 기쁨과 희망을
> 안고 여하한 고난 여하한 박해와도 이를 악물고 싸워서 이를 이기어 나
> 가지 않으면 안 될 것이다.[58]

이 기사는 사람들이 자신의 이기적인 이익과 안녕이 아니라, 여성들처럼 사
회 전체의 이익을 위해 투쟁해야 한다고 설명하고 있다. 비슷한 맥락에서 위
인용문의 뒷부분에서는 여성들이 자기 자신뿐만 아니라, 민족을 위해서도
경제적 독립을 획득해야 한다고 촉구했다. 왜냐하면 경제적 자립 없이 민족
의 독립도 있을 수 없기 때문이다. 여성들은 스스로를 여성으로 정체화하기
이전에, 자신을 민족["우리 인민"]으로 정체화해야만 했다. 여성 문제는 민족
문제와 등치되었다. 식민 지배의 여파로 여성 문제를 바라보는 틀은 국가 건
설의 긴급성과 (혁명적·탈식민지적 맥락에서) 전통의 의미를 둘러싼 양가성 —

그것을 전복해야 하는가 아니면 포용해야 하는가? ― 에 의해 규정되었다. 여기서 발생하는 딜레마는 전통적인 젠더 역할과 새로운 혁명적 주체를 아우르는 매개체로서 모성을 재배치함으로써 해결되었다. 그렇게 해서 어머니는 이상적이고 이타적인 공무원, 즉 국가의 모든 구성원들이 새로운 국가의 시민으로서 사회적 직무[의무]를 수행하는 과정에서 본받아야 할 모범이 되었다.

북조선에서 나타난 동원 기술이나 형식은 모성을 동원 담론으로 전유했던 다른 나라들에서와 크게 다르지 않을 수 있다. 하지만 변화된 환경으로 말미암아 모성은 누구나 쉽게 받아들일 수 있는 강력한 아이콘이 되었다. 이제 어머니의 전통적 역할은 혁명적 주체의 역할이 되었고, 이는 여성뿐만 아니라 북조선 주민 모두가 본받아야 할 것이었다. 다시 말해, 북조선에서는 식민지 시대의 경험으로 말미암아, 민족국가를 가족에 비유하게 되었고, 국가가 사실상 가족으로 그려짐에 따라 가정이 다시금 특권적인 영역이 될 수 있었다. 따라서 북조선에서 이 같은 가정 공간에서 나타나는 혁명적 변화의 모습을 재현하는 데 가장 적합한 인물은 바로 민족의 아이콘인 여성, 곧 어머니였다.

이상적 시민으로서 어머니

북조선의 정치 담론에서 모성의 부활은 지도자가 아버지로서 사회를 통치하는 (민족주의적 형태의) 가부장제가 북조선에서 만연하게 했으며, 이는 지도자를 제외한 나머지 인민을 "구태의연한 낭만 소설에서 전형적으로 그려지는 '여성' 역할을 수행하도록" '여성화'했다는 비판을 받았다.[59] 하지만 이런 해석은 남성과 여성의 역할이 실제로 어떻게 재구성되었는지를 섬세하게 살피기보다는, 남성형과 여성형이라는 기존의 이분법적인 렌즈를 통해 세상을 고정된 형태로 바라봄으로써 핵심을 놓치고 있다. 실제로 인민이 본받아야 할 모범적인 역할 모델로 김일성의 아버지보다 어머니인 강반석이 특별히 강조되었던 것처럼, 아버지이자 어머니로 그려지는 북조선의 지도자는 훈육을 하는 아버지라기보다 양육하는 어머니로 묘사되는 경우가 더 빈번했다. 강반석의 유산을 배우자는 전국적인 캠페인은 『강반석 녀사를 따라 배우자』의 출판으로 1960년대에 대중화되었다. 이 글에 따르면 김일성은 어려서부터 어머니의 이념과 성품을 물려받았으며, 추운 겨울날 어머니가 농사일로 고된 하루를 보내고 돌아왔을 때 달려가 따뜻한 입김으로 어머니의 손을 녹이고, 방안 제일 따뜻한 곳에 어머니의 잠자리를 준비해 두었다고 한다. 어머니가 아프면 밤새 쉬지 않고 손과 발을 주물러 건강을 회복할 수 있도록 간호했다고도 전해진다.[60]

이 같은 형상화는 남성적이기보다 여성적인 것인데, 모성적인 보살핌과 사랑의 형상화는 인민군 장교에 대한 오늘날의 묘사로도 확장되었다. 즉, 장교가 "병사들을 친자식이나 친동생처럼 사랑하고" "친부모처럼 병사들의 밥을 준비하며" "그렇게 함으로써 군 지휘관이 병사들에게 애틋한 정을 불러일으키게" 한다 등과 같이 말이다.[61] 게다가 세 편의 혁명 가극 (항일 투쟁 시기에 창작된 "불후의 고전적 명작들") 가운데 두 편의 주인공이 여성이었고, 〈피바다〉에서는 가장 모범적인 혁명 영웅으로 어머니를 내세웠다.[62] 정확히 말하면, 여성성과 남성성은 어디에 새기거나 어디에서 "지워 버릴" 수 있는 그런 [물질적] 속성이 아니라, 상황적 맥락을 필요로 하는 수행적 특성인 것이다. 비록 지도자가 종종 어버이로 묘사되곤 했지만, 북조선 인민들이 영구히 여성화되거나 유아화된 것은 아니었다. 북조선 인민들은 (마치 우리가 누군가의 자식이면서도 또 누군가의 부모가 될 수 있는 것처럼) 어머니처럼 희생하는 혁명가가 되라는 요구를 받았다.

여성의 지위에서 나타난 실질적 변화에 대한 의문을 일소하려는듯, 1948

표 6.1. 직업별 여성의 수(1950년)

직업	여성의 수(명)
농업	532,429
도 시 군 면 리 인민위원회 대의원	11,509
최고인민회의 대의원	33
인민학교 교원	4,732
인민학교 교장	42
초급중학교 교원	522
초급중학교 교장	13
고급중학교 기술전문학교 교원	52
대학생	17
판검사	53
참심원	1,363
의사	53
약제사	23
간호원	1,238
조산원	185
간병원	2,237

출처: RG 242, SA 2009, box 3, item 150, "3월 8일 국제 부녀절 39주년 보고 제강," 북조선민주여성동맹 중앙위원회(1950년 3월), 15-17쪽.

년 4월 『조선녀성』에 실린 글은 당시 혁신적인 것으로 인식되었던 변화들을 상세히 묘사했다. 이 글에서 작가는 가난한 농민 44가구가 살고 있는 오목동의 작은 마을을 방문하고 난 뒤, 여성들의 태도가 변해 가는 모습을 묘사했다. "이 동리에 들어섰을 때 나를 반겨 맞아 주는 여맹 위원장이 먼저 선뜻 인사의 손을 내밀었다. 악수한다는 습관이 언제 벌써 이런 벽촌 사십대 여인들에게까지 어색함 없이 습관이 되어 버렸는지 농사에 걸은 그 두툼한 손을 꽉 잡으며 첫 감격을 했던 것이다." 그녀는 계속해서 "시어머니와 며느리의 갈등도 아들 못 낳는 설움도 축첩하는 남편을 둔 한숨도 벌써 두 해 전에 사라지고 시어머니와 며느리가 어깨를 나란히 하고 성인학교에 다니고 있고 부부는 어울려 장거리에 드나"들고 있다고 썼다.[63] 여성이 나서서 공공장소에서 말을 하고, 악수를 하며, 학교에 가는 것은 당시 기준에서 매우 급진적인 변화였다. 예를 들어, 선거일과 관련된 기사에서는 투표율을 높이기 위해 아기를 업고 선거운동을 하는 여성, 임신 9개월임에도 투표하러 가는 여성, 선거 과정 전반에 참여하기 위해 결혼식까지 미룬 여성의 이야기가 소개되었다.[64] 또한 여맹은 여성의 역할 확대에 대한 증거로 여성이 진출한 직업의 수를 통계적으로 집계하기도 했다.

다른 직업에 종사하는 여성의 수가 증가했음에도 불구하고 전형적인 농업 사회인 북조선에서 여성은 (남성들과 마찬가지로) 대부분 농민이었다. 농업 외의 분야에서 일하는 여성은 3만2000명 미만으로 전체 여성 인구의 1퍼센트 미만이었다. 이런 상황에서 여성은 재생산자이자 생산자로서의 역할을 모두 포괄할 수 있었다. 농촌 가정에서 어머니이자 관리인으로서 여성이 수행하는 노동은 정당하고 가치 있는 것으로 간주되었기에, 여성이 결혼을 하게 되면 직장을 그만두는 경우가 많았다. 이에 따라 1970년대까지도 여성을 노동력으로 통합하는 데 문제가 발생하기도 했다.[65]

오늘날에는 온건해 보이지만, 당시만 해도 북조선의 여성 정책이 너무 급진적이라고 생각하는 사람들이 있었다. 전통 관습의 붕괴가 사회의 혼란과 파괴를 야기할 수 있다는 공포를 완화하기 위해, 이 장의 시작 부분에 있는 인용문 가운데 하나는 국가 건설의 필수적인 부분으로서 여성의 새로운 역할 확대를 설명하려고 했다. "요사이는 밤낮 할 것 없이 거리에는 여성들의 가두 진출이 많아졌다. 가두 진출이 많아졌다고 하니 혹시 모르는 인사들은 '요사이 여자들은 미쳤다' …… '풍기가 문란하다'라는 등 이상한 눈초리로 바라볼지도 모르지만 그렇지도 않다. 그것은 옛날 …… 돈에 몸 팔리어 있는 여자들의 그 애처로운 술잔이나 한잔 받아 마시고 '에하라 노하라' 하든 인사들이나 할 말이다. 눈을 똑 바로 뜨고 보라―그 여자들을―민주 나라 새 역사를 창조하기에 있는 힘 있는 열정 밤낮을 헤아리지 않고 싸우지 않는가. …… 오늘도 거리에는 남자 여자 늙은이 젊은이 모두가 발걸음을 멈추고 귀

표 6.2. 분야별 여성 고용 수(1947년)

부문	인원수(명)
방직, 섬유 부문	6,969
화학 공장	4,109
광산	2,093
토건	1,246
철도	857
통신	763
금속, 식료, 전기, 출판	7,231
학교, 문화기관, 병원	3,932
정당, 사회단체, 은행, 사무원	4,618
합계	31,818

출처: 리경혜, 『녀성 문제 해결 경험』(평양: 사회과학출판사, 1990), 60쪽.

를 기우린다."[66] 몇 달 후 여맹은 〈남녀평등에 관한 법령〉 제정 1주년을 기념하면서 (기혼임을 나타내는) 쪽진 머리를 한 혁명적 어머니의 의기양양한 모습을 『조선녀성』의 특집호 표지로 사용했다. 표지에서 그 어머니는 북조선뿐만 아니라 남한에서도 여성들을 해방으로 이끄는 모습으로 그려지는데, 이는 남북을 갈라놓은 사슬을 끊고 그 위에 서있는 모습에서도 잘 알 수 있다.

이 같은 변화에 발맞춰 (일제강점기 때 만들어진, 가족 등록 제도와 남성을 세대주로 하던) 호적 제도는 1946년 8월 9일 공민증의 도입과 함께 폐지되었고,[67] 이에 따라 가부장적 혈통주의는 더는 유효하지 않게 되었다(남한에서는 2005년에 이르러서야 이런 조치[68]가 이루어졌다). 그럼에도 1948년 제정된 북조선 헌법 제23조는 "혼인 및 가정은 국가의 보호 밑에 있다"고 규정함으로써 가족을 중시했다.[69] 그러나 혼외 자식에 대한 부모의 권리와 의무는 결혼 생활에서 출생한 자녀와 동등하다고 규정함에 따라, 가족의 개념은 느슨해졌다. 가부장적 가족 대신에 핵가족이 북조선 사회의 기본 "세포"가 되었고, 이런 가족 단위를 위협하는 성적 자유와 이혼 등의 관행은 지양되었다.[70]

1940년대 후반 북조선이 여성 문제를 해결하기 위해 노력하는 동안 소련의 여성들은 사회적·경제적으로 원활히 통합되어 가고 있었다. 소련에서 여성은 노동력의 40퍼센트, 기술자의 42퍼센트, 대학생의 43퍼센트를 차지했다. 비록 소련이 수십 년 동안 산업화를 진행해 왔더라도 모성은 계속해서 여성 정체성의 중요한 부분이었고, 국가는 "어머니로서의 책임을 완수할 수 있는 조건들을 보장하여 주었다."[71] 반면, 북조선의 여성은 이제 막 가정 밖의 비농업 분야에서 일하기 시작했다. 북조선 여성이 노동력의 절반을 차지하기까지는 40년의 시간이 더 필요했다. 북조선은 20세기의 전반기 동안 모성이 활용되었던 다양한 방식을 자신의 필요에 맞게 전유했고, 처음부터 사회구조를 유지하기 위해 여성에게 의존했다. 희생적인 어머니는 미래 세대를 모범적인 사회주의적 주체로 재생산하고 교육하는 동시에, 새로운 사회주의 국가에 헌신하는 노동자와 인민으로서 경제 발전에 공헌했다. 새로운 것은 (여성 개인이 가정주부로서 부르주아 가정 내에 자리 잡은 사적인 가정과 매우 다른) 집단적 가정이 출현했다는 점이다. 집단적 가정은 살림살이를 국가 건설로 탈바꿈시켰고, 가족은 국가와 등치되었다. 사회의 모든 구성원이 어머니처럼 희생해야 한다는 요구를 받았고, 여성들뿐만 아니라 남성들 역시 이같은 요구에 부응해 자신을 희생했다.

프리드리히 엥겔스는 『가족, 사유재산, 국가의 기원』에서 여성 억압을 계급적으로 분석했는데, 가족이 자급자족의 단위가 아니라 자본축적의 단위가 되면 여성은 남성의 재산을 물려줄 상속인의 생산자로 전락하게 되면서 여성 억압이 발생한다고 보았다.[72] 이런 관점을 수용해 수많은 공산주의 정권들은 가정이 사적 소유, 생산, 축적의 단위로 기능하지 않도록 해체함으로써 여성 문제를 해결하고자 했다. 가정에서 재생산이라는 생물학적·사회적 역할에 구속받지 않게 된 여성은 이제 남성과 동등한 정치적·경제적 행위자로서 공적 영역에 합류할 수 있었다. 하지만 이는 예전에 여성이 담당했던 가사 노동을 누가 담당해야 하는지에 대한 문제를 미해결 상태로 남겨 놓았다. 그 해답은 공공 식당, 공동 세탁소, 보육 시설을 통한 가사의 사회화 혹은 집단화에 있었다. 이는 이런 기관들이 집 밖에서 사회적으로 생산적인 삶을 추구할 수 있도록 여성을 자유롭게 해줄 것이라는 가정에 기초한 것이었다.

북조선도 예외는 아니어서 여성의 가사 부담을 줄이려 했다. 생후 1개월~3세 사이의 어린아이들을 위해 탁아소가 설치되었다. 새롭게 출범한 국가의 한정된 자원으로는 초기에 이런 시설을 많이 설치할 수 없었다. 1946년에는 탁아소가 1곳, 유치원은 64곳뿐이었다.[73] 1948년 3월 8일 세계 여성의 날을 기념해 만들어진 평양의 3·8 탁아소는 생후 8개월~3세 유아 50명을 수용할 수 있었으며, 놀이방, 침실, 식당, 화장실을 갖추었고 매일 식사와 간식을 제공했다. 탁아소에 맡긴 아이의 수와 관계없이 어머니는 시설 사용 비용으로 자신이 버는 임금의 10퍼센트를 지불했다.[74] 1970년, 전국적으로 탁아소는 8600여 곳, 유치원은 6800곳으로 늘었다.

여성이 경제적으로 독립하고 정치적으로도 활동할 수 있게 되었다는 점에서 중요한 진전이 있었지만, 『조선녀성』의 사례는 육아와 가사가 대부분 여성의 의무로 남아 있었음을 보여 준다. 육아의 사회화에도 불구하고 가족 내 성 역할이 공적 제도에서 재생산되었기 때문에 성별 분업에 실질적인 변화는 거의 없었다. 예컨대, 육아원과 탁아소는 여성에 의해 운영되었고 보육원의 경우 종종 "어머니"로 불렸다.[75] 더구나 여성은 보통 저임금 일자리, 서비스업, 경공업 또는 소학교의 교직과 간호직에 종사했기 때문에, 노동 분야의 성별 분절화는 [남녀간] 동일노동 동일임금 원칙을 무의미하게 만들었다. 남성은 광업·중공업 같은 고임금 일자리에 압도적으로 많았다. 경영자, 대학교수, 의사처럼 가장 명망이 높은 직업 역시 대부분 남성이 차지했다.[76] 주택, 교육, 의료, 식량이 무료이거나 많은 보조를 받기 때문에, 사회주의 국가에서는 자본주의처럼 임금이 사람들의 삶의 질에 큰 영향을 미치지는 않지만, 이 같은 직업 분절은 불평등한 임금뿐만 아니라 불평등한 지위를 초래하는 원인이 되었다.

얄궂게도 여성의 노동시장 진출로도 여성 문제가 해결되지 않았기 때문에, 공산주의 지도자들은 계속되는 여성 문제의 해결을 이데올로기에 의존해야만 했다. 농촌인구의 대부분이 여전히 교육을 받지 못한 상황에서 여성해방을 위한 정책이 언제나 실질적인 해방의 효과를 가져온 것은 아니었다. 항일 빨치산 출신으로 김일성의 전우이자 평안남도 자치위원회 중앙위원을 거쳐 이후 인민군 총사령관이 되었던 최용건은 1946년에 다음과 같이 선언했다. "조선이 독립하자 북조선의 민주 정권이 여성들을 해방해 주었어도 여성들은 독립과 민주정치의 진실된 뜻을 알지 못하고 예전 일본 놈의 식민지 통치 시대의 망국노의 사상과 봉건 노예의 사상을 버리지 않고 여전히 그전과 같은 사상 생활을 계속하고 있는 것이다. 여성 자신의 해방 문제는 오늘 북조선에 있어서는 사회 정치 제도에 있는 것이 아니요 여성 자신들의 노력에 있는 것이다."[77] 그렇다면 북조선 여성들은 여성이 억압받는 현실에 대해 여성을 비난해야 하는 그런 막막하기만 한 상태에 있는 것인가? 물론 아니다. 결국 여성들은 왜 여성들만 가사를 돌봐야 하는지 반복적으로 의문을 제기했고, 남성이 여성을 생각하는 방식과 남성이 가진 우월 의식을 바꾸기 위해 계속해서 도전했다. 하지만 이런 도전에는 한계가 있었다.

해방 이후 북조선에서, 모성은 가장 민족적인 것으로 반드시 보존되어야 할 것이 되었다. 진보를 위해 근절되어야만 하는 전통 사회의 특징으로 보였던 어머니라는 여성의 역할은 이제 의심할 여지없이 가장 민족적인 것이자 육성해야 할 것으로 여겨지게 되었다. 일제의 식민 통치는 오래전에 종식되었지만, 분단, 6·25전쟁, 그리고 뒤이은 냉전 모두 전쟁 상태를 영속화하며 희생적인 어머니를 상징적인 모델로 삼아 [여성들에게] 지속적인 희생을 요구했다. 북조선에서 좋은 어머니가 되는 것은 애국자이자 공무원이 되는 것과 같았다. 지금도 마찬가지다. 경제적으로나 정치적으로 살아남아야 하는 절체절명의 상황에 직면한 북조선은, 하나로 뭉쳐 더 열심히 일하고 더 많이 희생하도록 여성을 비롯한 모든 인민을 동원했다. 조국을 위해 모든 것을 바치자는 이 요구에 응답해, 여성과 남성은 그들이 할 수 있는 모든 것을 바쳤다. 새로운 조국은 그들에게 공적인 공간에 나와 일할 수 있는 권한을 부여했고, 북조선 인민들은 또한 자신들이 새로운 조국의 구성원이 된 것을 자랑스러워했다. 이런 맥락에서 모성은 여성뿐만 아니라 모든 사람에게 조국을 위해 희생하는 이상적인 인민을 전형적으로 상징했다. 자기 자식을 양육하는 것 이상의 의미로 확장되어 새롭게 구성된 모성, 다시 말해 사회를 돌보는 사람으로서 공적 영역을 포괄하도록 확장된 모성 안에서, 여성은 새로운 국가를 건립하는 과정에서 일익을 담당할 수 있는 권한과 동시에 과업을 부여받았다.

하지만 그 과정에 양면성이 없었던 것은 아니다. 자신들에게 요구하는 것에 대한 여성들의 반응에서 알 수 있듯이, 그들은 종종 가정을 등안시함에 따라 커다란 부담과 죄책감을 느끼기도 했으며, 이와 동시에 가정에서 자신의 위치가 어떻게 정의되어야 하는지 의문을 제기하기도 했다. 어머니로서의 여성이 이상적인 인민의 반열에 올라갈 정도로 여성은 북조선 혁명의 영웅으로 주목받았다. 그러나 여성의 정체성이 모성에 매여 있는 한, 모성이라는 틀 밖에서 여성이 자신의 정체성을 스스로 정의할 수 있는 가능성은 줄어들 것이다. 조앤 스콧이 웅변적으로 말했듯이, 행위 주체성은 언제나 협상의 결과물이다. 행위 주체는 언제나 제약 속에 있었으며 "자유의지를 실행하는 통일되고 자율적인 개인이 아니라 오히려 자신에게 부여된 상황과 지위를 통해 만들어지는 주체"다.[78] 북조선에서 여성의 행위 주체성은 가정에 있는 어머니라는 지위를 통해 만들어졌고, 이상적인 시민의 알레고리가 되었다.[79]

7장

해방 공간:

혁명의 기억

그림 7-1. 서대문 형무소를 떠나는 수감자들(1945년 8월 16일)

일제 36년의 식민지 노예살이가 끝난 것이다. …… 나도 군중 속에 휩쓸리어 정신없이
"만세!"를 부르며 쫓아갔다. …… "만세!" 또 "만세!" "조선 독립 만세!" 그 엄청난 한의 폭발을,
그 원초적이고 절대적인 민족 본연의 환희를 무슨 말로 다 전할 수 있단 말인가. 한낮이 다
기울어서 나는 집으로 돌아왔다.

| 김원주, 『등나무집』

1945년 12월 초의 어느 날이었다. 10년 만에 조국에 돌아온 나는 더없이 반가운 소식을 받게
되었다. 그것은 오매에도 그리던 민족의 위대한 태양 김일성 장군님께서 우리들을 불러 주신
기쁜 소식이었다. …… 위대한 수령님께서는 나를 몸 가까이 데리고 계시면서 어엿한 여성
혁명가로 키우시기 위하여 당중앙조직위원회 선전부에서 일하도록 하여 주시었다.

| 허정숙, 『민주건국의 나날에』

〈그림 7.1〉은 1945년 8월 15일 식민 지배에서 벗어나 해방을 맞이한 조선의 모습을 가장 상징적으로 묘사한 사진으로 잘 알려져 있다. 남한에서 이 사진은 박물관은 물론이고, 교과서와 다양한 다큐멘터리 등에 널리 사용되었고, 공식 사이트나 개인 블로그 같은 인터넷 공간에서도 그 복제물을 쉽게 찾아볼 수 있다. 하지만 이 사진은 8월 15일 당일이 아닌 **그다음 날** 서대문 형무소에서 정치범들이 석방되는 모습을 찍은 것이다.[1] 8월 15일이 아닌 8월 16일에 촬영되었다고 해서 석방된 수감자들이 그들을 축하하는 군중들과 함께 환호하는 모습에서 느껴지는 해방의 감격이 줄어들지는 않는다. 하지만 2장에서 오영진이 가슴 아프게 표현했던 8월 15일의 양가적인 분위기는 이 사진에서 찾아보기 힘들다. 말하자면, 일제 식민 통치가 남긴 트라우마는 감추어져 있다.[2] 이 사진의 프레임은 정면을 바라보고 서있는 남성들의 발아래에서 잘려 있는데, 이와 함께 카메라를 빤히 응시하고 있는 여성의 모습은 이처럼 간신히 일부만 남아 있거나 (이 사진의 다른 수많은 복제품들에서처럼) 모두 잘려 나간 경우가 많다. 이처럼 이 사진은 프레임 한쪽 구석에 겨우 자리를 차지하고 있는(또는 경우에 따라 아예 모두 잘려 나가 사라진) 여성의 위치를 통해, 해방에 관한 내러티브에서 여성이 대체적으로 침묵하게 된 방식을 시각적으

로 드러내고 있다. 실제로 일본의 항복 선언 직후 남한에서 촬영된 대부분의 사진에서는 여성의 이미지를 거의 찾아볼 수 없는데, 이런 사실은 6장에서 보았던 것처럼 여성에 주목한 북조선에서와 뚜렷이 대비되는 것이었다.

해방, 광복, 독립 등 8·15를 지칭하는 데 사용되는 다양한 용어들에서도 해방을 대하는 남과 북의 차이가 뚜렷이 나타난다. 남한에서 "해방"은 점차 좌익 정치와 연계되었고, "광복"이라는 단어가 (당시 70대 보수파 정치인) 이승만이 1948년 8월 15일 남한 단독 정부의 초대 대통령이 되면서 좀 더 큰 반향을 일으켰다.[3] 결과적으로 남한에서 8월 15일은 해방과 분단이라는 모순적인 의미를 지니게 되었다. [분단이 지속되는 상황에서] 남한의 지도자들은 1995년 광복절에 옛 조선총독부 건물을 철거했던 것과 같은 상징적인 이벤트를 통해 자신들의 정당성을 모색하곤 했다. 해방이 사회혁명의 문을 열었던 북조선에서는 민족의 해방과 계급의 해방을 통합하는 의미에서 "해방"이라는 용어를 선호했다. 사용하는 용어는 서로 다르지만, 8월 15일은 오늘날 남북 양측이 모두 인정하는 유일한 기념일이 되어, 통일 정신에 입각한 공동 기념 행사와 남북 대화가 열리는 장이 되었다.

남한에서 해방이 가지고 있는 양가적인 의미 때문인지 남한의 몇몇 학자들은 해방 후 5년의 기간(1945~50년)을 간과해 왔고, 그 시기를 1937년 중일전쟁의 발발부터 1953년 6·25전쟁이 휴전하기까지 전쟁 상태가 지속된 시기에 포함시킨다.[4] 비록 이 같은 시기 구분이 당시의 불안정했던 상황을 부각한다 해도, 이는 수백만 명에 이르는 사람들에게 지울 수 없는 흔적을 남긴 역사적 사건으로서 해방의 의미를 지워 버리는 것이다. 특히 북조선에서 이 5년은 전례 없는 규모의 대중 참여를 수반한 대대적인 개혁을 통해 과거와 명확히 단절한 시기였다. 실제로 해방은 북조선 혁명의 맥락에서 봤을 때, 정치적인 독립뿐만 아니라 민족 해방과 계급 해방과 여성해방이 결합된 복합적인 의미를 체현하고 있다. 6·25전쟁의 망령 — 이제는 과거가 되어 버린 전쟁 경험과 앞으로 또다시 전쟁이 벌어질 수 있다는 위협에 사로잡혀 있는 — 때문에 지속적으로 고통 받는 오늘날의 북조선은 그 5년 동안 존재했던 북조선과는 많은 점에서 다르다. 그런 점에서 우리는 그 시기가 어떻게 달랐는지, 또 어떤 가능성을 내포했는지 살펴야 한다.

해방의 의미는 확실히 뒤이은 내전으로 인해 손상되었다. 하지만 이는 사후적으로나 생각할 수 있는 관점이다. 역사가 어떻게 전개될지 알지 못하는 상황에서 식민 지배로부터의 해방은 잠재적으로 새로운 출발을 의미했다. 이후에 발발한 6·25전쟁이라는 렌즈를 통해 해방 직후를 바라보는 것은 다양한 측면에서 과거를 침묵시키는 일인데, 이는 『과거 침묵시키기』의 저자 미셸-롤프 트루요가 지적한 다음의 입장을 확인시켜 준다. 즉, "원자료[사료]들 속에 체현된 존재와 부재는 …… 중립적인 것도 아니고 자연적인 것도 아니다. 그들은 만들어지는 것이다. 그렇기 때문에 원자료들은 단순히 존재하고 부재하고가 아니라, 다양한 종류와 정도로 언급되기도 하고 **침묵**되기도 한다."[5] 해방만 그런 것은 아니었다. 흔히 6·25전쟁을 형제들 간의 싸움[동족상잔fratricidal war으로 묘사하는 것에서 알 수 있듯이, 전쟁과 그 시점에 이르기까지 발생한 일련의 사건들이 남성들 간의 갈등으로 구성됨에 따라 여성의 위치 역시 지워져 버렸다. 이런 문제의식에 입각해 이 장에서는 구술사와 회고록을 통해 해방과 혁명의 5년이라는 시간 동안 남북의 여성과 남성이 갖고 있는 해방의 경험과 기억의 차이를 강조함으로써 해방에 대한 이야기와 내러티브가 어떻게 "언급"되고 동시에 "망각"되는지 살펴본다. 이는 방법론적으로 앞의 여섯 장에서 사용된 자료의 대부분을 차지했던 전통적인 기록물 이상의 자료들을 필요로 한다. 마지막 장인 이 장은 또한 분단이 고착화되어 영구화되기 전, 한반도 전체의 해방이라는 역사 속에 북조선이 자리 잡고 있음을 상기시키는 역할을 하게 될 것이다.[6]

예상대로 해방을 다루고 있는 내러티브들은 균일하지 않다. 해방에 대한 내러티브에서 나타난 젠더 차이는 다음과 같은 질문을 제기한다. 즉, 역사적 사건과 기억은 어느 정도까지 젠더화되었을까? 예를 들어, 개인들은 자신들이 살아온 삶을 20세기 민족사의 축소판으로 제시하는 경우가 많은데, 여기서 사람들의 삶은 식민지, 분단, 전쟁, 재건, 냉전이라는 중요한 구조들에 따라 그 시기가 구분된다. 비록 이 같은 시기 구분은 현대사 기술의 통상적인 관행이지만, 개인의 인생 이야기를 구성할 때도 이와 동일하게 시기를 구분한다는 것은 무엇을 의미할까? 결국 시기별로 구체화된 사건들은 민족국가를 역사의 일차적인 주체로 상정한 것이다. 즉, 조선은 식민화되었고, 분단되었으며, 내전을 벌였고, 재건되었다. 물론 이런 사건들이 개인에게 영향을 미쳤고 개인을 형성했다. 하지만 이와는 다른 연대기, 즉 직업이나 거주지를 중심으로 한, 또는 어린 시절부터 부모가 되기까지 인생의 단계를 중심으로 한 개인의 생애사를 상상할 수도 있다.

앞으로 보게 되겠지만, 이 같은 민족이라는 틀의 지속성은 북쪽에서든 남쪽에서든 민족국가가 가장 중요한 힘으로 [개인의] 내러티브를 규정함으로써 민족의 역사에 개인사를 융합한다. 당연히 남성들은 병역의 의무를 통해 민족을 지킨다거나 부계 혈통을 통해 민족의 유산을 계승한다는 등과 같이, 민족성을 기술하는 주요 주체였기 때문에 이 같은 방식을 매우 쉽게 따랐다. 이와 대조적으로 여성의 내러티브는 좀 더 모호하다. 북조선에서는 자서전 쓰기와 집단생활이라는 대중적 관행에 따라 여성을 비롯한 모든 집단 내에서 개인사와 민족사가 융합되고 있었고, 그런 관행은 [개인사를 구성하는] 메커니즘이 통일되는 계기가 되어 각 개인들의 내러티브를 획일적으로 만들었다. 그럼에도 불구하고 집단 기억의 구축에 필요한 강력한 제도적 지원이 없는, 특히 남한의 상황에서 여성들의 이야기에는 인생사와 민족사 사이에서 드러나는 불편한 관계들이 잘 나타나 있다.

이번 장에서 사용된 자료들은 [저자가 누구인가와 관련된] 원작자와 [내용의 진위 여부와 관련된 진정성[신빙성]이라는 난해한 문제를 제기한다. 이런 문제는 출판된 회고록이든 구술의 녹취록이든 최종 결과물에서 무엇을 가감할 것인지를 결정하는 서술자, 인터뷰어, 편집자, 출판사 사이의 복잡한 관계에서 발생한다. 북조선 자료의 경우 문제가 더 복잡하다. 김일성은 생전에 여러 권의 회고록을 남겼지만, 다른 사람들의 개인 회고록은, 김일성의 항일 무장 투쟁에 참여했던 내용을 다루고 있는 것을 제외하면 거의 전무하다. 1986년에 출판된 허정숙의 『민주건국의 나날에』는 흔치 않은 예외이긴 하지만, 거의 대부분 김일성과의 인연이나 대화를 중심으로 내용이 전개된다. 우리가 나중에 살펴봐야 할 흥미로운 사항들이 있지만, 자신의 삶에 대한 설명이나 성찰은 거의 없다. 오늘날 남한을 비롯해 여러 나라에서 점점 더 많이 출판되고 있는 탈북자들의 회고록은 다른 세대의 이야기여서 해방 시기를 아예 다루지 않는다. 어쨌든 이 장에 포함된 거의 모든 내러티브는, 그것이 북쪽에 대한 것이든 남쪽에 대한 것이든, 남한에서 출판되거나 수집된 것이어서 불가피하게 자료의 한계가 있을 수밖에 없음을 밝혀 둔다.

구술과 회고록 자료는 이처럼 이러저러한 함정들로 가득 차있다. 하지만 이는 아카이브 자료의 경우에도 마찬가지다. 결국 우리는 의미의 그물망 안에서 작동하고 있으며, 우리가 아카이브를 다루든 기억을 다루든 대부분의 이야기들은 해석되어야 하고 의미를 부여받아야 한다. 조앤 스콧이 적절히 표현했듯이 "경험을 가시화하는 것"만으로는 충분하지 않다. "경험은 언제나 해석인 동시에 해석을 필요로 하는 것"이므로 가시적인 경험을 발생시키는 메커니즘이 내적으로 어떻게 작동하는지 설명할 필요가 있다.[7] 그렇다면 해방의 경험과 기억은 일반적으로 어떻게 해석되었을까?

해방에 대한 표준적인 묘사는 "집단적 흥분"이라는 느낌을 물씬 풍긴다.[8] 상당수의 기록들이 35년간 참혹한 식민 통치의 종식을 가져온 일본의 항복 선언으로 시작한다. 조선인들은 거리로 뛰어나와 환호하고 노래를 부르며 춤을 췄고, 민족자결의 정신에 따라 임시정부를 수립하기 위한 정치 활동을 빠르게 시작했다. 이 같은 묘사는 이 책을 비롯해 해방 시기를 다루는 대부분의 문헌들에서 나타나는 특징이다. 실제로 현대의 역사가들이 "해방 공간"이라는 용어를 만들고, 그 시기를 더욱 면밀히 연구하도록 자극한 것은 바로 그 해방 공간이 열어 준 가능성의 매력과 설렘이었다. 확실히 구조적 혼란을 동반한 불안정의 시대는 격렬한 감정적 흥분을 불러일으키고, 이는 그 자체로 균열을 심화시키는 동력으로 작동하며 새로운 정치 질서와 사회적 삶을 창조적으로 조형한다.[9] 하지만 이런 "해방 공간"에서 정말로 모든 사람이 해방됐을까? 만약 그렇다면 구체적으로 그 사람들은 어떤 방식으로 해방됐을까?[10] 한반도의 여성은 해방 이후의 시기를 혁명, 곧 "해방 공간"으로 경험했을까? 이 장의 요점은 젠더화된 차원의 경험과 기억을 섬세하게 살피며 해방 이후 한반도에 대한 문화기술지적 탐구를 통해 역사가 동질적인 것으로, 다시 말해 대체로 남성적인 것으로 구성되는 과정을 면밀히 조사하는 것이다.

모리스 알박스는 역사적 기억을 다룰 때 유용한 출발점을 제공한다. 그는 기억은 오직 집단적 맥락 속에서만 작동할 수 있으며, 따라서 사회적으로 구성되는 것이라고 강조함으로써 본질적으로 기억을 개인의 자산으로 보는 프로이트의 관점에 도전했다.[11] 물론, 기억은 매우 개인적인 것일 수도 있기 때문에, 알박스가 다소 과장한 것일 수도 있다. 하지만 집단 기억에 대한 그의 분석은 왜 서로 다른 집단에 속한 사람들이 서로 다른 기억을 갖고 있는지, 과거의 재구성뿐만 아니라 현재의 사실을 두고도 왜 논쟁을 벌이는지 설명해 준다. 한반도의 역사 역시 논쟁으로 가득 차있다. 특히 남북이 정통성을 두고 계속해서 경쟁을 벌이고 있고, 해방에 대한 내러티브에서 젠더화된 차이가 있다는 점에서, 역사적 사건에 대한 표준적 내러티브의 이면을 살펴보는 게 중요하다. 2003년에 구술 자료가 수집된 두 남성의 전기에서 시작해

보자.[12]

민족사로서의 인생 이야기

최상원은 1923년 경상북도의 양반 가문에서 태어났다. 도쿄에서 공부하던 중인 1945년 1월 일본군에 강제로 징집되었다. 그는 탈출을 시도했지만 도중에 붙잡히는 바람에 해방될 때까지 헌병대에 억류되어 있었다. 해방 후 고향인 경주로 돌아온 그는 군 경력과 복싱 실력으로 인해 지방인민위원회 치안 담당자로 임명되었다. 이후 그는 농민동맹에서도 직책을 맡게 되었고, 청년동맹의 부위원장으로도 선출되었다.

자치 및 세금 문제를 두고 미군정과의 갈등이 심화되면서 결국 1946년 10월 봉기가 벌어졌고, 최상원은 인민위원회의 다른 활동가들과 함께 지하 활동을 하게 된다. 산에서 1년을 보내고 나서 그는 1947년 10월에 체포되어 징역 3년형을 선고받았는데, 1950년 6·25전쟁이 발발하기 직전에 형기를 마치고 석방되었다. 그 후 그는 부산으로 가 형과 같이 살다가 전쟁 중인 1952년에 또다시 체포되었다. 수완 좋은 친구를 둔 덕에 뇌물을 써 간신히 석방될 수 있었고, 다행히 학살(인민군에 잠재적으로 합류하는 것을 막기 위해 수천명의 정치범들이 수감 중 학살당했다)을 피할 수 있었다. 휴전 이후에도 그는 다양한 통일 운동에 관여하다 1972년 다시 4년의 징역형을 선고받았다. 나는 2003년 3월 그의 집에서 두세 시간씩 다섯 차례의 인터뷰를 진행했다.

강담은 1933년 함경남도의 가난한 농민 집안에서 태어났다. 그는 해방 직후 북조선에서 의무교육이 실시됨에 따라 처음으로 학교에 다니게 되었다. 가난한 소작농이었던 그의 가족도 1946년 3월 토지개혁으로 땅을 분배받았다. 전쟁이 발발했을 때 그는 아직 학생이었다. 그의 가족은 토굴에서 생활을 하며 전쟁에서 살아남았다. 강담은 전쟁이 끝난 후 1954년 인민군에 입대하기 전까지 지역의 민청에서 활동했다. 1960년에 로동당에 입당했고, 7년간의 해군 복무를 끝으로 1961년에 제대했다. 이후 그는 어업에 종사했지만, 1년 후 학교로 돌아가 3년간 공부하면서 항해사 자격증을 취득하고 졸업했다. 그는 1965년 남파 공작원을 선박에 태워 남쪽으로 보내는 임무를 맡았고, 남한 해상에서 당국에 체포되었다.

비록 그는 간첩 혐의로 기소되어 종신형을 선고받았지만, 북조선은 이런 활동을 통일을 위한 정치 공작으로 간주했다. 북조선은 남한 사람들과의 접촉을 용이하게 하기 위해, 남쪽에 가족이나 친척이 있는 요원을 주로 남파했다. 궁극적인 목적은 남한에서 대규모 봉기를 촉발하는 것이었다. 이런 전략이 지금 생각하는 것만큼 설득력 없는 것은 아니었다. 이승만의 제1공화국이 1960년 대규모의 대중 봉기로 전복되었기 때문이다. 하지만 결과적으로 이 전략은 성공적이지 못했다. 남파 간첩과 그 가족들은 실패한 정책의 희생양이 될 수밖에 없었다. 그들은 보통 사형을 당하거나 장기수로 수십 년간 교도소에 갇혀 있어야 했고, 사상 "전향"을 위해 일본 식민 통치 시기부터 전해져 온 온갖 방법으로 고문을 당해야 했다. 이들의 가족은 불고지죄로 감옥살이를 했다. 이들이 비교적 짧은 형기를 마치고 석방되었다 해도, 그의 가족과 친지들 역시 "빨갱이"라 불리며 경찰의 지속적인 괴롭힘을 당해 일자리나 살 곳을 구하지 못하는 등 사회적으로 배척당하기도 했다. 그 결과 이들은 대체로 가족들과 소원해질 수밖에 없었다. 이 같은 고난에도 불구하고 대부분의 출소 장기수들은 자신의 행동이 분단된 조국의 통일을 위한 것으로 언젠가는 정당화될 것이라 믿고 있었다. 강담은 24년을 복역한 후 1988년 대통령 특별사면으로 석방되었다. 그는 건설 회사에 취직했다가 2001년에 다른 출소 장기수들과 함께 통일 운동에 참여했다. 1980년대 후반 남한에서 민주화 운동이 일정한 성공을 거두고, 장기수 정치범들이 점차 석방되기 시작함에 따라, 북쪽에 가족 대부분이 있었던 이들이 함께 통일 운동에 나섰던 것이다. 나는 2003년 5월과 7월 두 차례에 걸쳐 강담의 자택에서 각각 두세 시간 동안 인터뷰를 진행했다.

그들의 삶에 대한 짧은 요약에서 알 수 있듯이 두 사람 모두 감옥 안에서 매우 오랫동안 고통을 받았고, 감옥 밖에서는 사회적으로 소외당했다. 〈보안관찰법〉은 〈국가보안법〉으로 형을 받고 출소한 정치범들에게 국내 여행 계획을 비롯해 자신의 일상을 정기적으로 당국에 보고하도록 규정하고 있다. 해외여행을 엄격히 제한하고, 대중 집회와 같은 그 어떤 정치 활동도 금지했다. 이 같은 조치가 이동 및 표현의 자유에 대한 기본권을 침해한다는 이유로, 출소 장기수들은 법의 준수를 거부했지만, 당국은 돌발적으로 그리고 선택적으로 법 조항을 집행해 왔다. 정치적 신념과 활동에 대한 이 같은 제재는 의심할 여지없이 그들이 말할 수 있는 이야기에 영향을 주었다. 당시에 나는 상대적으로 젊은 여성 재미 교포 대학원생이었던 반면, 그들은 나이가 많았다. 그들은 나를 외국에 살고 있는 먼 친척으로 여기기도 했지만, 미국이 전 세계를 상대로 행사하는 힘과 일방적 외교정책, 특히 북조선과 남한에 대한 정책에 비판적이었기 때문에, 그렇게 탐탁하게 보지도 않았다. 그들은 인터뷰를 통해 "진정한" 조국의 역사, 오랜 저항의 유산, "진짜" 동포가 된다는 것이 무엇인지를 내게 가르치려 했다. 예를 들어, 최상원은 "요것을 아주 명확하게 알아야 돼. …… 요게 제일 중요해"라고 말했다. 그들은 자신들을 내가 역사적 뿌리를 찾도록 이끄는 안내자이자 선생님이라고 생각했다. 인터뷰가 끝날 때쯤 "뿌리"를 잊지 말고 좋은 한국 남자를 만나 결혼하라는 충고를 들었을 때, 내 위치는 더없이 명확해졌다.

나는 이 역할을 해내는 것이 편안하기도 했지만 불편하기도 했다. 한편으로는 한국의 관습과 언어에 익숙했기에 그들과 상당히 쉽고 빠르게 유대감을 높일 수 있었다. 하지만 다른 한편으로는 인터뷰어와 인터뷰이의 관계를 넘어 그 이상의 관계를 형성해야 한다는 요구와 기대 앞에서 매우 난처할 수밖에 없었다. 어떤 의미에서 이는 (사회적 상호작용을 통제하는 규범에 의해 규제되는) 사회관계에서 흔히 나타나는 주고받음을 반영한다. 비록 지금은 내가 그들의 말에 대해 [가감할 수 있는] 권력을 갖고 있지만, 함께했던 시간 동안 권력을 쥔 건 그들이었다. 왜냐하면 그들은 내가 필요로 하는 이야기를 갖고 있는 나이 많은 남성이었기 때문이다. 이처럼 나이에 따른 서열 관계로 말미암아, 이런 상하 관계에 걸맞지 않거나, 그들이 다음 세대에 전수하고 싶어 했던 유산과는 다른 문제들에 대해 제대로 다루지 못했을 수도 있다. 그럼에도 불구하고 그들의 이야기를 충분히 이끌어 내기 위해서는 어느 정도의 친밀한 관계가 중요했다.

그들의 내러티브는 놀라울 정도로 해방이라는 지배적 담론에서 흔히 나타나는 "집단적 흥분"에 잘 들어맞는다. 예를 들어, 해방 후 학교에 다닐 수 있게 된 것은 식민 지배 시절 가난했던 이전의 삶에 비추어 봤을 때 강담에게 완전히 새로운 경험이었다.

일제 때 면소재지[가 있던-옮긴이] 부락이 우리 부락이라. 그러니까 대문 밖으로 나가면 몇 발작 나가지 않아 학교가, 일본 놈들이 만들어 놓은 학교가 있었어. 그래 그런 학교가 우리 집 앞에 있었는데, 생활 형편이 어려우니까 학교를 전부 못 간 거야. 내 위에 형님이 두 분 있고 누나가 둘이 있고 그랬는데. 이제 내 밑엣건 제껴 놓고 [내 위-옮긴이] 사남매 중에서 학교를 다닌 것이 우리 둘째형 하나만으로 국민 학교를 졸업했다고. 집이 원래 가난하니까, 남의 땅을 소작해서 살고, 여름철에는 땅을 일부 소작하고 척박한 땅을 더러 얻어다 갈아서 경작해서 이른 봄에는 감자, 어머니가 감자밭에 가서 요만한 새알 같은 감자를 그때부터 캐내서 먹고 그게 떨어질 때쯤, 조를 그때 많이 심었는데 조가 여물려고 고개를 이렇게 숙인다고. 그럼 그놈을 따다가 먹는데, 덜 여물었으니까 그냥은 못 먹는 거야. 그래 가마니에다가 찐다고. 큰 무쇠 가마가 옛날에 있었어. 찌면 그게 익는다고. 그럼 그걸 말려서 다시 찌면 좁쌀이 나와. 그렇게 밥을 해먹고 그러다가 이제 또 좀 지나면 벼가 익기 시작해. 추석 전이지. 이듬해 농사까지 식량이 닿지 못해서 보릿고개 시절을 맞이해야 되고. 그럼 산에 가서 나물을 뜯어 먹어야 되고. 아는지 모르겠지만 그전에는 시골에서 소나무 껍데기 많이 베껴 먹었어. 송기라 그러는데 소나무 껍데기 딱 베끼면 그 안에 있는 걸 베껴다가 쪄서 물에 …… 우려서 …… 잘 사는 집에서는 쪄서 다른 쌀알을 섞어서 떡을 만드는데, 요새는 그걸 별미로 먹더라고. 요새 애들은 먹지 못해서 변을 못 봤다는 건 있을 수도 없지만, 옛날에는 우리 세대는 그랬다고. 가난한 집 자식들은 배고프니까 그런 걸 먹고 변이 안 나오는 거라. 이렇게 과거에 우리 세대의 절대다수의 가난한 생활은 거의 다 그랬어.

일제강점기를 가난했고 교육받을 기회가 전혀 없었던 시대로 설명하고 나서 강담은 해방을 학교 입학에 빗대어 이야기했다.

해방이 되어 이제 김일성 주석이 …… 의무교육제를 선포하고 교육법령을 채택하고 …… 요새 말로 하면 의무교육제를 처음부터 실시한 거야. 그러니까 우리 지금 한 세대에서 학생이 셋이 나온 거야. 바로 위에 있는 누나가 5학년에 들어갔다고. 내가 아마 국민학교 4학년인가, 3학년인가 들어갔을 거야. 내 밑에는 그러니까 거의 다가 정상보다 두 학년 밑으로 다닌 거야. 못 다녔으니까. 내 밑에 있는 여동생은 3학년에 들어갈 나이인데 1학년엔가 들어갔고. 그러니까 한 번에 학생이 셋이 나온 거야. 그런데 정말 북한 사회를 봤을 때는 굉장한 혁명이지.

새로운 기회는 단순히 고귀한 혁명의 목표로만 선포된 것이 아니라 일상 속에서 가시적으로 나타났다. 식민지 시대의 교육 기구와 제도가 해체된 것을 반영해, 학교 이름은 일본식 이름에서 학천인민학교로 바뀌었고, 마침내 강담과 그의 형제자매들을 비롯해 모든 조선인들이 학교에 다닐 수 있게 되었다. 해방이 강담의 인생 이야기를 구성하는 데 결정적인 역할을 한 건 당연한 일이었다.

마찬가지로 1945년 1월에 강제로 일본군에 징집된 최상원에게도 해방의 경험은 희열로 다가왔다.

1945년 8월 15일 그때 바로 부대가 해산되고 자유의 몸이 된 게 아니고, 처음에는 저 사람들이, 일본사람들이 뭐라고 했냐면 '이거는 종전이 아니다.' '종전이 아니고 일시적인 휴전이다' 이러더라고. 우리가 해산하라고 막 항의를 막 하니까 17일 날인가 그때 정식으로 해산을 모두 시키더라고. 그래 대구역에 와서 경주 가는 기차에 올라탔는데 기차 안에 가니까 분위기가 상당히 이상하더라고. …… 이때까지는 전부 얼음 창고에서 얼은 인간들처럼 그렇게 굳어 있던 사람들이 뭐 낯선 사람이라도 서로 아주 친절하게 이래 화기애애하게 이렇게 얘기를 하고 막 그러고. 또 그게 어디서 나왔는지, 그땐 그렇게도 먹을 게 귀할 땐데, 어디서 떡도 나와 가지고 모르는 사람이 '아 이거 하나 먹어 보라고' 이래 권하고. 그거는 참말로 일일이 그 당시 그거를 제대로 표현을 못할 정도로 참 많이 사람이 이것이 사는 거구나 그러니. 그때까지는 조선 사람이 36년 동안 근 40년 동안 …… 왜놈들의 항상 총칼 밑에서 짓눌려 가지고 긴장해서 살던 그것이 확 풀렸다 말이야. 풀려나니 한마디로 화기애애한 그런 분위기였어. 그래서 대구역에서 기차를 타고 경주역에 도착하니까 시간이 한 저녁 한 일곱 시 여덟 시 넘겨 됐더라고. 역에서 내려 가지고 우리 집으로 찾아가는데 내가 그때 경주 읍내, 시내에 살고 있었거든. 아무도 사람이 안 보는 후미진 곳에서 내 자신이 이 허벅지를 힘껏 이래 꼬집어 봤다. 이게 꿈이냐 생시냐. 이래 꼬집어 보니까 아프더라고. '아하 이게 꿈은 아니구나 생시구나' 그러니 얼마나 좋았던지 말이야.

그런 다음 최상원은 역사책이나 대하소설에서 전지적 시점으로 말하는 것처럼 자신의 인생사를 일본의 항복 및 해방까지의 시간과 매끄럽게 연결했다. 즉, 그는 "일본이 전 세계를 장악할 것처럼 보였던" 1941년의 진주만 폭격부터 8월 15일까지 이어지는 일련의 사건들을 추적했는데, 1943년 카이로 회담을 일본이 연합국에 의해 패망할 수밖에 없게 된 계기로, 1944년 8월 [여운형 등이 주도한] 건국동맹의 형성을 해방의 준비 단계로 보았다. 다음으로 그는 해방의 날을 다음과 같이 설명했다.

8월 15일 해방이 딱 되니까 바로 서대문 형무소 문이 열렸다 말이야. 문이 열리니까 이때까지 독립운동하던 우리 동지들이 그 안에서 한 사람도 안 다치고 다 나왔거든. 다 나오자마자 바로 한 것이 간판 내건 것이 건국동맹이란 거 그게 나왔는기라. 건국준비위원회가 나왔는기라.

서대문 형무소는 일제 당국에 의해 체포된 수많은 정치범들을 수용하고 있었던 곳으로 악명이 높았다. 서울로부터 멀리 떨어진 곳에서 17일에 전역했던 최상원이 해방 일에 형무소 문이 열리고, 수감자들이 석방되는 장면을 정말로 직접 목격했을지는 의문이다. 그럼에도 불구하고 그는 수감자들을 "우리의 동지"로 부르며 자신을 항일운동과 연결했고, 건준의 기치 아래 민족운동에 동참했다고 말했다.

그때부터 시작해 가지고 내가 거기 일을 보게 됐는데, 주로 건국준비위
원회에서 하는 가장 제일 큰 일이 뭐냐 하면 치안 유지였어. 그런데 그
치안대를 내가 책임을 졌지. …… 대도시 같은 데서는 치안대만큼 중요
한 것이 뭐냐면 식량 배급 같은 거 물자 배급 같은 거. 그때만 해도 해방
후에 아직까지 물자가 많이 모자라고 그럴 땐데 그게 가장 아주 중요한
일이었어. 그러나 내가 있는 농촌에서는 각자 농사지어서 자급자족하
는 그런 형편이기 때문에 그런 건 없고 주로 하는 게 뭐냐면 건국동맹,
건국준비위원회가 하는 것이 뭐냐면 제일 크고 중요한 일은 치안 유지
하고, 그다음이 국민들을 교화시키는 거. 많은 사람들이 문맹자였거든.
글을 읽을 수 있는 사람이 적은 때기 때문에 그러니 계몽운동 …… 해
방이 어떻게 해서 됐으며 누구의 공격으로 됐으며, 앞으로 우리는 어떤
나라를 세워야 된다는 이런 거를 주로 한 것이 건국동맹이고 그것이 한
걸음 나아가서 인민위원회까지, 인민위원회는 내가 그 날짜를 확실히
는 모르는데 아무래도 해방 후 한두 달 후가 아니었나 그리 생각해.

그는 지역 치안대에서 자신이 맡았던 개인적인 역할을 전국적으로 벌어지고
있는 일들에 대한 거시적인 관점과 결부했다. 그의 서술에서 들을 수 없는
것은 좀 더 개인적인 시각이었다.

두 사람의 이야기에서는 확실히 가정생활에 대한 언급이 전혀 없었다.
이들의 내러티브 속에서 가족은 어디에 있었을까? 그들은 결혼을 했을까?
아이가 있을까? 이런 이야기는 나중에 일상적인 대화를 나눌 때 나오기는 했지만
최소한의 개입으로 화자가 스스로 자신의 인생사를 구성할 수 있도록 자유
로운 형식으로 진행된 공식 인터뷰에서는 전혀 나오지 않았다. 두 사람은 가
족 이야기를 비공식적인 대화에서, 특별히 질문을 한 것은 아니었지만, 더
많이 했다. 인터뷰 도중 최상원이 자신의 아내에 대해 말한 적이 두 번 있었

다. 첫 번째는 최상원이 해방 후 며칠 동안 있었던 일들에 대해 말할 때, 내가 "그때 가족들은 없으셨나요?"라고 물었고, 그는 간단히 "아 있었지"라고 대답했다. 나는 "어디에 있었어요?"라고 다시 물었고, 그는 "응, 경주에 있었어. 그때 지금 큰애가 아직 돌 전인가 돌 땐가 그랬어. 해방이 되고 내가 돌아왔을 때 그때가. 근데 개가 지금은 서울에 살고 있어"라고 답했다. 그는 해방 후 가족과 함께 살지 않고 인민위원회에 참여했던 어느 부자의 지원을 받아 시내에 머물렀다고 설명했다. 아내와 아들이 그 없이 어떻게 지냈냐고 물었더니 아내는 친척과 함께 지냈다고 대답했다. 이와는 별도로 그는 인민위원회가 공격당할 때 아내가 남한 당국에 의해 너무 심하게 구타를 당해서 의식을 잃었던 것을 회상하기도 했다. 그는 1960년에 아내가 결국 암으로 세상을 떠난 것도 그때 입은 상처 때문이라고 추측했다. 최상원이 아내와 자녀에 대해 언급한 것은 이 정도였고, 강담은 가족에 대해 전혀 언급하지 않았다.

두 사람 모두 재혼했다는 사실이 복잡한 가족사에 관한 이야기를 굳이 먼저 하지 않도록 했을 수 있다. 최상원은 인터뷰 당시 박순자와 결혼한 상태였다. 그녀는 [아래에서 좀 더 소개할 예정이지만 빨치산이었다. 1954년에 남한 당국에 체포되어 1965년까지 수감되었다. 석방 후 얼마 지나지 않아서 그녀는 최상원을 친구로부터 소개받아 결혼했다. 이들은 최상원이 첫 번째 결혼에서 얻은 여섯 명의 자녀 외에 두 명의 딸을 더 두었다. 강담의 경우 북에서 결혼을 해서 아들 하나와 딸 하나가 있었다. 강담이 남한에서 석방되었을 당시, 북에 있는 아내와 자녀에게 돌아갈 가망이 없었다. 그는 남한에서 재혼을 했다. 이들이 옛 가족들에 대해 말하지 않은 것은, 재혼으로 만난 현재의 아내에 대한 배려 때문일 수도 있다.

이들은 자신이 성장해서 꾸렸던 가정에 대해서는 상대적으로 언급하지 않았다. 반면, 자신의 조상이나 어린 시절 성장기를 함께했던 가족들에 대해서는 상세히 이야기했다. 실제로 최상원의 내러티브는 31대를 거슬러 올라가는 자신의 가문에 대한 이야기로 시작한다. 특히 임진왜란 때 조상 가운데 한 분이 왜군들과 싸웠고 그로 인해 자신의 가문이 4세기 동안 항일 민족주의적 가치를 갖게 되었다고 했다. 그는 고향 땅에서 첫 번째 전투가 어떻게 시작되었는지, 그리고 자신의 조상이 얼마나 영웅적으로 싸웠는지, 마치 그곳에 있었던 사람처럼 이야기했다. 반면, 가난한 농촌 가정에서 자랐고, 아홉 살 때 아버지가 돌아가신 강담에게 가문은 중요하지 않았다. 강담은 아버지가 일찍 돌아가셔서 겪게 된 가난과 고난으로 자신의 인생 이야기를 시작했다. 그의 이야기는 집안의 가장이 된 여성들에 관한 것으로 가득 차있었다.

내가 아홉 살 땐가 아버지가 돌아갔어. 아홉 살 때 해방 전에 돌아가셨어. 그러니까 생활이 더 어려웠지. 아버지가 계시면 좀 낳았을 텐데 아버지가 서울 왔다 갔다 하면서 돈도 벌어 오고 …… 쌀도 좀 사서 보태 먹고 그랬는데. 우리 어머니가 마흔네 살인가 마흔세 살인가에 아버지가 돌아가신 기억이 있어. 그러니까 우리 어머니가 40대 초반에 남편을 잃고 …… 얘들 전부 다 짊어지고 그렇게 살다 보니까 그 고생이란 건 이루 말로 표현할 수 없지. 그리고 그때 우리 집에 할머니도 계셨다고. 친할머니가 계셨는데 …… 할아버지는 그전에 돌아가시고, 할머니가 오래 사셨어. 그 친할머니가 고생을 많이 했어요. 봄철 되면 우리 할머니가 맨날 산에 가서 산채 캐고 나물 캐고 …… 또 아까같이 소나무 껍데기 송기를 벗겨다가 애들 먹이고, 그때 고생 참 많이 했어 우리 할머니가. 우리 어머니 많이 도와줬지. 어려운 일은 할머니가 거의 다 했지. 그러다 보니까 내가 철이 좀 들고 국민학교 5학년 다니고 그러다 보니까 어머니가 상당히 몸이 약한 편이시더라고. 위장도 많이 나쁘고. 요새는 위경련이 자주 일어나. 위경련이 일어나면 막 죽는다고 막 몸부림치고 그랬던 어머닌데. 참 우리 어머니가 고생 많이 했지. …… 해방되고 1945년부터 1946년, 1947년도 그때까지 생활이 계속 어려웠지. 1948년부터 생활이 조금 풀린 거야. 토지개혁이, 북에선 토지개혁이 실시됐거든. 그러니까 지주 토지를 전부 다 무상몰수한 거야. …… 중농이든가 그런 사람들에게는 그 식구들이 먹을 만한 토지만 남기고 나머지는 몰수했지. 땅을 가지지 못한 그런 농민들은 그 식구가 전부 얼마인지, 자치 부락에서 지주 땅, 소작을 준 땅 등을 전부 몰수해 그게 몇평인지, 세대가 몇 세대고 식구가 얼마인지 그런 걸 평균을 내서 [토지가 없는 농민들에게-옮긴이] 얼마씩 줘야 된다고 그랬어. 그때부터 생활이 좀 핀 거야.

민족사가 인생 이야기의 주요 매개체가 되었기 때문에, 이들의 어린 시절이나 조상에 관한 이야기는 자신이 꾸린 가정에 대한 이야기로 자연스럽게 이어지지 않았다. 강담에게도 (1946년 토지개혁이 있었지만, 분배할 수 있는 농지가 부족해 1948년까지는 살림살이가 눈에 띄게 개선되지 않았음에도 불구하고) 해방이 가난했던 시절의 삶과 해방 후 개선된 삶을 나누는 기준점으로 작용했다.

대체로 남성들의 이야기는 이렇듯 민족사의 거대한 주제들과 연결되며, 때로는 16세기로까지 거슬러 올라갔다. 이들의 인생 이야기는 임진왜란, 해방, 건국준비위원회와 인민위원회 결성, 토지개혁, 의무교육 등 민족사적으로 중요한 사건들로 가득 차있다. 남성들의 이야기가 우연하게 이렇게 구성된 것은 아니다. 조국이 두 개의 점령 지역으로 나뉬었을 때, 탈식민지적 맥락에서 '민족사를 어떻게 정의하느냐'가 해방 이후의 주요 쟁점 가운데 하나였다. 국가가 두 개로 분리되어 각자의 민족사와 그 주체를 구성하는 방식으로 일련의 사건들이 경쟁적으로 부각되었다. 다시 말해, 특정한 역사적 사건들이 각자의 경험과 기억에 의미를 부여하는 정당화 구조 역할을 하게 된 것이다.

실제로 식민 당국에 부역했던 이들은 이와 전혀 다르게 해방을 묘사한다. 이들은 8·15를 아무 일도 일어나지 않은 날로 묘사했다. 예를 들어, 은퇴한 교육자인 김선은 8월 15일에 대해 "아무도 밖에 안 나오고 집에만 있었"다고 기억했다.[13] 그녀의 짧은 묘사에는 그 어떤 흥분도 환희도 없었다. 해방에 관한 소식을 어떻게 들었느냐는 질문에 그녀는 "라디오를 통해서"라고 간단히 답했다. 마찬가지로 조선인 출신 일본군 장교였던 백남권과 박경원 역시 8월 15일 당일에 대해 별다른 언급을 하지 않았다. 백남권은 8월 15일 정오에 "항복" 소식을 들었는데, 조선인 출신 일본군 장교들은 다음 날 민족의 반역자로 사살될 것이라는 소문이 돌았다고 진술했다.[14] 여기서 "해방"이 아닌 "항복"이라는 단어를 선택한 것은 일본군 장교로서 당시 그의 처지를 나타낸다. 김선처럼 박경원도 보복이 두려워 다른 사람을 만나거나 밖에 나가는 것을 자제했다고 말했다.[15]

일제를 공개적으로 지지하지 않았지만, 일본인과 함께 일했던 사람들 역시 양가적인 감정으로 해방을 경험했다. 해방 직후 북조선로동당에 입당해서 고향인 평안북도의 당 위원장이 된 김석형은 해방 전 자신이 일하던 일터인 지역 관개 사무소에서 해방 소식을 들었다. 그는 항복을 선언하는 일왕의 연설이 15분 있은 후 기분 나쁜 침묵이 흘렀다고 말한다. 조선인 노동자 가운데 한 명이 칠판으로 걸어 나가서 "독립 만세"라고 한자로 썼을 때에도 여전히 침묵만 흘렀다고 했다. 김석형은 다소 변명하듯 다음과 같이 말했다. "그 뭐 손뼉을 치는 사람도 없고, 나는 속으로 손뼉을 좀 쳐줬지."[16] 며칠간 축제가 이어졌고, 지역 자치위원회와 치안 조직이 만들어졌다. 김석형은 최상원처럼 보안대에 합류해서 행정기관과 일본인의 재산을 압수 장악하고 무장해제했다. 폭력을 억제하려 했음에도 이전의 부역자들, 특히 일본 경찰에서 일했던 사람들에게 복수하기 위해 자생적으로 인민재판이 열리기도 했다.

따라서 처벌을 피하기 위해서라도 각각의 진영에 있던 사람들은 자신들이 생각하는 민족사에 대해 자기주장을 피력해야 했다. 인생 이야기는 경쟁하는 민족의 역사들이 헤게모니를 두고 싸우는 무대 역할을 했다. 반체제 인사였던 최상원과 이북 출신인 강담은 남한 사회에서 아웃사이더였기 때문에, 남한에서 재야 진영의 일부인 반체제 인사로서의 정체성을 수용했다.[17] 그들의 내러티브는 누가 진정한 민족 구성원인지를 두고 [남한 사회의 주류 세력과] 경쟁하는 민족사를 제공했는데, 강담의 경우에는 해방된 농민의 입장에서 최상원의 경우에는 박해받는 혁명가의 입장에서 그랬다. 어느 쪽이든, 그 이야기들은 모두 명백히 남성적인 설명이었다.

이처럼 경험과 기억을 조직하는 방식은 그들이 어떤 특정 집단, 즉 재야와 자신을 동일시함으로써 촉진되었다. 이와 관련해, 집단적 기억에 관한 알박스의 견해를 되새겨 볼 만한데, 그는 "개인은 사회적 기억의 틀에 의존해 기억을 떠올린다. …… 기억은 집단적 작용이기 때문이다"라고 했다.[18] 가혹한 정치적 탄압에 맞서, 재야는 민족의 역사에 대한 대안적 내러티브를 생산하기 위해 주류에 반하는 대항 기억을 창조해 냈다. 물론, 이 같은 대항 기억은 재야 진영 내에서 지배적이고 헤게모니적인 역사였다. 다시 말해, 그것은 근현대사에서 이어져 내려오는 민중 저항의 선형적 역사인데, 19세기 후반 동학농민운동으로부터 항일 무장 투쟁, 해방 후 인민위원회를 거쳐, 결국에는 군사 독재 정권을 무너뜨린 민주화 운동에 이르러 정점에 도달하는 역사였다.[19] 북조선의 공식 역사 역시 이와 비슷하게 민족주의적 계급투쟁이라는 선형적 발전을 따르며, 인민위원회의 구성을 조선민주주의인민공화국 수립의 직접적 선구로 여기고 있다.[20] 재야는 동질적인 비전과 이에 기반을 둔 담론적·사회적 실천을 통해 대안적인 민족사를 만들며 자신들의 역량을 강화할 수 있었다.

재야 진영 내에서 이루어진 출판과 강연 등을 통해 최상원은 자신의 이야기를 정제하고 편집해 다듬을 수 있었다.[21] 첫 만남에서 최상원은 자신의 일생을 한 장으로 짧게 요약한 "약력"을 내게 건네주었다. 여기에는 역사적으로 중요한 사건과 활동이 순차적으로 나열되어 있었다. 그의 내러티브는 약력에 적혀 있는 연대기를 따랐는데, 이는 그다음에 어떤 사건이 있었는지 떠올리게 하면서 자신의 기억을 구성하는 역할을 했다. 그 약력에는 지난 시절 그가 맡았던 직책들만 단순히 나열되어 있지 않았다. 인민위원회 보안대 대원으로 일하면서 겪은 특별한 경험들, 예컨대 "농맹 소작쟁의" 같은 구체적인 사례들도 소개되어 있었다. 이 사건은 1946년 6월 파종 준비를 마친 한 소작농이 자신을 쫓아내려는 지주에 맞서 싸우다, 보안대에 도움을 요청한 사건이었다. 최상원은 (관례대로) 소작농의 권리를 보호하기 위해 그가 파종을 끝낼 수 있도록 도왔다. 하지만 그는 얼마 후 지역 당국에 체포되어 한 달 동안 수감돼 있어야 했다. 그 사건 말고도 그가 당국의 탄압을 받아 감옥에 가야 했던 활동들이 눈에 띄게 나열되어 있었다. 국가 당국과 교차하는 지점이 그의 인생 이야기에서 중요한 지표가 되었음을 알 수 있었다.

이에 반해 강담은 인터뷰 당시 장기수 모임에 합류한 지 얼마 되지 않아서 중요한 순서대로 연대기를 정리한, 말하자면 사전에 연습한 내러티브가 없었다. 그의 인생 이야기는 현재와 과거를 넘나들고, 한 시대에서 다른 시대로 널뛰었다. 그는 어디에서 태어났는지에 관한 이야기로 첫 인터뷰를 시작했는데, 이후 바로 북조선이 1958년에 면을 폐지하며 행정 단위를 개정하게 된 경위를 설명했다.[22] 1946년 토지개혁 이후 고향을 떠난 지주에 관한 이야기는 월남한 친척에 관한 이야기로 갑자기 이어졌는데, 그 친척은 자신이 1980년대에 석방되고 나서 나중에 만나게 되었다고 한다. 1940년대 북조선의 고향에서 발생한 간첩 사건은, 남한에서 일어난 자신의 간첩 사건과 1970년대 수감 기간 동안 받았던 잔인한 고문에 관한 이야기로 이어졌다. 이는 또 고향 마을이 6·25전쟁 동안 남한군에 점령되었을 때 인민군과 로동당에 친척이 있다는 이유로 자신이 얼마나 많이 두들겨 맞았는지에 대한 회상으로 이어졌다. 그의 인생 이야기를 구성하는 표식은 단단히 고정되어 있지 않았고, 그의 내러티브는 시공을 넘나들었다.

첫 번째 인터뷰가 끝날 무렵 강담의 반응이 시사적이었다. 그는 자신이 계속해서 "엉뚱한 얘기"를 하는 바람에 "진짜 이야기"를 하지 못했다고 했다. 내가 "진짜 이야기"가 무엇인지 묻자, 그는 빙그레 웃으며 모른다고 말했다. 하지만 그는 인터뷰 과정에서 일부 이야기를 "여담"이라고 하며 다른 이야기와 구분하곤 했는데, 이를 통해 어느 정도 단서를 제공한 것 같았다. 그는 가족에 관한 짧은 언급, 어린 시절 선생님을 놀린 이야기, 군복무 도중 싸움에 휘말린 이야기 등을 나눌 때, 여담이라고 말했다. 그는 민족의 역사와 직접적 관련이 없는 이야기를 자신의 인생사를 이해하는 데 불필요한 여담으로 여겼다. 그는 자신의 삶에서 주요 이정표들은 해방, 전쟁, 군복무, 남파, 수감 등이 되어야 한다고 믿었다. 모두 민족의 역사와 직접적으로 연결된 일들이었다.[23]

민족의 역사에 대한 집착이 덜하진 않지만, 해방이 되고 나서 5년 내에 월남한 사람들의 해방과 혁명에 대한 기억은 이와 상당히 다르다. 퀘이커 평화운동가로 유명한 함석헌은 1947년 월남하기 전, 북조선에서 인민위원회를 결성하는 데 적극적으로 참여했던 사람으로 매우 흥미로운 비교 사례를 제시한다.[24] 1901년에 평안북도 용천에서 태어난 그는 여섯 살에 그리스도교가 운영하는 학교에 입학해 그리스도교를 접하게 되면서 "자연스럽게" 신앙을 받아들였다. 3·1운동으로 정치에 눈을 뜬 그는 일제강점기 내내 항일운동을 벌여 수차례 투옥되었다. 함석헌은, 그 자신이 정치적 활동을 하고 있었음에도 불구하고 해방 직후의 조선이 조선인을 동원할 수 있는 마땅한 조직이 없어 외세의 조종에 취약할 수밖에 없는 진공상태에서 운영되고 있다고 보았다.

최상원, 강담과는 달리 함석헌은 인민위원회를 해외에 망명 중인 민족

지도자들이 귀국할 때까지만 유효한 임시 조직으로 생각했다. 그가 기억하듯, "그때 나는 남한에 있지 않고 북에 있었으니 서울 일은 모르지만, 이북에서 본 것으로 하면 민중의 떠밀림을 받아서(그때야말로 떠밀어서 나선 사람들이지, 아직 정치 업자들은 못 나선 때다) 일을 한다는 사람마다 정부는 중국이나 미국이나 어디서 조직해 가지고 들어오려니, 그때까지 우리는 임시 치안을 유지하는 것이 책임이거니, 이런 정도의 생각을 넘지 못했다."[25] 회고록에서 그는 자신이 기억하고 있던 8월 15일을 신중하고 소극적인 어조로 설명해 나갔다.

> 해방이 되던 날 나는 밭에 거름을 주려고 똥통을 메고 섰다가 그 소식을 들었다. …… 나가야 할 무엇을 느꼈다. 나간 결과는 할 것 하고는 물러선다는 것과는 딴판이 되어 신의주까지 가게 됐고, 오도연합회 구경까지 하게 됐다. …… 자치위원회가 처음에는 소박한 민중의 순전한 자치 정신에서 나온 것만은 나도 증언한다. 그러나 거기 나온 인물들이 구식 사상을 면치 못한 것만은 사실이요, 또 정치 역사에 대해 아주 무식했다. 나도 생각이 얕지만 나 보기에도 그 해방은 사회적 변동을 의미하는 것이지 결코 정권의 변동만이 아닌데, 즉 이 앞으로 사회생활이 온통 달라지려는 것인데, 역사를 새로 시작하는 것인데, 이 사람들의 대부분의 생각이 일본이 우리를 압박하다가 이제 쫓겨 갔으니 이젠 우리 손으로 고스란히 해가면 된다는 정도를 면치 못했다. 참 무식했다. 지주는 지주대로 있고 양반은 양반대로 행세를 할 줄 알았고 또 하려 했다. 그리고 일하러 나선 사람은 거의가 소위 유산계급 사람들이었다. …… 그랬으니 공산주의자에게 배겨날 리가 없었다.[26]

그는 공산주의자들을 가장 잘 조직된 세력으로 인정하면서도, 신의주 사건을 근거로 이북 지역에서 그들이 대중적인 지지를 얻지는 못했다고 주장했다.

신의주 사건은 인민위원회에 대한 공산주의자들의 헤게모니에 반대하는 시위를 폭력적으로 진압한 첫 사례였다. 1945년 11월 23일 정오 무렵 평안북도 인민위원회 앞에서 시위에 참여했던 학생들이 보안대에 의해 사살되었다. 당시 도 교육부장이었던 함석헌은 10명이 넘는 학생들이 살해되는 사건을 직접 목격했을 뿐만 아니라, 시위를 조장했다는 이유로 매질을 당하기도 했고, 여기저기 끌려 다니다가 유치장에 50일간 투옥되기도 했다.[27] 석방 후 함석헌의 집과 토지는 몰수되었다. 석방 후에도 함석헌은 여러 번 보안대에 끌려가곤 했는데, 그 와중에 보안대로부터 지인과 동료들의 뒤를 밟아 그들의 행적을 정기적으로 보고하라는 압박을 받았다. 함석헌은 그것은 죽어도 못할 일이라 생각해 아예 38도선을 넘어 월남했다.

반공주의자와 그리스도교인이 주도한 다른 시위들, 특히 1945년 말 모스크바 3상회의에서 제기된 신탁통치안에 반대하는 시위는, 1946년 3·1운동 기념일에 벌어진 일련의 시위들과 결합하며 더욱 거세졌고, 약 300명의 학생과 20여 명의 목사가 체포되었다. 이에 대해 미국의 한 정보 보고서는 다음과 같이 설명했다. "공산주의 정권에 저항하는 핵심 세력은 북조선에서 오랫동안 명성을 갖고 있던 교회 집단과 학생 비밀 조직이었다. 저항은 대도시, 특히 평양에 집중되었고, 주로 동맹휴학, 전단 살포, 시위, 암살 등의 형태를 취했다. 당국은 체포와 구금, 학생과 교회 단체 조사, 교회 해체로 대응했다."[28] 북조선을 떠나는 사람들은 반복적으로 언론, 집회, 결사의 자유 및 종교의 자유에 대한 제약에 대해 불만을 제기했다. 이들은 대부분 그리스도교인들과 지주들이었다. 한반도 이남에서는 좌파가 정치적으로 탄압받았던 반면, 이북에서는 그리스도교인과 지주가 탄압을 받았다.

평양 출신의 또 다른 그리스도교인인 오영진 역시 감시를 받으며, 지속적으로 수색과 괴롭힘을 당하자, 1947년 11월 월남했다.[29] 그는 1916년 개신교 목사의 아들로 태어났는데, 그의 아버지는 해방 후 조만식이 조직한 평안남도 건국준비위원회 부위원장이었다. 비록 그는 일제강점기 시절에는, 공산주의 이데올로기에 강한 매력을 느껴 스스로를 자유주의적 사회주의자로 규정했지만, 이론과 현실의 괴리, 나아가 공산주의의 폐해를 한탄했다. 그는 남한에서 출판된 회고록 서문에서 자신을 "민주주의자"로 분류했다. 2장에서 봤던 것처럼, 그는 해방 소식을 듣고 막연한 공포감에 사로잡혀 기뻐하면서도 불안감에 떨어야 했다. 견실한 민족주의 집안 출신으로 항일운동에 적극적으로 참여한 사람조차 첫 소식을 듣고는 깊은 곳에서부터 양면적인 감정이 일었던 것이다.

평안북도 운산군의 리영희 역시 지역 경찰서에서 문서를 소각하며 생기는 연기를 보고 무슨 일이 벌어졌다고 생각했지만, 경찰서에만 유일하게 라디오가 있었기 때문에 어느 누구도 그 광경이 식민 통치의 종식을 의미하는 것으로 꿈에도 생각하지 못했다고 전했다.[30] 며칠 지나고 나서 마침내 해방 소식이 전해졌을 때 마을 사람들 가운데 상당수가 무엇을 해야 할지 몰랐다. 리영희 역시 "실감이 나지 않았다"라고 썼다. 거리에서 춤추고 노래하기보다 사람들은 혼란스러워했고 불안해했다. 리영희는 몇몇 학생들과 함께 한글 공부 모임과 독서 모임을 조직해서 장-자크 루소의 『에밀』과 애덤 스미스의 『국부론』 등을 읽었다. 그러다 갑자기 지역 치안대에 체포되었다가 닷새 만에 풀려났다. 그들은 "자네들이 토론하고 등사해서 뿌린 것과 같은 내용의 사상이나 지식은 통하지 않는다는 것을 알아야 해. 자네들은 아직 어려. …… 경거망동하면 안 돼"라는 훈시를 들어야 했다.[31]

이렇듯 해방에 대한 모든 기억이 환희와 축하로 이루어진 것은 아니었다. 함석헌과 리영희에게 초기의 "집단적 흥분"은 실망만 남겼다. 반면, 해방에 대한 오영진의 경험은 소련군의 점령과 뒤이어 자행된 약탈과 강간이라는 트라우마적인 기억으로 얼룩졌다. 보급품을 충분히 제공받지 못해 꾀죄

죄한 행색의 소련군은 이제 막 해방된 사람들로부터 빼앗은 약탈품에 의존해야 했다. 그들은 특히 현대 생활의 상징인 손목시계, 만년필, 양복 등을 탐냈고, 종종 이런 약탈한 물건들과 사진을 찍곤 했다.[32] 이런 행동을 목도하며, 오영진 같은 사람은 소련군 병사에게서 어린아이 같은 천진난만함을 느끼기도 했지만, 이를 마땅치 않게 봤던 사람들은 손바닥에 침을 뱉어 얼굴을 씻고 빵을 베개나 방석으로 쓰는 모습을 보며 소련군의 불결함과 무례함에 눈살을 찌푸려야 했다. 오영진에 따르면, 소련군의 "열등한" 행동 덕분에 평양 사람들은 패권 열강으로 간주되었던 서방국가들에 대해 "우월감"을 가지게 되었다.

하지만 서울에 도착하자마자 오영진은 일본인들에 대한 대우와 그들의 지위가 북조선에서와 극명한 차이가 있음을 발견했다. 그는 총독부 건물 꼭대기에 일장기 대신 (태극기가 아닌) 성조기가 걸려 있었고, 식민 통치 시대의 인사들이 계속해서 그 자리에 있는 사실을 개탄했다. 이와 대조적으로 평양에서는 일본인과 부역자의 지위와 재산을 박탈했는데, 이들 가운데 대다수는 화장실 청소나 쓰레기 운반 같은 최악의 직업에 종사해야 했다. 이를 통해 평양 주민들은 부역자들을 어느 정도 응징했다고 느낄 수 있었다.[33] 해방후 사람들의 기억 속에서 가장 큰 충격을 주었던 사실 가운데 하나는 남한이 점점 더 혼돈 상태에 빠지게 된 것이었다. 예를 들어, 리영희가 공부를 계속하기 위해 북조선에서 서울로 돌아왔을 당시, 서울은 완전히 무정부 상태이자 무법천지였다. 인플레이션은 통제 불능이었고, 모두가 "각자도생"하고 있었다. "정글의 법칙"이 만연해 "가장 교활하고 가장 파렴치한 사람만" 생존할 수 있었다. 리영희는 그 결과로 청운의 꿈을 품고 고향을 떠나 북에서 서울로 왔던 사람들이 상당수 고향으로 되돌아갔다고 회상했다. 이번에 그는 북조선이 아닌 남한에 대해 환멸을 느껴야 했다.[34] 비록 의견이 다양하고 모순되는 경우가 종종 있었지만, 미국 정보부 역시 "만주에서 이남으로 온

난민과 일부 이북에서 온 난민들이 이남 지역의 (주거 및 식량 가격) 상황을 살펴본 후 되돌아가기를 원했다"고 보고했다.[35]

해방에 대한 기억이 환멸인지, "집단적 흥분"인지에 상관없이 남성들은 자신의 인생사를 중요한 민족사의 한 부분으로 간주했다. 예를 들어, 함석헌, 오영진, 리영희의 회고록에는 "자서전" "증언" "역정"이라는 단어가 제목에 들어 있는데, 이는 의식적으로 민족사의 연대기에 자신의 삶을 집어넣기 위한 것이다. 가정생활에 관한 이야기는 이들의 인생 이야기에서 들어설 자리가 없었고, 자기 자신의 정체성을 규정하는 데 가장 두드러지게 사용된 단어는 민족이었다. 민족의 역사는 무엇보다 중요했고, 그들의 인생 이야기는 민족사의 연장선상에 있는 범위만큼 중요했다. 이렇게 묘사된 민족의 역사는 결정적으로 남성적인 것이었다. 북조선에서 이상적인 시민 모델로 혁명적인 어머니를 내세운 것과 달리, 해방 후 남한에서는 남성이 정치적 주체성의 전형을 구현했다. 이런 역사에서 여성들은 해방을 정말 '해방 공간'으로 경험했는가라는 질문에 답을 해줄 수 있는 그 어떤 여성 혁명가나 여성 단체도 없었다. 그 대답을 찾을 수 있는지 살펴보기 위해서는 여성들이 자신들의 인생사를 이야기하는 내러티브로 눈을 돌려야 한다.

인생 이야기로서의 여성사

유감스럽게도 — 해방기에 정치에 참여했던 사람들은 이제 소수만 남아 있다 — 여성들은 자신이 기록으로 남길 만큼 중요한 일을 한 것이 "아무것도 없다"고 말하며, 필자의 인터뷰 요청을 딱 잘라서 거절했다. 이런 반응은 남성들이 자신을 바라보는 방식과 사뭇 달랐기 때문에 그 자체로 흥미로웠다. 남성은 보통 자신의 이야기가 전해져야 한다고 느꼈고 자신의 당시 어떤 활동을 했는지에 대해 물어 주길 바랐던 반면, 여성들은 어색해하거나 주저하는 것처럼 보였다. 결국 나는 여성들과 공식 인터뷰를 진행할 수 없었다. 대신, 나의 현지 조사와 동시에 진행되었던 두 개의 독립된 프로젝트, 즉 김진열의 다큐멘터리 영화와 최기자의 구술사 논문을 활용했으며, 그들을 통해 만나게 된 여성들로부터 일상 대화의 형식으로 이야기를 들을 수 있었다.[36]

이 이야기들은 두 편의 회고록에 대한 논의를 통해 보충된다. 첫 번째는 일제강점기 시절 기자로 일하다 해방 후에는 적극적으로 여성운동에 참여했고, 결국 1948년 북조선에 정착한 김원주(1907~95년)다.[37] 두 번째는 앞서 언급한 바 있는, 조선여성동우회(1924년)와 근우회(1927년) 창립 회원으로 일제강점기 시절 열렬한 사회주의자이자 페미니스트였던 허정숙(1908~91년)의 회고록이다. 허정숙은 1930년대 중국으로 망명 후 옌안에서 조선 공산주의자들과 합류했다. 그녀는 해방 후 북조선에서 문화선전상(1948년), 사법상(1957년), 최고재판소장(1959년), 조선민주여성동맹 부의장(1965년), 최고인민회의 부의장(1972년) 등 일생 동안 내각, 당, 여맹에서 다양한 직책을 역임한 최고위급 여성이었다. 김원주와 허정숙의 회고록은 남북을 막론하고 해방정국에서 정치에 참여한 여성이 쓴 개인 저술이라는 측면에서 보기 드문 사례다.

김원주는 기자였고 허정숙은 1945년 말 귀국하기 전까지 중국에서 항일운동을 했던 반면, 아래에 소개할 여성들은 모두 6·25전쟁 당시 이남 지역에서 무기를 들었던 빨치산이었다. 모든 여성이 전투에 참여하지는 않았지만 정치 공작원이나 간호사, 요리사로 후방에 머무르기보다 최전선에서 싸웠던 여성들이 더 많다. 전투에 참여했던 여성들은 대부분 전사했기 때문에 이들의 이야기를 들려줄 생존자는 거의 남아 있지 않다.[38] 투쟁 장소로 가장 유명한 곳은 지리산이었지만, 전투는 태백산과 한라산을 가로지르는 한반도 이남의 광대한 산악 지대를 넘나들며 전개되었다. 빨치산 활동은 1946년 대구 10·1 항쟁 이후 미군정하에 있던 남한에서 좌익 활동에 대한 탄압이 강화되면서 차츰 시작되었다. 특히 1948년 5월 남한에서 단독 선거가 치러질 무렵 (그들의 호칭에 따르면) "산사람"의 수가 증가했다.

전면적인 유격전으로 전환하게 된 결정적인 계기는 좌파 정치의 근거지 였던 제주도에서 시작되었다. 상당수 도민들이 민족 분단을 영속화하게 될 남한만의 단독 선거를 거부했고, 이로 인해 제주도에서 대규모 저항이 발생 했다.[39] 제주 항쟁을 진압하기 위해 새로 창설된 국군 제14연대[여수, 순천 주 둔]가 제주도에 전개될 예정이었지만, 이들은 진압을 거부하고, 반란을 일으 켜 인근의 여수와 순천을 장악했다. 대규모 반란이 주변 지역으로 번졌고, 지하로 사라졌던 인민위원회의 많은 인사들이 복귀했다. 하지만 반란은 2주 만에 진압됐고 수만 명의 사람들이 체포되어 투옥되었다. 많은 이들이 산으 로 도피했고 이들 가운데 상당수가 빨치산이 되어 전투를 이어 갔는데, 일부 는 1950년 6월 전면전이 발발할 때까지 살아남기도 했다. 여기서 소개할 여 성들은 6·25전쟁이 발발한 이후 빨치산에 합류했지만, 이들의 정치 참여는 대부분 더 일찍 시작되었다.

일제강점기인 1924~30년에 태어난 이 여성들은 박순자를 제외한다면(부 유한 집안 출신으로 휴전 후 6개월 뒤인 1954년 1월에 붙잡혔다) 가난한 농민 집안 출신이었고, 전쟁 중이었던 1952년에 붙잡혔다.[40] 이들은 짧게는 8년, 길게 는 13년 동안 수감되었다. 일제강점기 때 결혼한 변숙현을 제외한 다른 이들 은 모두 석방된 후 결혼했다. 각 여성들의 일대기에 대한 간략한 개요는 아 래와 같다.

1. 박선애(언니)와 박순애는 자매이며 일제강점기 시절 독립운동에 가 담했던 아버지와 좌익 활동을 했던 오빠들에게 영향을 받았다. 이들은 6·25전쟁 동안 빨치산 활동을 하다 1952년 1월 국군 포로로 잡혔다. 박선애는 1965년에 형기를 다 마치고 석방되었다. 그 후 그녀는 빨치

산 출신 남성과 "동지 결혼"을 하고 42세에 딸을 낳았지만, 1975년에 다시 체포되어 1979년에 석방되었다.[41] 박순애는 1960년에 가석방되었고 역시 빨치산 출신 남성과 결혼했다. 남편은 이북 출신이어서 남쪽에 친척이 없었다. 그들은 외부와의 연락을 거의 끊고 살며 경찰의 감시를 피했고, 언니가 석방될 때까지 언니의 딸을 키웠다. 이들에게 자식은 없었다. 남편은 빨치산 활동 때 입은 부상으로 인해 1979년에 사망했다.

2. 박순자는 부유한 집안에서 태어났다. 오빠들과 다른 친척들에게 영향을 받은 그녀는 6·25전쟁 전부터 정치 활동을 시작했다. 전쟁 초기에 그녀는 경상남도 하동군의 여맹에서 활동했으며, 인민군이 후퇴할 때 빨치산에 가담했다. 그녀는 지리산에서 빨치산의 마지막 저항이 종결된 후인 1954년 1월에 체포되었다. 그녀는 1965년에 석방되어 최상원과 결혼했다. 이들에게는 딸 둘이 있다.

3. 변숙현은 일고여덟 살이 될 때까지 여자는 학교를 다니거나 집을 나갈 수 없는 전통적인 집안에서 태어났다. 그녀가 스무 살이 되었을 때 온 가족이 만주로 이주했고 1945년에 그곳에서 결혼했다. 곧 해방이 되어 그녀는 남편의 고향인 전라북도 순창으로 이사했다. 남편이 순창에서 인민위원회에 참여한 일로 탄압이 심해지자 가족이 뿔뿔이 흩어져 남편과 떨어져 지내야 했고 그녀와 갓난 아들은 경찰의 괴롭힘을 당해야 했다. 이런 시련으로 그녀는 정치에 눈을 뜨게 되었고 남편이 1947년에 월북한 후 남한에 남아 있던 그녀 역시 남로당에 가입했다. 그 후 얼마 지나지 않아 체포 영장이 발부되었고, 6·25전쟁 때까지 숨어 지내다가 전쟁 발발 후 인공 치하 여맹에서 활동했다. 인민군이 후퇴

하자 그녀는 아이를 시댁에 맡기고 빨치산에 합류했는데, 이 과정에서 동상으로 오른팔을 잃었다. 1952년에 체포되어 1960년에 석방되었다.

대화를 바탕으로 이야기의 조각들을 하나하나 엮어야 했던 이런 여성들의 인생사와 달리, 김원주의 회고록은 일제강점기 때의 어린 시절에서 시작해 1948년 4월 평양에서 열린 남북연석회의[42]에 참여한 것까지 연대기 순으로 작성되었다. 비록 가난한 농민 집안에서 태어났지만, 그녀는 학교에서 좋은 성적을 거둬 자신의 운명을 바꾸겠다는 희망을 품었다. 그녀는 1920년대 조선의 북서 지역에서 가장 좋은 학교로 꼽혔던 평양여자고등보통학교를 졸업했다. 일본 유학 후 서울로 돌아와 민족주의 성향의 잡지인 『개벽』에서 작가로 일하기 시작했다. 변변찮은 월급으로는 가족을 부양할 수 없어서, 총독부의 공식 기관지인 『매일신보』에 글을 쓰기도 했다. 1933년 26세에 성유경과 결혼했다. 성유경은 부유한 양반 집안 출신으로 "신지식"을 배우기 위해 집을 떠나 경성에 머물렀다. 그는 도쿄 유학 시절 마르크스주의를 접했다. 김원주는 성유경을 다음과 같이 묘사했다. "학생운동에 참가하여 두 차례의 유치장 생활도 체험한 진보적인 청년이었다. …… 계급적 처지와 생활 습성 탓으로 난관을 헤치고 투쟁에 적극 나서지는 못하였으나 일제에 대한 반항심과 계급의식은 빈궁과 억압하에서 반평생을 살아온 나보다 훨씬 강했다."[43] 그녀는 성유경을 자신보다 신분이 높고 강인한 인물로 평가했지만, 사실 그는 이미 열네 살에 중매결혼을 한 상태였다. 성유경은 이혼을 하려고 했지만, 가문의 명예에 먹칠을 한다는 이유로 아버지가 극렬하게 반대해 그러지 못했다. 가족의 반대에도 불구하고 김원주와 성유경은 1933년에 함께 살림을 차렸다.

사랑을 위해 유부남을 선택하고 직업을 가진 김원주는 고전적인 의미에서 신여성이라 할 수 있는데, 신여성이라는 말은 1920, 30년대에 서양식 복장을 하고 근대적 교육을 받았으며 새로운 전문직에 종사하는 여성을 일컫는 표현이었다. 하지만 근대적 교육을 받은 여성들에게 열려 있는 기회는 극히 적었고, 대부분의 도시 여성들은 공장에서 일하거나 서비스직에 종사했다. 경외감과 호기심을 불러일으키는 존재로 여겨졌지만, 신여성들은 또한 자유연애를 지지한다는 이유로 경멸을 받았고, 많은 이들이 남성들과의 관계로 인해 손가락질을 받았다. 실제로 김원주는 신여성과 관련된 부정적인 고정관념에 비판적이었고, 자신이 신여성으로 동일시되는 것을 경계했다. 김원주는 결혼을 사랑이라기보다 생존과 안식처를 얻기 위한 현실적인 수단으로 보았으며, 상당히 냉소적으로 "구속"이라고 썼다. 김원주는 자신의 농민 신분에 대한 시대의 경멸과 남편의 금욕주의적인 태도, 까다로운 식습관, 엄격한 자녀 양육 방식 등 "계급 격차"로 인한 불화 등을 묘사하면서 결혼을 후회하는 것 같았다. 그녀의 인생사에서 이 부분은 다음과 같은 말로 갑자기 끝난다. "모든 것을 단념하고 세 아이의 장래, 행복을 위해 '나'라는 것을 희생하고 말자. 이렇게 체념하기까지 13년이 걸렸다. 결혼 생활 13년 만에 8·15 해방을 맞이했다."[44]

중요한 민족사적 공간(예컨대, 서대문 형무소 같은)에서 펼쳐지는 해방에 대한 남성들의 이야기와 달리, 해방에 대한 김원주의 내러티브는 가정이라는 공간에서 시작하고 끝난다.

1945년 8월 15일 일왕이 중대 방송을 한다고 한다. 집집마다 모두 뛰어나가고 골목길에서는 남자들이 화닥닥 화닥닥 뛰어가는 소리가 들려온다. 나도 앞치마를 두른 채 뛰쳐나갔다. …… 모두들 그리로 달려갔다. 그 넓은 길에는 사람들이 꽉 차있었다. 라디오방에서는 이날을 위하여 라디오방을 차려 놓았던가 싶게 큰 라디오를 책상 위에 덩실 받쳐서 가게방 밖에 놓았다. 열한 시 정각이 되었다. 라디오에서는 목구

멍이 메었는지 기어들어 가는 듯한 음울한 목소리로 무어라고 천천히 중얼거리는 소리가 들려온다. 일왕 유인이가 이야기를 한다는 것이다. 라디오 가까이 있던 한 패거리가 갑자기 "일본이 항복했다!"고 소리를 지른다. 그 많은 사람들이 일시에 "만세! 만세!" 하고도 성차지 않아 뛰어올랐다 내렸다, 옆의 사람을 흔들었다 서로 얼싸안았다, 삽시에 환성과 환희의 도가니로 변했다. 일제 36년의 식민지 노예살이가 끝난 것이다. …… 나도 군중 속에 휩쓸리어 정신없이 "만세!"를 부르며 쫓아갔다. …… "만세!" 또 "만세!" "조선 독립 만세!" 그 엄청난 한의 폭발을, 그 원초적이고 절대적인 민족 본연의 환희를 무슨 말로 다 전할 수 있단 말인가. 한낮이 다 기울어서 나는 집으로 돌아왔다. …… 나는 대문에 들어서자마자 옆에 있는 아랫방 툇마루에 쓰러지듯 엎드려 "엉엉" 목 놓아 울었다. 기쁨의 눈물! 억울한 눈물, 고통을 참느라 수십 년 힘껏 눌렀던 눈물이 쳐 쏟아진다. 나는 곰곰이 내가 해야 할 일과 나갈 길을 생각해 보았다. 처음에는 갈피를 잡을 수 없었다. 그러나 어머니와 나를 그처럼 불행과 고통에서 헤어 나지 못하게 만든 것이 무엇인지 명백하게 알 수 있었다. 그것은 봉건 유습 때문이다. 이 봉건에 항거하고, 여성들의 지난날이 반복되지 않게 하기 위해서, 나의 사랑하는 딸들과 불쌍한 조카들, 그 밖의 많은 딸들이 다시는 고통을 받지 않게 하기 위하여 봉건적 억압과 천대에서 여성들을 해방시켜야 한다.[45]

해방일은 김원주의 회고록에서 민족사의 새로운 장을 연 전환점이었을 뿐만 아니라, 여성으로서 자신의 해방일이기도 했다. 8월 15일 오전에 앞치마를 두른 채 집을 나섰던 그녀는 한낮이 다 기울어서야 집에 돌아와 앞으로 여성 해방을 위해 일하겠다고 결심했다.

어떤 의미에서, 그녀가 그날 오전에 떠났던 집은 저녁에 돌아왔을 때의 집과 같지 않았다. 대문으로 들어서자마자 툇마루에 쓰러져 기쁨의 눈물을 흘리는 장면이 자아내는 카타르시스는 민족과 가정이 서로 겹쳐지게 하는 효과를 낳는다. 해방일은 말 그대로 김원주의 이야기에서 가정이라는 공간의 해방, 다시 말해 대안적인 가정을 재구성하고 다시 상상할 수 있는 기회를 제공했다. 나라를 되찾은 것과 마찬가지로 가정 또한 "봉건적" 억압에서 벗어나 되찾고 다시 만들어져야 할 것이었다. 피식민지 신민으로서 겪은 학대의 세월은 여성으로서 겪은 "억압" 및 "천대"와 융합되었고, 그렇게 민족해방이 여성해방과 동일시되었다.

　　해방 후 김원주의 첫 번째 모험은 학습 모임을 찾는 것이었다. 먼저 한글 강습회에 들어가 2주 만에 과정을 마치고, 4개월 동안 조선 역사 강습소에서 공부했다. 김원주는 사회를 재구성하는 데 참여할 수 있는 방법을 절실하게 찾았고, 교육을 민족 해방뿐만 아니라 여성해방을 향해 나아가는 민족의 역량을 강화할 수 있는 기회로 보았다. 즉, "공부하는 것이 나의 운명을 결정하는 문제이며 어머니의 억울함을 풀어 주는 딸의 의무이며 나아가서는 봉건을 짓부수는 무기이며 일본 놈의 굴욕에 대항하는 방패"[46]라는 것이다. 자신이 "나다니는 것"을 싫어하는 남편이 알았다면 "공연히 간섭"했을 것이기 때문에, 그녀는 남편이 바빠서 여러 날 집을 비우게 된 것을 다행으로 여겼다.[47] 그러나 해방 이후부터 계속 몇 주, 몇 달 동안 사회를 바꾸는 일에 참여하기 위해 노력했지만, 그녀는 자신의 공간을 찾을 수 없었다. "집단적 흥분"을 경험할 수 있는 공간은 그녀에게 제한적이었다. 확실히 여성해방, 여성투표권, 성매매 및 성차별 철폐 등을 요구하는 목소리는 많았다. 하지만 명확한 노선과 진지한 결의가 보이지 않는 여성 모임들이 답답하기만 했다. 간단히 말해, 여성들은 핵심적인 위치에 있지 못한 채 소외되어 있었다. 그녀의 활동이 [여성이 주변적인 역할만 했던 당시 남한의] 인민위원회가 아닌 여성단체 가입으로 국한된 것은 시사하는 바가 많다. 회원들이 자신의 개인적인 명성을 높이는 데 더 관심을 가진 것처럼 보였던 보수 성향의 여성 단체 대한부인회[1963년 한국부인회로 개칭]의 부르주아 정치에 환멸을 느낀 그녀는 좌익 단체인 조선부녀총동맹('부녀동맹' '부총' 등으로 약칭)에 가입했다. 1946년 초 부총의 신문인 『부녀조선』의 편집장이 되었다. 회고록은 1948년 4월 남북연석회의에 참석하기 위해 38도선을 넘어 북으로 향하는 그녀(당시 그녀는 부총 교육 담당 책임자이기도 했다)의 여정으로 끝이 난다.[48]

김원주의 경험과 유사하게 해방 후 남한에서 빨치산 여성들이 맡을 수 있는 역할은 제한적이었다. 비록 김원주는 운 좋게 교육을 받았지만 대부분의 여성에게는 그런 기회가 없었다. 일제강점기 때 자원이 제한적이었던 대부분의 가정에서 딸을 위한 교육은 우선순위에 있지 않았다. 교육의 부재는 폭넓은 사회적 관계를 맺지 못하도록 했다. 그나마 가족이라는 울타리를 넘어 더 큰 공동체에 여성을 소개한 것은 형제나 남편 같은 남성 친지들이었다. 이런 가족 공간 밖에서조차 여성의 지위는 제한적이어서 주로 보조적인 역할에 배치되었다. 예를 들어, 박순자는 형제들의 심부름을 하는 것으로 정치에 진출했다. 그녀는 자신이 유일한 여자라서 의심을 가장 덜 받았기 때문에 비밀 회합을 조직하는 심부름을 대부분 맡았다고 설명했다.[49] 6·25전쟁이 발발했을 때 그녀는 지역 여맹을 조직해서 병사들에게 밥을 제공하는 임무를 맡았다. "전시니까 부식 문제, 양식 문제 이런 일은 남자들이 하고 여자들은 밥을 짓는 일을 주로 했었어요. 하동에 큰 들이 있었거든요. 거기서 채소를 캐서 반찬을 만들고 인민군 밥도 해주고 그랬습니다."[50]

박선애도 비슷한 경험을 했지만 그런 부차적인 역할의 수용을 거부했다.

빨치산에 가서도 대부분 식사하고 그런 거 하는 걸 여자들이 하는 걸로 으레 알아. 여자들도 으레 헐 줄로 알고 그렇게 생각. 나는 "절대로 안 된다" 그래. 왜냐면 그러면 우리는 공부를 못 하잖아. 자기네들 학

습 시간인데도 아 우리는 그걸[식사 준비] 해야 하고 말이야. 그래서 나
는 남자고 여자고 [조를] 짜자고. [원래는] 거기서 대부분 [조를] 짜지. 그
러지만은 여자가 많이 하지. 허지만은 그런 식으로 하는 것이 있을 때
나는 그런 거 막 싸웠단 말이야. 많이 싸웠어. 물론 나한테 손해지.
…… 저 여자 억세 빠졌다고, 허허, 그런 소릴 듣고 그러지.[51]

국가정책에 의해서라기보다는 남성 친인척에 의해 정치에 입문한 여성들에
게는 그녀들의 참여를 뒷받침할 수 있는 조직적·제도적 공간이 부족했다. 여
성들은 남성 친인척들이나 빨치산 남성 동료들을 위해 심부름이나 청소, 요
리와 같은 다양한 허드렛일을 했다. 여성들은 중앙 무대에 있기보다 주연 배
우를 보조하는 조연이 되어 주로 무대 주변부에 머무는 경우가 더 많았다.

북조선에서와는 달리, 부녀동맹 지부에 대한 국가의 지원 역시 없었다.
예를 들어, 당시 50대였던 최상원의 고모는 부녀동맹을 책임지고 있었지만,
부녀동맹의 활동에 대해 물었을 때 최상원은 아무것도 기억할 수 없었다.

그때 여성부라고 있었어. 그때는 부녀동맹이라고 했어. 부녀동맹이 인
민위원회 안에. 부녀동맹의 책임을 맡은 사람이 바로 나한테 고모되는
분이라. 성함은 몰라. 우리 고모기 때문에 이름을 못 부르고 고모 고모
했기 때문에. 고모가 위원장을 했어. 그래가지고 그 후에 그 벼슬을 한
바람에 꼭 죽을 고비를 몇 번이나 당하고 그랬어. 그리고 거기는, 아까
도 얘기했지마는, 경주 그 짝 안동 저 짝으로는 좀 보수적인 그런 게 아
주 농후하거든. 그리고 여성들이 나와 가지고 뭐 한다는 거는 아직까지
는 …… 지금도 그래! 그때는 그저 중앙에서 부녀동맹이라고 하는 것
을 중앙에서 그거 했으니까 우리 면에도 부녀부라고 하는 게 있기는 있
어야 된다고 해가지고 그 책임을 우리 고모가 그 간판을 지고 있었는

데, 사실은 실지로 무슨 활동을 했다든지 그런 건 없었고. 내가 생각할
적에는 그게 언젠지 모르지마는 45년이 아니고 46년도 단오절인가 봄
에 한번 우리 여기 나와 있는 간부들의 부인들 모아 가지고 한번 소풍
처럼 한 거, 그것이 소위 여성동맹 한 모임의 표시가 아닌가, 나는 그리
생각하고.

남한에서 여성 문제를 해결해야 할 필요성에 대한 인식은 있었지만, 여성 문
제를 다룰 수 있는 〈남녀평등에 관한 법령〉 같은 국가정책은 없었다. 최상원
의 경우 남성 친척을 항상 이름으로 기억했던 것과는 달리, 공식 직책을 갖
고 있었음에도 불구하고 고모의 이름을 기억하지 못했다. 이는 당시 지방에
살던 여성들의 처지를 시사한다.

  그럼에도 불구하고 여성들 역시 민족 해방 문제를 우선시했다. 예를 들
어, 박선애는 다음과 같이 말했다. "나라가 없으면 여성 권리도 필요가 없는
것이고 …… 나라가 없었기 때문에 우리 여성들이 더 이렇게 학대를 받고 이
렇게 한단 말이야."[52] 민족 해방 투쟁에 참여하는 것은 자신의 해방, 곧 여성
해방을 위한 것으로 여겨졌다. 실제로 수많은 빨치산 여성들이 산에서 보냈
던 시간을 자신의 인생에서 가장 커다란 해방감을 느꼈던 시간으로 설명했
다. 누군가의 아내 또는 딸이 아니라 남성 동지들과 동등하게 혁명가가 되는
꿈을 꿀 수 있었다. 빨치산 시절 한쪽 팔을 잃었음에도 변숙현은 산에서 보
냈던 삶에 대해 "내 생애에서 젤-로 보람 있게 산" 시간이라고 분명히 말했
다. 그녀는 자신이 "아-조 큰 포부"를 갖고 "내가 하고 싶은 대로 하고 다녔
으니까"라고 말하며, "보람 있게" 살았다고 단언했다.[53] 박선애도 다음과 같
이 동의했다. "여자이기 때문에 힘들다는 것은 없었어요. 왜냐면 너-무 우리
가 억압당하고 살았잖아. 긍께 이제야말로 우리가 말할 수 있고, 맘대로 우
리가 하고 싶은 일을 할 수 있다, 우리도 여성이지만 인간으로 살 수 있다."[54]

그림 7.2. 대전의 빨치산과 인민군(날짜 미상)

출처: RG 242, SA 2009, box 9, item 74. 미국 국립기록보관소

혁명의 기억

두 여성의 감정에서 공통적인 것은 "우리가 하고 싶은 일을 할 수 있다"는 해방감이다. 그들은 자신들이 할 수 있는 것과 할 수 없는 것을 결정하는 전통적인 가족(그것이 친정이든 시댁이든)과 연계된 그 어떤 의무나 책임에도 구애받지 않았다. 그녀들은 살면서 처음으로 가족 내에서 자신의 위치를 규정하지 않아도 되는 "해방 공간"을 경험했던 것이다.

이야기는 한 바퀴 돌아 제자리로 돌아왔다. 남성들이 민족사를 자기 자신의 이야기로 전유했다면, 여성들은 민족 해방과 여성해방을 동일시해 민족 해방 투쟁에 참여함으로써 자신의 인생사를 민족사 속에 삽입하려 했다. 그러나 이 같은 시도는 여성이 참여할 수 있는 조직적 공간을 찾는 데 어려움을 겪은 것에서 알 수 있듯이, 남한에서는 쉽지 않은 일이었다. 그 결과 여성들은 전통적인 핵심 정체성 가운데 하나인 어머니를 전유해, 즉 혁명적 모성이라는 형태를 통해 여성이 정치 영역에 진입하는 것을 (북조선에서의 담론과 매우 유사하게) 정당화하고 유효화하려 했다. 그들의 직접적 경험담은 (모성이 단순히 수사적 장치에 머물렀던 것이 아니라) 여성들 스스로가 정치화된 새로운 정체성으로 모성을 경험했음을 보여 준다.

예컨대, 때때로 모성은 사회 전복 활동을 수행하기 위해 사용되는 전략적 정체성이 되었다.

어디 어디 레포[정보 등을 일컫는 '레포트'의 약칭-옮긴이]를 갖다주고, 어디 연락하지, '어디어디 몇 시까지 오쇼' 이런 거를 여성들이 해야 한다고. 그런 것들을 여성들이 아주 잘하는 거야. 애도 업고 가고, 무슨 빨래도 갖고 가고, 뭣을 가지고 가고 그래 갖고는 만났어. 거기서 인제 한 둘이나 셋이 만나서 얘기도 해주고. 왜 우리가 이렇게 통일을 해야 하는가 이런 것을 의식화시키고, 우리는 글을 알아야 헌다. 글을 가르쳐주고 이런 식으로 조직을 하기 시작한 거지.[55]

모성은 또한 정치적 각성의 원천이 되기도 했는데, 변숙현은 이를 다음과 같이 통렬히 묘사했다.

> 애기가 생겨나니까 '그래 이 계급은 타파해야 돼. 이 후손을 위해서 나도 나가야 돼' 간난이[가] 젖을 먹고, 어디다 맡길 데가 없으니까 그래서 못 나가고. 그래서 니가 젖 안 먹고 클 수만 있어라. 그때만 기다린 거야. …… 내가 떠나서 계급투쟁을 해야지만 앞으로 이 계급이 없어지고 동등한 삶이 있을 것 아니냐. 애기 보고 물 뜨러 나간다고 부엌으로, '아가 나 물 떠갖고 오께' 그러고 두고는 인제 동지들 만나러 가는 거지. 가다 들으니까 [애기가] 막- 울어. 울음소리가 그냥 막 들려. 그냥 갔어. 애는 [시부모님께] 좀 키워 달라고. …… 그러고는 기양 [산으로] 올라왔어.[56]

변숙현은 자기 아이에 대한 걱정을 "이 후손", 다시 말해 다음 세대 전체에 대한 관심으로 바꾸어 말하며, 아들에게 더 나은 미래를 만들어 주기 위해 빨치산 투쟁에 합류하게 됐다고 말한다. 회의적으로 읽으면, 이 같은 그녀의 동기에 대해 의문이 들 수 있다. 그녀의 이야기는 의식적이든 아니든 자신이 아이를 떠났다는 죄책감을 덜어 내기 위해 과거의 행동을 정당화하려는 시도로 볼 수도 있기 때문이다. 하지만 떠나기 위해 사전에 치밀하게 계획을 세웠다는 사실을 통해, 그녀가 냉정히 계산했고 자신의 행동을 자랑스러워했음을 알 수 있다.

> 생각이 하나도 안 났다는 것은 아니고, 거기에다가 아이 보고 싶어 이렇게 마음을 쏟아붓지를 않았지. …… 사사로운 것에는 신경을 안 쓰지. 사적인 것에 대해서는. 그렇게 살았어. 그러니까 내가 정이 없잖아

요. 자식한테도 정을 줘 보지 못하고, 남편한테도 정을 줘 보지 못하고. 동지한테만 정을 줘 봤다. 아들 어렸을 때는 의식적으로 내가 정을 안 줬어. 네 살 때까지 의식적으로 정을 안 줬어. 내가 정을 주면 의식적으로 애가 느낄 거 아냐. 엄마의 정을. 그럼 내가 떼어 놓으려는데, 내가 그러기 힘들 거 같아, 아예 나는 정을 안 준다. 내 속으로만 인제 저 잘 때만 손잡아 보고 그러지. 그렇게 키웠다고.[57]

1946년 여름, 변숙현은 빨치산에 합류하기 위해 떠날 준비를 하는 동안 의식적으로 아이에게 애정을 주지 않았다. 그 결정을 지금은 어떻게 생각하는지 묻자 그녀는 다음과 같이 답했다.

엄마로선 매정한 엄마였지. 우리 혁명 사업에서 할 때는 훌륭하다고 할 것이고 엄마로 볼 때는 참 매정하다 할 거고. 어떻게 평가가 나올지 모르겠고. [하지만] 그때는 내가 잘한 거야. …… 만약에 내가 내 가정에 묻혀 갔고, 그것만 키운다고 있었으면……. 내가 아는 사람은 남편하고 애하고 시부모하고 시동생들뿐이여. 그런데 지금은 내가 아는 동지들이 많아. …… 그 모든 사람을 내가 다 얻었다고, 소수를 좀 희생시키고.[58]

모성의 영역은 자신의 아이가 아닌 사회 전체와 다가올 미래 세대를 포용하기 위해 사적 영역에서 공적 영역으로 옮겨졌다. 모성이 혁명적 정체성으로 변모함에 따라, 사적인 것이 진정으로 정치적인 것이 되었다.

하지만 모성적 행위 주체의 영웅적인 언어에도 불구하고 변숙현은 결국 자신의 아이와 혁명 가운데 하나를 선택해야만 했다. 가족은 "사적"이며 "사소"하다는 그녀의 견해는 가족을 그런 지위로 격하하는 지배 담론에서 비롯된 것으로, 여성들은 둘 중 하나를 선택하도록 강요받았지만, 남성들의 이야기에서는 이 같은 선택에 긴장과 갈등이 나타나지 않는다.[59] 성평등에 대한 믿음에도 불구하고 변숙현은 이와 같은 차이를 불평등한 것으로 비판하지 않았다. 오히려 여성의 영역과 남성의 영역 사이의 분리를 옹호했다.

> 아무리 평등을 찾고 자유를 찾고 부르짖어도 남자가 할 일과 여자가 할 일이 있는 것이오. 남자가 설거지는 해줘. 설거지하고 청소까지는 해줘요. 애기 젖은 못줘. 애기는 못 낳아. 반찬 같은 거 맛있게 못 만들어요. 반찬하고 애기 젖 주고 이런 거 여자 몫이야. 찍소리 말고 해야 돼. …… 나가선 여장부요, 집안에선 현모양처요. 권리 다 찾잖아. 할 일 다 하잖아. 이렇게 되어 줬으면 좋겠어 여자들이.[60]

여성에게 너무 많은 걸 요구하는 것이 아니냐는 질문에 그녀는 남성보다 여성에게 더 어렵지만, 어쩔 수 없다고 인정했다. 그러면서 그녀는 자신이 너무 구식인 것은 아닌지 스스로 반추해 보기도 했다.

빨치산 투쟁에 참여하게 되면서 여성은 가정을 떠나 일종의 "해방 공간"을 향유할 수 있게 되었다. 이들은 극심한 탄압을 받았지만, 빨치산으로서 가지게 된 새로운 정체성을 통해 자신의 역량이 늘어났다고 느꼈다. 이는 여성 빨치산들 사이에서 '여성'이라는 정체성보다 '빨치산'이라는 정체성을 강화하는 역할을 했다. 그러나 이들이 감옥에서 성고문을 비롯해 잔혹한 대우를 받게 된 것은 결국 '젠더' 때문이었다. 물론 여성들은 포로가 되어 "지옥" 같은 "불바다"를 건너면서도, 박선애가 아래에서 설명하듯, 어떻게든 조직 생활을 다시 시작하기 위해 개별적으로 흩어져 있던 동지들을 집단화하려 했다. 그러나 빨치산이라는 어쨌든 남성 중심적인 조직의 울타리에서 벗어난 여성 정치범들이 이 같은 집단화를 통해 받을 수 있는 지원은 예전에 비해 턱없이 부족했을 것이다.

제일 힘든 것은 사람을 한 방에 딱 갖다 놓으니까 웅성웅성하고 말이야, 목적이 없어. 웅성웅성하면 말이야 혼란만 가져온단 말이야. 그 대열이 분열된단 말이야. 거기서 뭣인가 사람과 사람들이 얘기할 수 있는 공간을 만들어야 돼. 그래서 내가 생각했던 것이 조직원은 셋만 모여도 조직 생활을 시작해야 돼. [그래서] 누군가가 하나가 이야기를 하나 하면 집중하게끔 하자.[61]

사실, 남성 중심의 제도가 여성을 완전히 포괄할 수는 없었다. 비록 여성들이 빨치산 투쟁에 참여하고 이후 빨치산 출신들의 모임에 참석했더라도 남성과 여성의 내러티브를 비교해 보면 현격한 차이가 드러난다. 남성의 내러티브에는 가정생활이 인생 이야기의 중요한 지표로 포함되지 않는 반면, 결혼과 가족은 대체로 여성의 선택을 구속하며, 여성의 인생을 구조화했고, 이는 궁극적으로 빨치산으로서의 정체성과 여성이라는 젠더 정체성 사이의 긴장 상태를 조율하기 위해 모성이라는 개념 자체를 변형시켰다.

앞서 살펴본 변숙현의 인생 이야기는 모성으로 대표되는 전통적인 여성 정체성이 어떻게 미래 세대의 보호자라는 전투적 혁명가의 정체성으로 변형되었는지 보여 주는 좋은 사례다. 실제로 그녀는 전통 이데올로기가 어떻게 새로운 사상과 실천의 수단으로 전용될 수 있는지 잘 알고 있었다.

한번 출가를 하면 죽으면 거기서 죽었지. 뛰쳐나올 수도 없고, 재혼할 수도 없어. 그것이 또 머리에 확 박혔어. …… 난 이런 생각을 사상에 갖다 붙였어. 죽으면 여기서 죽었지. 변하면 안 된다. 바꾸면 안 된다.[62]

그녀의 삶은 특히 사회변혁의 시기에 여성성과 남성성에 대한 관념이 얼마나 유동적일 수 있는지 보여 주는 또 다른 예다. 여성의 정절과 일부일처제에 대한 그녀의 전통적인 생각은 자신의 정치적 신념을 저버리지 않고, 이데 올로기적 순수함과 충성심을 보존하려는 강력한 동기로 작용했다.[63] 그럼에 도 불구하고 여성의 이야기는 기껏해야 여성사로 주변화되어 해방의 역사 가운데 한 부분을 차지하지 못했다.

북조선에서 출판된 허정숙의 회고록을 논하며 이 장을 결론짓기 전에 반 드시 짚고 넘어가야 할 점이 있다. 『민주건국의 나날에』라는 제목에서 알 수 있듯이, 그녀의 회고록은 민족의 역사를 가장 중요한 위치에 두었다. 이는 국 가 건설에 여성이 참여하도록 국가가 강력히 지원했기에, 북조선에서는 여성 해방의 경험이 남한에서와 상당히 달랐다는 6장의 요점을 확인해 주는 것처 럼 보인다. 결과적으로 여성이 "해방 공간"으로 혁명을 경험한 사례는 많지 만, 오늘날 북조선에서 그 기간이 어떻게 기억되는지는 [당시의 실제 경험과는] 상당히 다른 것으로 밝혀졌다. 회고록의 서문에서 밝힌 것처럼 허정숙은 "해 외"에 체류하고 있을 때 조선의 해방 소식을 들었고, 1945년 12월에야 귀국했 는데, 당시 상황을 그녀는 "민주 세력과 반민주 세력의 첨예한 대결, 어려운 경제 형편, 분분한 각종 '주의 주장'에 부딪쳐 갈피를 잡을 수가 없었고 무엇 을 어떻게 해나가야 할지 알지도 못하였다"[64]라고 표현했다. 실제로 허정숙 은 김일성이 아닌, 김두봉과 함께 옌안파로 항일 빨치산 활동을 했는데, 당시 그녀가 해외 어디에 있었고 그곳에서 무엇을 했는지에 대한 언급은 [회고록 에] 전혀 나타나지 않는다. 전쟁이 끝나고 1950년대 후반 옌안파가 숙청되자 그녀의 과거 행적 역시 삭제되었던 것이다.

그녀는 자신이 맡은 일을 완수할 수 있었던 것은 자신의 리더십이라기보 다 위대한 수령 덕분이라고 말한다. "건당, 건국, 건군의 중하를 한몸에 지니 시고 혁명과 건설 전반을 이끄시는" 이는 위대한 수령이었다. 따라서 그녀는 김일성의 지근거리에서 일했던 경험을 통해 그의 지혜로운 리더십을 소개해 다른 사람들도 배울 수 있도록 역사의 기록을 회고록에 썼다고 설명했다. 그녀의 약속대로 500쪽 분량의 책은 자신의 인생에 관한 것이 아니라 1945년부터 1958년까지 그녀가 관찰한 김일성의 삶에 대한 것이었다. 허정숙은 김일성과의 첫 만남으로 회고록을 시작했는데, 세심한 편집과 의견 제시로 자신의 선전 활동을 얼마나 꼼꼼하게 지원해 주었는지 설명해 나갔다. 그는 친히 그녀의 안녕에 관심을 가졌고 통일전선과 대중노선의 중요성을 지도했다. 그녀의 서술에 따르면, 해방은 김일성에 의해 달성되었고, 그것은 조선 인민들에게 베푼 소중한 선물이었다. 북조선에서는 김일성의 이야기가 무엇보다도 지배적인 내러티브가 되었으며, 인민들이 자신의 생애사를 구성하는 틀이 되었다. 따라서 허정숙 같은 여성의 이야기는 북에서도 역시 "침묵"되었다.

역사와 기억

2005년 해방 60주년을 맞아 1945년 8월 15일을 회고하는 수많은 학술 간행물, 다큐멘터리, 기념행사들이 쏟아져 나왔다. 한국방송공사KBS는 〈8·15의 기억: 우리는 8·15를 어떻게 기억하는가?〉라는 제목의 4부작 다큐멘터리를 제작해 8월 9일부터 12일까지 방송했는데, "공식적 제도적인 역사에 가려 있던 사람들의 기억을 발굴해 당시를 일반 민중들의 체험과 시각으로 되짚어 보고자 했다."[65] 인터뷰 과정에서 수집된 구술들은 한 권의 책으로 묶여 출판되기도 했다(다큐멘터리를 위해 모은 150여 개 인터뷰 가운데 40개의 개별 이야기가 포함되어 있다). 제작진은 짧은 에필로그를 통해 이 기획이 해방 기간 동안 보통 사람의 인생 이야기와 일상의 경험을 조명하려는 열망에서 시작되었다고 말하고 있지만, 개별 이야기들이 어떻게 선정되었는지에 대해서는 자세히 설명하지 않는다. 얄궂게도 대부분의 이야기는 주요 정치인들과 사건들을 환기해 민족사의 표준적인 틀을 재생산한 것이었다. 그러므로 이 책에 등장하는 40명 가운데 단 7명만이 여성이라는 점은 그리 놀랄 일이 아니다.

여성들은 해방과 혁명이라는 "해방 공간"에 들어가, 자신들만의 방식으로 그것을 정의해 갔으며, 때로는 자신의 인생사 속에 해방이라는 승리의 내러티브를 채택하기도 했다. 하지만 그들의 기억과 경험에는 양가성이 존재한다. 아들을 남겨 두고 빨치산에 합류하기로 한 변숙현의 결정은 자신의 인생 이야기에서 몇 번이고 되풀이된다. 그녀가 말한 것처럼 그것은 "혁명의 관점에서" 자랑스러운 순간인 동시에, 자신의 아이를 포기했던 괴로운 경험이기도 했던 것이다. [하지만] 그녀는 이런 양가적인 경험들을 통합해 해방 이후의 시기를 영웅적인 시기이기도 했지만, 남성들의 경험과 다른 방식으로 여성들의 경험을 조형한 시기이기도 했다고 비판적으로 평가하지 못했다.

마찬가지로 1945년 8월 15일 앞치마를 두른 채 거리로 뛰쳐나왔던 김원주의 희열에 찼던 해방 경험은 13년간의 결혼 생활과 육아라는 맥락에서 이해되어야 한다. 여성은 가정 말고는 이용할 수 있는 공간이 별로 없었기 때문에, 각자의 집에 분산된 채 고립되어 있었다. 반면, 남성들은 그들만의 조직적·제도적 연계를 활용해 민족사적 공간을 상상하고 이용할 수 있었다. 이 같은 민족사적인 공간은 집단적 기억의 형성을 통해 과거뿐만 아니라 현재에도 유지되고 있다. 알박스가 지적했듯이 집단의 형성이 집단적 기억에 중요한 과정이라면, 여성은 남북 어디에서든 대체로 자신들의 집단적 기억을 정리하고 유지할 수 있는 독립적인 조직을 갖지 못했다. 따라서 김원주의 회고록에서 거의 언급되지 않은 13년의 시간만큼 여성들이 겪었던 경험은 사라질지도 모른다. 해방과 혁명에 관한 민족사적 프레임은 이 장 서두의 사진 속에서 여성이 잘려 나간 것과 같은 방식으로 여성의 경험을 보이지 않게 만들었다. 역사의 젠더적 차원에 대한 인식이 높아지고 있음에도 불구하고 우리는 여전히 "여성의 역사에 대한 침묵을 영속화하고 '개인의' 역사를 역사가가 '전혀 아닌' 사람들이 생산한 부적절한 증거 또는 산물이라며 무시해 왔던 역사를 비판할 필요가 있다."[66]

재야 진영이 제시한 대항 기억[역사]은 남한에서 반공주의 역사서술학의 규율 권력에 저항하는 한 형태로 작용했다. 이 같은 대항 기억은 1980년대 후반에 전개된 민주화 운동을 통해 공론장에 진입할 수 있었다. 이후 수많은 구술사 프로젝트를 통해 독재 정권 시기에 침묵을 강요당했던 사람들의 목소리가 회복되었다. 하지만 "지배적인 기억은 단일하지 않으며, 대중의 기억 역시 전적으로 진짜인 것도 아니다."[67] 대항 기억과 공식 역사는 대립하는 것처럼 보이지만, 그럼에도 불구하고 과거를 구조화하는 기본 틀로 민족을 공유함으로써 서로를 강화한다. 이 과정에서 일부 기억들은 민족사의 범위를 벗어난, 그저 "사적이고 개인적인" 이야기라는 이유로 설 자리를 잃기도 한다.

이처럼 역사와 기억을 민족주의적 목적에 사용하는 것은 역사와 기억의 관계에 대한 비판적 사고를 불러일으켰다. 테사 모리스 스즈키가 "해석으로서의 역사"와 "동일시로서의 역사"를 구분한 것은 특히 민족주의의 부상과 더불어 왜 역사와 기억이 그토록 문제적인 방식으로 합쳐지게 되었는지를 규명하는 데 도움이 된다.[68] 그녀에게 해석으로서의 역사는 (일반적으로 역사학 분야에서 목표로 하는 것으로) 역사적 변화를 이끌어 낸 사건, 사상, 제도 사이의 인과관계를 탐구하는 것이다. 반대로 동일시로서의 역사는 상상력과 공감을 수반하는 소속감을 고양하기 위해 과거를 환기한다. 이것이 박물관, 기념관, 역사 단체 및 기념행사 등을 통해 주류 사회에서 역사가 대중화되는 방식이다. 다시 말해, 집단 기억은 소속감을 고양하기 위해 역사라는 가면 아래에서 훨씬 더 많이 동원되어 왔던 것이다.

이런 식으로 보게 되면 왜 여성의 내러티브가 양가성으로 가득 차있는지, 왜 여성들은 인터뷰를 꺼렸는지, 김원주의 회고록에는 왜 공백이 있는지, 허정숙은 왜 회고록에서 자신의 인생사를 쓰지 않았는지가 명확해진다. 이런 양가성은, 북조선에서 김일성의 개인적 경험이든 남한에서 더욱 일반적인 남성적 경험이든 간에, 특정한 경험(남성의 경험)을 (그것이 가진 특수성을 간과한 채) 포괄적인 민족사로 일반화한 데서 비롯된다. 이 장 맨 앞에 실린 사진으로 돌아가 보자. 우리는 그 사진을 보며, 다음과 같은 질문을 던질 수 있다. 즉, 저 여성은 누구이고 그곳에서 무엇을 하고 있었을까? 우리는 그 여성을 김원주로 상상해, 김원주의 이야기에서처럼 해방 소식에 환호하는 군중들 **속**에 있는 그녀를 상상할 수도 있다. 그럼에도 그동안 그 여성의 이야기는 해방을 기억하고 역사화하는 데 관련 없는 것으로 간주되었기에 너무나도 자주 프레임에서 제외되곤 한다.

마리안 드부지는 노동계급의 기억에 관한 연구에서, 정체성 형성에 핵심적인 경험을 정리하고 의미를 부여하는 조직과 제도의 부재로 말미암아 집단적인 기억을 구성하는 것이 얼마나 어려운지 지적하면서 알박스와 비슷한 주장을 했다.[69] 노동계급의 집단적인 기억이 정치적으로 조직화되고 또한 노동조합, 집단행동, 정당으로 제도화된 덕에 응집력을 가지게 된 것이 사실이라면, 이 글에 포함된 인생 이야기들은 기억과 정체성의 형성 및 유지에 제도가 얼마나 중요한지를 재확인해 주며, 이는 여성처럼 주변화된 집단의 경우에는 더욱 그렇다는 사실을 보여 준다.

남과 북 사이의 엇갈린 집단 기억은 향후 남북 화해를 방해하는 강력한 걸림돌이 된다. 이 장에서는 해방 이후의 역사를 보다 포괄적이고 다양하게 서술하기 위해 사진에 찍힌 익명의 어느 한 여성의 경험을 해방에 대한 집단적인 기억에 넣어 보려 했다. 남북의 화해뿐만 아니라 북조선과 미국의 화해를 위해서는 각각의 집단적 기억을 공유하고 이해하는 일이 수반돼야 한다. 이 같은 공유와 이해는, 자신들만의 정체성을 고집스럽게 유지하는 것이 아니라 모든 당사자들이 이 세계에 "속해 있다"는 의식 속에서 해석되는 역사를 만들기 위한 것이다.

결론

자주성, 창조성, 의식성으로 하여 사람은 세계에서 가장 우월하고 힘 있는 존재로 되며 세계에
숙명적으로가 아니라 혁명적으로, 수동적으로가 아니라 능동적으로 대하고 세계를
맹목적으로가 아니라 목적의식적으로 개조하게 됩니다.

| 김정일(1982년)

북조선에 철저한 사회혁명을 일으킨 초기의 세 가지 개혁[토지개혁, 인민위원
회 선거, 문맹 퇴치 운동]에서부터 다양한 조직을 통해 실행된 단체 생활에 이
르기까지, 북조선 혁명은 자본주의적·식민지적 근대성 아래에서 경험했던
소외와 종속의 전복이라는 사회적 의미가 담긴, 새로운 사회주의적 일상을
만들려는 시도였다. 그 결과는 자주적이며 근대적인 주체의 창조, 다시 말해
(예를 들어, 자서전 쓰기를 통해) 역량이 강화된 개인으로서의 근대적 주체뿐만
아니라, 개인의 이익과 집단의 이익이 하나로 합쳐진 사회주의적 집합체의
구성원으로서 근대적 주체를 창조하는 것이었다. 이는 혁명적 모성이라는
형태로 구체화된 북조선만의 독특한 영웅적 주체성을 낳았다. 하지만 오늘

날 해방과 혁명은 이와 다르게 기억된다. 특히 북조선에서는 이 모든 것이 김일성이 홀로 이룬 업적으로 "폭력적으로 환원"되었다.

북조선의 역사는, 얄궂게도 현 체제를 선전하는 이들과 비판하는 이들이 모두 그런 시도를 해왔고 또 하고 있지만, 한 사람의 업적으로 환원될 수 없다. [북조선 혁명 시기의] 일상을 들여다보면 북조선의 역사를 근대의 안티테제인 일탈이나 예외로 취급하기보다 더 넓은 근대성의 역사 안에 자리매김할 수 있다. 실제로 북조선 혁명 기간 동안 이루어진 일상생활의 개선은 시골이 근대적인 생활양식을 따라잡은 정도를 통해 측정할 수 있는데, 그 정도는 초가집과 기와집 수, 재봉틀, 전축 및 라디오의 수, 전기 사용 가구의 수 통계를 해방 전후로 비교해 확인할 수 있다.[1] 강원도의 경우, 라디오를 보유한 가구가 해방 전 854가구에서 해방 후 2년이 지난 1947년에 이르러서는 2570가구로 거의 세 배 가까이 늘었다. 전기는 1만6513가구에서 2만9850가구로 확대 공급되었고, 전축을 보유한 가구는 해방 전 139가구에서 869가구로 급증했다. 3300가구가 시계를 새로 구입했고, 2315가구는 새 장롱을, 1181가구는 새 재봉틀을 구입했다. 강원도에 대략 13만 가구가 있었으므로, 대부분의 사람들 사이에서는 아직 생활개선이 이루어지지 못했다. 하지만 이와 같은 개선은 더욱 희망찬 미래와 근대적 삶을 향한 첫 걸음이었다. 1인당 국민소득은 1949년에 이미 1945년보다 두 배 이상 증가했다.[2]

1970년대에 인류학자인 이문웅은 문화기술지적 연구를 통해 북조선 농촌의 가족 구조와 친족 관계, 젠더 역할, 교육, 보건 의료 등에서 나타난 질적인 변화를 기록했다.[3] 여성은 남성과 함께 일하고, 공부하며, 군대에서 복무했다. 며느리가 집 밖에서 일하는 동안 시어머니는 집안일을 맡았다. 10년 동안 의무교육이 무상으로 제공되었고, 의료 역시 무상이었다. 김일성은 이미 1964년에 "사회주의와 공산주의를 건설하는 것은 결국은 전체 인민의 행복한 생활을 보장하며 그들의 부단히 높아 가는 물질적·문화적 수요를 더욱

더 완전히 충족시키기 위한 것이다"라고 선언했다.[4]

연구자들은 전후 복구 과정에서 나타난 생활 조건과 경제지표의 향상을 경이롭게 지켜보며, 북조선을 "아시아에서 가장 발전한 경제 강국 가운데 하나"로 묘사하기도 했다.[5] 그런데 김일성이 자신의 연설에서 "문화적 수요"를 언급한 것은, 자본주의에서 사회주의로의 이행에서 (아르바토프가 말한 것처럼) 양적인 척도를 넘어 일상생활의 창조적 잠재력을 활용하는 것이 가진 중요성을 강조한 것이다. 하지만 영웅적 변종에서 반동적 형태로 추락할 수 있는 근대화의 경로들 사이에서 우물쭈물하던 사이, 북조선이 지닌 가능성의 지평은 결국 국가 안보가 다른 모든 열망들을 압도해 버린 냉전에 의해 제한되었다. "부강한 자주 독립국가"의 건설과 "식민지 통치에서 넘겨받은 세기적 낙후성과 빈궁"의 극복은 주권 상실이라는 쓰라린 기억 속에서 혁명의 최종 목표가 되었지만, 그와 같은 목표의 달성은 또다시 민족 분단으로 어렵게 되었다.[6] 혁명은 급진적 변화들이 [일상으로] 제도화되고, 그런 일상이 다시 한번 습관화되는 것으로 종결되어야만 한다. 하지만 북조선의 경우 냉전으로 말미암아, 혁명의 종식이 일찍 찾아왔다.

남북이 내전으로 치닫게 되면서 군사화와 권력의 집중이 동시에 진행되었다. 한반도 이남과 이북에 각각 정부가 수립되고, 남북의 무력 충돌이 잦아지면서, 북조선이 38경비대와 자위대를 증강하기 시작함에 따라 긴장은 더욱 고조되었다.[7] 1949년 6월부터 경비대와 자위대 편성이 인제군의 거의 모든 단위의 당 회의에서 의제가 되었다.[8] 이 부대들은 군대와 경찰을 도와 공장, 관공서, 곡물 저장소, 교통 및 통신체계를 보호하고, 남한의 공격이 있을 경우 주민들을 안전한 곳으로 대피시키는 역할을 했다. 또한 신분증을 검사하고, 필요한 경우 수상한 사람을 가까운 경찰서로 연행할 수 있도록, 낫, 칼, 곤봉 같은 간단한 호신용 도구를 휴대할 수 있게 했다. 이 부대의 지휘관에는 민청, 여맹, 농맹의 지도자들이 포함되었다.

민청 회원과 학생을 대상으로 군사전략, 무기 훈련, 항공술 등의 군사훈련이 1949년 8월부터 시작되었다.[9] 이 같은 준비는 위협이 실재했기 때문에 결코 과민 반응만은 아니었다. 1949년 7월 남한 호림 부대의 대규모 공격으로 광범위한 피해가 발생했다. 1949년 8월 6일에는 인제군 남면에서 또다시 소규모 교전이 있었다.[10] 인제군에서 이 같은 충돌의 결과로 사망 40명, 납치 18명, 부상 22명이 있었으며, 38가구 156명이 남쪽으로 피난했다. 가축이 92마리 유실되었고, 집은 136채가 전소되었으며, 곡물 1127포대가 소실되었다.[11] 이에 대한 반격으로 인제군 자위대는 1949년 8월 6일부터 20일까지 6552명을 동원해 38도선 남쪽에 있는 남면의 절반을 점령했다가 폭우로 보급로가 막히는 바람에 후퇴했다.[12] 그 결과 남한에서는 63명이 사망했고 97채의 가옥이 파괴되었으며, 북조선에서는 25명의 사상자가 발생했고 31채의 가옥이 불타거나 파괴되었다. 사실상, 해방 이후 몇 년간 열려 있었던 "해방 공간"은 1948년 한반도에 두 국가가 수립되고 양측이 내전을 향해 치닫게 되면서 닫히기 시작했다.

남면 전투 직후 인제군의 자위대 대원 모집이 확대되었다. 전투 전에는 18세 이상 40세 미만으로 연령 제한이 있었지만, 이내 16세 이상 45세 미만으로까지 범위가 확대되어 신체 건강한 주민들 대부분이 자위대로 편성되었다.[13] 부대원의 수는 군 전체 인구인 3만3722명 가운데 8295명(남자 5130명, 여자 3165명)으로 증가했는데, 이는 전체 주민의 4분의 1과, 징집 대상자의 70퍼센트 이상이 동원된 것이었다. 결론적으로 1950년까지 보안 및 감시 네트워크가 광범위하게 구축되었다. 특히 각 마을에 5개의 가구마다 1개의 호상 감시반을 두어 "무허가 투숙자 단속, 이색분자 적발, 국가 기밀 보장, 위생 청소 단속, 부유 화약 회수, 화기 단속" 등의 활동을 했다.[14] 호상감시반의 업무는 보안뿐만 아니라 위생 상태 및 전염병 감시와 같이 폭넓게 규정되었기 때문에 지역 경찰이 아닌 인민위원회가 감시반을 조직하고 지휘했다.

1946년부터 남한에서 큰 문제가 되었던 콜레라가 1950년 상반기에 이북에서도 발생했다.[15] 38도선에 위치한 인제군은 남한에서 확산되고 있던 전염병에 노출되었고, 반복적으로 파괴 공작에도 시달렸다. 가장 심각한 사건은 공장과 곡물 저장소 같은 핵심 시설에 대한 약탈과 방화였다. 실제로 38도선 일대의 많은 마을들이 중앙정부로부터 지시가 내려오기 이전부터 이미 방어 태세를 갖췄으며, 통신선, 철도, 곡물 저장소 같은 공공시설을 보호하기 위해 소방관과 보안 대원을 조직했다. 그들은 특히 허가받지 않은 여행객들을 경계했다. 전과 기록이 있는 사람과 월남한 가족이 있는 사람들이 가장 많이 의심을 받았는데, 이들은 "사고를 미연에 방지"하기 위해 특별히 감시를 받았다.[16]

6·25전쟁 발발 전인 1950년 북조선의 비밀첩보로 수집된 여론에 따르면, 남북 사이의 긴장이 고조됨에 따라, 농민들은 하루하루 살아가는 일을 걱정했다고 한다. 그들은 전년도의 흉작을 걱정했고, 사람들이 돈을 벌기 위해 공장과 광산으로 계속 떠나가면, 누가 땅을 경작해야 할지 걱정했다. 방어를 맡은 사람들은 얼마나 오랫동안 이런 식으로 지역을 지켜야 하는지 궁금해했는데, 그중 한명은 "골이 아프다"라며 불만을 표하기도 했다. 1950년 2월 6일 남쪽에서 침입한 사람들에게 소를 도난당하고 경비 대원까지 납치된 후, 주민들은 자위대에 대해 환멸을 느끼며 그들의 능력과 효율성에 회의감을 표출하기도 했다. 실제로 40대 후반의 한 여성 농민은 사람이 납치되어도 경비대가 아무런 대책도 세우지 않는다고 불평하며, "그놈들을 하루에 다 잡아 죽이러 갈 거면 같이 나가서 해보겠다"라고 말하기도 했다.[17]

물리적 대치는 사람들의 마음을 얻기 위한 전략으로 말미암아 더욱 확대되었다. 1949년에는 남한 비행기가 인민군과 자위대원들에게 남한으로 귀순할 것을 설득하는 삐라를 뿌렸다는 소식이 여러 차례에 걸쳐 보고되었다.[18] 삐라에는 우리의 적은 병사들이 아니라 김일성과 그 '도당'이라며, 부상당한 병사들은 무료로 치료해 준다고 적혀 있었다. 삐라를 들고 "조국의 품으로 어서 돌아"오는 사람에게는 친절하면서도 안전한 통행을 약속하겠다고 말하며, "소련을 조국으로 하기 위하여 결사적으로 싸울 필요가 있을까?"라고 호소했다고 한다. 북조선 사람들은 대체로 비행기를 무시하거나 적개심을 드러내는 등 크게 동요하지 않았지만, 인민군이 왜 비행기를 격추하지 않는지는 궁금해했다. 반면, 남한이 동원할 수 있는 비행기와 자원에 놀란 이들도 있었다. 한 여성은 의미심장하게도 다음과 같이 우려를 표하기도 했다. "앞으로는 삐라보다 더한 폭탄을 가지고 올지도 몰라. 이제는 산속으로 이사할 준비나 해야겠다."

이 여성의 발언은 불길했지만, 어느 누구도 단 3년이라는 시간 동안 한반도 인구의 10퍼센트에 해당하는 300만 명 이상의 생명을 앗아 갈, 다시 말해 두 차례의 세계대전을 제외하고 현대사에서 가장 많은 인명이 희생된 비극적인 전쟁을 예측할 수는 없었다. 실제로 1952년 이북 지역에는 "더 이상 폭격할 만한 대상"이 남아 있지 않았는데, 전쟁이 끝날 무렵 미군은 제2차 세계대전 때 아시아와 태평양 지역에 사용된 50만3000톤보다 더 많은 63만 5000톤의 폭탄과 3만2557톤의 네이팜탄을 투하했다.[19] 남한은 사망자 41만 5004명을 비롯해 131만2836명의 사상자를 냈다. 북조선의 경우 사상자는 민간인 100만 명을 포함해 약 200만 명으로 추산되는데, 이는 평균적으로 모든 가정에서 적어도 한 명의 희생자가 나왔음을 의미한다.[20] 전쟁은 오늘날까지 이어져 북조선이 국내외 정책을 펼치는 데 영향을 끼치는 장기적인 물질적·심리적 피해를 남겼다. 관광객이든 인터넷이든 외부로부터의 영향력이 침투하는 것을 철저히 차단했을 뿐만 아니라, 신체적 요건을 갖춘 거의 대부분의 남성들이 10년간 의무 복무를 함으로써 세계에서 가장 오랫동안 군복무를 하게 되었다.[21] 이는 전쟁 이전만 해도 [혁명 주체로서] 여성의 중요성이 부각되었음에도 불구하고, 전후에 남성이 점차적으로 사회적·정치적 위계

질서의 모든 층위를 지배하게 된 이유를 설명해 준다. 전쟁이 평화협정이 아닌 휴전협정으로 끝나게 되면서, 북조선 주민들은 선제 타격 교리를 제시하며 호전성을 드러내던 초강대국 미국을 상대로 언제라도 재개될 수 있는 전쟁에 대비하기 위해 계속해서 동원되었다. 6·25전쟁은 외부의 압력에 맞서 북조선 인민들이 내부 응집력을 다지기 위한 방편으로 철저한 자력갱생의 정신을 견지하도록 했던 가장 결정적인 국가적 경험이 되었다. 고난과 트라우마에 대한 집단적 경험으로 말미암아, 일상 속에서 실험 정신과 유연성이 발휘될 여지는 더욱 줄어들었다.

서구에서는 근대성의 영향으로 정체성과 역사적 연속성을 상실함에 따라 19세기에 이미 '전통의 발명'이 이루어졌다. 이에 비추어 봤을 때, 20세기에 식민주의의 비극을 경험한 북조선과 같은 탈식민 사회에서 자신의 정체성을 정의하기 위한 강렬한 열망이 등장하는 것은 당연했다.[22] 민족주의는 탈식민지 과정에서 강렬하게 되살아났다. 그러나 김일성이 연설에서 "문화적 수요"를 언급했던 것처럼, 자본주의적 근대성과는 다른 대안적 경로를 제시하려 했던 모든 혁명에는 창조적인 잠재력이 충분히 발휘될 수 있도록 일상을 개방해야 하는 문제가 내재해 있었다. 어떻게 하면 일상이 자본주의에서와 같은 생산과 소비의 순환을 재현하지 않고서도 창조적 가능성을 달성할 수 있을까? 이 질문은 파괴와 건설의 변증법 속에서 모든 사회혁명이 직면했던 근본적인 딜레마 가운데 하나다. 기존의 억압적 구조를 파괴하고 그 자리에 무엇을 세워야 하는가? 예를 들어, 서두에서 언급한 것처럼 북조선에서 강조하는 주체사상의 초석으로서 "자주성"과 "창조성"은 구체적으로 무엇을 의미하는가?

하지만 북조선에서 일상은, 이 같은 질문들이 제시하는 다양한 가능성들에 충분히 개방되기보다, 식민 지배의 여파와 국제전으로 확전된 전쟁으로 경제 발전과 정치적 안정이라는 긴급한 사안에 집중하게 되었다. 결국 "생산적이고 창조적인 잠재력"으로 가득 찬, "잠재적 주체성이 풍부한" 새로운 일상은 아직 실현되지 않은 미래의 약속으로만 남게 되었다.[23] 사회주의는 대개 "수백 년 묵은 농민들의 욕구를 충족"하고, 다시는 다른 나라의 지배와 간섭을 받지 않도록 해외 열강에 맞설 수 있는 강력한 국가의 건설과 같은 물질적 진보의 측면에서 정의되었다. 레닌이 공산주의를 "소비에트에 전기를 더한 것"이라고 묘사한 것처럼, "사회주의의 완전한 승리"는 북조선의 국장國章에 재현된, 철강, 전기, 농업의 산출물 증대라는 생산 목표와 동일하게 취급되었다.[24] 확실히 사회주의 기획은 불완전한 것으로 간주되었다. 왜냐하면 "노동계급의 권력 장악은 사회주의혁명의 시작에 불과할 뿐"이기 때문이며, 또한 지금까지 그것의 완성을 위해 필요한 것은 계속해서 낡은 관념과 낡은 구조의 폐기와 같이 부정적[소극적]인 용어로만 표현되어 왔기 때문이다. 즉, "사회주의의 완벽한 승리를 달성하기 위해 우리는 도시와 농촌의 구분 및 노동자와 농민의 계급 구분을 없애고, 사회주의의 물질적·기술적 토대를 강화하고, 인민의 물질적·문화적 기준을 획기적으로 향상시키며, 적대계급의 교활한 책동을 박살내고 낡은 사상의 폐해를 단번에 없애 버려야 한다."[25] 하지만 "사회주의의 물질적·기술적 토대"와 "사회주의의 물질적·문화적 기준"을 건설하기 위한 프로그램의 긍정적[적극적] 요소는 여전히 모호하고 제한적인 상태로 남아 있었다. 일단 혁명의 목표가 물질적 진보와 동일시되면, [창조성이라는] 일상생활의 대안적 가능성은 좁아질 수밖에 없다. 풍요의 시대는, 사람들이 더 이상 배를 곯거나 추위에 떨지 않게 되었다 해도, 다시 말해 이 같은 기본적인 필요가 충족되었다 해도 사라지지 않는 인간적 문제들을 보여 준다. 이는 혁명을 통해 수립된 다양한 정권들이 공통적으로 끝없는 **영구** 혁명이라는 말을 내걸게 된 이유를 설명해 준다. 인민을 먹여 살리는 것, 외부의 위협으로부터 국가를 지키는 것은 끝이 없는 일, 끝이 없는 삶의 과정인 것이다.

사회주의든 자본주의든 장기 20세기의 역사는 산업화를 통해 근대화를 달성하려 했던 끊임없는 충동에 관한 것이었다. 이 같은 충동은 두 체제가 사람들이 일반적으로 가정했던 것보다 훨씬 더 가까워지게 했다.[26] 다른 사회주의 국가들처럼, 북조선에서도 무엇보다 중요한 원칙은 소비가 아닌 생산이었다. 하지만 사회주의적 근대성에서 생산은, 그 자체로 좋은 것이 아닌, 자본주의가 간과한 사회적 필요를 충족하기 위한 것이었다. 사회주의는 경제를 사회적·정치적 문제와 긴밀하게 연계함으로써 자신을 자본주의와 차별화했다. 사회주의에서는 (사람들이 경제성장을 위해 노동하는 것이 아니라) 경제가 인민의 집단적 이익을 위해 작동하는 것으로 여겨졌다. 바로 이런 근거에서 "과학적" 사회주의는 자본주의가 창조한 물질적 풍요를 사회주의로의 '합리적' 이행을 위한 토대로 보았다. 바로 이 때문에 물질적 생산에 대한 관심보다 창조성이 새로운 사회주의적 일상의 본질이 될 수 있는 것이다. 그러나 자본주의적 생산의 풍요로움에도 불구하고 [사회주의는 도래하지 않은 채 "창조적 파괴"[27]만 이어지고 있다. "과학적" 사회주의의 결정론적 가정은 오히려 예측 불가능한 것으로 증명되었을 뿐만 아니라, 자본주의국가들의 간섭 앞에서 "일국 사회주의"의 실현은 (그것이 소련에서든 북조선에서든) 불가능한 것으로 밝혀졌다.

　　새로운 일상을 위한 발판으로서 인민위원회와 같은 새로운 자치 기관들은 결국 중앙집권화된 국가권력에 편입되었고, 결과적으로 북조선에서 창조적·혁명적 잠재성으로서의 일상을 경직시켰다. 인민위원회는 그것이 해방 직후 자생적으로 결성되었던 것에서 볼 수 있듯 주체사상의 핵심 요소인 "자주성"과 "창조성"을 "의식적으로" 실행할 수 있는 기반이었다.[28] 사실 관료주의에 맞서 자율적으로 의사 결정을 내리고 창의성이 발휘될 수 있는 새로운 수단을 마련하는 것은 중국을 비롯한 사회주의 정권하에서 벌어진 수많은 문화혁명의 목표였다. 김일성 스스로도 "아세아에서 처음으로 중등 의무교육제를 실시"해서 "사람들의 지식수준, 문화 기술 수준을 높이는 …… 문화혁명"을 요구했다.[29] 더 많은 교육과 정치적 참여는 더욱 자주적이고 창조적인 인민을 육성하는 토대로 여겨졌다. 그럼에도 1948년 11월에 제정된 새 헌법 50조 6항은 인민위원회를 무력화할 수 있는 권한을 내각에 부여했다.[30]

하지만 이 같은 후퇴는 예정된 결론이 아니었다. 6·25전쟁이 한창일 때에도 지방인민위원회들은 "새로운 형태의 진정한 인민 정권 기관"으로 손꼽혔다.[31] 1952년 김일성은 인민위원회를 강화할 방안에 주목했다. 그는 먼저 식민 잔재와 봉건적 이데올로기 때문에 인민위원 지도자들이 자신의 참된 역할이 무엇인지에 대해 망각하고 있다고 비난했다. 즉, "그들은 인민 속에서 선거받은 인민의 대표이지만 선거받은 날부터 자기가 인민 대표란 것을 망각하고 일종의 관리나 된 것처럼 생각하고 일제시대의 관리 행세와 같은 행세를 감행하며 일본 관리식 그대로 인민들을 호령하며 인민들에게 대하여 행동한다."[32] 이 같은 권력 남용의 사례들에는 인민을 동원해 자신의 땅을 경작하게 하거나, 생일 같은 개인 기념일을 명목으로 뇌물을 받거나, 아니면 마치 일본 식민지 시대의 관리처럼 주민에게 세금을 추가로 부여하고, 이를 거두기 위해 "쌀독이나 농짝을 뒤져내는 것을 뻐젓한 일로 자랑"한 인민위원회의 위원장들이 포함되었다.[33]

김일성은 이런 관료주의적 경향을 타파하기 위해, 인민위원회 지도자들이 현장의 실태를 찬찬히 살펴 "일꾼들"의 의견을 충실히 반영함으로써 그들과 긴밀한 관계를 유지해야만 하며, 좋은 일만 상부에 보고하고 나쁜 일은 욕을 먹고 출세에 지장이 있을까 두려워 은폐하지 않게 해야 한다고 결론지었다. 그는 추경이 완료되지 않았음에도 성공적으로 완료했다고 보고하거나, 현물 납세 기한을 강조했더니 곡물이 완전히 익기도 전에 추수를 한다거나, 수해가 나서 현물세를 낼 수가 없음에도 숫자를 채우기 위해 쌀을 사서라도 내라고 독촉하는 일꾼들을 "관료주의적 작풍"의 예로 들었다.[34] 이런 모습은 결과적으로 대중의 불만과 소외로 이어졌다. 인민위원회의 지도자들은 "후진적"이라고 농민을 비난만 하지 말고, 또한 지도자들이 모든 일을 도맡아 하려 하지 말고, 다수 인민이 참여할 수 있도록 권한을 위임하라는 권고를 받았다. 무엇보다 시·군 인민위원회 위원장들은 사업의 중심을, 인민들과 직접 사업을 진행하는 리 인민위원회에 두어야 한다는 지시를 받았다. 사업의 중심을 농촌과 공장에 두어야 한다는 것이다.[35] 전후 복구 사업이 한창 진행되는 상황에서 인민위원회는 "우에서 밀면 움직이고 안 밀면 서있고 그저 조정하는 대로만 돌아가는 기계 모양" 일하기보다 "지방 실정에 따라서 무엇을 할 수 있겠는가 하는 것을 동무들 자신이 창발적으로 결정"할 수 있어야 했다.[36]

인민위원회의 중요성에도 불구하고 1972년 헌법 개정으로 리 인민위원회는 폐지되어 군 협동농장경영위원회가 관리하는 생산 단위로 개편되었다.[37] 혁명적인 수준의 개혁을 도입하기 위해 해방 후 우후죽순처럼 생겨난 직접민주주의의 가장 두드러진 형식은, 정치가 경제관리에 종속되면서 뒷전으로 밀려났다. 전후 복구 사업이 시급한 가운데, 지방인민위원회는 전쟁 직후부터 이미 생산조직 단위로 기능하기 시작했다. 비록 인민위원회는 "사회주의 경제·문화 건설에서 대중들의 민주주의적 창발성과 적극성을 최대한으로 발양할 수 있게 하는 기관"으로 간주되었지만, 가장 시급한 역할은 이제 "반혁명 세력에 대한 진압"과 "제국주의자들의 침략으로부터 조국을 보위"하는 것이 되었다.[38] 1959년에 인민위원회가 지역의 공업, 농업, 상업, 건설, 교육, 문화 발전을 감독하는 책임을 계속해서 떠맡게 되면서 리 인민위원회 위원장이 협동농장관리위원회 위원장직을 겸임하게 되었다. 이는 1972년에 리 단위의 인민위원회와 협동농장관리위원회가 통합하게 될 것을 예견하고 내려진 조치였다. 따라서 사회주의적 근대성은 민족 자결에 필요한 힘을 갖고 인민을 부양할 수 있으며 국가 독립을 위협하는 그 어떤 침략으로부터도 스스로를 지킬 수 있는 민족국가의 건설로 좁게 정의되었다.

한때 사회 변화와 새로운 일상생활의 근간이었던 집단적 정체성과 실천들은 (실제 전쟁으로도 분출되었던) "냉전"에 직면한 북조선에서 점차 경직된 분류 및 규제 체제가 되었다. 전쟁의 여파는 냉전으로 분단된 국가에 아무런 해결 방안도 가져다주지 못했다. 소련의 해체와 포스트모더니즘의 등장으로 "포스트"의 시대가 밝아 오면서 집단 정체성은, 그것이 다양한 형태의 민족주의든 또는 노동계급 정치든지 간에, 환상에 불과하다는 소릴 듣거나 최악의 경우 전체주의라는 비난을 받게 되었다. 집단 정체성은 "허상"에 불과한 것으로 폐기되었는데, 이는 부분적으로 자유주의적 계몽주의 사상이 행위 주체의 기본 단위로 개인을 상정하고 있기 때문이었다. 그러나 혁명은 집단적 상상력의 결과이다. 결국 해방의 과정으로서 사회 변화에 관심 있는 사람들에게 여전히 열려 있는 핵심 질문은 다음과 같다. 즉, 개인과 집단 사이의 관계가 어떠해야 공동체의 역량을 강화·보존하면서도 개인들이 개성을 발휘할 수 있는 공간을 유지할 수 있을까?

이 같은 질문은 근대성의 역설을 직면하게 한다. 즉, 자유와 자기 결정이라는 생각이 근대의 자기 규정적 주체를 낳자마자 행위 주체로서 인간이 가진 권력은 지극히 파괴적인 것으로 판명되었다.[39] 근대적 주체성에 대한 믿음은 전체주의적인 설계를 촉발했는데, 이는 인간의 합리적 계획 능력을 그 극단으로 치닫게 했다. 그렇다면 인간의 행위를 통해 해방을 달성할 수 있다는 근대적 주체성은 어떻게 (합리성이라는 미명 아래 엄격한 규율과 통제의 형태로 변질되지 않은 채) 자발적이며 예측 불가능한 수많은 형태의 가능성들이 가진 개방성을 유지·보존할 수 있을까? 아마도 개인과 집단 사이의 관계를 명확히 하는 것이 답이 될 수 있을 것이다. 개인의 자유를 강조하는 자유주의가 전체주의와 정반대이거나 해독제처럼 보일 수 있을지라도, 근대적 주체성의 역설은 개인의 행위 주체성에 부여된 힘[권력]이 김일성과 같은 인물들에게 세계를 조형할 수 있는 권력이 자신에게 있다고 믿게 했던 바로 그런 힘[권력]이었음을 보여 준다. 이 같은 한 개인의 야심을 견제하는 역할을 할 수 있는 것은, [그 개별 구성원들이] 자기 통치에 직접 참여함으로써 다양한 이해관계들을 하나로 결합할 수 있는 진정한 집단이다(여기서 말하는 집단은 전통적인 정치에서 상정하듯, 동질적이거나 사전에 결정된 집단이 아니라 유연하고 유동적인 경계를 가진 개방된 "다중"[40]으로서의 집단을 말한다). 혁명은 위험천만한 사업이다. 실패할 경우 그것이 초래할 결과가 심각할 뿐만 아니라, 성공을 거두었을 경우에도 그 결과가 (혁명이 자신의 원칙에 충실할 경우) 또 다른 혁명에 의해 전복될 수 있는 가능성을 열어 두어야만 하기 때문이다. 그렇기에 전부는 아니더라도 대부분의 혁명 정권들이 그와 같은 가능성이 차단하기 위해 모든 창문을 닫아 버린 것이다.

한반도에서 자본주의적·식민지적 근대성은 합리적 생산을 위해 시간을 가장 효율적으로 사용할 수 있도록 일상을 동질화했지만, 대다수 사람들에게는 ― 소비자로서든 정치적 행위 주체로서든 ― 근대적 해방이라고 할 만한 것을 거의 제공하지 않았다. 이에 대한 대응으로 인민위원회는 혁명을 일으켰고 참여 정치가 제도화될 수 있는 매개체를 제공했다. 그것은 벤야민과 아르바토프가 러시아에서 일어난 사회주의혁명의 여파 속에서 낙관적으로 고찰한 것처럼, "철저히 공개적"이고 "사회적 실천의 필요"에 맞춰진 새로운 집단적 일상을 위한 것이었다. 실제로 북조선의 지도자들은 소련을 자신들이 이루길 희망하는 사회주의적 근대성의 경로를 개척한 훌륭한 본보기로 생각했다. 소련의 경험을 마음에 새기며 인민과 당을 연결하는 "인전대"로서 전위당이 신속히 건설되었다. 인민들이 자신을 역사의 주체로 동일시하는 자서전을 당원 가입 신청서로 제출하게 된 순간부터, 각종 회의와 학습 모임이 어디에나 흔히 있는 일상의 한 부분이 되었으며, 이는 (각 개인의 삶의 변화를 통해 실행되는) 단체 생활을 제도화했다.

그 결과 사람들은 더 이상 가족 사이에서 사용되는 위계적인 용어로 서로를 부르지 않게 되었다. 이제 사람들은 서로를 동무라 불렀다. 식민지 시대의 건물들이 공동 휴양소가 되고 공동 우물이 여성에게 글을 가르치는 장소가 되면서 예전의 모임 공간은 새로운 사회적 의미를 지니게 되었다. 한때 천한 것으로 폄하되기도 했던 집단 노동은 이제 그 효능 때문이 아니라 그 자체로 유의미한 활동으로 평가되었다. 개인과 집단의 복지는 소통과 동지애를 함양하기 위한 비판과 자아비판이라는 방법을 통해 하나로 통합되었다. 이 같은 실천은 소련과 중국을 포함한 많은 사회주의 국가에서 공통적으로 뿌리를 내렸다.

그럼에도 북조선 혁명은 그 자체로 매우 독특한 경험이었다. 그것은 한반도 역사상 최초로 실시된 대중 선거와 무상몰수 무상분배 원칙에 따라 시행된 급진적 토지개혁을 통해 전례 없이 많은 농민들이 지도자의 지위에 오를 수 있었을 만큼 매우 폭넓은 대중에 기반을 두었으면서도 매우 급진적인 혁명이었다. 일제 식민지 경험 역시 북조선에서 특정한 전통이 "민족적" 특성으로 평가되고, 그것이 다시 북조선의 사회주의적 근대성에 수용되는 방식에 영향을 미쳤다. 여성과 남성 **모두**에게 모범이 되는 혁명적 주체성의 일반적인 형태로 혁명적 모성을 채택한 것은 혁명적 형제애를 이상으로 삼았던 다른 사회주의 국가들과는 뚜렷이 구별되는 북조선의 특성 가운데 하나다. 유사한 형태의 혁명적 모성은 오늘날 한반도 이남에서 해방 이후를 기억하는 여성들의 담론에서도 찾아볼 수 있다. 그러나 여성과 남성이 "해방 공간"을 기억하는 방식에는 큰 차이가 있다. 해방 공간을 말하는 남성의 내러티브는 민족사를 자신의 인생사를 구성하는 틀로 사용한 반면, 여성의 내러티브는 그 경계 너머로 흘러나와 민족사의 일부가 아닌 여성사로 국한되며 주변화되었다.

이 책에서 나는 그 주변부로 다가가 북조선이 사회주의적 근대성을 건설했던 경험의 역사, 혁명적 변화를 겪은 마을의 역사, 새로운 형태의 일상적 실천을 통해 혁명가가 된 농민의 역사, 해방과 혁명의 실질적인 의미를 구성하는 여성의 역사 등 소외된 역사에 주목하려 했다. 여전히 한반도에는 분단이 지속되고 있으며, 이는 안보를 최우선 과제로 생각하게 강제함으로써 개방적인 논의를 가로막고 있다. 이 같은 상황에서 해방 직후의 시기를 다시 이해한다는 것은, 상호 경쟁적인 시각들 사이에서 길을 잃지 않고 잘 헤쳐 나가야 한다는 것을 의미한다. 이 시기에 대한 구술사 수집이 유독 어려운 상황은 냉전 이분법에 결박되어 있는 한반도의 과거를 넘어 대안적 가능성을 모색할 수 있는 시공간으로서의 "해방공간"의 의미를 회복하는 것이 얼마나 중요한지 다시금 일깨워 준다.

부록

조선로동당 당원을 위한 샘플 커리큘럼

1. 해방 후 조선

1) 대일 전쟁에서의 소련의 결정적 역할

2) 조선 문제 해결에 있어서의 민주와 반동과의 투쟁

3) 남조선의 정치 경제 정세

4) 진정한 인민 정권 기관인 인민위원회

5) 인민 정권하에서 북조선과 북조선의 민주개혁

6) 북조선 민주개혁의 역사적 의의

7) 북조선의 민주 정당들과 사회단체

8) 통일적 민주 독립국가 건설을 위한 조선 인민의 투쟁

9) 조선민주주의인민공화국 중앙정부 수립

10) 조선민주주의인민공화국 헌법

11) 조선민주주의인민공화국 인민 경제 발전에 2개년 계획

12) 조선민주주의인민공화국 창립 1년

2. 세계 정치 지도

1) 세계 정치 지도의 개관

2) 식민지와 예속 국가

3) 원동 제국과 근동 제국

4) 북미합중국

5) 영국

2) 북조선로동당 제2차 당 대회

3) 북조선로동당 강령

4) 북조선로동당 규약

5. 현행 정치

1) 최근의 국제 정세

2) 조선에 대한 미 제국주의자들의 침략 정책

3) 최근의 남북 조선의 정치 정세

4) 최근의 중국 정세

5) 최근의 일본 정세

6. 세포 학습회 지도에 대한 방법상 문제

1) 학습회 사상 수준을 어떻게 제고할 것인가

2) 학습회를 어떻게 진행하여 지도할 것인가

3) 학습회 지도자들은 강의 준비를 어떻게 할 것인가

4) 학습회 지도에 대한 경험 교환

출처: "북조선로동당 강원도 인제군당 상무위원회 회의록 제70호"(1949년 11월 27일), 『북한관계사료집』 3권, 817-819쪽. 또한 RG 242, SA 2007, box 6, item 1.62.

여맹 회원을 위한 샘플 커리큘럼

1. 인간 사회는 어떻게 발전하였는가

1) 처음에 사람은 세상에 어떻게 나왔는가

2) 처음에 사람은 어떻게 살아왔으며, 물건을 어떻게 만들었는가

3) 계급이란 무엇이며, 어떤 사람이 어떤 사람을 착취하였는가

4) 봉건제도는 자본주의 제도로 발전하였는가

5) 자본주의란 무엇이며, 자본주의사회에서는 누가 누구를 어떻게 착취하며
   왜 멸망하는가

6) 낡은 사회에서 새로운 더 높고 진보적인 사회주의사회는 어떠한가

2. 해방 후 조선

1) 대일 전쟁에서 소련의 결정적 역할과 조선 해방

2) 조선 문제 해결에 있어서의 민주와 반동의 투쟁

3) 남조선의 정치 정세

4) 진정한 인민 정권 기관인 인민위원회

5) 인민 정권하에서 북조선과 북조선의 민주개혁

6) 북조선 민주개혁의 역사적 의의

7) 북조선의 제 민주 정당들과 사회단체

8) 통일적 민주국가 건설을 위한 조선 인민과 여성들의 투쟁

9) 조선민주주의인민공화국 중앙정부 수립

10) 조선민주주의인민공화국 헌법

11) 조선민주주의인민공화국 인민 경제 발전 2개년 계획

12) 조선민주주의인민공화국 창립 1년

3. 현행 정치 정세

1) 조선에 대한 미 제국주의자들의 침략 정책

2) 최근 남북 조선의 정치 정세

4. 여성운동

1) 혁명 전 러시아 여성의 생활

2) 해방 전 조선 여성의 생활

3) 혁명 이후 사회주의 국가의 여성들과 아동

4) 해방된 북조선의 여성들과 아동

출처: "북조선로동당 인제군 여성동맹 당조 제33차 회의록"(1949년 12월 7일), 『북한관계사료집』 4권, 274-277쪽.
또한 RG 242, SA 2007, box 6, item 1.31.

No. 1.

자 서 전

본적: 광남충남시 서호리 205번지

주소: 평양특별시 동지 일리 일번거의 11호 (버두국사택)

성명: 김 호 철

생년월일: 1905년 4월 8일 생

    부친은 백호뜻되는 당시의 서호건 조금한 어촌에서 명태, 명란 등나 소상인으로 왔었는데, 한국 말넘에 미국 개발하사 배가 서호건에 인무모집 하러 왔을 때 부친은 백사 김호건 나리고 하와이 에 이민으로 갔었다 부친은 백사른두고 귀국하며 둘째형님을 하와 이에, 다희고 가면서 라 인의 돈으로 명 만 명태 인삼 소금등을 일본장기항, 하나이, 태산워 등과에 무역 하다가 실패하여 부채에 극히 곤난 하여 가족 및 의류등은 모나 배 맛가무고 남의 조은 한 초가집 구석에서 살께되는데 빠가 출생 하였다 아버지는 그후 불러는 작업이 없이 살아 께시다가 돈아 갔었다 어머니께서 일본 안 학교 모장점에서 일하며 주매 박 바누질 등으로 생판하였드니 나도 일보 농잡상건 에 나서 신부럼도 하며 그로는 산에가서 나무하여 시강에 팔어 어머니 의그생을 조금 의라도 돈하게 하였드 빠가 탁세 되는때 서호진 사람동건학교 소나 사택에 이사 하여 학교를 적어 주며 있었다 아버지는 셋재형 남 김호벌 공부 시키기위 하여 한틈 에나자기 친구의 잡께서 서사오를 하며 삼영을 공부 시켜 았드 빠는 삼삼 세 되는 그데 에아 처음그를 소락교에 서 득내가 매일 선부럼하고 있든 학교에 입학 하였다 산에 가서 나무하여 딴께 실과들을 무두 안우를 베끼 딴께 하여 소락 를 맛처고, 삼영에 마산 창신 학교 고부의

하였고 백사가 1920년 여름에 귀국하여 평양 숭실전문학교
에서 교편을 잡게 됨으로거다 나는 평양 에 와서 중학 에
다니게 되었고 어머니는 일본 잡어서 일 하러 인은 그만 두게 되
었다 아버지는 발이 년을 하신 까닭에 무슨 일할수 없
었으나 어머니 삯 바누질 혹은 사장 에게가 어물을 달이고
하시며 형님들의 도움북 부모의 생활을 도왔다 1921 년에
삼형 이 호주 멜본 대학으로 유학 가자로 한달라 때 부모의 생활
은 참이 한아이 되었을뿐이 없고 경제적으로는 버건히 떠며
니의 고로 에 남 아 있었다 나는 형님의 참에서 숭실전문학교
분과 이학년을 수학 하였는데, 1926년에 백사가 미국 에
고무 연구하러 간 까닭에 나도 미국 유학 을 가게 되었다
1927 년 고향을 떠날 때 65세 되는 부친이 산에가서 배부
하시며 어머니가 여원히 풀파리 하늘 건것 에 나 그리 났다
내가 미국 에 나오고 학 하면서 부모의 생활은 조금도 보왔다
1925년 에 후주에 유학 갓던 형님은 사망하였고 1933 년 내가
귀국하여 보니 미국에 있는 동게 형님 아미라 던분을 부모의 생
활비를 보니어 부모의 생활 이 다소가 나아지 었다 하였그러나
내가 검거 되면서부터 생활은 다시 곤란하여 졌다 1934년
후옥 하여 고향에 돌아 오니 어버너는 내가 감옥에 있을때
1935 년에 돌아 가 셨고 80세 되는 아버저 는 반소경 이
되어 동리 집에나 걸박 하늘 행편 이 었다 집은 거이 무너
지고 있었다 잠깐 광건을 나누하여 준 한 번 러
니를 감 죽게 하였 고, 아버지는 일즉히 일본 미국해
산위 를 만나 었기 때문에 떠 진보럭 사상을 가지 어있다
나는 어랑어 는 때 아무거가 삼 형에게 미국 독립사, 윌삼
망 족사 공산 력사 등을 가르처주는것 을 엿게 되었고
삼 형의 어국 벽 에 많은 감 화를 받었다 부친은
1939년 6월에 별세 하였다

　　　평양에와서 백사 의 집 에가 있는 때나 무러 준 증
학교 가라는 형님의 도움으로 아무 근강 이 없이 공무하였 다
1927년 5월 러 일 산푸란스시고 에 상육할 때 23세

3. 해방전후활동과 사회단체에서의 참가유무및 당무거문평가를받어 스더사교관기. 전우의성명, 교제의동기 그의직업유명기할것

해방후부모·친척주의직업·주소경력상벌유무

와 포백끼는 없었다. 로느앤칠느 세계적으로 욕명한 내진이아 1호텔에서 미국사람에게 착취박끼 서각되어 시카고시에 있는 미국인끼 매망 모리짐 중국 흑은 로인나끼 매망하는 모러짐 미국 인공장 지배인 짐등은 에서 반하여 주민사 공부하였다. 루으스 대학 연동과두하였다. 1929년 10월부터 미국 혁명 작가동맹에 가입하여 주노즉인 문제를 연구하였다. 1933년 3월에 비국 흑인사등 8명나행 반대노동에 참가한길의 반갑되어 체로 되어 시카고 국카는트 감득에 득급되어 추방 당하였다. 1932 년 8월에 보스그바시에 은어나 각부등에 있어나 거격은 한즉 1933년 3월리 국한후 하악문화운동, 모돌, 조쏘친선협회 등등의 학동을 할 목적으로 학동하다가 1933년 11월 7일 十월 사회주의혁명기념 준비공각중 체로되어 익년 욱지원 한흥경 학 서유처갑 삼년반 한흥경 누쏘에 있었다. 그 공장 득방 중번 간방후 각갑을 걷처었다. 출옥전 농등 앞에서 혁명운동을 계속하여 하러 받고 가만 가장선 할에만 종사하겠다고 그 들의 날어서 본가 아닌 멍서를하나 받었다. 전직 하끼말한 다면 성과 애작보와 일은 중 일같이 해보고 목겠다는 일에 목심이 머러흐러배하었다. 식산 출옥하며 일은께 속하 되러 러헌헌산 단현 흑함등거로 한나벌 느나 경찰과 헌병들의 감처가 너무 싶하여 조직사업을 한번 하고 처방에서 김원 겉 나두워으로 와 므며서 거속인들다 학생들은 접촉하게 되나 항흥학성 반러 운동에 관하 하고 있었다.

한호산, 느태하, 주장누, 문옥주 한비우(8.15각권 항흥사에서 칙이었음) 휘흐민, 한처복 드응도 조긍 멱우 한처옥 등등거 들은 어려히 일하는 동부들이기 때문에 늘 의사를 소통하여 왔다. 한호삼(한반인민위원회의위원강) 불태하(권한반인민위원회의위원강) 주장누(한반도모움부강) 문옥주(한흥사인민위원회위위원강) 휘흐민(직홍로각부강). 한처옥(정한도로동강 부위원강).

1945. 8.14 일밤 일본이 8.15에 항복하는갑보 들었었다.

비위원과조직에서 활동하여 8월17일에 한남로인민위원회 하부배위위원로 결성하는데 활동하였더 함남 공산당 조직에 정당한 여러 동무들과 같이 일하였으며 1945년 10월2일에 정당원으로 공산당에 입당하는 동시에 함흥시 인민위원회 세포책임자로 1946년3월까지 공작하였다 1946년 3월 무렵, 허가이 동지로부터 당원심사에서 모스크바에서공작한 증인을 내놓으라는 문제로인하여 후보당원으로 되어 있다가 1946년 6월 23일 정당원이 되었었다 공산주의 세계관을 가지고 있으며 해방후 조선을 부강한 민주주의 국가로 발전시키기위하여 서는 로동계급의 총신인 강력한 근로 인민의정당의 일에야 하것이며 당조직에 활동하였으므로 나는 입당하되 련것이 없다 나에게는 부모와 친족이 없으며 다만 가족 백부이다

No.2

기 입 상 주 의

1. 8.15전 근본직업, 가족관계급 가족들의 8.15. 전경제, 정치및 사상적동향 (동거치않는가족도포함)

2. 가족들의 해방후 경제 정치 사상 및 환경, 거주지와종교관계

3. 처자, 지인의 8.15전 정치, 경제적환경, 사상동향, 거주지와종교관계, 해방후 정치, 경제및 사상동향 거주지와종교관계

4. 8.15전 정권기관, 및 방공협회, 민생단, 협회회, 일진회, 경방단, 대화숙, 특기련맹, 지성회, 도, 시, 군, 면, 협의원, 면장, 구장, 리장, 리사장, 반장등기타어용단체에 관한것

5. 해방무쟁의 참가한동지관계 … (구금, 예심판견년한等)을 기입하되, 옥중생활중 변절출옥후쟁향동에 대한것, 출옥후쟁향상태, 교제관계에대한것

6. 해방무쟁의에, 경제, 물행불항등으로, 구금, 예심, 판견년한에 대한것을 기입할것

7. 해방후정권기관에 들어오게된동기및소개자성명

8. 본인의소개로써 정권기관에들어온자의성명및, 현직 그와의교제관계

9. 정권기관에서 사업하는 행정에서, 법한 정치, 경제, 사상에서 나타난사실을 기입할것

10. 정권기관및, 정당, 사회단체에서, 표창받은것을기입할것

11. 교사사항을 기입할시는 반듯이 그의 년, 월, 일을 기입 하되 동시에 담당자의 수표을할것

출처: RG 242, SA 2005, box 8, item 15.2. 미국 국립기록관리청 제공

미주

한국어판을 출간하며

1 예외로는, 이임하, 『해방 공간, 일상을 바꾼 여성들의 역사: 제도와 규정 억압에 균열을 낸 여성들의 반란』(서울: 철수와영희, 2015) 참조.

2 김성수, "'코리아문학'의 통일·통합 (불)가능성: 남북 문학 교류의 역사와 과제," 『통일과 평화』 10.2(2018), 5-38쪽. 북조선이 선호하는 명칭을 사용하자는 또 다른 주장에 대해서는 김병로, 『북한, 조선으로 다시 읽다』(서울: 서울대학교출판부, 2016) 참조.

3 김명섭, 『전쟁과 평화: 6·25전쟁과 정전체제의 탄생』(서울: 서강대학교출판부, 2015), 43-49쪽.

4 임대식, "일제시기·해방 후 나라이름에 반영된 좌우갈등: 右 '대한'·左 '조선'과 南 '대한'·北 '조선'의 대립과 통일," 『역사비평』 21(역사비평사, 1993), 35-50쪽.

5 김명섭, 35쪽.

6 김명섭, 46-47쪽.

서론

1 Department of Defense News Briefing Transcript(December 23, 2002),

http://www. globalsecurity.org/military/library/news/2002/12/ mil-021223 -usia01.htm.

2 C. D. Elvidge et al., "Mapping of City Lights using DMSP Operational Linescan System Data," *Photogrammetric Engineering and Remote Sensing* 63(1997), pp. 727-734, in "Low Light Imaging of the Earth at Night,"에서 재인용.

http://dmsp.ngdc.noaa.gov/pres/low_light_120701/html/page4.html(접속일 2012년 4월 17일)

3 http://dmsp.ngdc.noaa.gov/pres/low_light_120701/html/page10.html(접속일 2012년 4월 18일)

4 Dwight Garner, "Carpet-Bombing Falsehoods about a War That's Little Understood," *New York Times*, July 21, 2010.

http://www.nytimes.com/2010/07/22/books/22book.html/

5 "악마 박사"는 김정일을 가리킨다. 2003년 1월 13일자 『뉴스위크』의 커버스토리는 "북조선의 악마 박사: 김정일이 사담보다 큰 위협인가?"(North Korea's Dr. Evil: Is Kim Jong Il a Bigger Threat Than Saddam?)였다.

http://www.prnewswire.com/news-releases/newsweek-cover-north-koreas-dr-evil-736614 67.html. "악의 축"이라는 말은 조지 W. 부시 대통령이 2002년 1월 29일 국정 연설에서 이란, 이라크, 북조선 등을 가리키기 위해 사용했다. http://news.bbc.co.uk/2/hi/americas/1796034.stm[접속일 2023년 3월 5일] "폭정의 전초기지"라는 표현은 국무장관 곤돌리자 라이스가 2005년 1월 18일 상원 외교위원회 앞에서 사용한 말이다.

http:// news.bbc.co.uk/2/hi/americas/4186241.stm.

6 Chong-Sik Lee, "Politics in North Korea: Pre-Korean War Stage," in *North Korea Today*, ed. Robert A. Scalapino(New York: Frederick A. Praeger, 1963), p. 16.

7 이 글에서 나는 "철저한 구조 변동과 대규모 계급 격변의 조합"이라는 사회혁명에 대한 테다 스카치폴의 정의를 채택하고 있다. Theda Skocpol, *States and Social Revolutions: A Comparative Analysis of France, Russia, and China*(New York: Cambridge University Press, 1979)[『국가와 사회혁명: 혁명의 비교연구』, 한창수, 김현택 옮김(까치, 1981)].

8 이와 관련된 문헌들은 많지만, 특히 유용한 것으로는 Andre Gunder Frank, *ReORIENT: Global Economy in the Asian Age*(Berkeley: University of California Press, 1998)[『리오리엔트』, 이희재 옮김(이산, 2003)]와 Kenneth Pomeranz, *The Great Divergence: China, Europe, and the Making of the Modern World Economy*(Princeton: Princeton University Press, 2001)[『대분기: 중국과 유럽, 그리고 근대 세계 경제의 형성』, 김규태, 이남희, 심은경 옮김(에코리브르, 2016)]이 있다.

9 Immanuel Wallerstein, *The Capitalist World-Economy*(New York: Cambridge University Press, 1979), p. 133.

10 Joyce Appleby, Lynn Hunt, and Margaret Jacob, *Telling the Truth about History*(New York: W. W. Norton, 1994). 근대(modern)라는 단어가 '지금'(now)과 동의어로 처음 사용된 것은 16세기 후반으로, 근대성은 계몽주의와 연관되었다. 그러나 근대라는 단어는 수세기에 걸쳐 진화해 왔으며 가장 최근인 19세기에 이르러서야 긍정적인 함의를 획득했다. 계몽주의와 함께 시작된 변화가 일반적으로 근대라고 밝혀진 것의 다양한 측면을 이끌어 냈다는 사실을 부정하지 않으면서, 또한 그것이 가진 중요성 역시 부정하지 않으면서도, 나는 19세기에 가장 커다란 변화가 일어났으며, 근대성의 효과 안에서 살아가는 사람들의 삶을 질적으로 변화시켰다는 레이먼드 윌리엄스의 견해에 동의한다. Raymond Williams, *The Politics of Modernism*(New York: Verso, 2007[1989]), pp. 31-33 참조.

11 정치 이론이자 운동으로서 사회주의는 오랜 역사를 가지고 있다. 그것은 산업자본주의의 파괴적 효과에 대한 반발로 19세기 초에 시작되었다. 그 이후로, 초기의 유토피아적 사회주의로부터 생디칼리슴과 개량주의에 이르기까지 다양한 변형태가 존재해 왔지만, 가장 광범위한 흐름은 칼 마르크스와 프리드리히 엥겔스가 1848년 『공산주의자 선언』에서 설명해 놓은 (이는 한반도에서도 마찬가지였는데) 과학적 사회주의였다. 과학적 사회주의는 흔히 "공산주의"로도 불리는데, 이는 유토피아적 사회주의나 개량주의적 사회주의와 마르크스주의적 사회주의를 구분하기 위한 것이었다. 이에 대해서는 다음을 참조. Daniel Bell, "Socialism," *International Encyclopedia of the Social Sciences*(1968), 다음 사이트에서 이용할 수 있다.

http://www.encyclopedia.com/doc/1G2-3045001168.html(접속일 2012년 8월 25일)

12 Agnes Heller, *A Theory of Modernity*(Oxford: Blackwell, 1999), p. 5.

13 Anna Louise Strong, *In North Korea: First Eye-Witness Report*(New York: Soviet Russia Today, 1949), p. 11["북한, 1947년 여름", 이종석 옮김, 『해방전후사의 인식』 5권(서울: 한길사, 2006), 502쪽].

14 Ibid., pp. 13, 19["북한, 1947년 여름," 503-504쪽].

15 Andrei Lankov, *From Stalin to Kim Il Sung: Formation of North Korea 1945~1960*(New

Brunswick, N.J.: Rutgers University Press, 2002), 특히 1장[『북한현대정치사』, 김광린 옮김, 오름, 1995].

16 Erik van Ree, *Socialism in One Zone: Stalin's Policy in Korea, 1945~1947*(Oxford: Berg, 1989), 67-69. 류길재, "북한의 국가건설과 인민위원회의 역할, 1945~1947"(고려대학교 정치외교학과 박사학위논문, 1995), 130쪽에서 재인용.

17 Van Ree, *Socialism in One Zone*, pp. 49-50, 91, 97.

18 로버트 스칼라피노, 이정식, 『한국 공산주의운동사 2』, 한홍구 옮김(서울: 돌베개, 1986), 424쪽.

19 Bruce Cumings, *The Origins of the Korean War: Liberation and the Emergence of Separate Regimes, 1945~1947*, vol. 1(Princeton: Princeton University Press, 1981), pp. 138-139[『한국전쟁의 기원』 1권, 189-190쪽].

20 Lankov, *From Stalin to Kim Il Sung*, pp. 4-5, 9.

21 전후 사회주의 인터내셔널의 사례로는 다음을 참조. Rüdiger Frank, "Lessons from the Past: The First Wave of Developmental Assistance to North Korea and the German Reconstruction of Hamhŭng," *Pacific Focus* 23, no. 1(April 2008), pp. 46-74.

22 예를 들어, 브루스 커밍스는 북조선 국가 형성의 민족주의적·코포라티즘적[조합주의적] 뿌리를 강조함으로써 이렇게 했다. Bruce Cumings, "Corporatism in North Korea," *Journal of Korean Studies* 4.1(1982), pp. 269-294["북한의 조합주의", 김동춘 편, 『한국현대사연구』 1(이성과 현실사, 1982), 324-355쪽].

23 일상과 평범의 융합하는 사례들로는 다음을 참조. Svetlana Boym, *Common Places: Mythologies of Everyday Life in Russia*(Cambridge: Harvard University Press, 1994) 그리고 Sheila Fitzpatrick, *Everyday Stalinism: Ordinary Life in Extraordinary Times: Soviet Russia in the 1930s*(New York: Oxford University Press, 2000). 비록 내가 쉴라 피츠패트릭과 마찬가지로 진정한 사회적 또는 문화적 경험이 없는 것처럼 표상되는 장소들의 사회사 및 문화사를 쓰는 것에 대해 관심을 가지고 있지만, 일상을, 특히 전체주의 체제에 대한 연구에서 기존의 통상적인 의미로 사용하는 방식에 대해서는 문제가 있다고 생각한다. 얄궂게도 1960년대 급진적 사회운동의 환경 속에서 평범한 사람들이 일상 속에서 어떻게 행위 주체이자, 역사의 주체가 될 수 있는지를 보여 줌으로써 "목소리 없는 자"에게 목소리를 부여하기 위해 등장한 사회사가, 전체주의에 대한 연구에서 "침묵당한 자"에게 목소리를 부여하는 방법으로 전유되었다.

24 Katheryn Weathersby, "Soviet Aims in Korea and the Origins of the Korean War, 1945~1950: New Evidence from the Russian Archives," Cold War International History Project, Woodrow Wilson International Center for Scholars, Working Paper 8(1993), 그리고 Hak Soon Paik, "North Korean State Formation, 1945~1950"(PhD diss., University of Pennsylvania, 1993) 참조. 초기의 사례들로는, van Ree, "Socialism in One Zone, and U.S. Department of State," *North Korea: A Case Study in the Technique of Takeover*(Washington, D.C.: U.S. Government Printing Office, 1960) 참조.

25 Dae-Sook Suh, *Kim Il Sung: The North Korean Leader*(New York: Columbia University Press, 1988), Lankov, *From Stalin to Kim Il Sung*, 그리고 Charles Armstrong, *The North Korean Revolution, 1945~1950*(Ithaca: Cornell University Press, 2003) 등이 이 같은 조류를 대표한다.

26 안종철, 『광주, 전남지방 현대사 연구』(서울: 한울, 1991). 안소영, "해방 직후 경북지역 인민위원회의 조직과 활동," 『한국 근현대 지역 운동사 1』, 역사문제연구소 편(서울: 여강출판사, 1993). 허은, "경상북도 지역 지방인민위원회의 역사적 배경과 활동," 『역사연구』, 역사연구소(no.3, 1994). 김창진, "8·15직후 광주지방에서의 정치투쟁 : 1945~46년 인민위원회운동과 미군정의 성격," 『역사비평』(1987, 겨울). 김동만, "제주 지방 건국준비위원회 인민위원회의 조직과 활동," 『역사비평』(1991). 신종대, "부산·경남지방 인민위원회의 결성과 와해 과정," 『한국과 국제정치』(경남대 극동문제연구소, 1992). 이일재, "서평 해방 직후 대구 지방의 조공·전평 활동과 『야산대』," 『역사비평』(1990, 여름). 이런 연구들은 모두 1980년대 후반과 1990년대 초반 사이에

출간되었다. 이는 1987년 민주화 운동의 여파로 남한 사회에서 해방 직후의 역사에 대한 관심이 폭발했던 상황을 반영한다. 커밍스의 작업은 남한과 북조선 지역 인민위원회에 대한 (영어는 물론이고 한글로 쓰인 것 가운데서도) 가장 포괄적인 연구다. 특히 『한국전쟁의 기원』 1권, 8장과 9장을 참조.

27 김용복, "해방 직후 북한 인민위원회의 조직과 활동," 『해방전후사의 인식』 5권(서울: 한길사, 1989). 김광운, "북한 권력 구조의 형성과 간부 충원: 1945.8~1947.3"(한양대학교 사학과 박사학위논문, 1999). 류길재, "북한의 국가 건설과 인민위원회의 역할, 1945~1947"(고려대학교 정치외교학과 박사학위논문, 1995). 이주철, "북조선노동당의 당원과 그 하부 조직에 관한 연구"(고려대학교 박사학위논문, 1998).

28 예를 들어, 이주철은 사회주의 정치 체계의 가장 중요한 특징을 공산당에 의한 국가 통치로 규정한다. 이주철, "북조선노동당의 당원과 그 하부 조직에 관한 연구"(고려대학교 박사학위논문, 1998), 3쪽 참조.

29 이에 대해서는, Michael Geyer and Sheila Fitzpatrick, eds., *Beyond Totalitarianism: Stalinism and Nazism* Compared(New York: Cambridge University Press, 2009)의 서론을 참조.

30 공산주의 국가들의 소멸과 더불어 더는 유의미하지 않지만, 소련과 동유럽 국가 같은 "현실 사회주의" 국가를 진정한 사회주의 국가로 간주할 수 있는지를 둘러싼 수많은 논쟁이 냉전 기간 내내 전개되었다. 몇몇 논자들은 스탈린의 통치 시기에 러시아가 노동자 국가에서 "국가자본주의"로 "퇴행"했다고 주장하기도 했다. 예를 들어, Peter Binns, Tony Cliff, and Chris Harman, *Russia: From Workers' State to State Capitalism*(Chicago: Bookmarks, 1987) 참조. 물론, 노동자계급의 해방은 사회주의의 핵심 교의이다. 그러나 생산수단의 국가 소유는, 루돌프 바로가 강력히 주장했듯, "국가자본주의와" 등치될 수 없다. Rudolf Bahro, *The Alternative in Eastern Europe*(New York: Routledge, 1978) 참조. 현존 사회주의의 단점에 대해서는 바로가 충분히 잘 설명했기에, 여기서 다시 반복하지는 않겠다.

31 예를 들어, Bell, "Socialism." 참조.

32 Thomas Hosuck Kang, "North Korean Captured Records at the Washington National Records Center, Suitland, Maryland"(Library of Congress, 1975).

33 노획 문서로부터의 인용은, 문서군(Record Group, RG) 242, 선적 번호(shipping advice, SA), [운송] 상자 번호(box number), 문서 목록[문건별] 번호(item number) 순으로 표시하는데, 자료가 북조선에서 미국으로 선적되었을 때의 선적 색인을 사용했다. 『북한관계사료집』에서의 인용은, 문서 제목, 날짜, 권호, 쪽수로 표시했다.

34 브루스 커밍스, 서대숙, 백학순, 찰스 암스트롱 등은 이 문서들을 사용한 몇 안 되는 연구자들이다.

35 이 전집은 한정된 수량만 인쇄되었으며, 각 세트에는 고유 식별 번호와 함께 무단 복제 및 열람을 금지하는 경고가 기재되어 있다. 전집을 분실했거나 더 이상 볼 필요가 없을 경우, 독자는 출판사에 연락하도록 되어 있다. 1980년대 후반 자유화 조치 이후 북조선 자료의 열람이 일부 허용되기는 했지만, 한국 정부는 자신이 부적절하다고 판단하는 경우 <국가보안법>을 통해 북조선 자료의 열람과 사용을 계속해서 범죄화하고 있다. 학자는 일반적으로 이 같은 처벌로부터 어느 정도 면제를 받지만, 필자가 2002~03년 풀브라이트 연구 기간 동안 이 기록들을 열람하려고 했을 때 풀브라이트 위원회가 필자를 대신해 수차례 전화하고 국사편찬위원회와 협상을 거쳐 간신히 허가를 받았다. 필자가 이 기록들이 미국의 국가기록관리청에 있는 기록들을 복제한 것이라고 지적했을 때 그 누구도 이 같은 역설을 이해하지 못했다. 이 같은 제약에도 불구하고 학생과 연구자들은 도서관에서 자료를 빌려 복사를 하는 경우가 많았다. 안타깝게도 『북한관계사료집』이 복제한 문서에는 적절한 인용이 포함되어 있지 않아, 원본을 찾기가 어렵다. 하지만 『북한관계사료집』의 복제본은 원본에 손으로 썼거나 흐릿하게 카본으로 복사된 문서를 공들여 타이핑했기 때문에 가독성이 좋다는 장점이 있다. 비교를 위해 필자가 찾을 수 있었던 문서들 가운데서는, 일부 오타가 있는 것을 제외하고는 복제품에 큰 차이가 없었다. 필자는 주로 여러 기관의 회의록을 볼 때, 원본을 찾은 경우 원본을 함께 인용하며, 『북한관계사료집』 사본을 사용했다. 그러나 사용된 종이의 종류, 필체의 특징, 복제 기법 등 원본 문서의 물리적 요소는 복제본에서 손실되었다.

36 Pierre Bourdieu, *The Logic of Practice*, trans. Richard Nice(Oxford: Polity Press, 1990), pp. 56-57. "아비투스는 의식성이나 의지가 없는 자발성으로, 합리주의 이론에서 '관성이 없는' 주체의 재귀적 자유처럼, 사물의 기계적 필연성에 반대되는 것이다. …… 규제된 변주들의 튼튼하게 설치되어 있는 이 발생론적 원리는 제도들 속에 객관화된 감각을 재활성화하는 실천적 감각이다."

1장 일상생활: 혁명의 시공간

1 주정순, "여성의 생활혁명," 『조선녀성』(1947년 4월), RG 242, SA 2005, box 2, item 34.
2 Se-Mi Oh, "Consuming the Modern: The Everyday in Colonial Seoul, 1915~1937"(PhD diss., Columbia University, 2008), chapter 3. 유사성들에도 불구하고 생활 개혁가들은 명확한 자아 정체성을 함양하기 위해 "자아 혁명"을 옹호했다. 이들은 사회적 조건이나 계급이나 민족과 같은 집단적 의식보다는 개성을 발전시켜야 할 가장 중요한 측면으로 강조했다. 이는 이 운동이 농업 개혁가나 사회주의자들과 근본적으로 다른 점이다. 특히 다음을 참조. 장백산인, "일상생활의 혁명," 『동광』(1925년 5월). 조재조, "모던 남녀와 생활 개조," 『별건곤』(1928년 12월), 두 자료 모두 Oh, "Consuming the Modern," pp. 111-112에서 재인용.
3 Albert L. Park, "Visions of the Nation: Religion and Ideology in 1920s and 1930s Rural Korea"(PhD diss., University of Chicago, 2007). 내가 **제한적으로만** 성공을 거두었다고 말한 이유는 농촌 지역에 선교사들을 파견하는 데 한계가 있었기 때문이다. 전성기인 1930년에 YMCA는 165개의 협동조합을 조직하고, 약 3548명의 조합원을 확보했지만, 이는 2000만 명에 가까운 농민 가운데 극히 일부에 불과했다. YMCA, "Statistics and Information for the Calendar Year 1930"(Minneapolis: YMCA Archives, University of Minnesota), p. 3. Korean Young Men's Christian Associations, *Rural Program of the Young Men's Christian Association in Korea*(Seoul: National Council of the Young Men's Christian Association in Korea, 1932), p. 9. Park(2000)에서 재인용. 게다가 조선 농촌을 "혁신"하기 위해 선교사가 주도했던 농촌 운동의 일차적 목표는 "예수의 살아 있는 정신을 심어 주는 것"과 "그리스도교적 인격, 그리스도교적 교제, 그리스도교적 봉사의 발전"이었다. 이에 대해서는 Induk Pak, "Work among Rural Women," *Korea Mission Field*(July 1933), p. 136. Edith A. Kerr, "Regenerating Rural Korea," *Korea Mission Field*(April 1934), p. 70 참조.
4 Gi-Wook Shin and Do-Hyun Han, "Colonial Corporatism: The Rural Revitalization Campaign, 1932~1940," in *Colonial Modernity in Korea*, ed. Gi-Wook Shin and Michael Robinson(Cambridge: Harvard University Press, 1999)[신기욱, 한도현, "식민지 조합주의: 1932~1940년의 농촌진흥운동," 『한국의 식민지 근대성』, 도면회 옮김(삼인, 2006)].
5 이경란, "총동원체제하 농촌통제와 농민생활," 『일제 파시즘의 지배정책과 민중 생활』, 방기중 편(서울: 혜안, 2004).
6 예를 들어, 브라이언 메이어는 현대 북조선을 식민지 시기 일본 파시즘 체제의 직접적인 계승자로 설명한다. B. R. Myers, *The Cleanest Race: How North Koreans See Themselves and Why It Matters*(Brooklyn: Melville House, 2010). 냉전과 관련된 전형적인 문헌들로는 다음을 참조. U.S. Department of State, *North Korea: A Case Study in the Techniques of Takeover*(Washington, D.C.: Government Printing Office, 1961). 그리고 Robert A. Scalapino, ed., *North Korea Today*(New York: Praeger, 1963). 냉전적 시각을 채택하고 있는 좀 더 최근의 글로는, Ralph Hassig and Kongdan Oh, *North Korea through the Looking Glass*(Washington, D.C.: Brookings Institution Press, 2000) 참조.
7 RG 242, SA 2006, box 16, item 23, "민청 평북 선천군 남면 위원회"(1948).
8 나는 현막을 '농장 노동자'(farmhand)로 [영어 원서에서] 옮겼지만, 정확한 의미를 확인하기는 어렵다. 문법이나 철자에서 오류가 많기 때문에, 그 단어가 잘못 쓴 것인지 여부가 불분명하다. 현막은

협막(莢膜)이라는 단어에서 파생된 것일 수도 있는데, 협막은 통상 노비나 막서리(막일을 해주는 대가로 숙소를 제공받는, 대체로 노비와 같은 사람) 등이 거주하는 독립된 거주지를 가리킨다. 이 같은 잠재적 의미를 파악할 수 있게 도움을 준 유세종 교수님과 그의 동료들인 유문선, 조태영 교수님에게 감사한다.

9 "북조선 여성의 새로운 생활," 『조선녀성』(1947년 9월).

10 이에 대한 훌륭한 개관으로는, Derek Schilling, "Everyday Life and the Challenge to History in Postwar France: Braudel, Lefebvre, Certeau," *Diacritics* 33, no. 1(Spring 2003), pp. 23-40 참조.

11 Harry Harootunian, *Overcome by Modernity: History, Culture, and Community in Interwar Japan*(Princeton: Princeton University Press, 2000), p. xviii.

12 데이비드 하비는 시공간에 대한 인식의 커다란 변화로 말미암아 (자신이 말하는) 시공간의 압축이 어떻게 만들어졌는지를 보여 준다. David Harvey, *The Condition of Postmodernity: An Enquiry into the Origins of Cultural Change*(Cambridge: Blackwell, 1990)[『포스트모더니티의 조건』, 구동회, 박영민 옮김(한울, 2009)] 참조. 사례들은 주로 2장과 16장, 특히 pp. 28, 264[국역본, 48-49, 308-309쪽]에서 가져왔다. 르페브르 역시 1910년에 결정적 전환이 발생했다고 주장한다. 즉, "1910년을 전후하여 어떤 공간은 파괴되었다. 그 공간은 바로 상식, 지식, 사회적 실천, 정치권력의 공간이었고, 마치 추상적인 사고에서처럼 의사소통의 환경이자 통로로서 이제까지 일상적 담론 속에 간직되어 있던 공간이었다. …… 소도시, 역사, 부성(父性), 음악의 음조 체계, 전통적인 도덕성들과 같은 이전의 '공통의 장소들'과 더불어 유클리드적인 원근법주의의 공간은 더 이상 준거 체계 역할을 못하게 되었다. 이것은 실로 결정적인 순간이었다." Henri Lefebvre, *La production de l'espace*(Paris: Anthropos, 1974). Harvey, *Condition of Postmodernity*, p. 266[국역본, 311쪽]에서 재인용.

13 Herman Lautensach, *Korea: A Geography Based on the Author's Travels and Literature*(Berlin: Springer-Verlag, 1988).

14 임인생, "모던이씀," 『별건곤』(1930년 1월). Se-Mi Oh, "Consuming the Modern," p. 79에서 재인용[해당 원문은 국사편찬위원회 누리집, 한국근현대잡지자료에서 볼 수 있다. https://db.history.go.kr/item/level.do?levelId=ma_015_0230_0280].

15 Williams, *Politics of Modernism*, pp. 40-41.

16 Partha Chatterjee, "The Nation in Heterogeneous Time," *Indian Economic and Social History Review* 38, no. 4(December 2001), pp. 399-400. 공정하게 말하자면, 짯떼르지가 자본주의적 근대성을 이 같이 특징지은 것은 (베네딕트 앤더슨과 E. P. 톰슨을 활용해) 그것을 유토피아적인 것으로 비판하기 위해서이다. 그는 사람들이 공허하고 동질적인 시간 속에서 살고 있지 않으며, "근대적 삶의 실제 공간은 이질적인 것"이라고 말했다(p. 402). 그럼에도 공허하고 동질적인 시간은 자본주의적 근대성 이면에 놓인 논리를 이해하는 데 유용하다. 비록 그것이 언제나 성공적으로 작동하고 있는 것은 아니라 해도 말이다.

17 Henri Lefebvre, *Everyday Life in the Modern World*(New York: Harper and Row, 1971), pp. 33, 59-60.

18 Ben Highmore, "Introduction: Questioning Everyday Life," in *The Everyday Life Reader*, ed. Ben Highmore(New York: Routledge, 2002), p. 5.

19 Maurice Blanchot, "Everyday Speech," *Yale French Studies* no. 73(1987), p. 12(강조는 추가).

20 Hannah Arendt, *On Revolution*(New York: Viking Press, 1963), p. 28[『혁명론』, 홍원표 옮김, 한길사, 2004, 104쪽].

21 Evgenii Bershtein, "'The Withering of Private Life': Walter Benjamin in Moscow," in *Everyday Life in Early Soviet Russia: Taking the Revolution Inside*, ed. Christina Kiaer and Eric Naiman(Bloomington: Indiana University Press, 2006), p. 221. 또한 다음도 참조. 마샤 리프먼은 그녀의 할머니가 집에서 "접시도 없고, 가구도 없이" "혁명적 스타일"로 살고 있다고 묘사하는데, 그녀의 할머니는 그것들이 "너무 부르주아적"이라고 생각하기 때문이다. David Remnick, *Lenin's Tomb: The Last Days of the Soviet Empire*(New York: Vintage Books, 1984), p. 332. Katerina

Clark, *Petersburg, Crucible of Cultural Revolution*(Cambridge: Harvard University Press, 1995) p. 1에서 재인용.

22 Walter Benjamin, *Moscow Diary*, ed. Gary Smith, trans. Richard Sieburth(Cambridge: Harvard University Press, 1986), p. 72(강조는 추가)[『모스크바 일기』, 김남시 옮김(길, 2015), 171쪽].

23 Ibid., pp. 26, 85[국역본, 71, 195쪽].

24 *Pravda*(June 13, 1928), p. 5, Peter Fritzsche and Jochen Hellbeck, "The New Man in Stalinist Russia and Nazi Germany," *Beyond Totalitarianism: Stalinism and Nazism Compared*, ed. Michael Geyer and Sheila Fitzpatrick(New York: Cambridge University Press, 2009), p. 318에서 재인용. 새로운 사회주의사회의 탄생을 관찰하기 위해 서구에서 순례를 오는 것은 1920년대 후반과 1930년대에 상대적으로 흔한 일이었다. p. 321.

25 "Sotsialisticheskoe dvizhenie v Koree" [The socialist movement in Korea], *Kommunist Internatsional*, nos. 7-8(1919), 영어 번역본 자료로는, Dae-Sook Suh, *Documents of Korean Communism 1918~1948*(Princeton: Princeton University Press, 1970), p. 47.

26 이하의 논의는 다음 책을 토대로 했다. Oskar Anweiler, *The Soviets: The Russian Workers, Peasants, and Soldiers Councils, 1905~1921*, trans. Ruth Hein, 1st American ed.(New York: Pantheon Books, 1974), pp. 51-54.

27 Ibid., pp. 34-39. 불법적 지위로 말미암아 비밀리에 활동하고 있었던 정당들과는 달리, 자유로운 선거에 의해 정당성과 권위를 부여받은 소비에트는 공개적으로 조직될 수 있었다.

28 Ibid., p. 120.

29 Kiaer and Naiman, *Everyday Life in Early Soviet Russia*, p. 4.

30 Clark, Petersburg, *Crucible of Cultural Revolution*, p. 253.

31 Ibid., p. 51.

32 Christina Kiaer, *Imagine No Possessions: The Socialist Objects of Russian Constructivism*(Cambridge: MIT Press, 2005), p. 1. 이 글에 따르면, 트로츠키는 일상을 과거로부터 물려받은 일종의 부정적 아비투스로서 사회주의적 삶의 창조를 방해하는 것으로 보았다. 그는 보리스 아르바토프를 비롯한 구성주의자들처럼 일상을 정치적 행동과 사회 변화의 장소로 보기보다는, 극복하고 일소해야 할 어떤 것으로 보았다(pp. 54-60).

33 Ibid., p. 4.

34 아르바토프의 상세한 생애사에 대해서는, Christina Kiaer, "Boris Arvatov's Socialist Objects," *October 81*(Summer 1997), pp. 105-118 참조.

35 Boris Arvatov, "Everyday Life and the Culture of the Thing," trans. Christina Kiaer, *October 81*(Summer 1997), p. 121[초판은 모스크바에서 1925년 출간되었다].

36 브로델은 이와 비슷하게 일상을 물질적 총체의 구현으로 개념화한 바 있다. 즉, "물질적 삶의 가장 깊은 수준에는 경제, 사회, 문명의 모든 가정들, 경향들, 무의식적 압력들이 모두 기여하고 있는 복잡한 질서가 작동하고 있다." Fernand Braudel, *The Structures of Everyday Life: The Limits of the Possible*(New York: Harper and Row, 1981), p. 333. 브로델은 물질적 삶의 총체성을 강조하며, 더 깊은 곳에서 작동하고 있는 구조를 드러냈다. 동아시아 전역에서와 마찬가지로 한반도에서도 주식인 쌀이 좋은 사례다. 브로델의 설명에 따르면, 쌀 생산은 노동 집약적이고 자원 집약적이기 때문에, 대규모 관개 사업을 위한 중앙집권적 국가와 노동력 및 자원을 모으기 위해 밀집된 마을 공동체를 필요로 했다. 마을과 국가 간의 긴밀한 관계는 쌀을 마을로 분배하는 것을 용이하게 했으며, 그중 가장 큰 마을은 국가 행정력이 집중된 수도였다. 이 모든 것이 전통적인 동아시아 사회에서 인구의 밀집과 엄격한 규율을 낳았다.

37 Arvatov, "Everyday Life and the Culture of the Thing," p. 122.

38 Ibid., pp. 123-124(강조는 원저자).

39 Ibid., p. 125(강조는 추가).

40 Elizabeth Wood, *The Baba and the Comrade: Gender and Politics in Revolutionary*

Russia(Bloomington: Indiana University Press, 1997), p. 197.

41 Ibid., p. 196.

42 Ibid., pp. 194-205.

43 Boym, *Common Places*, pp. 8, 35.

44 Wood, *Baba and the Comrade*, p. 195.

45 Kiaer and Naiman, *Everyday Life in Early Soviet Russia*, p. 5.

46 Choi Chatterjee, *Celebrating Women: Gender, Festival Culture, and Bolshevik Ideology, 1910-1939*(Pittsburgh: University of Pittsburgh Press, 2002), pp. 106-113.

47 반면 소비에트 시기에 대한 서구의 역사 문헌들은 대부분 소비에트 문화의 진화를 아방가르디스트들(변혁 욕망을 가진)과 전통주의자들(과거를 유지하고 싶은 욕망을 가진) 사이의 전투로 간주하는데, 이는 전통주의자들의 승리로 끝났다. 카테리나 클라크(Katerina Clark)는 이 두 진영 사이의 대립은 아방가르디스트들이 수사적으로 주장하는 것처럼 절대적인 것은 아니었다. 실제로 좀 더 근본적인 이분법은 기념비주의자(monumentalists)와 우상파괴자(iconoclasts) 사이에 있었다. 이 같은 분할은 모든 혁명에서 나타나는 파괴와 정초 사이의 딜레마를 반영한다. 이에 대해서는, Clark, Petersburg, *Crucible of Cultural Revolution*의 서문을 참조.

48 Ibid., p. 27.

49 Roger Griffin, *Modernism and Fascism: The Sense of a Beginning under Mussolini and Hitler*(New York: Palgrave Macmillan, 2007), pp. 141-148.

50 Mayfair Mei-hui Yang, "The Modernity of Power in the Chinese Socialist Order," *Cultural Anthropology* 3, no. 4(November 1988, pp. 420-421.

51 Ibid., p. 421.

52 Arif Dirlik, "The Ideological Foundations of the New Life Movement: A Study in Counterrevolution," *Journal of Asian Studies* 34, no. 4(August 1975), pp. 945-980.

53 John Bryan Starr, "The Commune in Chinese Communist Thought," in *Images of the Commune*, ed. James A. Leith(Montreal: McGill-Queen's University Press, 1978), p. 291.

54 "Outline of Views on the Question of Peaceful Coexistence," November 10, 1957, in "The Origin and Development of the Differences between the Leadership of the CPSU and Ourselves," Comment I on the Open Letter of the Central Committee of the CPSU of July 14, 1963, September 9, 1963(Peking, 1963), Ibid., p. 295에서 재인용.

55 Ibid., p. 292.

56 Chih-szu Cheng, "The Great Lessons of the Paris Commune: In Commemoration of Its 95th Anniversary," *Peking Review* 9, no. 16(1966), p. 23.

57 Liu Guokai, *A Brief Analysis of the Cultural Revolution*, ed. Anita Chan(Armonk, N.Y.: M. E. Sharpe, 1987), p. 16.

58 Elizabeth J. Perry and Li Xun, *Proletarian Power: Shanghai in the Cultural Revolution*(Boulder: Westview Press, 1997), pp. 11-12. 비록 문화혁명 시기에 전시된 폭력과 편집증은 종종 스탈린주의나 파시즘의 또 다른 형태로, 나아가 공산주의 이데올로기 내에 존재하는 고유한 요소로 설명되지만, 린 화이트는 "그와 같은 폭력이 역사에 유일한 것은 아니다"라고 날카롭게 지적하며, 프랑스에서 영국에 이르기까지 근대 혁명기에 전통[적인 기득 세력]이 공격을 받고 반혁명 분자들이 죽임을 당한 사례들을 소환한다. 이에 대해서는, Lynn White, "The Cultural Revolution as an Unintended Result of Administrative Policies," in *New Perspectives on the Cultural Revolution*, ed. William Joseph, Christine Wong, and David Zweig(Cambridge: Harvard University Press, 1991), 102 참조. 문화혁명 시기의 폭력을 스탈린주의 등의 사례로 본 것으로는 Andrew Walder, "Cultural Revolution Radicalism: Variations on a Stalinist Theme," 같은 책 참조.

59 Leith, *Images of the Commune*, p. 301.

60 Perry and Li, *Proletarian Power*.

61 Ibid., p. 23.

62 Ibid., pp. 146-147.

63 Ibid., p. 150.

64 "Decision of the Central Committee of the Chinese Communist Party concerning the Great Proletarian Cultural Revolution," *Peking Review* 9, no. p. 33(1966).

65 Leith, *Images of the Commune*, p. 303.

66 Dongping Han, *The Unknown Cultural Revolution: Educational Reforms and Their Impact on China's Rural Development*(New York: Garland Publishing, 2000), p. 70. 비록 한의 연구는 다소 논쟁적이지만, 그의 연구는 산둥성에 위치한 지모구(即墨区)에 대한 사례연구에 토대를 두고 있다. 이 지역은 그의 고향이 있는 곳으로, 그 덕에 그는 광범위한 인터뷰 자료와 공식 통계를 구할 수 있었다. 그의 글에 대해 한 논평자는 그가 "경우에 따라 문화혁명을 겪은 경험에 대해 낭만적인 태도"를 취하고 있다고 지적했지만, 문화혁명기 그가 몸소 겪은 몇몇 경험들은, 교육, 관개 시설, 사회 안정 및 보건 의료 부문에서 개선이 이루어졌다는 증거와 더불어, 한이 발견한 것들을 확증해 준다. 이에 대해서는 Mobo Gao, "Review of *The Unknown Cultural Revolution: Educational Reforms and Their Impact on China's Rural Development*," *China Journal*, no. 47(January 2002), pp. 182-184 참조.

67 *Morning Sun*, directed by Carma Hinton, Geremie Barmé, and Richard Gordon(Long Bow Group, 2003), DVD.

68 Liu, *Brief Analysis of the Cultural Revolution*, p. 140.

69 Ibid., p. 15.

70 Ibid., pp. 139-140.

71 Ibid., pp. 140-143.

72 David Zweig, "Agrarian Radicalism as a Rural Development Strategy, 1968~1978," in *New Perspectives on the Cultural Revolution,* ed. Joseph, Wong, and Zweig, pp. 73-74. 공정하게 말하자면, 문화대혁명이 농촌 발전에 미친 효과에 대한 데이비드 즈웨이그의 최종 평가는 부정적이다. 그는 사유지 제한이 몇몇 지역에서 부농과 빈농 사이의 격차를 키웠고, 지역 내 자급자족을 가장한 마을 간 수평적 교류의 제한은 비교 우위를 고려하지 않은 것이라고 결론을 내렸다.

73 Lee Feigon, "The Cultural Revolution Revisited," in *Mao: A Reinterpretation*(Chicago: Ivan R. Dee, 2002), pp. 171-172.

74 Sunyoung Park, "Everyday Life as Critique in Late Colonial Korea: Kim Namch'ŏn's Literary Experiments, 1934~43," *Journal of Asian Studies* 68, no. 3(August 2009), p. 869. 유항림의 작품에 대한 조망으로는 김명석, 『한국 소설과 근대적 일상의 경험』(서울: 새미, 2002) 참조. 김남천과 유항림은 모두 평양 인근 출신으로, 북조선문학예술총동맹에 적극적으로 참여한 회원이었다. 김남천은 해방 즈음에 남한에 머물다가, 1947년 월북했다.

75 Carter J. Eckert, Ki-baik Lee, Young Ick Lew, Michael Robinson, and Edward W. Wagner, *Korea Old and New: A History*(Cambridge: Harvard University Press, 1990), pp. 315-318.

76 예를 들어, 하비는 민족주의의 발흥을 근대성의 뿌리 없음에 대한 반작용으로 설명한다. 즉, "전통을 창조하는 이데올로기적 노동은 19세기 후반 들어 매우 중요하게 되었다. 19세기 후반은 공간적 시간적 실천의 변화가 '장소의 정체성 상실'을 내포했고, 모든 역사적 영속감과의 급격한 단절을 되풀이했던 시기였기 때문이었다. …… 공간의 추상화가 강화되는 와중에서 그런 장소의 정체성이 재확인되었다." Harvey, *Condition of Postmodernity*, p. 272[국역본, 317-318쪽].

77 『동아일보』(1933/02/11). 강만길, 『일제시대 빈민생활사 연구』(창작과비평사, 1987), 221쪽에서 재인용.

78 지수걸, 『일제하 농민조합운동연구』(역사비평사, 1993), 204, 266쪽.

79 Cumings, *Origins of the Korean War,* vol. 1, p. 267[국역본, 345쪽]

80 Ibid., p. 270[국역본, 348-349쪽].

81 E. Grant Meade, *American Military Government in Korea*(New York: King's Crown Press,

1951), pp. 56-71.

82 발췌문은 미국 정보국 보고서에서 가져온 것으로, 보고서에는 북조선 정부 당국이 발표한 포고문, 문서, 신문 기사, 언론 보고 등이 영어로 번역되어 있다. RG 554, box 65, "G-2 Reports: Data on North Korea Pertinent to South Korea"(folder 1).

83 RG 242, SA 2008, box 9, item 89, 백남운, 『쏘련 인상』(평양, 1950). 이 글은 다음의 책으로 재출간되었다. 백남운, 『쏘련인상』, 방기중 편(선인, 2005), 80, 10쪽. 백남운(1894~1979)은 도쿄 유학 시절 마르크스주의 사상을 접하게 되어, 식민지 조선에서 최초의 마르크스주의 학자 가운데 한 명이 되었다. 그는 1925~38년 사이에 연희전문(오늘날 연세대학교) 교수로 근무한 바 있다. 해방 무렵, 그는 다양한 중도 좌파 성향의 정치 집단에서 참여하고 있었으나, 이 같은 활동은 미 점령 당국의 억압으로 거의 불가능해졌다. 그는 1948년 평양에서 열린 남북연석회의에 참석하기 위해 이북으로 갔다가, 그곳에 정착했다. 북조선에서 그는 최고인민회의 대표, 교육상, 조선학술원 원장 등을 역임했다. 그는 북조선에서 발행된 최초의 조선사 교과서[『조선민족해방투쟁사』(1949)]의 주요 저자 가운데 한 명이었다. 백남운의 전기에 대한 간략한 소개로는 『쏘련 인상』에 실린 방기중의 서문을 참조.

84 백남운, 『쏘련인상』, 127쪽.

85 Ibid., 223, 264쪽.

86 Ibid., 20쪽.

87 RG 242, SA 2008, box 9, item 52, 장시우, 『쏘련참관기』(평양: 산업성민주상업사, 1950), 50-64쪽.

88 Ibid., 85-86쪽.

89 Ibid., 84, 87쪽.

90 백남운, 『쏘련인상』, 205쪽.

91 유석환, "한반도의 안과 밖, 해방의 서사들," 『상허학보』 29(2010), 299쪽.

92 Williams, *Politics of Modernism*, p. 76.

93 유영아, "유영국의 초기 추상: 일본 유학기 구성주의의 영향을 중심으로"(서울대학교 석사학위논문, 2010), 4-5쪽. 유영아는 1920년대 다이쇼-민주주의 시대에 일본 좌파 지식들에게 영향을 미친 러시아 구성주의와 독일의 바우하우스 학파가 대표하는 국제 구성주의 운동을 구별한다. 국제 구성주의 운동은 1930년대부터 일본에서 지배적 영향력을 행사했는데, 전면적인 전쟁 동원을 위해 일상생활의 모든 측면을 표준화하려 했다. 이에 대해서는 유영아의 논문 2장을 참조.

94 Harvey, *Condition of Postmodernity*, p. 33[국역본, 54쪽].

95 Williams, *Politics of Modernism*, pp. 42-43.

2장 식민지 근대성의 유산: 혁명의 불씨

1 오영진, 『소군정하의 북한: 하나의 증언』(서울: 국토통일원, 1983[1952]), 11-12쪽. 파냐 이사악꼬브나 샤브쉬나, 『1945년 남한에서』(서울: 한울, 1996), 78쪽.

2 파냐 이사악꼬브나 샤브쉬나, 『1945년 남한에서』, 74쪽.

3 RG 554, Records of General HQ, Far East Command, Supreme Commander Allied Powers and United Nations Command, USAFIK XXIV Corps, G-2 Historical Section, box 65, "G-2 Reports and Miscellaneous Data on North Korea Pertinent to South Korea(folder 2 of 2)." 1945년 8월 25일부터 9월 1일까지 "긴급 첩보 보고서"의 수기 원본을 포함하고 있는 문서철의 전체 번역(1945년 9월 14일).

4 파냐 이사악꼬브나 샤브쉬나, 『1945년 남한에서』, 72-73쪽.

5 Cumings, *Origins*, vol. 1, p. 73[국역본, 113쪽].

6 류길재, "북한의 국가건설과 인민위원회의 역할, 1945~1947"(고려대학교 정치외교학과

박사학위논문, 1995), 69쪽.

7 최상원과의 인터뷰(2003년 3월). 인터뷰에 대한 자세한 내용은 이 책의 7장 참조.

8 Cumings, *Origins*, vol. 1, 78[국역본, 118-119쪽].

9 Gi-Wook Shin, *Peasant Protest and Social Change in Colonial Korea*(Seattle: University of Washington Press, 1996), p. 152.

10 '민족 반역자'에는 왕실, 총독부 관리, 검사, 판사, 경찰관, 친일 단체 회원 등이 포함되지만, 이에 국한되지 않고 일제에 협력한 자로 정의되었다. 다음을 참조 『전국인민위원회 대표자대회 회의록』(서울: 조선정판사, 1946). 김남식, 이정식, 한홍구 엮음, 『한국현대사 자료총서』 12권(1945~1948)(서울: 돌베개, 1986), 489쪽.

11 안종철, "해방 직후 건국준비위원회 지방조직과 지방인민위원회에 관한 연구: 전남지방을 중심으로"(전남대 박사논문, 1990), 98-99쪽. Shin, *Peasant Protest*, p. 146에서 재인용. 이와 다른 견해, 곧 "농민들이 혁명 세력으로 등장하기 위해서는 지도자가 명백히 필요했다"는 입장에 대해서는, Chong-Sik Lee, *The Korean Workers' Party: A Short History*(Stanford: Hoover Institution Press, 1978), chapter 3 참조.

12 김남식, 『남로당 연구자료집2』(서울: 고려대아세아문제연구소, 1974), 158-159쪽. Shin, *Peasant Protest*, p. 146에서 재인용.

13 미국의 점령은 세 단계로 구분할 수 있다. 첫 번째 단계는 1945년 9월의 짧은 기간으로, 이 시기에는 시찰단이 주요 정보와 정세를 수집하기 위한 목적으로 [부산과 같은] 주요 지역에 파견되었다. 두 번째 단계는 좀 더 시간이 걸렸는데, 전술팀이 각 도를 점령하기 시작했던 시기로, 지역에 따라 1945년 12월에 이루어지기도 했다. 마지막 단계는 민사반에 의한 점령으로, 이 부대는 군정을 수행할 수 있는 훈련과 준비를 갖추고 있었다. 1946년 1월에 이르러서야, 군정이 온전히 제자리를 찾을 수 있게 되었고 어느 정도 일관된 정책을 한반도 남쪽 지역에서 추진할 수 있게 되었다. 이에 대해서는 Cumings, *Origins*, vol. 1, 289-292[국역본, 369-372쪽] 참조.

14 커밍스는 한반도 이남에 구성된 인민위원회의 힘을 결정하는 변수들로 인구 이동의 영향, 지주 소작 비율, 지리적 위치의 차이, 현대 교통 및 통신 시설의 유무, 농업의 상업화 수준, 식민 통치하에서 적색농민조합의 존재와 같은 농민 운동의 역사, 마지막으로 미국 점령의 성격을 검토했다(Ibid., chapter 8 참조). 한반도 이북 지역의 경우, 김용복과 류길재는 항일투쟁의 역사, 인민위원회 지도부의 이념적 지향, 지역 간 생산관계의 차이, 소련군 진주 시기 등을 검토했다. 이에 대해서는 김용복, "해방 직후 북한 인민위원회의 조직과 활동," 『해방전후사의 인식』 5권(서울: 한길사, 1989). 류길재, "북한의 국가건설과 인민위원회의 역할, 1945~1947"(고려대학교 정치외교학과 박사학위논문, 1995) 참조.

15 RG 554, box 23, "Events and Conditions in North Korea."

16 김광운, "북한 권력 구조의 형성과 간부 충원: 1945.8~1947.3"(한양대학교 사학과 박사학위논문, 1999), 23-26쪽. 구체적인 소련의 정책에 대해서는 기광서, "소련의 대한반도-북한정책 관련 기구 및 인물 분석," 『현대북한연구』(경남대학교 북한대학원, 1998 참조. 김성보, "소련의 대한정책과 북한에서의 분단질서 형성," 『분단 50년과 통일시대의 과제』, 역사비평사, 1995. 전현수, "소련군의 북한 진주와 대북한정책," 『한국독립운동사연구』 9집, 1995. 박재권, "해방 직후의 소련의 대북정책," 『해방전후사의 인식』 5권(서울: 한길사, 1989).

17 Donald N. Clark, *Living Dangerously in Korea: The Western Experience 1900~1950*(Norwalk, Conn.: Eastbridge, 2003), pp. 121-125.

18 류길재, "북한의 국가건설과 인민위원회의 역할, 1945~1947"(고려대학교 정치외교학과 박사학위논문, 1995), 78쪽. 해방 직후와 평양 건국준비위원회에서 조만식의 활동을 직접 지켜본 이의 설명으로는, 오영진, 『소군정하의 북한: 하나의 증언』(서울: 국토통일원, 1983[1952]), 2장 참조. 오영진에 따르면, 평양 주민들은 일본의 공격이 임박했다는 소문이 반복적으로 돌자, 평양 건국준비위원회의 역량이 부족한 것에 대해 실망했다. 그는 소련군이 평양에 진주하기 이전에 이미 건국준비위원회가 대중의 지지를 상실한 것은 해방 이후 정서적·심리적 해방감 맞춰 평양 주민들의

필요와 욕구를 충족시키는 대신 치안과 현상 유지에만 신경을 썼기 때문이라고 설명한다(32-34쪽).

19 오영진, 『소군정하의 북한: 하나의 증언』(서울: 국토통일원, 1983[1952]), 76쪽. 오영진은 조만식의 인민위원회가 무기력했다고 판단했지만, 이와는 대조적으로 소련은 가을걷이한 수확물의 삼칠제 분배(지주 30퍼센트, 소작인 70퍼센트)를 주장한 조만식의 주장을 (100퍼센트 소작인 할당을 주장했던) 공산주의자들의 강력한 반대에도 불구하고 승인했다(오영진, 79-80쪽). 6·25전쟁이 한창 진행 중인 당시에 글을 쓴 오영진은, 때때로 일련의 사건들에 대한 자신의 설명과 모순되게, 북조선 내정에 대한 소련의 음모 및 통제력과 관련해 기존의 냉전적 해석을 재생산했다.

20 RG 554, box 65, "G-2 Reports and Data on North Korea pertinent on South Korea"(folder 2 of 2), Incl #3 to G-2 Summary #9(4 Nov 45-11 Nov 45).

21 오영진, 『소군정하의 북한: 하나의 증언』(서울: 국토통일원, 1983[1952]), 74-75쪽. 그러나 오영진은 그리스도교 지도자들이 사회주의와 볼셰비즘을 구별하지 못했다고, 즉 공산주의자들 및 소련과 협력함으로써 궁극적으로 타격을 입었다고 비판한다.

22 Armstrong, North Korean Revolution, p. 51. 김용복, "해방 직후 북한 인민위원회의 조직과 활동," 201쪽.

23 Armstrong, North Korean Revolution, pp. 53-54. 민정청 설치 이전에는 일본군의 철수를 위한 소련의 군사 기구로 군 경무사령부[위수사령부](Komendatura)가 있었다. van Ree, Socialism in One Zone, pp. 94-105 참조. 류길재, "북한의 국가건설과 인민위원회의 역할, 1945~1947"(고려대학교 정치외교학과 박사학위논문, 1995), 140쪽에서 재인용. 반 리에 따르면, 처음에는 113개의 경무사령부가 있었는데, 1945년 9월 28일까지 54개로 줄었다. 경무사령부는 1945년 민정청이 공식적으로 출범하기 이전까지 지방인민위원회에 계속해서 자문 역할을 했다.

24 "Report of the Results of the Five Province People's Committee Meeting," Soviet North Korean Civil Administration Archives, box 433847, Folder 1, p. 1. 『로동신문』(1946/09/19). 김광운, "북한 권력 구조의 형성과 간부 충원: 1945.8~1947.3"(한양대학교 사학과 박사학위논문, 1999), 45쪽에서 재인용. 북조선 문서에서 6도 행정국과 같은 국에 대한 언급이 나중에 나오지만, 강원도는 38도선으로 분단되었고, 도 소재지인 춘천이 38도선 이남에 있었기 때문에, 강원도가 처음에는 누락되었을 수 있다.

25 RG 242, SA 2012, box 8, item 72, "Administrative Law of Korea"(날짜 미상).

26 비록 이것이 북쪽 지역에서 분리된 국가가 등장하게 되는 토대인지를 두고 많은 논란이 있었지만, 이 같은 생각은 훗날의 관점, 즉 1948년 각각 두 개의 분리된 국가가 형성된 이후의 시점에서 보았을 때에만 말이 되는 것이다. 임시인민위원회의 잠정적 성격은 그 이름 자체에서도 나타나지만, 임시인민위원회의 구성이 한반도의 항구적 분단이 아니라 통일된 한국 정부 모델을 제시하는 것으로 간주되었다는 사실에서도 알 수 있다. 류길재, "북한의 국가 건설과 인민위원회의 역할, 1945~1947"(고려대학교 정치외교학과 박사학위논문, 1995), 186-196쪽.

27 "중요일지," 『한국현대사 자료총서』 12권(1945~1948), 김남식, 이정식, 한홍구 엮음(돌베개, 1986), 289-290쪽. RG 242, SA 2009, box 1, item 95, "북조선 법률 및 규정집"(1947년 11월), 8쪽.

28 RG 242, SA 2005, box 2, item 89, "북조선 도 시 군 인민위원회 대회 회의록"(1947년 4월).

29 RG 242, SA 2012, box 8, item 72, "조선행정법"(날짜 없음).

30 RG 242, SA 2006, box 15, item 32, "조선민주주의인민공화국의 사회 및 국가기구"(1949년 2월), 45쪽.

31 오영진, 『소군정하의 북한: 하나의 증언』(서울: 국토통일원, 1983[1952]), 11-12쪽.

32 Derek Sayer, Capitalism and Modernity: An Excursus on Marx and Weber(New York: Routledge, 1991), pp. 59, 131.

33 Janice Kim, To Live to Work: Factory Women in Colonial Korea, 1910~1945(Palo Alto: Stanford University Press, 2009). Theodore Jun Yoo, The Politics of Gender in Colonial Korea: Education, Labor, and Health, 1910~1945(Berkeley: University of California Press, 2008).

34 Ken Kawashima, The Proletarian Gamble: Korean Workers in Interwar Japan(Durham: Duke

University Press, 2009).

35 대략 70~80만 명이 노동자로 징집되었고, 군인으로는 20만 명이 징집되었다. Sonia Ryang and John Lie, eds., *Diaspora without Homeland: Being Korean in Japan*(Berkeley: University of California Press, 2009).

36 프레더릭 쿠퍼는 "식민지 근대성 개념이 어떻게 역사를 단조롭게 만드는지" 보여 주었는데, "비록 근대성이라는 쟁점이 식민지 역사 내에서 발생한다고 해도, 식민지 문제는 근대성 문제가 아니기 때문이다." Frederick Cooper, *Colonialism in Question: Theory, Knowledge, History*(Berkeley: University of California Press, 2005), pp. 116-117 참조. 나는 그의 비판을 공유하며, 식민지 시기를 묘사하는 데 식민지 근대성이라는 용어가 광범위하게 사용되는 것에 도전하기 위해 그 용어를 참조했다.

37 제1차 세계대전 직후 윌슨 대통령의 민족 자결주의 원칙에 고무되어, 한반도 전역에서 3·1운동이 대규모로 일어났다. 1919년 3월에서 5월 사이에 백만여 명의 조선인들이 독립을 요구하며 시위에 나섰다. 일본 정부는 553명 사망, 1409명 부상, 1만2522명이 체포된 것으로 공식 발표했다. 반면 조선인들은 7500명 이상이 사망했고, 1만5000명이 부상을 당했으며, 4만5000명 이상이 체포된 것으로 본다. Carter J. Eckert et al., *Korea Old and New*, pp. 276-281 참조.

38 Andre Schmid, *Korea between Empires, 1895~1919*(New York: Columbia University Press, 2002)[앙드레 슈미드, 『제국 사이의 한국』, 정여울 옮김(휴머니스트, 2007)]. Park, "Visions of the Nation."

39 Kyeong-Hee Choi, "Impaired Body as Colonial Trope: Kang Kyŏng'ae's 'Underground Village'," *Public Culture* 13, no. 3(Fall 2001), pp. 431-458.

40 마찬가지로 신기욱과 마이클 로빈슨은 식민지 근대성의 독특성을 "정치적 해방 없는 세계주의를 창출"했던 것으로 정식화했다. 이에 대해서는 *Colonial Modernity in Korea*(Cambridge: Harvard University Press, 1999), p. 11["서론: 식민지 시기 한국을 다시 생각하며," 『한국의 식민지 근대성』, 도면회 옮김, 삼인, 2006, 51쪽] 참조.

41 Chulwoo Lee, "Modernity, Legality, and Power in Korea under Japanese Rule," in ibid., p. 26[이철우, "일제하 한국의 근대성, 법치, 권력," 『한국의 식민지 근대성』, 71쪽].

42 Ibid., 30-31[이철우, "일제하 한국의 근대성, 법치, 권력," 『한국의 식민지 근대성』, 76-77쪽].

43 Andrew Gordon, *A Modern History of Japan: From Tokugawa Times to the Present*(New York: Oxford University Press, 2009), p. 165. 메이지 헌법에 대해서는, Arthur Tiedemann, *Modern Japan: A Brief History*(New York: D. Van Nostrand Reinhold, 1962) 참조.

44 Chulwoo Lee, "Modernity, Legality, and Power," 32-33[이철우, "일제하 한국의 근대성, 법치, 권력," 『한국의 식민지 근대성』, 78-79쪽].

45 이종민, "감옥 내 수형자를 통해 본 식민지 규율 체계," 『일제의 식민지배와 일상생활』, 연세대학교 국학연구회 편(혜안, 2004), 453쪽.

46 이상의, "1930년대 조선총독부 식산국의 구성과 공업화정책," 『일제하 경제정책과 일상생활』, 홍성찬, 이상의, 우대형, 신명직(서울: 혜안, 2008), 80쪽.

47 Soon-Won Park, "Colonial Industrial Growth and the Emergence of the Korean Working Class," in *Colonial Modernity in Korea*, ed. Shin and Robinson, 135[박순원, "식민지 공업 성장과 한국 노동계급의 등장," 『한국의 식민지 근대성』, 211-212쪽].

48 우대형, "일제하 구간건일의 농업 인식과 식민지 농정의 모순," 『일제하 경제정책과 일상생활』. 같은 책에 실린 다른 논문에서, 우대형은 적절한 물의 공급, 금비 사용, 다수확 품종 등과 같은 농업 기술의 진보에도 불구하고 지주와 가난한 농민 사이에 이런 기술에 접근할 수 있는 능력에는 차이가 있었으며, 이는 지주와 부유한 농민이 이런 선진 기술들을 독점하는 결과로 이어졌다고 지적한다. 이에 대해서는, "일제하 '개량농법'의 보급과 농촌의 양극화," 같은 책, 참조.

49 우대형, "일제하 구간건일의 농업 인식과 식민지 농정의 모순," 25쪽. 비록 지대는 편차가 컸지만, 최고 높은 경우는 5분의 4에서 10분의 9에 이르기도 했는데, 이는 "전 세계에서 가장 높은 지대"였다.

이에 대해서는, Hoon K. Lee, *Land Utilization and Rural Economy in Korea*(Chicago: University of Chicago Press, 1936), p. 163 참조.

50 김동노, "일제시대 식민지 근대화와 농민운동의 전환," 『한국사회학』 41권 1호 (한국사회학회, 2007), 194-220쪽.

51 지수걸, 『일제하 농민조합 운동 연구』, 119쪽.

52 Gi-Wook Shin, *Peasant Protest*, 5장, 6장.

53 농지령에는 소작인을 보호하는 규정이 포함되어 있었는데, 우선 "소작지 임대차 기간을 3년을 하한"으로 명문화했고, 소작 계약을 상속인이 계승할 수 있도록 했으며, 아무런 이유 없이 소작 계약의 갱신을 거부할 수 없도록 했다. 이에 대해서는 신기욱, "1930년대 농촌진흥운동과 농촌사회 변화," 『일제 파시즘 지배정책과 민중생활』, 방기중 편(혜안, 2004), 338쪽 참조. 신기욱은 이 제도로 소작농들이 혜택을 보았다고 지적하는데, 소작 계약과 관련해 정부에 조정 신청을 한 사람 가운데 95퍼센트가 소작인이었고, 소작쟁의의 경우 쟁의의 63.8퍼센트가 1개월 안에 해소되었다. 신기욱, 같은 글, 340쪽.

54 久間健一, 『朝鮮農政の課題』, 成美堂書店, 1943, pp. 6-8. 우대형, "일제하 구간건일의 농업 인식과 식민지 농정의 모순," 36쪽에서 재인용.

55 총독부 통계를 보면, 1933년에서 1939년 사이에 발생한 소작쟁의 가운데 소작권과 관련된 쟁의가 전체의 80.9퍼센트를 차지했으며, 소작료 관련 쟁의는 17.4퍼센트에 불과했다. 신기욱, "1930년대 농촌진흥운동과 농촌사회 변화," 339쪽 참조.

56 이경란, "1930년대 농민소설을 통해 본 '식민지 근대화'의 농민생활," 『일제의 식민지배와 일상생활』(서울: 혜안, 2004).

57 조선총독부의 1930년 국세 조사에 따르면, 116만 도시 노동자 가운데 대부분은 "잡직 노동자"였는데, 이들 가운데는 날품팔이 노동자(40.4퍼센트)가 가장 많았고, 그다음은 가정부와 잡역부(27.6퍼센트)였다. 공장 및 광산 노동자는 전체 도시 노동자의 5.4퍼센트뿐이었다. 이 같은 비율은 전시 동원 시기에 크게 변화해 1940년대에 이르면, 산업 노동자가 비농업 분야 노동자들 가운데 가장 큰 비율을 차지하게 된다. Soon-Won Park, "Colonial Industrial Growth," p. 134[박순원, "식민지 공업 발전과 한국 노동계급의 등장," 『한국의 식민지 근대성』, 210-211쪽].

58 예를 들어, 이 같은 상황은 권환의 『목화와 콩』(1933)에 잘 묘사되어 있다. 이경란, "1930년대 농민소설을 통해 본 '식민지근대화'의 농민 생활," 『일제의 식민지배와 일상생활』(서울: 혜안, 2004). 420-428쪽 참조.

59 두레는 추수를 위해 매년 마을 거주자들(대부분 소작농가)이 협력해 함께 일하는 제도로, 17세기 후반 광범위한 농업 지역의 촌락들 사이에서 출현했다. 이해준, 『조선시기 촌락사회사』(서울: 민족문화사, 1996), 339쪽. 계는 19세기 중반 무렵부터, 질병이나 화재 같은 위급한 상황에 대비하거나, 많은 비용이 소요되는 장례나 결혼과 같은 행사에 필요한 자금을 충당하기 위해 광범위하게 조직되기 시작했다. 계에 모이는 돈은, 마을에서 벌어지는 의례용 도구[예컨대, 상여(喪輿)나 혼구(婚具)]를 구입하거나, 또한 마을 내 공동 우물, 도로, 다리 등을 유지 관리하기 위해, 그리고 [쟁기나 가래 등의] 농구를 공동으로 구입해 공동으로 사용하는 등 마을 공동체를 위해 집단적으로 모금되기도 했다. 김경일, "조선말에서 일제하의 농촌사회의 '동계'(洞契)에 관한 연구," 『한국학보』 10권 2호(1984).

60 久間健一, 『朝鮮農政の課題』(成美堂書店, 1943), 355쪽. 우대형, "일제하 구간건일의 농업 인식과 식민지 농정의 모순," 44쪽에서 재인용. 신기욱은 농촌진흥운동에 대해 좀 더 약간 긍정적인 평가를 보이는데, 그가 인용하는 총독부 자료에 따르면, 1932년과 1939년 사이에, 금융조합이 저리 융자를 제공해 소작농이 소작지의 일부를 자작지로 변경할 수 있게 함으로써 18만991호의 소작 농가가 자작 농지를 가질 수 있게 되었다. 신기욱, "1930년대 농촌진흥운동과 농촌사회 변화," 344-345쪽 참조. 그러나 정부의 도움으로 자작농이 된 소작농의 비율은 전체 소작 및 반소작 계급 가운데 0.8퍼센트에 불과할 정도로 매우 작았다. 자작지로 구매한 농지는 전체 소작 농지의 0.5퍼센트에 불과했다. Gi-Wook Shin and Do-Hyun Han, "Colonial Corporatism: The Rural Revitalization Campaign,

1932~1940," in *Colonial Modernity in Korea,* ed. Shin and Robinson, p. 89[신기욱, 한도현, "식민지 조합주의: 1932~1940년의 농촌진흥운동," 『한국의 식민지 근대성』, 153쪽] 참조.

61 김경미, "'황민화' 교육정책과 학교교육," 방기중 편, 『일제파시즘 지배정책과 민중생활』(서울: 혜안, 2004), 147-148쪽. 참고로, 식민 정부는 아시아-태평양 전쟁 중인 1943년에 의무교육을 1946년부터 실시하기로 결정했다.

62 오성철, 『식민지 초등교육의 형성』(서울: 교육과학사, 2000), 133쪽. 김경미, "'황민화' 교육정책과 학교교육," 147쪽, 각주 2에서 재인용.

63 일본인 정착자들의 자녀는 초등학교(소학교)에 다녔던 반면, 조선인 아동들은 제3차 조선교육령(내선일체 교육을 규정)이 시행된 1938년 이전까지는 보통학교에 다녔다. 이에 대해서는, Jun Uchida, "A Sentimental Journey: Mapping the Interior Frontier of Japanese Settlers in Colonial Korea," *Journal of Asian Studies* 70, no. 3(August 2011), pp. 706-729 참조.

64 김경미, "보통학교제도의 확립과 학교 훈육의 형성," 『일제의 식민지배와 일상생활』, 490-492쪽.

65 Ibid., 495쪽.

66 Ibid., 497쪽.

67 안태윤, 『식민정치와 모성』(파주: 한국학술정보, 2006), 228쪽. 김혜경, 『식민지하 근대가족의 형성과 젠더』(서울: 창비, 2006), 106쪽.

68 김경미, "보통학교제도의 확립과 학교 훈육의 형성," 501쪽. 1905년 한반도에는 서당이 1만여 개 이상 있었는데, 1906년 조선이 일본에 병합되면서, 일본은 단지 22개의 초등학교만 세웠다. 1910년에는, 101개의 초등학교에 1만6946명의 학생들이 있었다(김경미, 앞의 글, 489, 499쪽).

69 Ibid., 512-515쪽.

70 Ibid., 504쪽.

71 Gi-Wook Shin and Do-Hyun Han, "Colonial Corporatism," p. 93[신기욱, 한도현, "식민지 조합주의: 1932~1940년의 농촌진흥운동," 『한국의 식민지 근대성』, 156-157쪽].

72 이경란, "총동원체제하 농촌통제와 농민생활" 『일제 파시즘지배 정책과 민중생활』, 368쪽.

73 Ibid., 398-399쪽.

74 이종민, "도시의 일상을 통해 본 주민동원과 생활 통제," 『일제 파시즘지배 정책과 민중생활』, 443-444쪽.

75 이경란, "총동원체제하 농촌통제와 농민생활," 『일제 파시즘지배 정책과 민중생활』, 373쪽.

76 선재원, "노동력 동원과 노동자 생활," 『일제 파시즘 지배정책과 민중생활』, 463쪽.

77 1년 달력 가운데 180여 일이 식민지 경찰 당국에 의해 특별한 감시가 필요한 "위험한" 날로 지정되었다. 이 가운데 많은 날들이 혁명운동을 기념하는 날이었다. 예를 들어, 러시아 10월 사회주의 혁명일인 11월 7일[구 러시아 달력으로 10월 25일], 피의 일요일인 1월 9일, 로자 룩셈부르크가 암살당한 1월 15일, 레닌이 사망한 1월 21일, 세계 여성의 날인 3월 8일, 마르크스의 사망일인 3월 14일, 파리코뮌인 3월 18일, 레닌의 탄생일인 4월 22일, 노동절인 5월 1일, 중국 1919년 5·4운동의 날인 5월 4일, 마르크스의 탄생일인 5월 5일 등이 있었다. 샤브쉬나, 『1945년 남한에서』, 32-33쪽 참조.

78 이종민, "도시의 일상을 통해 본 주민동원과 생활 통제," 『일제 파시즘지배 정책과 민중생활』, 424-425쪽.

79 이경란, "총동원체제하 농촌통제와 농민생활," 『일제 파시즘지배 정책과 민중생활』, 369쪽.

80 Ibid., 371쪽.

81 미즈노 나오키, "1930년대 후반 조선에서의 사상 통제 정책," 『일제 파시즘 지배정책과 민중생활』, 117-144쪽.

82 Ibid., 138-139쪽. 중한 국경 근처인 함경남도 지역에서, 김일성의 항일 빨치산 투쟁이 널리 알려지면서, 김일성은 영웅으로 간주되었다. 주민들 사이에 김일성에 대한 반감을 주입하기 위한 사상 정화 공작이 이루어졌는데, 그 과정에서 김일성의 나이가 어리고 보통학교밖에 졸업을 못했으며, 조선의 독립과 공산주의의 실현에 대한 황당무계한 생각을 가졌다는 점 등이 강조되었다(137쪽).

83 이상의, "일제하 조선인 '중견노무자'와 노동규율," 『일제하 경제정책과 일상생활』, 174쪽.

84 Chulwoo Lee, "Modernity, Legality, and Power," pp. 47-48[이철우, "일제하 한국의 근대성, 법치, 권력," 『한국의 식민지 근대성』, 98쪽].

85 김경미, "'황민화' 교육정책과 학교교육," 『일제 파시즘 지배정책과 민중생활』, 153쪽. 1920년대 [<보통학교규정>에 따른] 교육과정에는 부분적으로 조선어와 조선사가 있었지만, 1938년 개정된 <소학교규정>은 소학교 교육의 목표는 황국신민을 기르는 데 있다고 명시했다. 이에 따라 더는 조선어나 조선사에 대한 교육이 포함되지 않았다(김경미, 앞의 글, 155쪽).

86 식민지 시대 교과서에서, 일본과 조선의 역사지리학에 대한 상세한 논의로는 김경미, "'황민화' 교육정책과 학교교육," 『일제 파시즘 지배정책과 민중생활』 참조.

87 『總動員』(1939년 8월), 16쪽. 이종민, "도시의 일상을 통해 본 주민동원과 생활 통제," 『일제 파시즘지배 정책과 민중생활』, 417쪽에서 재인용.

88 이준식, "문화 선전 정책과 전쟁 동원 이데올로기," 『일제 파시즘 지배정책과 민중생활』, 241쪽. 그럼에도 불구하고 영화를 관람한 조선인 수는 1942년 무렵 2700만 명을 넘어서게 된다. 이는 평균적으로 조선인 1명이 1년에 영화 한편을 관람한 꼴이지만, 영화 관람객 층은 주로 도시 지역에 집중되어 있었다(이준식, 앞의 글, 193, 244쪽).

89 이종민, "도시의 일상을 통해 본 주민동원과 생활 통제," 『일제 파시즘 지배정책과 민중생활』, 426쪽.

90 Ibid., 427-428쪽.

91 Ibid., 429-431쪽.

92 샤브쉬나, 『1945년 남한에서』(한울, 1996), 78, 81쪽.

93 와다 하루키, 『김일성과 만주항일전쟁』, 이종석 옮김(서울: 창작과비평사, 1992). Hongkoo Han, "Wounded Nationalism: The Minsaengdan Incident and Kim Il Sung in Eastern Manchuria"(PhD diss., University of Washington, 1999), p. 29. 한홍구는 희생자 수에 대한 다양한 출처를 제시했다. 중국 측 추산은 최저 431명에서 최대 3000명까지 추정하는 현지 주민도 있는 등 다양하다. 정확한 수치를 도출하기는 어렵다. 그러나 한홍구는 희생자가 1000명이 훨씬 넘을 것으로 추정하고 있다. 일본 측 자료에는 당원수 465명, 게릴라 대원수는 1096명으로 나와 있기 때문에, 한홍구는 당원 숫자보다 게릴라 수가 더 많았으며, 여기에는 상당수의 지역 주민도 포함된다고 말한다. 당원이 입은 인명 피해뿐만 아니라 조선공산당에 대한 대중적 지지가 완전히 사라졌다는 점에서 숙청의 파괴력은 절대적이었다. 이는 1933년 1만 명이 넘던 지역 대중조직의 회원 수가 이듬해에는 1000명 이하로 줄었다는 사실이 방증한다(347-349쪽).

94 Hongkoo Han, "Wounded Nationalism"의 서론 참조. 이하의 논의는 한홍구의 서론에 의존하고 있다.

95 지수걸, 『일제하 농민조합 운동 연구』, 118쪽.

96 Hongkoo Han, "Wounded Nationalism," p. 15.

97 Ibid., p. 10.

98 Ibid., p. 11.

99 Ibid., p. 17. 중국 공산주의자들은 "큰 나라들에서 혁명운동이 승리하면 자동적으로 인접한 작은 나라들의 혁명 투쟁이나 독립운동 역시 승리로 이어질 것"이라는 이유로 조선인들의 독립운동에 대한 탄압을 정당화했다(p. 354).

100 Ibid., p. 83.

101 Ibid., pp. 330-334. 『항일 빨치산 참가자들의 회상기』 12권(평양: 조선로동당출판사, 1959~69). 『한일 무장 투쟁 전적지를 찾아서』(평양: 조선로동당출판사, 1960). Kim Il Sung, *With the Century*, vol. 4(Pyongyang: Foreign Language Publishing House, 1993), pp. 307-330 참조.

102 Dae-Sook Suh, *Kim Il Sung: The North Korean Leader*(New York: Columbia University Press, 1988), p. 34.

103 Ibid., p. 35. 비록 북조선의 공식 역사 서술은 김일성이 재만한인조국광복회의 회장이라고

주장하지만, 서대숙은 그와 같은 주장에 의심을 표한다. 회장이 누구였는지와 상관없이 1936년부터 1940년까지의 빨치산 투쟁 기간 동안 게릴라들과 조국광복회 회원들 사이에 광범위한 연계가 있었다는 점에는 의심의 여지가 없다.

104 Dae-Sook Suh, *Documents of Korean Communism 1918~1948*, pp. 460~461. 비록 서대숙은 사회주의혁명에 대한 열망이 없었다고, 다시 말해, "반일 의식은 강하지만 공산주의적이지는 않고, 애국적이지만 프롤레타리아적이지는 않으며, 혁명적이기보다는 테러주의적"(p. 435)이라고 설명하지만, 집단농장의 개발이나 몰수한 재산을 빈곤한 인민을 구제하는 데 사용하는 것과 같은 요소들은 필자가 보기에 명백히 사회주의로부터 영감을 받은 것으로 보인다. 강령이 목표로 삼은 청중들 — "노동자, 농민, 군인, 청년, 여성 등 모든 노동 대중들" — 역시 공산주의적인 언어에 공명했다. 게다가 조국광복회의 정관은 조국광복의 목표가 "공장, 학교, 병영, 상점 등에서 일하는 사람들"을 조직하는 것으로, 공장, 기업, 농장, 군 병영, 상점, 마을 등에 조국광복회 회원이 세 명 이상이 있을 경우 지부로 승인한다고 되어 있다(p. 463). 이는 공산당 세포의 표준적인 조직 방법으로, 4장에 상세히 설명하겠지만 해방 이후 북조선에서 재도입되었다. 비록 국내 공산주의자들 역시 비슷한 강령을 가지고 있었지만, 식민지 당국의 직접적인 감시와 단속이라는 열악한 환경에서 이를 실행할 수 있는 기회는 거의 없었고, 지하 운동으로 간헐적으로만 나타났다. 예를 들어 1933년 5월에 작성된 조선공산당 재건 전남도당 중앙집행위원회 강령에 대해서는, Suh, *Documents of Korean Communism*, pp. 171-176 참조. 조직의 비밀을 유지하는 데 얼마나 신중했는지에 대해서는 pp. 200-205 참조.

105 Ibid., pp. 456-457.

106 Kim Il Sung, *With the Century*, vol. 4, pp. 70-71. Hongkoo Han, "Wounded Nationalism," p. 355에서 재인용.

107 일본 경찰의 기록에 따르면, 김일성은 일제의 절멸 작전을 피해 소련에 망명해 있던 1940년 10월 일본의 스파이라는 혐의를 받아 소련에 의해 잠시 수감되었다. Hongkoo Han, "Wounded Nationalism," p. 355.

108 김일성, "사상사업에서 교조주의와 형식주의를 퇴치하고 주체를 확립할데 대하여," 당 선전선동 일군들 앞에서 한 연설(1955년 12월 28일), 『김일성 저작집』 9(평양: 조선로동당출판사, 1980), 480쪽.

109 그렇다고 해서 근대성이 노동력의 분절에서부터 국민 경제의 전 지구적 위계에 이르기까지 그 자체로 불균등하고 독특한 메커니즘을 가지고 있지 않다는 것은 아니다. 요점은 자본주의와 식민주의의 즉각적인 효과 너머에 있는 근본적인 논리를 강조하는 것이다.

110 Christopher R. Browning and Lewis H. Siegelbaum, "Frameworks for Social Engineering: Stalinist Schema of Identifi cation and the Nazi Volksgemeinschaft," in *Beyond Totalitarianism: Stalinism and Nazism Compared,* ed. Michel Geyer and Sheila Fitzpatrick(New York: Cambridge University Press, 2009), p. 236.

111 찰스 암스트롱에 따르면, "북한에서 이루어지는 삶의 모든 영역에서 관철되고 있는 철학적 관점을 표현하는 핵심 용어는, 종종 '자립'(self-reliance)으로 번역되기도 하는 '주체'라는 단어다. 이 단어는 북조선에서 1950년대 중반 이래로 널리 선전되었다가, 1972년 '정치를 지도하는 원리'로 북조선 헌법에 명시되었다" Charles K. Armstrong, "'A Socialism of Our Style': North Korean Ideology in a Post-Communist Era," in *North Korean Foreign Relations in the Post-Cold War Era*, ed. Samuel S. Kim(New York: Oxford University Press, 1998), p. 33.

3장 세 가지 개혁: 혁명의 시작

1 RG 242, SA 2006, box 13, item 65, 전국인민위원대표자대회 회의록 (1946년 11월)

2 북조선로동당 강원도 인제군당 상무위원회 회의록 제31호(1948년 12월 12일), 『북한관계사료집』 3권, 24쪽.

3 6·25전쟁 전후로 인제군을 비교하는 논문으로는, 한모니까, "한국전쟁 전후 '수복지구'의 체제 변동 과정: 강원도 인제군을 중심으로"(가톨릭대학교 국사학과 박사학위논문, 2009) 참조.

4 인제군 누리집 참조(접속일 2011년 7월 25일).
http://www.inje.go.kr/home/english/info/info_02.asp[현재 이 링크는 접속이 안 되고 있다. 통계자료는 다음 링크에서 확인할 수 있다. https://www.inje.go.kr/portal/inje-news/statics. 인제군 누리집 참조(접속일 2023년 6월 15일)].

5 1945년 11월 전국인민위원회 대표자대회에 참석한 함경남도 대표는 식민지 기간 동안 매년 구금된 1만 명의 정치범 가운데 절반이 식민지 기간 내내 농민과 노동자 조직의 활동이 가장 활발했던 함경남도에서 나왔다고 주장했다. 해방과 더불어 함경남도의 도 소재지인 함흥에서 석방된 정치범은 약 1000명으로 추산된다. 『전국인민위원 대표자대회 회의록』(서울: 조선정판사, 1946), 『한국현대사 자료총서』12권(1945~1948), 김남식, 이정식, 한홍구 엮음(서울: 돌베개, 1986), 488쪽 참조.

6 두 개의 학위 논문이 이 자료를 토대로 인제군을 다루고 있다. 이주철, "북조선노동당의 당원과 그 하부 조직에 관한 연구"(고려대학교 박사학위논문, 1998). 한모니까, "한국전쟁 전후 '수복지구'의 체제 변동 과정: 강원도 인제군을 중심으로"(가톨릭대학교 국사학과 박사학위논문, 2009)" 참조. 이주철은 로동당을 중심으로 정치제도를 검토하는데, 그는 해방 이후 북조선 사회의 특징을, 가난한 농민과 노동자를 과두제적 권력의 토대로 삼아 당이 국가권력을 통제하고 있는 것으로 규정했다. 반면 한모니까는 6·25전쟁 전 남한의 군이었다가 전쟁 후 북조선의 영토가 된 인제군의 변화에 초점을 맞추고 있다. 둘 다 정치사에 초점을 맞추고 있으며, 북조선에서 나타난 사회적·문화적 변화에 대해서는 다루고 있지 않다. 이 글에서는 국가와 사회가 대립하는 것이라기보다는 상호 구성적인 것으로 간주하는데, 북조선 혁명에서 사회적·문화적 요소들이 좀 더 중요한 측면을 가진 것으로 강조한다.

7 RG 242, SA 2009, box 3, item 103, "각 도 인민위원회 2년간 사업 개관"(1947년 9월).

8 『전국인민위원회 대표자대회 회의록』(서울: 조선 정판사, 1946), 70쪽. 『한국현대사 자료총서』 12권(1945~1948), 489쪽에 수록되어 있다.

9 "북조선로동당 강원도 인제군당 상무위원회 회의록 제62호"(1949년 9월 27일), 『북한관계사료집』 3권, 636-637쪽.

10 "북조선로동당 강원도 인제군당 상무위원회 회의록 제16호"(1948년 7월 6일), 『북한관계사료집』 2권, 375쪽. 또한 RG 242, SA 2007, box 6, item 1.60.

11 황해도는 예외일 텐데, 한반도 이북 지역의 농지가 이곳에 가장 넓게 집중되어 있었고, 지주의 숫자도 가장 많았다. 이곳 지주들은 1946년 토지개혁에 극렬히 저항했다. 그럼에도 한반도 전역의 논 가운데 4분의 3이 남한 지역에 있었던 반면, 북쪽에는 3분의 2가 밭이었다. Andrew J. Grajdanzev, "Korea Divided," *Far Eastern Survey* 14, no. 20(October 10, 1945), p. 282 참조.

12 "북조선로동당 강원도 인제군당 상무위원회 회의록 제58호"(1949년 8월 25일), 『북한관계사료집』 3권, 521쪽.

13 桜井浩, 「北朝鮮農業の機械化について」 『アジア経済』6 (1965.11), 72. Mun Woong Lee, "Rural North Korea under Communism: A Study of Sociocultural Change," *Rice University Studies* 62, no. 1(1976), p. 46에서 재인용.

14 "강원도 인제군 산업별 로동동맹 현황 보고"(1946년 6월 11일), 『북한관계사료집』 15권, 13-14쪽. "강원도 인제군 기업 조사표"(1946년 7월 30일), 『북한관계사료집』 15권, 57-59쪽.

15 "군사 급 기술인재 조사에 관한 건," 인제군당 로동부(1946.10.29), 『북한관계사료집』 15권, 62-73쪽.

16 『정로』(1946년 2월 25일). 김광운, "북한 권력 구조의 형성과 간부 충원: 1945.8~1947.3"(한양대학교 사학과 박사학위논문, 1999), 159쪽에서 재인용[김광운의 논문은 한양대 도서관에서 내려받을 수 있는 PDF 파일 판본의 쪽수와 제본된 형태의 판본 사이에 쪽수가 다르다. 여기서는 제본된 판본을 사용한 저자의 인용 쪽수를 기준으로 했다. 참고로 PDF 파일상으로는 171쪽이다].

17 "북조선농민동맹대회결정서," 『북한관계사료집』 7권, 340-341쪽, 김광운, "북한 권력 구조의 형성과 간부 충원: 1945.8~1947.3"(한양대학교 사학과 박사학위논문, 1999), 159[PDF 파일상으로는 171쪽]에서 재인용. 좀 더 상세한 경과에 대해서는, Kim Seong-bo, "The Decision-Making Process and Implementation of the North Korean Land Reform," in *Landlords, Peasants and Intellectuals in Modern Korea,* ed. Pang Kie-chung and Michael Shin(Ithaca: Cornell East Asia Series, 2005), p. 227 참조.

18 *The Historical Experience of the Agrarian Reform in Our Country*(Pyongyang: Foreign Language Publishing House, 1974), pp. 47-48.

19 신기욱에 따르면, 17~18세기 몇몇 지역에 대한 연구는 "대략 10퍼센트의 지주들이 40~50퍼센트의 등록된 토지를 소유한 반면, 농촌인구의 60퍼센트를 구성하는 중농 또는 빈농은 단지 10~20퍼센트의 토지만을 통제했음"을 보여 준다. 인구가 증가하고, 작물 특화와 더불어 새로운 농업 기술이 등장함에 따라, 조선 중기와 후기부터는 집약적인 노동이 장려되었고, 소작제가 등장하기 시작했다. 지주들은 고리대금과 고율의 지대를 통해 재산을 불렸던 반면, 농촌의 가난한 사람들은 저고용 및 노동력 과잉으로 경쟁에 직면해야 했다. Gi-Wook Shin, *Peasant Protest and Social Change in Colonial Korea,* p. 22 참조.

20 Ibid., 51. 또한 이순근, "북조선 농업발전을 위한 제문제," 『인민』, 창간호(1946), 68쪽. 이주철, "북조선노동당의 당원과 그 하부 조직에 관한 연구"(고려대학교 박사학위논문, 1998), 22쪽에서 재인용. 식민 통치 이전, 조선에서 모든 땅은 원칙적으로 왕의 권위하에 왕가에 속하는 것이었다[신기욱 글의 수치와 이주철의 논문 사이에는 수치상의 차이가 다소 있다. 이 글에서는 신기욱의 수치를 따르고 있는 것으로 보인다].

21 북조선통신사, 『북조선통신』(1947.8), 3쪽. 이주철, "북조선노동당의 당원과 그 하부 조직에 관한 연구"(고려대학교 박사학위논문, 1998), 22쪽에서 재인용.

22 RG 242, SA 2007, box 7, item 18, 북조선 민전 결성 1주년 기념 간행 "민주개혁을 위하여 싸우는 북조선민주주의 민족통일 전선"(1947년 7월), 15쪽. 농가 호수의 4퍼센트는 15만6367호수에 해당하며, 토지의 50퍼센트는 200만2265정보에 해당한다. 1942년 일제의 조사에 따르면, 지주는 농가 호수의 3.3퍼센트를 차지하지만, 전체 농지의 60퍼센트를 소유하며, 농가 호수의 80퍼센트가 부분 소작이거나 농지를 가지고 있지 못했다. 高昇孝、現代朝鮮の農業政策(京都: ミネルヴァ書房, 1971), p. 2 참조. Mun Woong Lee, "Rural North Korea under Communism," p. 17에서 재인용.

23 『동아일보』(1932/03/24). Gi-Wook Shin, *Peasant Protest,* p. 69에서 재인용.

24 Gi-Wook Shin, *Peasant Protest,* pp. 75-76, 85, 95-100. 한반도 이남의 상업화된 지역에서는 소작제가 지배적이었는데, 이는 남북 사이에 상이한 구조적 조건을 창출했다. 신기욱은 불황과 더불어 늘어나는 조세 부담과 빚에 시달리게 되면서 땅이 적은 지주들이 급진화되었다고 주장한다. 또한 그는 노동자의 급진화에서 나타나는 지역적 분포는 급진화된 농민의 지역적 분포와 유의미한 방식으로 상응하지 않는다고 지적한다. 결국 그는 가난과 급진화 사이에 관습적으로 만들어지는 인과적 연결에 의문을 제기한다.

25 *Historical Experience of the Agrarian Reform in Our Country,* pp. 63-67. Kim Il Sung and H.D. Malaviya, *Theses on the Socialist Agrarian Question in Korea,* 1st ed.(New Delhi: Socialist Congressman Publications, 1970), p. 65. Mun Woong Lee, "Rural North Korea under Communism," p. 19.

26 1정보는 2.45에이커다.

27 김성보, 『남북한 경제구조의 기원과 전개』(서울: 역사비평사, 2000). Kim Seong-bo, "The Decision-Making Process and Implementation of the North Korean Land Reform," pp. 207-240.

28 Kim Seong-bo, "The Decision-Making Process and Implementation of the North Korean Land Reform," p. 207.

29 Ibid., p. 223. 김성보는 또한 1945년 말 통일 정부 수립을 위한 미국과의 협상이 결렬되자, 소련 정책 입안자들이 보다 급진적인 방향으로 입장을 전환했다고 지적한다(pp. 215-217).

30 RG 242, SA 2013, box 2, item 242, 『북조선농민동맹 제4차 대회 문헌집』(1949년 4월 20일).

31 Gi-Wook Shin, *Peasant Protest*, p. 174. 또한 Cumings, *Origins of the Korean War*, vol. 1. Mun Woong Lee, "Rural North Korea under Communism." 참조.

32 Hildi Kang, *Family Lineage Records as a Resource for Korean History: A Case Study of Thirty-Nine Generations of the Sinch'ŏn Kang Family*(Lewiston, N.Y.: Edwin Mellen Press, 2007), p. 202.

33 "북조선 토지개혁에 대한 법령 결정서"(1946년 3월 7일), 『북한관계사료집』 5권, 232-233쪽.

34 RG 242, SA 2012, box 8, item 88, 김일성, "토지개혁 사업의 총결과 금후과업," 조공 북조선분국 중앙 제6차 확대집행위원회에서 보고(1946년 8월 13일), 『당의 정치노선 및 당사업 총결과 결정: 당문헌집 1』(1946), 29쪽.

35 Mun Woong Lee, "Rural North Korea under Communism," pp. 19-20.

36 "강원도 인제군당 농민부"(1946년 9월), 『북한관계사료집』 18권, 5쪽.

37 *Historical Experience of the Agrarian Reform in Our Country*, pp. 67-72.

38 Kim Il Sung, *Selected Works*, English ed., vol. 5, 335, cited in ibid., p. 74.

39 Ibid., p. 78.

40 RG 242, SA 2012, box 8, item 88, 『당의 정치노선 및 당사업 총결과 결정: 당문헌집 1』(1946), 33-34쪽.

41 Kim Seong-bo, "Decision-Making Process and the Implementation of North Korean Land Reform," pp. 233-234.

42 한모니까, "한국전쟁 전후 '수복지구'의 체제 변동 과정: 강원도 인제군을 중심으로"(가톨릭대학교 국사학과 박사학위논문, 2009), 51쪽, 54쪽.

43 RG 242, SA 2012, box 8, item 88, 『당의 정치노선 및 당사업 총결과 결정: 당문헌집 1』(1946), 35쪽.

44 John Washburn, "Russia Looks at Northern Korea," *Pacific Affairs* 20, no. 2(1947), pp. 152-160.

45 "토지개혁 사업의 총결과 금후 과업," 『북한관계사료집』 1권, 3, 48쪽. 류길재, "북한의 국가건설과 인민위원회의 역할, 1945~1947"(고려대학교 정치외교학과 박사학위논문, 1995), 224쪽에서 재인용(238, 262쪽도 참조). 김광운, "북한 권력 구조의 형성과 간부 충원: 1945.8~1947.3"(한양대학교 사학과 박사학위논문, 1999), 167쪽.

46 RG 242, SA 2009, box 3, item 103, "각 도 인민위원회 2년간 사업 개관"(1947년 9월).

47 RG 242, SA 2008, box 9, item 72, 『북조선 세금제도』(1947년 5월), 66쪽. 또한 "현물세에 대한 결정서," 『북한관계사료집』 5권, 318-319쪽. 1947년 5월, 농업 현물세는 수확량에 따라 세율을 달리하도록 개정되었는데, 논 27퍼센트, 밭 23퍼센트, 과수원 25퍼센트, 화전농 10퍼센트로 규정했다(p. 91). 이에 비해 개인소득은 6~20퍼센트, 평균 9퍼센트, 사업 소득은 12~63퍼센트, 평균 26퍼센트의 세율이 적용되었다(p. 55).

48 『로동신문』(1946/11/21). 김광운, "북한 권력 구조의 형성과 간부 충원: 1945.8~1947.3"(한양대학교 사학과 박사학위논문, 1999), 165쪽[PDF 파일상으로는 177쪽]에서 재인용.

49 『로동신문』(1946/11/25). 김광운, "북한 권력 구조의 형성과 간부 충원: 1945.8~1947.3"(한양대학교 사학과 박사학위논문, 1999), 165쪽[PDF 파일상으로는 177-178쪽]에서 재인용.

50 RG 242, SA 2012, box 8, item 28, "강원도 내무부 기요과 (철원군) 여론관계"(1950년 1월 3일).

51 RG 242, SA 2006, box 16, item 36, "평북 선천면 인민위원회 자료(秘)"(1949~50).

52 농촌 경제에서 집단 경영의 우월성을 입증하기 위해 1949년 12월에 결정되었음에도 완전한 농업 집단화는 6·25전쟁이 끝나고 나서야 시작되었다. 전쟁이 끝난 후 농민들이 자발적으로 협동조합에 가입하도록 설득하기 위해 개별 농민보다 협동조합을 우대했다. 정부는 농기계 임대, 세금 감면, 곡물 대출, 농번기에 도시 노동자 공급, 고품질 종자 공급 등 협동조합을 최대한 지원했다. 1958년 8월까지

북조선의 농촌인구가 모두 협동조합으로 조직되었고, 그들 가운데 상당수가 협동조합에 열의를 보였다고 한다. 조선 대부분의 지역에서 오랫동안 이어진, 소규모의 노동 집약적 농업 관행(집단 수확과 심기를 비롯한)이 집단화를 촉진했다. 그럼에도 불구하고 분권화가 운영 원칙이었기 때문에, 군 단위 협동농장 관리위원회가 생산 관리를 주로 담당했고, 각 농장은 자체 신용 기관, 학교, 보육원, 집회소, 목욕탕, 심지어는 공동묘지까지 갖추고 자급자족적으로 운영되었다. Mun Woong Lee, "Rural North Korea under Communism," pp. 25-29, 37, 43 참조.

53 RG 242, SA 2007, box 6, item 9, "인제군당부 기요과 지령철"(1947).

54 Kim Il Sung, *Selected Works,* English ed., vol. 5, p. 341. *Historical Experience of the Agrarian Reform in Our Country*, p. 53에서 재인용[김일성, "토지개혁의 총결과 금후과업(북조선공산당 중앙조직위원회 제6차 확대집행 위원회에서 한 보고 1946년 4월 10일)," 『김일성 저작집』 2권(1946.1~1946.12)(평양: 조선로동당출판사, 1979), 150쪽].

55 1946년 3월에 대략 3만4670명의 이북 사람이 38도선을 넘었는데, 4월에 이르면 그 숫자는 5만450명으로 크게 늘어났다. 그 수는 5월에 2만5818명으로 줄었다가, 점점 감소해 그해 말에 이르면 635명으로 줄었다. 조선은행 조사부 편, 『조선경제연보』 1권(서울: 조선은행, 1948), 9쪽. Mun Woong Lee, "Rural North Korea under Communism," p. 24에서 재인용.

56 소비조합은, 해방 직후 조직된 임시 조합들을 통합해, 공식적으로 1946년 5월 20일 결성되었다. 소비조합의 기능은 "부당 이득자에 맞서 싸우고" "소비와 생산을 직접적으로 연결해 인민의 물질적 문화적 삶을 증진시키는 것"이었다. 이에 대해서는 RG 242, SA 2009, box 8, item 54.1, "북조선 소비조합 발생의 력사적 의의: 강연재료"(1947년 10월 29일) 참조. 노동자들은 소비조합을 통해 상품의 분배에 우선순위를 두었다. 이후 교사들(대학교수들은 면제), 문화 일꾼들, 보건 일꾼들, 도시 사무원들의 소비조합이 만들어졌다. 마지막으로, 지방 사무원과 대학생들의 소비조합이 만들어졌다. 농민이나 상인 같은 개별 생산자들은 적법한 분배 집단에 포함되지 못했는데, 이는 이들의 경우 독자적인 소득원을 가졌기 때문이었다. 분배 품목으로는 옷가지, 신발, 수건, 비누 등이 있었다. RG 242, SA 2013, box 1, item 1, "강원도 문천군 소비조합 위원회, 로동자 사무원 생활필수품 배급 규정"(1950년), 4쪽 참조.

57 RG 242, SA 2010, box 2, item 76, "북조선로동당 황해도 당부 선전선동부 최근에 수집된 군중여론(절대비밀)"(1949). 그러나 또 다른 사람은 선거가 북조선에서만 치러지고 있고, 아직까지 한반도 전체를 포괄하는 선거가 없었다는 점에서 실망을 표하기도 했다.

58 RG 242, SA 2005, box 5, item 43, "북조선 면 및 리 동 인민위원회 위원선거에 관한 총결(극비)," 중앙선거위원회(1947).

59 "북조선로동당 강원도 인제군 인제면 각 세포위원장 연석회의록"(1946년 10월 15일), 『북한관계사료집』 15권, 603쪽.

60 RG 242, SA 2009, box 3, item 138, "선거 선전과 우리의 임무, 북조선임시인민위원회 선전부"(1946년 9월), 10-11쪽.

61 RG 242, SA 2007, box 7, item 18, "민주개혁을 위하여 싸우는 북조선민주주의 민족통일전선"(북조선민전결성 1주년 기념 출간 1947년 7월), 112쪽.

62 RG 554, Records of General HQ, Far East Command, Supreme Commander Allied Powers and United Nations Command, USAFIK XXIV Corps, G-2 Historical Section, box 76 "Data on North Korea Pertinent to South Korea(Civilian)"(November 14, 1946).

63 RG 242, SA 2005, box 5, item 43, "북조선 면 및 리 동 인민위원회 위원선거에 관한 총결 (극비)," 중앙선거위원회(1947), 28-30쪽

64 북조선로동당 강원도 인제군 인제면 각세포위원장 연석회의록 (1947년 2월 27일), 『북한관계사료집』 15권, 619쪽.

65 "북조선로동당 강원도 인제군 서화면당 열성자 대회 회의록"(1947년 2월 16일), 『북한관계사료집』 4권, 600쪽.

66 "북조선로동당 강원도 인제군 남면당부 제6차 세포위원장 정기회의록"(1947년 3월 24일),

『북한관계사료집』 15권, 502쪽. 또한 RG 242, SA 2007, box 6, item 1.59.

67 Strong, *In North Korea: First Eye-Witness Report*, p. 19[국역본, 510-511쪽].

68 "북조선로동당 인제군 남면 제6차 각정당사회단체 연석회의록"(1946년 10월 15일), 『북한관계사료집』 15권, 432-433쪽.

69 "민전 안주군 위원회 주요서류철"(1946년 9월), 『북한관계사료집』 18권, 403-404쪽.

70 "북조선로동당 강원도 인제군 서화면당 열성자 대회 회의록"(1947년 2월 16일), 『북한관계사료집』 4권, 595쪽.

71 RG 242, SA 2009, box 3, item 138, "선거 선전과 우리의 임무," 24쪽.

72 RG 242, SA 2005, box 3, item 43, "북조선 면 및 리 동 인민위원회 위원선거에 관한 총결 (극비)," 중앙선거위원회(1947), 4쪽. 같은 자료에 따르면, 4387명의 투표권이 인정되지 않았는데, 575명은 친일 반역자로, 198명은 법원의 결정에 따라, 그리고 3614명은 정신적인 문제로 그러했다(47쪽).

73 Ibid., 68쪽.

74 RG 242, SA 2005, box 5, item 43, "북조선 면 및 리 동 인민위원회 위원선거에 관한 총결(극비)," 중앙선거위원회(1947), 155-156쪽.

75 Ibid., 160-167쪽.

76 Ibid., 199-224쪽.

77 Ibid., 202쪽.

78 Ibid., 211, 223, 203-204, 201, 219쪽.

79 RG 242, SA 2005, box 4, item 8, 평북 선천군 민청 서류철(1946년 12월 25일).

80 RG 242, SA 2008, box 10, item 127, 유항림, "안식일에 대하여," 『건설』 3(1947년 2월 15일), 16-23쪽. 이 논문은 마가복음 3장으로 잘못 인용하고 있다.

81 Ibid., 17쪽.

82 Hildi Kang, *Family Lineage Records as a Resource for Korean History*, pp. 202-203.

83 한국정신문화연구원 한민족문화연구소 편, 『내가 겪은 해방과 분단』(서울: 선인, 2001), 150쪽. 이 책에 실린 구술에 따르면, 이승만은 교회에 실제로 참석하는 그리스도교인은 5만 명에 불과하다고 말하며, 이 같은 우려를 기각했다. 북조선의 종교인 수에 대한 남한의 조사에 따르면, 1945년 기준으로 천도교 150만 명, 불교 37만5000명, 개신교 20만 명, 가톨릭 5만7000명이다. 이에 대해서는 Ralph Hassig and Kongdan Oh, *The Hidden People of North Korea: Everyday Life in the Hermit Kingdom* (Lanham: Rowman and Littlefield, 2009), p. 188 참조.

84 RG 242, SA 2005, box 5, item 43, "북조선 면 및 리 동 인민위원회 위원선거에 관한 총결(극비)," 중앙선거위원회(1947), 195쪽.

85 "북조선로동당 강원도 인제군 인제면 가리세포위원장 연석회의 결정서(1947년 2월 27일)," 『북한관계사료집』 15권, 624쪽.

86 RG 242, SA 2007, box 6, item 7, "각종 보고서 철, 인제군 선거위원회"(1947).

87 "북조선로동당 강원도 인제군 인제면당부 확대집행위원회의록"(1947년 2월 11일), 『북한관계사료집』 15권, 467-468쪽. 미국에 오랫동안 거주하며, 미국인들의 지원을 받아 독립운동을 한 이승만(1875~1965)은 1948년 8월 대한민국 건국과 함께 대한민국의 초대 대통령이 되었다. 독립운동가이기도 한 김구(1876~1949)는 식민지 시대에 여러 차례 투옥되었고, 테러 활동 혐의로 기소되기도 했다. 공산주의자들은 김구가 남한 단독 정부의 수립을 막기 위해 남북 지도자 연석회의에 참석하려 1948년 평양을 방문하기 전까지만 해도 두 사람을 모두 반동으로 간주했다.

88 "북조선로동당 강원도 인제군 인제면 각사회단체 급 정당책임자 연석회 회의록(1947년 2월 12일),"『북한관계사료집』 15권, 472쪽.

89 "북조선로동당 강원도 인제군 남면당부 제5차 세포위원장 정기회의록(1947년 2월 14일)," 『북한관계사료집』 15권, 493쪽.

90 RG 242, SA 2005, box 2, item 89, "북조선 도 시 군 인민위원회대회 회의록(1947년 4월), 회의

넷째 날, 57쪽.

91 RG 242, SA 2006, box 15, item 32, "조선민주주의인민공화국의 사회 및 국가기구(1949년 2월)," 33–35쪽. 최고인민회의의 업무에는 또한 국내외 정책 수립, 국가 예산 및 경제계획 승인, 그리고 (최고인민회의가 1년에 2회만 개최되기 때문에 휴회 기간 동안 그 임무를 수행하기 위한) 최고인민회의 상임위원회 구성도 있다. 상임위원회는 의장 1명, 부의장 2명, 서기장 1명, 17명의 위원으로 구성되며, 법률의 효과적인 시행과 조약의 비준을 감독하는 등 국가 최고 기구로서 최고인민회의의 임무를 지속적으로 수행한다. 내각은 최고 행정 기관으로서 총리와 부총리를 비롯해 다양한 정부 부처의 수장으로 구성되었다. 내각은 외교 관계와 대외무역을 수행하고 지방정부 감독부터 국가 안보(군사), 경제(통화, 금융기관), 공중 보건 및 교육에 이르기까지 모든 국내 업무를 지휘했다(pp. 37–41).

92 RG 242, SA 2005, box 5, item 43, "북조선 면 및 리 동 인민위원회 위원선거에 관한 총결 (극비)", 중앙선거위원회(1947), 76쪽.

93 Ibid., 5, 112, 170쪽.

94 Ibid., 119쪽.

95 Ibid., 119–120쪽.

96 RG 242, SA 2007, box 6, item 1.57, "인제군 서화면 당부 회의록"(1948년 11월 28일).

97 RG 242, SA 2007, box 7, item 18, 북조선민전 결성 1주년 기념 간행, "민주개혁을 위하여 싸우는 북조선민주주의 민족통일 전선"(1947년 7월), 30쪽.

98 "선거선전실을 민주선전실로 존속시킴에 관한 결정서"(1946.11.8), 『북한관계사료집』 5권, 66쪽.

99 "북조선로동당 강원도 인제군당 상무위원회 회의록 제28호"(1948년 11월 23일), 『북한관계사료집』 2권, 698, 700쪽. 마찬가지로 식민지 시기인 1920년대 후반과 1930년대 초반 사이에 함경남도 지역에도 농민조합에 의해 공회당이 조직되었다. 공회당은 정치 선전문, 신문, 서적 등을 구비하고 있었는데, 여기에는 "『무산자신문』, 『노동농민신문』, 『마르크스주의』, 『인터내셔널』, 『붉은 별』" 등과 같은 일본의 좌파 저널 등도 있었다. 공회당의 벽들은 혁명가들의 사진, 슬로건을 담은 벽보, 주요 기사 스크랩, 최신 서적 등으로 장식되었다. 이 공간들은 조직 활동의 거점이 되었고, 농민조합의 젊은 남녀들이 수시로 드나들며 각종의 일상생활을 전개하는 중심지가 되었다. 지수걸, 『일제하 농민 조합 운동 연구』, 221쪽 참조.

100 "북조선로동당 강원도 인제군당 상무위원회 회의록 제6호(1948년 3월 3일)," 『북한관계사료집』 2권, 133쪽. 또한 RG 242, SA 2007, box 6, item 1.66.

101 "북조선로동당 강원도 인제군당 상무위원회 회의록 제64호(1949년 10월 10일)," 『북한관계사료집』 3권, 666쪽. 또한 RG 242, SA 2007, box 6, item 1.62.

102 『조선전사』 23권(평양: 과학백과사전출판사, 1979), 215쪽. Sonia Ryang, "Gender in Oblivion: Women in the Democratic People's Republic of Korea(North Korea)," *Journal of Asian and African Studies* 35, no. 3(2000), p. 329에서 재인용.

103 소연, "농촌 맹원들의 생활에서," 『조선녀성』(1947년 5월)

104 RG 242, SA 2006, box 14, item 67, 文盲退治要綱, "한글學校規定"(北朝鮮人民委員會 教育局, 1947년 11월 20일).

105 "북조선로동당 강원도 인제군 민청당조 제50차 회의록(1949년 12월 20일)," 『북한관계사료집』 4권, 167–168쪽. 또한 RG 242, SA 2007, box 6, item 1.48.

106 "북조선로동당 강원도 인제군 농민 동맹 당조 제53차 회의록(1949년 10월 4일)," 『북한관계사료집』 4권, 435쪽. 또한 RG 242, SA 2007, box 6, item 1.50.

107 "북조선로동당 강원도 인제군당 상무위원회 회의록 제28호(1948년 11월 23일)," 『북한관계사료집』 2권, 690쪽. 또한 RG 242, SA 2007, box 6, item 1.55.

108 "북조선로동당 강원도 인제군 여성동맹 당조 제23차 회의록(1949년 12월 25일)," 『북한관계사료집』 4권, 223쪽. 또한 RG 242, SA 2007, box 6, item 1.31.

109 "북조선로동당 강원도 인제군당 상무위원회 회의록 제4호(1948년 3월 10일),"

『북한관계사료집』 2권, 103쪽. 또한 RG 242, SA 2007, box 6, item 1.66.

110 "북조선로동당 강원도 인제군 여성동맹 당조 제34차 회의록(1949년 12월 22일)," 『북한관계사료집』 4권, 279쪽. 또한 RG 242, SA 2007, box 6, item 1.31. 또한 "북조선로동당 강원도 인제군 농민동맹 당조 제9차 회의록(1947년 12월 3일)," 『북한관계사료집』 4권, 297쪽. 또한 RG 242, SA 2007, box 6, item 1.50.

111 "북조선 학교교육체계에 관한 규정 및 그 실시에 관한 조치에 대한 결정서(1946년 12월 18일)", 『북한관계사료집』 5권, pp. 670-672. 김광운, "북한 권력 구조의 형성과 간부 충원: 1945.8~1947.3"(한양대학교 사학과 박사학위논문, 1999), 178쪽[PDF 파일상으로는 190쪽]에서 재인용.

112 RG 242, SA 2007, box 6, item 12.6, "인제군 인민위원회 결정 제9호: 1948년도 인민경제계획 실행총결과 1949년~1950년 2개년 인민경제계획에 관한 결정서(1949년 3월 29일)." 또한 『북한관계사료집』 18권, 272쪽. RG 242, SA 2007, box 6, item 1.9, "북조선로동당 강원도 인제군당 위원회 제3차 회의록"(1948년 8월 20일). "북조선로동당 강원도 인제군당 위원회 제4차 회의록"(1948년 11월 6일).

113 RG 242, SA 2013, box 2, item 242, "북조선농민동맹 제4차 대회 문헌집"(1949년 4월 20일), 47-48쪽.

114 RG 242, SA 2007, box 6, item 12.6, "인제군 인민위원회 결정 제6호: 1948년도 인제군 종합예산 집행총결 밀 1949년도 종합예산에 관한 결정서"(1949년 5월 27일). 또한 『북한관계사료집』 18권, 252-253쪽. 이 수치에는 퍼센트가 합산되지 않은 것 같은 오류가 있다. 그러나 이런 오류를 감안한다고 해도, 교육이 지출의 대부분을 차지했다는 점은 분명하다.

115 RG 242, SA 2007, box 6, item 1.57, "인제군 서화면 당부 회의록"(1948년 3월 26일).

4장 사회단체: 혁명의 실행

1 RG 242, SA 2008, box 8, item 52, 태성수, 『민주주의 도덕 교양의 제문제』(북조선교원문화일꾼직업동맹, 1949), 28, 33쪽.

2 A. 기토비차, B. 볼소프, 『1946년 북조선의 가을: 우리는 조선을 다녀왔다, 소련 작가들의 해방 직후 북조선 방문기』, 최학송 옮김(글누림, 2006), 158쪽.

3 Armstrong, *North Korean Revolution*, p. 58. 이주철, "북조선로동당의 당원과 그 하부 조직에 관한 연구"(고려대학교 대학원 박사학위 논문), 1998, 16쪽. 조선공산당의 역사에 대해서는, Robert A. Scalapino and Chong-Sik Lee, *Communism in Korea*, 2 vols.(Berkeley: University of California Press, 1972)[『한국 공산주의운동사 2』(돌베개, 2015)], Dae-Sook Suh, *The Korean Communist Movement, 1918~1948*(Princeton: Princeton University Press, 1967)[『한국 공산주의운동사 연구』, 현대사연구회 옮김(화다, 1985)] 참조.

4 Armstrong, *North Korean Revolution*, p. 108.

5 조선신민당의 전신인 조선독립동맹은 1942년 옌안에서 만들어졌으나, 그 뿌리는 조선의용대가 조선의 독립을 목표로 중국에서 창설된 1938년으로 올라갈 수 있다. 심지연, 『조선신민당 연구』(서울: 동녘, 1988) 참조. 이 지도부의 귀환이 소위 "옌안파"를 형성했고, 잠재적으로 이들이 김일성과 그의 빨치산 동료들에게 강력한 도전을 제기했지만, 대다수의 군인들은 중국에 머물며 중국공산당이 1949년 승리할 때까지 중국 공산주의자들과 함께 싸웠다. 커밍스는 이들의 전투 경험이 한국 전쟁 기간 동안 결정적으로 중요했다고 주장했다. 또한 그는 이들의 귀국 시점을 통해 한국전쟁이 발발한 시점을 설명하는데, 1949년 말 무렵 이들의 숫자는 수만 명에 달했다. 이에 대해서는 Bruce Cumings, *The Origins of the Korean War: The Roaring of the Cataract, 1947~1950*, vol. 2(Princeton: Princeton University Press, 1992), chapter 11 참조[『한국전쟁의 기원』 2-1권, 김범 옮김(글항아리, 2023)].

6 "북조선로동당 창당대회 회의록"(1946년 8월), 『북한관계사료집』 1권, 110쪽. "북조선로동당 제2차 대회 회의록"(1948년 3월), 『북한관계사료집』 1권, 422쪽.

7 "북조선로동당 제2차 대회 회의록"(1948년 3월), 『북한관계사료집』 1권, 296, 335쪽. 소련 자료를 토대로 류길재는 신민당과 북조선공산당의 통합이 남한에서 좌익 정당 간의 갈등에 대처하고, 미군정의 억압적 정책에 맞서는 통일 전선의 필요성 때문에 소련으로부터 나온 것이라고 신빙성 있게 주장한다. 류길재, "북한의 국가건설과 인민위원회의 역할, 1945~1947"(고려대학교 정치외교학과 박사학위논문, 1995), 248-254쪽 참조.

8 "북조선로동당 제2차 대회"(1948년 3월),), 『북한관계사료집』 1권, 471쪽.

9 "북조선로동당 강원도 인제군당 상무위원회 회의록"(제34호,·제42호, 제57호), 『북한관계사료집』 3권, 89, 282, 495쪽.

10 『로동신문』(1946/09/01). 김광운, "북한 권력 구조의 형성과 간부 충원: 1945.8~1947.3"(한양대학교 사학과 박사학위논문, 1999), 212쪽[PDF 파일상으로는 224쪽]에서 재인용.

11 "북조선로동당 강원도 인제군당 상무위원회 회의록 제69호"(1949년 11월 13일), 『북한관계사료집』 3권, 813. 또한 RG 242, SA 2007, box 6, item 1.62.

12 "북조선로동당 강원도 인제군당 상무위원회 회의록 제34호"(1949년 1월 11일), 『북한관계사료집』 3권, 93-97쪽. 또한 RG 242, SA 2007, box 6, item 1.43.

13 "북조선로동당 강원도 인제군당 열성자 대회 회의록"(1946년 6월 22~23일), 『북한관계사료집』 4권, 526쪽.

14 RG 242, SA 2006, box 15, item 51, "유일당증 수여에 관하여," 북조선로동당 중앙 본부 조직부(절대 비밀)(1946년 11월 6일), 8-9쪽. 당원 심사는 군에서 가장 근면한 당원으로 이루어진 3인 심사위원회에서 이루어졌는데, 이들이 각 세포로 보내져 모든 당원을 심사했다. 하루에 30명을 심사하는 것을 초과해서는 안 되며, 정규 노동시간을 방해해서는 안 되었다(10-11쪽).

15 RG 242, SA 2008, box 9, item 65, "북조선로동당 강령 규약에 대한 참고 재료집," 내무성 문화국(1949.3), 38쪽.

16 "북조선로동당 강원도 인제군당 상무위원회 회의록 제8호"(1948년 4월 14일), 『북한관계사료집』 2권, 186쪽. 또한 RG 242, SA 2007, box 6, item 1.67.

17 RG 242, SA 2007, box 6, item 1.57, "인제군 서화면 당부 회의록"(1948년 10월 31일). RG 242, SA 2007, box 6, item 1.56, "인제군 북면 당부 위원회 회의록"(1948년 3월 23일).

18 RG 242, SA 2009, box 7, item 30.2, "당의 생활," 조선공산당 진남포시위원회 선전부(1946년 2월 10일).

19 Ibid.

20 "북조선로동당 강원도 인제군당 상무위원회 회의록 제20호"(1948년 8월 14일), 『북한관계사료집』 2권, 461-462쪽. 또한 RG 242, SA 2007, box 6, item 1.60.

21 Ibid., 467-468쪽.

22 "북조선로동당 강원도 인제군당 상무위원회 회의록 제35호"(1949년 1월 28일), 『북한관계사료집』 3권, 134-137쪽. 또한 RG 242, SA 2007, box 6, item 1.43.

23 RG 242, SA 2007, box 6, item 1.56, "인제군 북면 당부 위원회 회의록"(1948년 12월 28일).

24 "북조선로동당 강원도 인제군 인제면당 열성자 대회 회의록"(1947년 2월 4일), 『북한관계사료집』 4권, 691-694쪽.

25 "북조선로동당 강원도 인제군당 상무위원회 회의록 제35호"(1949년 1월 28일), 『북한관계사료집』 3권, 134-137쪽.

26 "북조선로동당 강원도 인제군 인제면당 열성자 대회 회의록"(1946년 6월 22~23일), 『북한관계사료집』 4권, 530쪽

27 RG 242, SA 2007, box 6, item 1.41, "조선로동당 강원도 인제군 북면당부 제2차 대표자회의록"(1948년 1월 27일), 또한 『북한관계사료집』 15권, 527-528쪽.

28 정치적 개념으로서의 민주 집중제는 1905년 러시아사회민주노동당의 두 파벌인 멘셰비키와 볼셰비키가 각각 회의를 개최해, 상급 기관의 결정이 하급 기관을 구속하는 민주 집중제 원칙에 따라 당을 조직할 것을 촉구하면서 러시아혁명 기간 동안 사용되기 시작했다. 이 원칙은 이후 공산주의 블록 전체에 걸쳐 공산당의 운영 원리가 되었다. 이 개념에 대한 역사적 개관으로는 Michael Waller, *Democratic Centralism: An Historical Commentary*(Manchester: Manchester University Press, 1981) 참조.

29 RG 242, SA 2009, box 7, item 30.2, "당의 생활," 조선공산당 진남포시위원회 선전부 간행(1946년 2월10일).

30 "사회단체사업에 대한 당단체의 협조정형에 대하여," 당중앙위원회 제10차 회의 결정서(1947년 10월 13일). 김광운, "북한 권력 구조의 형성과 간부 충원: 1945.8~1947.3"(한양대학교 사학과 박사학위논문, 1999), 121쪽에서 재인용.

31 RG 242, SA 2012, box 5, item 145, "북조선농민동맹 강원도 인제군 서화면 심적리 농민 위원회"(1949년 1월 15일).

32 RG 242, SA 2009, box 3, item 75, "동맹강령 및 규약해설," 북조선민청중앙위원회 정치문화교양부 교양과(1949년 6월), 50-51쪽.

33 Ibid., 66-71쪽.

34 Ibid., 72쪽.

35 인제군 당조의 경우, 민청에서는 1947년 3월 25일에, 노동조합에서는 3월 30일에, 여맹에서는 4월 12일에, 농맹에서는 4월 15일에 결성되었다는데, 애초 해당 단체들은 1946년에 모두 결성되었다. 이에 대해서는 다음을 참조. "북조선로동당 강원도 인제군 민청 당조 제1차 회의록"(1947년 3월 25일). "인제군 여성동맹 당조 제1차 회의록"(1947년 4월 12일). "인제군 농민동맹 당조 제1차 회의록"(1947년 4월 15일), 『북한관계사료집』 4권과 7권, 각각 168, 279쪽.

36 당시 북조선에서 노동자는 주요 세력이 아니었다. 북조선의 노동조합은 1947년 전체 노동자 43만 명 가운데 38만 명이 가입한 북조선직업총동맹을 결성하기 위해 통합되었는데, 이는 전체 성인 인구의 10퍼센트에도 미치지 못하는 숫자였다. Armstrong, *North Korean Revolution*, pp. 87-88. 참조. 1946년 5월 조선노동조합평의회 북조선총국이 북조선직업총동맹으로 변모하는 과정과 해방 후 북조선 노동조합의 성격을 두고 벌어진 내부 논쟁에 대한 자세한 내용은 예대열, "해방 이후 북한의 노동조합성격과 노동정책 특질," 『역사와 현실』 70(한국역사연구회, 2008). 김광운, "북한 권력 구조의 형성과 간부 충원: 1945.8~1947.3"(한양대학교 사학과 박사학위논문, 1999), 111-114쪽 참조.

37 『정로』(1946년 2월 1일). 김광운, "북한 권력 구조의 형성과 간부 충원: 1945.8~1947.3"(한양대학교 사학과 박사학위논문, 1999), 109쪽[PDF 파일상으로는 122쪽]에서 재인용. 민청과 마찬가지로 농맹의 공식 창립일이 1946년 1월이라고 해서 그 이전에는 농민 조직이 없었다고 보아서는 안 된다. 지역 농민조합의 임시 조직이 농맹에 앞서 존재했다.

38 "북조선로동당 강원도 인제군 농민동맹 당조 제43차 회의록"(1949년 4월 1일), 『북한관계사료집』 4권, 396쪽. 또한 RG 242, SA 2007, box 6, item 1.50.

39 RG 242, SA 2013, box 2, item 242, "북조선농민동맹 제4차 대회 문헌집"(1949년 4월 20일), 53, 66쪽.

40 RG 242, SA 2007, box 6, item 1.9, "북조선로동당 인제군당 위원회 제4호 회의록"(1948년 11월 6일).

41 "북조선로동당 강원도 인제군 농민동맹 당조 제26차 회의록"(1948년 8월 5일), 『북한관계사료집』 4권, 340쪽. 또한 RG 242, SA 2007, box 6, item 1.50.

42 "북조선로동당 강원도 인제군 농민동맹 당조 제40차 회의록"(1949년 3월 1일), 『북한관계사료집』 4권, 381-383쪽. 또한 RG 242, SA 2007, box 6, item 1.50.

43 "북조선로동당 강원도 인제군 농민동맹 당조 제51차 회의록"(1949년 8월 27일), 『북한관계사료집』 4권, 426쪽. 또한 RG 242, SA 2007, box 6, item 1.50.

44 박현선, "반제반봉건민주혁명기의 여성정책," 『해방전후사의 인식』 5권(서울: 한길사, 1989),

427쪽.

45 허정숙, "전 세계 민주여성에게 고함," 『조선녀성』(1947년 2월), 9-15쪽. 『조선녀성』에 대한 모든 인용은 RG 242, SA 2005, box 2, item 34에서 가져왔다.

46 여성 인구는 때로 600만 명으로 제시되기도 한다. 허정숙, 『세계 민주 여성운동과 조선 민주 여성운동』(평양: 공양사, 1947) 참조. 박현선, "반제반봉건민주혁명기의 여성정책," 434-435쪽에서 재인용, 이는 북조선 전체 인구를 1300만 명으로 추산한 『조선녀성』(1947년 6월)의 수치와 부합한다. 그러나 가장 정확한 전체 인구수는 900만 명에 가까운 것으로 보인다. RG 242, SA 2005, box 6, item 1, 보안부 내무부 인구조사보고(1946~48) 참조. 소비에트 점령 당국의 보고에 따르면, 북조선의 전체 인구는 933만2540명이었다(이 가운데 86.47퍼센트가 농촌 지역에, 13.53퍼센트가 도시에 거주했다). 김광운, "북한 권력 구조의 형성과 간부 충원: 1945.8~1947.3"(한양대학교 사학과 박사학위논문, 1999), 101쪽 참조.

47 박정애, "1947년도 북조선민주여성동맹 사업 총결"『조선녀성』(1948년 1월), 4-7쪽.

48 "북조선로동당 강원도 인제군 여성동맹 당조 제22차 회의록"(1948년 11월 25일) 『북한관계사료집』 4권, 224쪽. 또한 RG 242, SA 2007, box 6, item 1.52.

49 "북조선로동당 강원도 인제군당 상무위원회 회의록 제41호"(1949년 4월 3일), 『북한관계사료집』 3권, 234쪽. 또한 RG 242, SA 2007, box 6, item 1.65.

50 "북조선로동당 강원도 인제군 여성동맹 당조 제10차 회의록"(1948년 3월 18일), 『북한관계사료집』 4권, 193쪽. 또한 RG 242, SA 2007, box 6, item 1.52.

51 "북조선로동당 강원도 인제군 여성동맹 당조 제5차 회의록"(1947년 10월 4일), 『북한관계사료집』 4권, 182쪽. 또한 RG 242, SA 2007, box 6, item 1.53. "북조선로동당 강원도 인제군 여성동맹 당조 제6차 회의록"(1947년 11월 12일), 『북한관계사료집』 4권, 184쪽. 또한 RG 242, SA 2007, box 6, item 1.53.

52 "북조선로동당 강원도 인제군 여성동맹 당조 제23차 회의록"(1948년 12월 8일), 『북한관계사료집』 4권, 231쪽. 또한 RG 242, SA 2007, box 6, item 1.52.

53 "북조선로동당 인제군 남면당부 제7차 세포책임자 회의록"(1947년 3월 14일), 『북한관계사료집』 15권, 510쪽.

54 "북조선로동당 인제군 남면당부 제8차 세포책임자 회의록"(1947년 3월 24일), 『북한관계사료집』 15권, 515쪽. 또한 RG 242, SA 2007, box 6, item 1.59.

55 "북조선로동당 강원도 인제군당 상무위원회 회의록 제33호"(1949년 1월 3일), 『북한관계사료집』 3권, 68쪽. 또한 RG 242, SA 2007, box 6, item 1.43.

56 "북조선로동당 강원도 인제군당 상무위원회 회의록 제41호"(1949년 4월 3일), 『북한관계사료집』 3권, 231-235쪽.

57 "북조선로동당 강원도 인제군당 상무위원회 회의록 제72호"(1949년 12월 13일), 『북한관계사료집』 3권. 926쪽. 또한 RG 242, SA 2007, box 6, item 1.62.

58 "북조선로동당 강원도 인제군 남면당단체 열성자 대회"(1947년 12월 22일), 『북한관계사료집』 18권, 36쪽.

59 RG 242, SA 2009, box 3, item 75, "동맹강령 및 규약해설," 북조선민청중앙위원회 정치문화교양부 교양과(1949년 6월), 49쪽.

60 『청년』(1946년 10월23일, 10월28일). 김광운, "북한 권력 구조의 형성과 간부 충원: 1945.8~1947.3"(한양대학교 사학과 박사학위논문, 1999), 105쪽[PDF 파일상으로는 117-118쪽]에서 재인용. RG 242, SA 2009, box 4, item 178, "민청 평북 선천군 일지"(1947). 북조선로동당과 마찬가지로 민청 역시 1946년 3월과 4월, 그리고 1947년 2월, 7월, 8월에 걸쳐 '불순분자'를 제거하기 위해 모든 회의의 재등록을 실시했다. 예를 들어, 어느 지역 민청 지부의 회원은 숙청의 결과로 164명에서 101명으로 줄었다. 6명이 제명되었고, 31명이 주소를 변경했으며, 26명이 연령 상한을 넘었다. RG 242, SA 2005, box 4, item 26, and item 38, 북조선민주청년동맹 평안북도 선천군 초급 단체 보고서(1948년 9월).

61 RG 242, SA 2007, box 6, item 1.56, "인제군 북면당부 위원회 회의록"(1948년 12월 28일). 북조선로동당 강원도 인제군당 상무위원회 회의록 제16호(1948년 7월 6일), 『북한관계사료집』 2권, 377쪽.

62 "북조선로동당 강원도 인제군당 상무위원회 회의록 제16호"(1948년 7월 6일), 『북한관계사료집』 2권, 362-363쪽.

63 "북조선로동당 제2차 대회 회의록"(1948년 3월), 『북한관계사료집』 1권, 408쪽.

64 "평양시 민청단체내 간부 및 맹원 정치교양사업 진행정형에 대하야: 북조선민청 중앙상무위원회 제7차 회의 결정서"(1949년 2월 1일,), 『북한관계사료집』 25권, 98쪽. 이주철, "북조선노동당의 당원과 그 하부 조직에 관한 연구"(고려대학교 박사학위논문, 1998), 256쪽에서 재인용. 그럼에도 면 단위 이상의 민청 조직에서 공식 직책을 맡은 여성은 33명(1.6퍼센트)에 불과해 개선의 여지가 많았다.

65 RG 242, SA 2008, box 8, item 52, 태성수, 『민주주의 도덕교양의 제문제』(북조선교원문화일꾼직업동맹, 1949), 51쪽.

66 RG 242, SA 2005, box 4, items 27 and 38, "북조선민주청년동맹 평안북도 선천군 초급 단체 보고서"(1948년 9월).

67 『정로』(1945년 11월 14일), 2쪽. 김광운, "북한 권력 구조의 형성과 간부 충원: 1945.8~1947.3"(한양대학교 사학과 박사학위논문, 1999), 102-103쪽에서 재인용.

68 "개진순 자서전," RG 242, SA 2006, box 12, item 4.1, "평안북도 교육간부양성소 교원 이력서"(1949). "김만규 이력서," RG 242, SA 2005, box 8, item 34, Part 4, "교원 이력서"(1949). "김엄규 이력서," RG 242, SA 2006, box 12, item 4.2, "중앙 교육간부양성소 교원 이력서"(1949).

69 RG 242, SA 2006, box 12, item 20.2, "함경북도 교원 이력서"(1949년 9월).

70 보수 진영이 자신들을 신탁통치에 반대하는 애국자들로 채색할 수 있는 첫 번째 기회를 제공한 모스크바 협정에 대해서는, Cumings, *Origins of the Korean War*, vol. 1, chapter 7[『한국전쟁의 기원』 1권, 7장] 참조.

71 "북조선로동당 강원도 인제군 당단체 청년 사업에 대한 1947년도 일 년간의 사업총결"(1947), 『북한관계사료집』 15권, 626쪽.

72 "북조선로동당 강원도 인제군 민청 당조 제27차 회의록"(1948년 8월 28일), 『북한관계사료집』 4권, 63-66쪽. 또한 RG 242, SA 2007, box 6, item 1.40.

73 "북소선로동당 강원도 인제군당 상무위원회 회의록 제29호"(1948년 12월 2일), 『북한관계사료집』 2권, 738쪽. 또한 RG 242, SA 2007, box 6, item 1.55.

74 RG 242, SA 2009, box 3, item 75, "동맹강령 및 규약해설," 북조선민청중앙위원회 정치문화교양부 교양과(1949년 6월).

75 Ibid., 60쪽.

76 Ibid., 6-7, 14쪽.

77 Ibid., 21쪽.

78 Ibid., 21-22쪽(강조는 추가).

79 "북조선로동당 강원도 인제군 농민동맹 당조 제21차 회의록"(1948년 5월 30일), 『북한관계사료집』 4권, 322-324쪽. 또한 RG 242, SA 2007, box 6, item 1.50.

80 RG 242, SA 2008, box 9, item 38, 최윤경, "청년들의 독서지도를 위한 사업경험(선천군 민청에서)," 『청년생활』(1950년 4월).

81 RG 242, SA 2007, box 8, item 78, 현정민, "민청 제3차 대회: 학교내 사회 단체들의 사업에 대하여," 『학생문고』(1949년 7월), 25-58쪽. "북조선로동당 강원도 인제군 민청 당조 제30차 회의록"(1948년 10월 10일), 『북한관계사료집』 4권, 70쪽. 또한 RG 242, SA 2007, box 6, item 1.40.

82 RG 242, SA 2005, box 4, item 31, "평안북도 선천군 수청면 소년단 위원회 사업총결"(1948). 소년단을 삐요넬이라고 부르는 구체적인 예로는 다음을 참조, RG 242, SA 2009, box 4, item 178,

"평안북도 선천군 민청 일지"(1947) 참조.

83 RG 242, SA 2006, box 16, item 31, "선천군 모범소년단 회의록"(1948).

84 남한에 정착한 탈북 청소년들은 남한 학생들은 공책을 빌려주지 않으려 한다는 불만을 토로하기도 했다. 이에 대해서는 다음을 참조. <기나긴 여정>, 남태진 감독(서울: 셋넷학교, 2009), DVD. 또한 Jiyoung Song, *Human Rights Discourse in North Korea: Post-colonial, Marxist, and Confucian Perspectives*(New York: Routledge, 2011), p. 141.

85 RG 242, SA 2006, box 16, item 31, "선천군 모범소년단 회의록"(1948).

86 Ibid.

87 RG 242, SA 2005, box 4, item 8, "평북 선천군 민청 서류철"(1947년 8월 10일).

88 "북조선로동당 강원도 인제군 인제면 북리 상답세포 회의록"(1949), 『북한관계사료집』 15권, 653-706쪽. 또한 RG 242, SA 2007, box 6, item 1.36.

89 "북조선로동당 강원도 인제군 인제면 북리 상답세포 회의록"(1949년 3월 5일), 『북한관계사료집』 15권, 662-663쪽. 또한 RG 242, SA 2007, box 6, item 1.36.

90 RG 242, SA 2007, box 6, item 1.49, "북조선로동당 강원도 인제군 인제면 북리 중답세포 제25차 회의록"(1949년 3월 4일).

91 RG 242, SA 2009, box 6, item 57, "인민군 수첩"(학습 문답).

92 "북조선로동당 평남도 평양시 중구역 평양여자고급중학교 정기회의록"(1948~49), 『북한관계사료집』 26권, 105-490쪽.

93 "북조선로동당 강원도 인제군당 열성자 대회 회의록"(1949년 6월 22~23일), 『북한관계사료집』 4권, 523쪽. 또한 RG 242, SA 2007, box 6, item 1.51.

94 "북조선로동당 강원도 인제군 남면당 열성자 대회 회의록"(1949년 7월 15일), 『북한관계사료집』 4권, 557쪽.

95 RG 242, SA 2009, box 7, item 30.2, "당의 생활," 조선공산당 진남포시위원회 선전부 간행(1946년 2월 10일). 여기에는 1927년 소련 제15차 당 대회에서 인용한 내용이 광범위하게 포함되어 있다. RG 242, SA 2009, box 7, item 27, "영도 방법," 조선공산당 진남포시위원회 선전부 간행(정확한 날짜는 없지만, 대략 1946년 초로 보인다). 이 글은 거의 전적으로 마오쩌둥, 중국공산당 신문, 중국공산당 중앙위원회의 "지도 방식에 관한 결의안" 등에서 인용한 내용을 비롯해 중국에서 나온 자료들에서 발췌한 내용들로 구성되어 있다.

96 김태우, "1948~49년 북한 농촌의 선전선동사업: 강원도 인제군의 사례," 『역사와현실』 제60집(2006), 112-113쪽.

97 Ibid., 114쪽.

98 "북조선로동당 강원도 인제군당 상무위원회 회의록 제3호"(1948년 2월 29일), 『북한관계사료집』 2권, 57쪽. 또한 RG 242, SA 2007, box 6, item 1.66.

99 "북조선로동당 강원도 인제군 여성동맹 당조 제33차 회의록"(1949년 12월 7일), 『북한관계사료집』 4권, 274-277쪽. 또한 RG 242, SA 2007, box 6, item 1.31.

100 "북조선로동당 강원도 인제군 여성동맹 당조 제13차 회의록"(1948년 5월 8일), 『북한관계사료집』 4권, 199쪽. 또한 RG 242, SA 2007, box 6, item 1.52.

101 RG 242, SA 2009, box 4, item 178, "민청 평북 선천군 일지"(1947).

102 "북조선로동당 강원도 인제군당 상무위원회 회의록 제70호"(1949년 11월 27일), 『북한관계사료집』 3권, 817-819쪽. 또한 RG 242, SA 2007, box 6, item 1.62. 전체 커리큘럼에 대해서는, 이 책의 부록을 참조.

103 Armstrong, *North Korean Revolution*, pp. 172-173.

104 김태우, 『1948~49년 북한 농촌의 선전선동사업: 강원도 인제군의 사례』, 『역사와현실』 제60집(2006), 129쪽.

105 "북조선로동당 평남도 평양시 중구구역당부 고여중세포 제5차 임시세포회의록"(1949년 1월 9일), 『북한관계사료집』 26권, 487-488쪽.

106 "북조선로동당 강원도 인제군당 상무위원회 회의록 제12호"(1948년 5월 28일), 『북한관계사료집』 2권, 283-284쪽. 또한 RG 242, SA 2007, box 6, item 1.67.

107 Ibid., 278쪽.

108 "북조선로동당 강원도 인제군당 상무위원회 회의록 제71호"(1949년 12월 10일), 『북한관계사료집』 3권, 893-894쪽. 또한 RG 242, SA 2007, box 6, item 1.62.

109 "북조선로동당 강원도 인제군당 상무위원회 회의록 제32호"(1948년 12월 31일), 『북한관계사료집』 3권, 50쪽. 또한 RG 242, SA 2007, box 6, item 1.55.

110 "북조선로동당 강원도 인제군당 상무위원회 회의록 제71호"(1949년 12월 10일), 『북한관계사료집』 3권, 893쪽.

111 Ibid.

112 Ibid.

113 RG 242, SA 2008, box 9, item 89, 백남운, 『쏘련인상』(평양, 1950). 이 책은 백남운, 『쏘련인상』(서울: 선인, 2005)으로 재출간되었다. RG 242, SA 2008, box 9, item 52, 장시우, 『쏘련참관기』(평양: 상업성 민주상업사, 1950). 또한 RG 242, SA 2012, box 1, item 40, 한설야, 『레뽀르타주: 쏘련 려행기』(평양: 교육성, 1948).

114 "북조선로동당 강원도 인제군당 상무위원회 회의록 제39호"(1949년 3월 14일), 『북한관계사료집』 3권, 189-190쪽. 또한 RG 242, SA 2007, box 6, item 1.43.

115 RG 242, SA 2012, box 8, item 88, "당의 정치노선 및 당사업 총결과 결정 (당문헌집 1)"(1946), 45쪽.

116 김재웅은 일련의 동일한 자료들을 근거로 인민위원회의 독립성은 원칙상으로만 존재했고 실제로는 당이 인민위원회를 비롯한 사회단체를 감시 감독하는 등 궁극적인 권력을 가지고 있었다고 주장한다. 김재웅, "해방 후 북한의 지방 통치체계: 1946~49년 강원도 인제군을 중심으로," 『역사와 현실』 60(한국역사연구회, 2006) 참조. 그러나 모든 마르크스-레닌주의 국가는 공산당이 정부를 통제해 왔는데, 이는 부분적으로 "프롤레타리아독재"에 의해 정당화되었다. 여기서 요점은 정부가 독립적일 필요가 있다는 인식이 있었다는 점으로, 실제로 기록에 따르면 당은 종종 인민위원회가 문제를 독자적으로 해결한다고 불평했다.

117 RG 242, SA 2008, box 9, item 65, "북조선로동당 강령 규약에 대한 참고 재료집"(내무성 문화국, 1949), 23쪽.

118 "북조선로동당 강원도 인제군당 상무위원회 회의록 제34호"(1949년 1월 11일), 『북한관계사료집』 3권, 83쪽.

119 자본주의적 대중 주권과 사회주의적 대중 주권의 차이에 대해서는, Susan Buck-Morss, *Dreamworld and Catastrophe: The Passing of Mass Utopia in East and West*(Cambridge: MIT Press, 2000), chapter 1 참조. 여기서는 민족주의적 주권과 사회주의적 주권을 논의하기 위해 수잔 벅-모스의 개념을 다수 수정했다. 벅-모스는 이 두 가지 유형의 주권을 프랑스혁명에서 탄생한 평등(주권자로서의 "인민")이라는 유토피아적 담론의 결과로 설명한다. 프랑스혁명은 "두 가지 파국적 형태의 근대인 정치적 삶, 즉 혁명적 테러와 대중 징집에 기반을 둔 민족주의 전쟁"을 촉발했다(p. 32).

120 김재웅, "해방 후 북한의 지방 통치체계: 1946~49년 강원도 인제군을 중심으로," 『역사와 현실』 60(한국역사연구회, 2006), 47-48, 55쪽. 김재웅은 인제군이 38도선에 위치했기 때문에 계급투쟁이 가진 추동력과 그에 따른 당의 권위가 인민위원회의 그것보다 강화되었다고 보지만, 필자는 인민위원회가 당 스스로 인정한 것처럼 얼마나 핵심적이었는지를 보여 준다. 실제로 38도선이 가까웠기에 반혁명 세력은 비교적 쉽게 월남할 수 있었을 것이다.

121 RG 242, SA 2007, box 6, item 1.42, "인제군 북면당부 위원회 회의록"(1947년 3월 15일~1947년 9월 1일).

122 RG 242, SA 2012, box 8, item 72, "조선행정법"(날짜 없음), 73-74쪽.

123 RG 242, SA 2007, box 6, item 9, "인제군당부 기요과 지령철"(1947).

124 RG 242, SA 2007, box 6, item 1.56, "인제군 북면당부 위원회 회의록"(1948년 12월 28일).

125 "북조선로동당 강원도 인제군당 상무위원회 회의록 제34호"(1949년 1월 11일),
『북한관계사료집』 3권, 101-104쪽.

126 RG 242, SA 2007, box 6, item 1.56, "인제군 북면당부 위원회 회의록"(1948년 12월 28일).

127 RG 242, SA 2009, box 4, item 178, "민청 평북 선천군 일지"(1947).

128 RG 242, SA 2008, box 8, item 52, 태성수, 민주주의 도덕교양의
제문제(북조선교원문화일꾼직업동맹, 1949), 161-163쪽.

129 Ibid., 162쪽.

130 Ibid., 163쪽.

131 Paul Smith, *Discerning the Subject*(Minneapolis: University of Minnesota Press, 1988).

5장 자서전: 혁명의 내러티브

1 RG 242, SA 2005, box 8, item 15.2, "평양 로어학교 교원, 졸업생 이력서 및
자서전"(1948~49년).

2 국제적색원조기구 또는 국제혁명가후원회는 "자본주의의 포로들," 즉 자본주의국가들에 수감되어
있는 정치범들을 지원하기 위해, 그리하여 "그들의 가족이 방치되지 않고, 그들의 아내와 아이들에게
신속히 물질적 도움을 제공하기 위해," 코민테른의 후원으로 1922년 창설되었다. *Ten Years of
International Red Aid in Resolutions and Documents, 1922~1932*(Executive Committee of the
I.R.A., 1932), p. 14 참조.

3 소련에 대한 비슷한 주장으로는, Jochen Hellbeck, "Speaking Out: Languages of Affirmation and
Dissent in Stalinist Russia," *Kritika: Explorations in Russian and Eurasian History* 1, no. 1(Winter
2000), pp. 71-96 그리고 Jochen Hellbeck, "Working, Struggling, Becoming: Stalin-era
Autobiographical Texts," *Russian Review* 60(July 2001), pp. 340-359 참조. 이갈 할핀(Igal
Halfin)은 1920년대 당 가입을 위해 학생들이 쓴 자서전을 검토해 왔는데, 이런 자서전들을 어둠에서
빛으로의 영적 전향과 유사한 고해성사와 비교했다. 이 장에서 자서전들은 좀 더 다양한 맥락들 속에서
검토되는데, 식민 통치 시기와 해방 이후 시기 동안에 외향적으로 드러난 활동에 초점을 맞추고 있다.
고해성사와 전향은 러시아 정교회 전통을 가진 러시아에서 좀 더 두드러진 모델일 수 있다. Igal Halfin,
"From Darkness to Light: Student Communist Autobiographies of the 1920s," *Jahrbucher fur
Geschichte Osteuropas*, bk. 2(1997), pp. 210-236 참조.

4 내러티브라는 용어의 사용과 관련해, 나는 특정한 종류의 담론으로서 내러티브에 대한 헤이든
화이트의 정의를 차용하고 있는데, 여기서 내러티브는 중심 주제, 전환점, 식별 가능한 화자에 더해,
시작, 중간, 결론이 잘 표시된 이야기 구조를 소유하고 있다. 이에 대해서는 Hayden White, *The
Content of the Form: Narrative Discourse and Historical Representation*(Baltimore: Johns Hopkins
University Press, 1987), 특히 2장 참조.

5 전기문학과 자서전 장르의 역사는 이 책의 범위를 넘어선 것이지만, 한국에서 역사적 글쓰기의
역사에 대한 문헌으로는 Henry Em, *The Great Enterprise: Sovereignty and Historiography in Modern
Korea*(Durham: Duke University Press, 2013) 참조.

6 남한 사회는 식민지 시절의 유산으로 오늘날까지도 골치를 앓아 왔다. 이는 친일파를 두고
반복적으로 불거지는 논란을 통해 잘 알 수 있다. 이에 대한 가장 최근의 사례로는, 노무현 정부 시기인
2005년에 출범해 2010년 해산한 '대한민국 친일반민족 행위 진상규명위원회'의 활동을 들 수 있다. 이
위원회는 수백 명의 친일 부역자들을 밝혀내고, 식민지 시기 동안 그들이 축적한 재산과 부를
후손들로부터 환수하는 활동을 했다. 2011년 3월, 헌법재판소는 친일 부역자들의 후손이 재산 환수에
맞서 제기한 위헌 소송에서, 위원회의 활동을 헌법에 부합하는 것으로 판결했다. 이에 대해서는, Park

Si-soo, "Seizing Wealth of Pro-Japanese Collaborators Ruled Constitutional," *Korea Times,* March 31, 2011 참조.

http://www.koreatimes.co.kr/www/news/nation/2011/03/113_84250.html. 참조.

7 Ilpyong J. Kim, "A Century of Korean Immigration to the United States," in *Korean-Americans: Past, Present, and Future,* ed. Ilpyong J. Kim(New Jersey: Hollym International, 2004).

8 버지니아 호텔은 캘리포니아 주, 롱비치에 소재해 있었다. 버지니아 호텔은 1908년 4월에 개장해 오랫동안 그 지역 사교계의 중심이 되었다가, 1929년 주식시장 붕괴의 여파로 1932년 10월에 문을 닫았다. 건물은 1933년 3월 지진으로 붕괴되었다.

9 김호철의 루이스대학교 학적부에 따르면, 그는 1928년 1월까지 학교에 등록하지 않았던 것으로 보인다. 그 기록들에 따르면, 김호철은 루이스대학교에 입학하기 전 3개월 동안 이러저런 방식으로 무디 바이블 신학교(Moody Bible Institute)와 관계를 맺고 있었던 것으로 보인다. 김호철은 이 같은 정보를 의도적으로 누락한 것으로 보이는데, 이는 종교와 관련 있어 보이는 기록을 지우기 위해서였다. 얄궂게도 그는 영어(C, D, F 학점들로 점철된)보다 프랑스어 수업(대체로 B를 받았고, A가 하나 있다)에서 더 좋은 점수를 받았던 것으로 보인다. Illinois Institute of Technology Archives, Lewis Institute Student Records, box 302, Record Group 3.2(1898~1940) 참고. 김호철의 기록을 찾는 데 도움을 준 사서 캐서린 브럭(Catherine Bruck)에게 감사를 표한다.

10 미국혁명작가동맹은 1935년에 설립된 미국 소설가, 극작가, 시인, 언론인, 문학평론가들의 인민 전선 조직인 미국작가동맹의 전신이었을 가능성이 있지만, 이 단체의 영문 명칭을 추적, 확인할 수는 없었다. 미국작가동맹에 관한 정보로는 다음을 참조. Michael Denning, *The Cultural Front: The Laboring of American Culture in the Twentieth Century*(New York: Verso, 1998). 두 번째 자서전에서 김호철은 이 동맹을 "미국 공산당의 지도하"에 전개된 "혁명적 문화 운동" 단체로 묘사했다. 그는 또한 시카고에서 공부하는 동안 "재미조선인사회과학연구회"를 조직했다고 주장했다.

11 김호철의 학적에 따르면, 루이스대학교는 1932년 4월 김호철의 성적 증명서를 이민 당국에 보냈다. 스코츠보로 소년들 사건은 9명의 흑인 십대(12~19세에 이르는)들이 백인 여성 2명을 강간한 혐의로 기소된 사건을 말한다. 12세였던 소년을 제외하고 나머지 8명이 1심에서 유죄로 사형을 선고받았다. 이후 수차례의 재판과 재심을 거쳤고, 결국 세 명이 징역을 살았다. 이 사건은 인종주의의 대표적 사례로 광범위한 비판을 받았다. James A. Miller, *Remembering Scottsboro: The Legacy of the Infamous Trial*(Princeton: Princeton University Press, 2009) 참조.

12 김호철은 여기서 자신이 전향을 강요당했다고 암시하는데, 이는 식민 통치 시기, 특히 마지막 10년 동안 정치범에게 흔하게 강요되었던, 대체로 고문을 통해 강제된 관행이었다. 이 점을 짚어 준 헨리 임에게 감사를 전한다. 좀 더 추가적인 맥락을 이해하기 위해서는 이 책의 2장 총력전을 위한 동원에 대한 절을 참조.

13 정달현과 오기섭은 모두 국내파 공산주의자들로 식민지 시기 조선공산당에 가입했으며, 노동자들을 조직하는 등의 활동을 했다. 오기섭은 1930년대에 모스크바에 소재한 동방노력자공산대학(피식민 지역의 공산주의자들을 훈련시키기 위해 코민테른이 설립한 학교)에 유학했다. 그는 해방 직후 결성된 함경북도 공산당 지부의 창립 멤버였고, 조선로동당 중앙위원에 오르기도 했으며, 지방임시인민위원회 노동국장을 역임하기도 했다. 정달현과 오기섭은 모두 1950년대에 숙청을 당했다.

『북한인명사전』(서울: 북한연구소, 1995), 510쪽 참조.

14 RG 242, SA 2007, box 6, item 8, "1947년 인제군 입당 청원자 보류자 문건"(1947년).

15 1934년, [독립운동을 하다 체포되어 일제에 의해 전향을 강요당한] 강문수의 고백에 대한 사례로는 Dae-Sook Suh, *Documents of Korean Communism,* pp. 209-223 참조.

16 동학농민운동은 조선사에서 가장 큰 농민반란으로 알려져 있다. 동학농민운동은 19세기 말, 경제적 고난과 탐관오리들의 악행에 대한 반발로 발생했으며, 중일전쟁을 유발했다. Carter J. Eckert et al., *Korea Old and New,* pp. 214-222 참조.

17 김호철은 국제적색원조기구를 '혁명가후원회' 또는 '모플'이라고 불렀는데, 모플(MOPR, Mezhdunarodnoye Obshtchestvo Pomoshtchi Revolutzioneram)은 그 기관의 러시아어 약칭이었다.

러시아어 해석에 도움을 준 로스 킹(Ross King)에게 감사의 마음을 표한다.

18 식민 통치가 끝난 이후 일본, 중국, 소련 등지에서 조선인이 대거 귀환하면서 다양한 언어가 사용되었음을 인식해 이력서 가운데 일부는 신청자의 "자연 용어"에 대해서도 문의했다. RG 242, SA 2007, box 6, item 8, 1947년 인제군 입당 청원자 보류자 문건 참조. 사실 대부분은 한글로 작성되었지만, 몇몇 양식은 중국어와 러시아어로 인쇄되었다. 이런 양식은 국제무역을 담당하고, 이에 따라 외국어를 사용해야 하는 조소해운주식회사와 같이 러시아나 중국에서 태어나고 자란 조선인이 근무하는 사업장에서 주로 사용되었던 것으로 보인다. RG 242, SA 2005, box 6, item 11, "조쏘해운주식회사 간부 명부"(1948~49년) 참조.

19 그렇다고 해서 공식 양식이 일률적으로 발전했다고 말하는 것은 아니다. 해방 이후 시기에 사용된 다양한 양식은 단일하지 않았다. 기존의 양식이 업데이트된 판본과 함께 계속 사용되면서 새로운 양식과 혼용되는 경우가 많았고, 기관별로 요구하는 정보의 양이 조금씩 달랐다.

20 RG 242, SA 2005, box 4, item 39, "평북 선천군 민청 가맹서와 이력서"(1946년).

21 RG 242, SA 2005 box 8 item 15.2, "평양 로어학교 교원, 졸업생 이력서 및 자서전"(1948~49년).

22 RG 242, SA 2007, box 6, item 8, "1947년 인제군 입당 청원자 보류자 문건"(1947년). 이 이력서들에는 해방 전후의 제재를 받았거나 상을 받았던 기록, 군 경력, 가족 관계 및 친우 관계, 취미 등이 포함되지 않았다. 또한 이 인사 서류철에 있는 입당 원서에는 지원자의 입당 여부에 대해 면 수준에서 이루어진 결정이 추가적인 평가를 요구하는 인제군의 결정에 의해 보류되었음을 보여 주는데, 이는 지역 당의 결정에 대한 하향식 감독이 이루어졌음을 나타낸다.

23 소련의 사례에 대한 논의는 다음의 논문에 기반을 두고 있다. Sheila Fitzpatrick, "Ascribing Class: The Construction of Social Identity in Soviet Russia," *Journal of Modern History* 65(December 1993), pp. 745-770.

24 Ibid, pp. 763-764.

25 Hellbeck, "Working, Struggling, Becoming," 341. 헬벡에 따르면, 자서전은 "소비에트 체제에서 가장 널리 사용된, 형식화된 자기 소개서 유형"으로, "산문으로 제출되고 구두로 발표되는 개인의 삶에 대한 짧은 설명으로, 그 사람의 학력과 직업적 성과를 나열하지만, 그 핵심은 그 사람의 인격 형성에 초점이 맞춰져"(p. 342)있었다.

26 Fitzpatrick, "Ascribing Class," p. 751.

27 RG 242, SA 2005, box 8, item 5, "황해도 사리원 고급중학교 교원 이력서"(1949년 5월 5일).

28 RG 242, SA 2005, box 8, item 33, Part 2, "평북 희천 녀자중학교 교장 이력서"(1949년 9월 9일).

29 예를 들어, RG 242, SA 2005, box 8, item 5, "황해도 사리원 고급중학교 교원 이력서"(1949년)에 있는 김중호에 대한 평가를 참조. 1946년 토지개혁으로 그의 가족이 소유하고 있던 토지 가운데 10만 평이 몰수되었다. <토지개혁법>에서는 토지 단위로 정보(1정보는 약 1헥타르)를 사용했지만, 대부분의 이력서에서는 훨씬 작은 단위인 평을 사용했다. 1정보는 3000평에 해당하므로, 토지개혁 당시 토지를 분할할 수 있는 한계로 설정된 5정보는 1만5000평에 해당한다.

30 RG 242, SA 2005, box 8, item 6, "황해도 사리원 고급중학교 교원 이력서"(1949년). 4만5000평의 토지를 몰수당한 집안 출신인 리보철과 2만 평의 토지를 몰수당한 집안 출신이지만, 당에 가입한 림형준 인사 서류철을 참조.

31 RG 242, SA 2005, box 8, item 30, Part 4, "평양여자사범전문학교"(1949년 11월), 전영숙 파일 참조. RG 242, SA 2005, box 8, item 34, Part 4, "교원 이력서"(1949), 리수출 파일 참조.

32 RG 242, SA 2006, box 12, item 2, "교원 이력서"(1949년 5월 11일).

33 고모인 김원주에 대해서는 7장에서 좀 더 자세히 다뤄진다.

34 RG 242, SA 2006, box 12, item 2, "교원 이력서"(1950년 1월 7일).

35 RG 242, SA 2006, box 12, item 4.1, "평양복도 교육간부 양성소 이력서"(1949년).

36 RG 242, SA 2005, box 8, item 30, Part 2, "교원 이력서"(1949년 11월).

37 RG 242, SA 2005, box 8, item 5, "황해도 사리원 고급중학교 교원 이력서"(1949년 10월 9일).

38 RG 242, SA 2006, box 12, item 4.1, "평안북도 교육간부 양성소 이력서"(1949년).

39 앞부분에서 논의한 바 있는, 또 다른 오산학교 학생 한기창은 학교 설립자인 이승훈이 학생들에게 전수한 민족주의에 대해 자부심을 가졌다. 즉, "무엇인지는 모르나 모르는 중에 민족이라는 데 애착을 가지지 않을 수 없었다." 그러나 그는 또한 다음 같이 결론을 내렸다. "지금 생각건대 순전한 민족주의 …… 이광수처럼 누가 와서 정치를 하건 경제권을 쥐건 우리는 우리말만 하면 그만이라는 [그런 사고는-옮긴이] 터무니없는 일이라 하지 않을 수 없다 …… 국제주의만이 승리할 수 있으며 협소한 민족주의를 배격할 것이며 위대한 소비에트연방과 우의적 연결을 가지어야 할 것을 깨달았다"(1949년 3월 19일).

40 또한 이 무렵 그는 부모님의 뜻과는 달리 교회에 다니지 않았고, 결국 예배 참석에 대한 압박 때문에 집을 나가면서 가족 내에 불화를 일으켰다. 이는 그리스도교에 대한 시선이 곱지 않았던 시기에 그리스도인 부모와 거리를 두기 위해 사용한 내러티브 전략이었지만, 자서전에서 종교 문제는 주요 주제가 아니었다. 따라서 필자는 이 내용을 여기 각주에 넣기로 했다.

41 RG 242, SA 2006, box 12, item 4.1, "평안북도 교육간부양성소 이력서"(1949년).

42 RG 242, SA 2006, box 12, item 20.3, "함북 어량고중 교원 이력서"(1949년 9월).

43 RG 242, SA 2005, box 8, item 1, "황해도 은율군 은율중학교"(1949년 4월~5월). 이 학교의 고위 관리자들은 모두 일제강점기에 교직에 있었다. 그러나 그들은 해방 후에도 계속 교직에 있었을 뿐만 아니라 당에 가입해 고위직을 맡을 수 있었다. 이들 가운데는 토지개혁으로 토지를 몰수당한 사람도 있었다.

44 Hayden White, *Content of the Form*, p. 10.

45 Larry Lockridge, "The Ethics of Biography and Autobiography," in *Critical Ethics: Text, Theory and Responsibility*, ed. Dominic Rainsford and Tim Woods(New York: St. Martin's Press, 1999), p. 136.

46 RG 242, SA 2006, box 12, item 4.2, "중앙 교육간부양성소"(1949년 12월).

47 Fritzsche and Hellbeck, "The New Man in Stalinist Russia and Nazi Germany," p. 340. 저자들은 스탈린주의와 나치즘을 구분하면서, 나치 독일이 인종과 육체에 집착하게 된 원동력은 독특한 민족 개념에 기반을 둔 공간적 안전을 통해 시간의 예측 불가능한 영향력에 대응하려는 욕구에서 비롯되었다고 지적했다. 이와는 대조적으로 소비에트의 새로운 인간(New Man)에서 나타나는 보편주의적 전망은 인류의 역사 발전에 대한 믿음에 기초했다.

6장 혁명적 모성: 혁명의 젠더

1 박현선, "반제반봉건민주혁명기의 여성정책," 425쪽.

2 일제강점기에 만들어진 조선은행은 6·25전쟁 발발 직전인 1950년 6월 한국은행으로 개편될 때까지 계속해서 통화를 발행했다. 남과 북의 점령 지역에서도 단일한 통화 제도가 한동안 유지되다가, 1947년 12월 북조선이 새로운 중앙은행을 세우고 별도의 통화를 발행하면서 분리되었다. 새로운 통화의 가치는 대부분 기존 화폐와 동일한 수준이었다. 1945년 해방 이후 점령군에 달러당 15원으로 고정되었다. 1947년 7월에 달러당 50원으로 평가절하되었고, 1948년 10월에는 달러당 450원으로 크게 평가절하되었다. 이후 불안정한 정치 상황으로 말미암아 원화는 급격한 하락세를 이어 갔다. 다음 누리집을 참고. http://oldsite.nautilus.org/DPRKBriefingBook/economy/ROKMonetary History.htm(접속일 2010년 8월 29일[지금은 이용할 수 없다]). 계산은 40원 : 1달러를 기준으로 2010년 소비자물가지수(CPI) 657.8과 1947년 소비자물가지수 66.9를 다음의 방정식을 통해 계산했다. 1947년 물가 × (2010 CPI / 1947 CPI) = 2010년 물가.

3 RG 242, SA 2010, box 5, item 4, "황해도 평산군 검찰 진술서"(1947년 3월 18일).

4 Christina Kelley Gilmartin, *Engendering the Chinese Revolution: Radical Women, Communist Politics, and Mass Movements in the 1920s*(Berkeley: University of California Press, 1995), pp. 4-5. 또한 Kay Ann Johnson, *Women, the Family, and Peasant Revolution in China*(Chicago: University of Chicago Press, 1983), 그리고 Judith Stacey, *Patriarchy and Socialist Revolution in China*(Berkeley: University of California Press, 1983) 등도 참조.

5 Partha Chatterjee, *The Nation and Its Fragments: Colonial and Postcolonial Histories*(Princeton: Princeton University Press, 1993). 특히 1장과 6장 참조. 민족이 어떻게 좀 더 여성화되는지에 대한 다소 다른 정식화로는, Jean Bethke Elshtain, "Sovereignty, Identity, Sacrifice," in *Gendered States: Feminist(Re)Visions of International Relations Theory*, ed. V. Spike Peterson(Boulder: Lynne Rienner, 1992), p. 149 참조. "주권은 남성적 얼굴을 가지고 있을 수 있지만, 민족은 그 자체로 여성화된, 어머니, 연인, 애인의 얼굴을 가지고 있다. …… 민족은 고향이고, 고향은 어머니이다. 누구나 부모를 선택할 수 없듯이, 자신의 조국도 선택할 수 없으며, 이는 정치적 사랑의 본성에 더욱 큰 힘을 부가한다."

6 Chatterjee, *Nation and Its Fragments*, p. 147.

7 최경희, "젠더연구와 검열 연구의 교차점에서," 『일제 식민지 시기 새로 읽기』(서울: 혜안, 2007). Kyeong-Hee Choi, "Impaired Body as Colonial Trope," pp. 431-458.

8 Johnson, *Women, the Family, and Peasant*, p. 167.

9 6·25전쟁 이후 『조선녀성』 복사본들은 1950년대, 1960년대, 1970년대 북조선 여성을 연구하는 주요 자료가 되었다. 북조선 여성을 [혁명의] 어머니로 구성하는 것은 전후에 이르러 김정숙(김일성의 부인)을 '혁명의 어머니'로, 강반석(김일성의 어머니)을 '조선의 어머니'로 숭배하고 그 리더십을 숭상하고 나서부터 시작되었다는 주장으로 이어졌다. Sonia Ryang, "Gender in Oblivion," pp. 323-349 참조.

10 북조선 여성의 과거에 대한 연구는 크게 세 가지로 나눌 수 있다. 첫 번째는 공산주의 정책으로 전통적인 가부장적 가족제도가 붕괴함에 따라, 기존의 도덕성과 미덕에 부정적인 영향을 미쳤다고 보는 시각이다. 이에 대해서는, 김남식, "북한의 가족제도에 대한 고찰," 『국토통일』 4, no. 5(1974) 참조. 두 번째 관점은, 북한의 여성 정책이 가부장적 관계를 유지하고 있으며, 여성을 노동자와 주부로 동원함으로써 여성에게 이중 부담을 가중시키는 '전체주의적 국가 가부장제'로 말미암아 이 같은 가부장적 성격이 더욱 악화되었다고 비판한다. 이에 대해서는 다음을 참조. 윤미량, 『북한의 여성정책』(서울: 한울, 1991). 이온죽, "북한여성의 사회적 지위화 사회참여," 『북한연구』(1990년 가을). 이태영, "북한의 여성해방정책과 가부장제," 『북한연구』(1990년 가을). 전상인, 『북한 가족정책의 변화』(서울: 통일연구원, 1993). 전숙자, "북한 여성상 연구," 『한국사회학』 29(한국사회학회, 1995년 여름). 황영주, "혁명전사와 현모양처 : 북한 여성과 북한의 국가발전," 『국제문제 논총』 11(1999). 박영자, "북한의 여성정치: '혁신적 노동자-혁명적 어머니'로의 재구성," 『사회과학연구』 13, no. 1(2005). Sonia Ryang, "Gender in Oblivion." 세 번째 접근법은 북조선이 설정한 기준을 통해 북조선의 젠더 정책을 이해하려는 것으로, 비판적인 입장을 견지하면서도 여성들의 삶이 일부 개선된 점을 인정한다. 대표적으로는 다음의 글들을 참조. Kyung Ae Park, "Women and Revolution in North Korea," *Pacific Affairs* 65, no. 4(Winter 1992~93), pp. 527-545 참조. 박현선, "반제반봉건민주혁명기의 여성정책." 최홍기, "해방후 북한 가족제도 변혁에서의 변화와 연속성," 『북한연구』 2, no. 2(여름, 1991). 김귀옥, "북한 여성의 어제와 오늘," 『북한 여성들은 어떻게 살고 있을까』, 김귀옥 편(서울: 당대, 2000). 황은주, "북한 성인여성의 정치사회화에 관한 연구 : '조선민주녀성동맹'과 『조선녀성』 분석을 중심으로"(한양대학교 석사학위논문, 1994).

11 Ryang, "Gender in Oblivion," p. 323.

12 Heidi Hartmann, "The Unhappy Marriage of Marxism and Feminism: Towards a More Progressive Union," in *Women and Revolution*, ed. Lydia Sargent(Cambridge: South Ends Press, 1981)["마르크스주의와 여성해방론의 불행한 결혼: 보다 발전적인 결합을 위하여," 김혜경, 김애령

옮김, 『여성해방이론의 쟁점』, 태암, 1989에 실려 있다].

13 David L. Hoffmann, "Mothers in the Motherland: Stalinist Pronatalism in Its Pan-European Context," *Journal of Social History* 34, no. 1(Fall 2000), pp. 35-54.

14 Anna Davin, "Imperialism and Motherhood," *History Workshop Journal* 5, no. 1(1978), pp. 9-66.

15 가와모토 아야, "일본: 양처현모 사상과 '부인개방론'," 『역사비평』 52(2000년 가을), 353-363쪽.

16 홍양희, "현모양처론과 식민지 '국민' 만들기," 『역사비평』 52(가을, 2000), 364-374쪽. 다소 다른 관점에서, 유교의 가부장주의와 일제의 식민주의, 서구 그리스도교 사이의 결합이 미친 영향에 대해서는 Hyaeweol Choi, "'Wise Mother, Good Wife': A Transcultural Discursive Construct in Modern Korea," *Journal of Korean Studies* 14, no. 1(Fall 2009), pp. 1-34 참조.

17 이상경, "일제 말기의 여성 동원과 『군국의 어머니』," 한국여성연구소, 『페미니즘 연구』 2호(2002년 12월), 211쪽.

18 Hyun Ok Park, "Ideals of Liberation: Korean Women in Manchuria," in *Dangerous Women: Gender and Korean Nationalism,* ed. Elaine H. Kim and Chungmoo Choi(New York: Routledge, 1998), pp. 229-248[박현옥, "해방과 이상," 『위험한 여성』, 박은미 옮김, 삼인, 2001].

19 Ueno Chizuko, *Nationalism and Gender*(Melbourne: Trans Pacific Press, 2004)[『내셔널리즘과 젠더』, 이선이 옮김, 박종철 출판사, 1999].

20 Gregory Kasza, *The Conscription Society: Administered Mass Organizations*(New Haven: Yale University Press, 1995), p. 93.

21 일본은 또한 서구 페미니즘 사상의 출처이기도 했다. 헨릭 입센(Henrik Ibsen), 엘렌 케이(Ellen Key), 아우구스트 베벨(August Bebel), 알렉산드라 콜론타이(Alexandra Kollontai)의 저작들은 대체로 일본어로 먼저 번역된 다음 조선에 수입되었고, 이는 신여성이 조선에서도 등장하도록 했다. 근대성 속에 재현된 신여성의 모습은 여전히 유동적이고 모호하긴 하지만, 그들은 일반적으로 도시 지역에 살며 근대적인 교육을 받은 여성과 연관되었고, 자유로운 연애와 결혼, 이혼 등을 옹호하는 것으로 그려졌다. 이들 가운데 상당수는 기자, 작가, 예술가 등과 같은 새로운 여성 지식인 계급의 구성원들이었다. 그러나 김경일은 중요한 지점을 시적하고 있는데, 그들의 주요 특징을 정의하는 데 있어 중요한 것은 그들의 교육 수준 같은 것이 아니라 오히려 전통-근대와의 대립 속에 그들이 차지하고 있는 위치라고 지적한다. 신여성을 규정하는 다양한 방식들에 대한 훌륭한 개요로는, 김경일, "한국 근대사회의 형성에서 전통과 근대: 가족과 여성 관념을 중심으로," 『사회와 역사』 54(12월, 1998), 23-25쪽 참조. 모던 걸이라는 단어에는 보다 경멸적인 함의가 담겨 있었는데, 이 표현은 대체로 소비, 허영, 퇴폐, 사치 등을 연상시켰다. 이에 대해서는 권명아, "전시 동원 체제의 젠더 정치," 『일제 파시즘 지배정책과 민중 생활』 참조.

22 Ibid., 307-310쪽.

23 Ibid., 300-303쪽.

24 이상경, "일제 말기의 여성 동원과 군국의 어머니," 『페미니즘 연구』 2호(2000), 219쪽에서 재인용.

25 Ibid., 206-207쪽.

26 이경란, "총동원체제하 농촌통제와 농민생활," 『일제 파시즘지배 정책과 민중생활』, 396-398쪽

27 권명아, "전시 동원 체제의 젠더 정치," 『일제 파시즘 지배정책과 민중 생활』, 304-305쪽.

28 조경미, "1920년대 사회주의여성단체에 관한 일연구: 근우회 창립 이전," 숙명여자대학교, 『한국학연구』 2(1992). 65-90쪽.

29 Kenneth M. Wells, "The Price of Legitimacy: Women and the Kŭnuhoe Movement, 1927~1931," in *Colonial Modernity in Korea,* ed. Shin and Robinson.

30 권수현, "허정숙의 여성론 재구성," 『페미니즘 연구』 (제10권 1호, 2010), 247-283쪽. 이 책 7장에서 허정숙의 생애에 대해 좀 더 자세히 다룰 예정이다.

31 『조선녀성』(1946년 9월) 창간호. 1947년 1월에 발행된 강령에는, 한 가지 항목이 더 추가되었다. 즉, "여성의 국가적 옹호를 요구함," 『조선녀성』에 대한 모든 인용은 다음 자료에서 가져왔다. RG

242, SA 2005, box 2, item 34.

32 이 조항들은 노동법 14~17조항에 있다. 박현선, "반제반봉건민주혁명기의 여성정책," 416-418쪽 참조.

33 김윤동, "북조선남녀평등권에 관한 법령," 『조선녀성』(1947년 7월), 18-24쪽.

34 총독부는 1922년 여성에게 이혼과 재혼의 자유를 부여하면서 일부다처제와 축첩제도를 불법화했다. 하지만 이를 강제하기 위한 실질적인 노력은 없었다. Hyunah Yang, "Envisioning Feminist Jurisprudence in Korean Family Law at the Crossroads of Tradition/Modernity"(PhD diss., New School for Social Research, 1998), pp. 42-43, 56 참조. <남녀평등에 관한 법령>에서 일본 제국주의 법률에 대한 무효화는 "위안부" 강제 동원과 같이 여성에게 불리한 규정을 의미할 수 있다.

35 Wendy Zeva Goldman, "Women, the Family, and the New Revolutionary Order in the Soviet Union," in *Promissory Notes: Women in the Transition to Socialism,* ed. Sonia Kruks, Rayna Rapp, and Marilyn B. Young(New York: Monthly Review Press, 1989), pp. 59-81.

36 박현선, "반제반봉건민주혁명기의 여성정책," 422쪽.

37 윤미량, 『북한의 여성정책』(서울: 한울, 1991), 75쪽.

38 홍치옥, "쏘련여성의 사회적 지위," 『조선녀성』(1946년 9월), 50-54쪽.

39 Goldman, "Women, the Family, and the New Revolutionary Order," p. 74.

40 Wendy Z. Goldman, *Women, the State and Revolution: Soviet Family Policy and Social Life, 1917-1936*(New York: Cambridge University Press, 1993), p. 340.

41 Chatterjee, *Celebrating Women,* p. 30.

42 1979년부터 1992년까지 『조선녀성』에 대한 연구로는, 황은주, "북한 성인여성의 정치사회화에 관한 연구 : '조선민주녀성동맹'과 『조선녀성』분석을 중심으로"(한양대학교 석사학위논문, 1994).73, 100, 54-58쪽 참조. 황은주는 북조선의 여성 정책이 모든 여성을 포함했던 1971년 제4차 여맹 대회부터 주부만 포함했던 1983년 제5차 대회까지 여맹 회원 구조의 변화로 말미암아 어머니로서의 여성의 역할이 강조되어 왔다고 주장한다. 그녀는 1981년 이후에는 공장에서 일하는 여성에 관한 기사가 『조선녀성』에 더는 실리지 않았다고 주장한다. 그녀는 『조선녀성』의 내용과 현대 소설을 근거로 북조선 여성들이 기존의 학계에서 묘사하는 것처럼 단순히 전통적이며 순종적인 역할로 묘사된 것이 아니라 '혁명적인 어머니, 동지의 아내, 존경스럽지만 원칙적인 며느리'로 묘사되었다고 주장한다. 그럼에도 불구하고 그녀는 북조선 여성들이 가정 밖에서는 노동자로, 가정 안에서는 주부로서 이중적인 부담을 안고 있다는 기존의 평가에는 대체로 동의한다.

43 김운죽, "조선녀성사 사업에 대한 보고," 『조선녀성』(1947년 11월), 40-42쪽.

44 Ibid.

45 김경일, "한국근대사회의 형성에서 전통과 근대," 31쪽, 각주 32.

46 가정이라는 단어는 20세기 전환기 무렵에 현대적인 집을 가리키기 위해 사용되었다. 가정은 가족 또는 가문을 뜻하는 한자인 家와 정원을 뜻하는 庭으로 이루어져 있다. 이와 관련해, [함께 살아가는 집합적 존재들인] 가구를 뜻하는 가족으로부터 핵가족이 거주하는 물리적 공간에 기초를 둔 가족으로의 의미 변화는 매우 복잡하며, 이 장에서 다룰 수 있는 범위를 넘어 선다. 이에 대해서는, 다음을 참조. Yoon Sun Yang, "Nation in the Backyard: Yi Injik and the Rise of Korean New Fiction, 1906~1913"(PhD diss., University of Chicago, 2009).

47 주정순, "직장을 가진 주부의 생활설계," 『조선녀성』(1947년 9월), 29-32쪽.

48 『조선녀성』(1947년 2월과 4월).

49 "직업여성좌담회," 『조선녀성』(1947년 2월), 54-60쪽.

50 안옥레, "남성에게 들이는 말씀," 『조선녀성』(1946년 9월), 95쪽.

51 양병지, "역사상 여성의 지위와 그의 과업," 『조선녀성』(1947년 1월), 17-20쪽.

52 "8·15해방 2주년 기념 여성 좌담회," 『조선녀성』(1947년 8월), 24-30쪽.

53 장정숙, "새로운 가정과 주부," 『조선녀성』(1947년 10월), 33-36쪽.

54 박정애, "로동법령과 여성," 『조선녀성』(1946년 9월), 33-34쪽.

55 박현선, "반제반봉건민주혁명기의 여성정책," 437-438쪽.

56 "모성에 대한 쏘베트 정부의 고려," 『조선녀성』(1947년 10월), 21-22쪽. 인구 증가에 대한 북조선의 관심은 특히나 민감했는데, 이는 한반도를 대표하는 단독 정부로서의 헤게모니와 정당성을 두고 남북의 경쟁이 점점 치열해지는 상황에서, 당시 북조선 인구가 남한 인구의 절반 정도밖에 되지 않았기 때문이다.

57 Elizabeth Waters, "The Modernisation of Russian Motherhood, 1917~1937," *Soviet Studies* 44, no. 1(1992), pp. 123-136.

58 안함광, "희생적인 봉공심: 특히 여성에게 주는 말을 겸하여," 『조선녀성』(1947년 3월), 14-18쪽(강조는 추가).

59 Ryang, "Gender in Oblivion," p. 341.

60 『강반석 녀사를 따라 배우자』(도쿄: 조선 청년사, 1967), 45쪽.

61 장교와 사병 사이에 나타나는 부모와 같은 사랑과 존경에 대해서는 다음을 참조. "현대전에 준비된 군력을," 『선군태양 김정일 장군』 3권, 9장(평양: 평양출판사, 2006), 다음에서 이용 가능하다. https://web.archive.org/web/20140710211707/ndfsk.dyndns.org/anecdotes/070927-1.htm (접속일 2012년 8월 15일).

62 임헌영, "북한의 항일 혁명 문학," 『북한의 문학』, 권영민 편(서울: 을유문화사, 1989).

63 구보해, "농촌부락 오목동," 『조선녀성』(1948년 4월), 28-31쪽.

64 신고송, "면. 리 인민위원 선거에 있어서도 여성들은 싸운다," 『조선녀성』(1947년 2월), 24-26쪽.

65 리경혜, 『녀성문제 해결 경험』(평양: 사회과학 출판사, 1990), 97쪽.

66 남현서, "새나라의 여인들," 『조선녀성』(1947년, 1월), 33쪽.

67 윤미량, 『북한의 여성정책』(서울: 한올, 1991), 76쪽.

68 미국의 남한 점령 정책에 따라, 해방 후에도 일제강점기의 법률이 유지되었다. 이후 호주제 및 남녀 차별 문제와 관련해, 여성들의 입장이 반영된 민법 수정안이 1957년 국회에 제출되었지만, "전통 존중"과 "순풍미속"이라는 원칙에 막혀 최종 법안에는 여성들의 입장이 거의 반영되지 못했다. 이와 대조적으로 북조선에서 1946년 제정된 <남녀평등법>은 여성에게 해로운 '봉건적 관습'의 폐지를 구체적인 목표로 삼고 있었다. 대한민국 최초의 민법은 "민사사건에 관하여 관계 법령이 없는 때에는 관습법에 따른다"고 명시했다. 보존해야 할 '순풍미속'에는 기혼 여성의 남편 호적 등재, 가장으로서의 남편의 역할, 자녀의 아버지 성 계승, 남성의 호주 승계 등 식민 통치하에서 제도화된 가부장적 가족의 모든 측면이 포함되어 있었다. 북조선에서 호적 제도가 폐지되면서 위의 모든 제도들은 법적으로 폐지되었다. Hyunah Yang, "Envisioning Feminist Jurisprudence," chapter 4 참조.

69 1972년 12월 27일 제정된 사회주의한법 제63조는 다음과 같다. "결혼 및 가정은 국가의 보호를 받는다. 국가는 사회의 세포인 가정을 공고히 하는데 깊은 배려를 돌린다." 윤미량, 『북한의 여성정책』(서울: 한울, 1991), 81, 102쪽.

70 김일성은 다음과 같이 말했다. "우리의 이상은 …… 모든 인민이 하나의 대가족으로 단결해 살아가는 사회입니다." "The Duty of Mothers in the Education of Children[자녀교양에서 어머니들의 임무](Speech at the National Meeting of Mothers, November 16, 1961)," in *On the Work of the Women's Union*(Pyongyang: Foreign Languages Publishing House, 1971), 4. Jon Halliday, "Women in North Korea: An Interview with the Korean Democratic Women's Union," *Bulletin of Concerned Asian Scholars* 17, no. 3(1985): 46-56, 52n28에서 재인용.

71 장길성, "쏘련 사회주의의 10월혁명과 쏘련 여성의 지위," 『조선녀성』(1947년 11월), 10-14쪽.

72 Friedrich Engels, *The Origin of the Family, Private Property and the State: In the Light of the Researches of Lewis H. Morgan*(New York: International Publishers, 1972)[『가족, 사유재산, 국가의 기원』, 김대웅 옮김(두레, 2011)].

73 박현선, "반제반봉건민주혁명기의 여성정책," 449-450쪽.

74 1948년 4월호 『조선녀성』 앞표지 안쪽 광고

75 김석양, "육아원 방문기," 『조선녀성』(1947년 10월), 55-57쪽.

76 윤미량, 『북한의 여성정책』(서울: 한울, 1991), 203쪽.

77 최용건, "조선녀성들에게 정치문화 교양을 강화하라," 『조선녀성』(1946년 9월), 9쪽.

78 Joan W. Scott, "The Evidence of Experience," *Critical Inquiry* 17(Summer 1991), 793.

79 나는 여기서 이런 상징적 제스처가 효과를 발휘할 수 있는 지반이 매우 허약하기에, 그런 효과들이 불안정하고 비일관되며, 상대적으로 빠른 변화에 휘둘릴 수 있음을 가리키기 위해 "알레고리"라는 용어를 사용했다. 나는 여기서 알레고리를 "심오하게 불연속적인, 단절과 이질성의 문제, 상징적인 것의 동질적인 재현이라기보다는, 꿈의 다중적인 다의성의 문제"로 사용하는데, 이는 Fredric Jameson, "Third-World Literature in the Era of Multinational Capitalism," *Social Text*, no. 15(Autumn 1986), p. 73에서 정식화한 것이다.

7장 해방 공간: 혁명의 기억

1 1907년 식민 통치 시기에 경성감옥으로 문을 연 서대문 형무소는 우리나라 최초로 지어진 근대식 감옥이다. 제러미 벤담의 파놉티콘을 차용한 19세기 미국과 영국의 감옥을 모델로 지어진 서대문 형무소는 수감자들을 개별 감방에 분리해 수감하고 철통같은 망루에서 상시적이고 전면적으로 감시했다. 1933년 정치범을 수용하기 위해 확장되었다. 이종민, "감옥 내 수형자를 통해 본 식민지 규율 체제" 참조. 수감자 석방에 대한 목격담은 샤브쉬나, 『1945년 남한에서』(서울: 한울, 1996), 72-73쪽 참조.

2 오영진, 『소군정하의 북한: 하나의 증언』(서울: 국토통일원, 1983[1952]), 11-12쪽.

3 신주백, "교과서에 재현된 8·15와 망각된 8·15"와 정근식, "기념관/기념일에 나타난 8·15의 기억," 『8·15의 기억과 동아시아적 지평』, 정근식, 신주백 엮음(서울: 선인, 2006).

4 윤해동, 『식민지 근대의 패러독스』(서울: 휴머니스트, 2007), 43-46쪽.

5 Michel-Rolph Trouillot, *Silencing the Past: Power and the Production of History*(Boston: Beacon Press, 1995)[『과거 침묵시키기: 권력과 역사의 생산』, 김명혜 옮김(그린비, 2011), 97쪽], 강조는 추가했다. 트루요는 침묵시키기의 메커니즘을 다음과 같이 설명한다. "여기서 말하는 침묵이라 함은 적극적이면서 다른 것으로 전이되는 과정을 의미한다. 말하자면, 총포의 소음장치가 총소리를 침묵시키듯이 사람은 어떤 사실이나 한 개인을 '침묵시킨다'. 사람이 '침묵시키기'라는 실천 행위에 관여하는 것이다. 따라서 어떤 사실이나 개인에 대해서 언급하거나 침묵하는 것은 능동적이면서 변증법적인 대응부들이라고 할 수 있는데, 역사는 이 둘을 합친 것이다"(p. 48[국역본, 97-98쪽]). 침묵시키기의 과정을 자연적인 것도 중립적인 것도 아닌 것으로 특징지으며, 트루요는 조심스럽게 다음과 같이 말한다. 즉, "효과적인 '침묵시키기'는 음모나 심지어는 정치적인 합의조차 필요로 하지 않는다. '침묵시키기'의 뿌리들은 구조에 있다"(p. 106[국역본, 198쪽]).

6 이런 점에서, 인제군은 해방 이후 38도선 이북에 있었지만, 6·25전쟁 이후 비무장지대 이남에 속하게 된 지역으로, 오늘날 구술사를 채록하기 위한 더할 나위 없는 장소인 것처럼 보인다. 그러나 한모니까는, 현재까지 현대 인제군에 대한 유일한 연구에서, 오늘날 이 지역 주민 대다수가 6·25전쟁 후 남한이 이 지역을 점령한 다음 이 지역으로 이주한 확고한 반공주의자라는 점을 분명히 밝히고 있다. 전쟁이 끝날 무렵, 다양한 형태로 혁명에 참여했던 이 지역 원주민의 60~70퍼센트가 북쪽으로 피난을 갔고, 일제강점기에 군수, 시장, 마을 이장을 하던 사람들이 원래의 자리로 다시 돌아왔다. 현재 남아 있는 사람들 가운데 극소수만이 해방 후 5년 동안 38도선 이북 지역에서 살았다. 자신의 경험에 대해 말하는 것은 여전히 금기시되고 있는데, 이는 경우에 따라 '빨갱이'로 낙인찍히고, <국가보안법>에 따라 처벌받을 수 있기 때문이다. 한모니까, "한국전쟁 전후 '수복지구'의 체제 변동 과정: 강원도 인제군을 중심으로"(가톨릭대학교 국사학과 박사학위논문, 2009), 193-210쪽 참조.

7 Scott, "Evidence of Experience," p. 797.

421

8 나는 에밀 뒤르켐의 집단적 흥분(collective effervescence)[집단적 비등으로 옮기기도 한다] 개념을 사용한다. 즉, "역사 속에는 상당히 큰 집합적 동요의 영향으로 사회적 상호작용이 훨씬 더 빈번해지고 활발해진 시기들이 존재한다. 개인들은 예정보다 더욱더 서로 간의 교제를 추구하고 더 많이 함께 모인다. 혁명 또는 창조적 시기의 특징인 대다수의 흥분이 여기에서 비롯된다." Émile Durkheim, *The Elementary Forms of the Religious Life,* trans. Joseph Ward Swain(New York: Collier Books, 1961), p. 242[『종교생활의 원초적 형태』, 민혜숙, 노치준 옮김(한길사, 2020), 454쪽] 참조. Colin Barker, "Empowerment and Resistance: 'Collective Effervescence' and Other Accounts," in *Transforming Politics: Power and Resistance,* ed. Paul Bagguley and Jeff Hearn(London: St. Martin's Press, 1999), p. 12에서 재인용.

9 예를 들어, 윌리엄 슈얼(William Sewell)은 혁명적 변화에서 감정적 흥분이 가진 중요성을 강조한다. "고조된 감정적 흥분은 수많은 변혁적 행동의 구성 요소다. …… 감정적 어조를 가진 행동은 구조적 탈구와 재접합의 중요한 신호가 될 수 있다. …… 구조적 탈구의 해결은 — 그것이 파열된 접합을 복원하는 것을 통해서든 아니면 새로운 접합을 만들어 내는 것에 의해서든 — 결과적으로 강력한 감정적 방출로 이어지는데, 이는 재접합을 공고화한다." William H. Sewell Jr., "Historical Events as Structural Transformations: Inventing Revolution at the Bastille," *Theory and Society* 25(1996), p. 865.

10 여성에게도 르네상스가 있었는지에 대한 조앤 켈리(Joan Kelly)의 질문에서 영감을 얻은 게일 허셰터(Gail Hershatter)는 여성에게도 중국 혁명이 있었는지에 대해 질문했다. 필자 역시 이들의 질문을 따라가고 있다. Gail Hershatter, "The Gender of Memory: Rural Women and Collectivization in 1950s China," paper presented in the colloquium series of the Program in Agrarian Studies, Yale University, 2006 참조.

11 Maurice Halbwachs, *On Collective Memory,* trans. Lewis A. Coser(Chicago: University of Chicago Press, 1992).

12 2002~03년 풀브라이트 펠로우십 기간 동안 필자는 해방 이후의 시기를 경험한 두 명의 남성과 공식 인터뷰를 진행했다. 인터뷰 대상을 찾는 과정에서, 간첩 혐의부터 공산주의 동조자에 이르기까지 다양한 혐의로 10년 이상 복역한 출소 장기수들과도 비공식적으로 대화를 나누기도 했다. 출소 장기수 중에는 사건이 조작된 경우도 있었고, 남쪽에 가족이 있는 북쪽에 사는 평범한 사람들이 가족을 만나기 위해 몰래 국경을 넘었다가 그 과정에서 붙잡힌 경우도 있었다는 점에 유의해야 한다. 필자는 정치범 등 양심수 석방을 위해 활동하는 인권 단체인 민가협(민주화실천가족운동협의회)을 통해 이 분들을 만날 수 있었다. 1948년 제정된 이래로, <국가보안법>은 대부분의 정치범을 수감하는 도구로 사용되어 왔다. <국가보안법>과 그동안의 수많은 사례에 대한 연구로는 박원순, 『국가보안법 연구』 전3권(서울: 역사비평사, 1992) 참조. 인터뷰에 응한 사람들은 실명을 공개하는 데 동의했다. 잠재적 위험에도 불구하고 이 인터뷰는 정치범에 대한 부정적인 고정관념에 맞설 수 있는 일종의 정치적 발언으로 기능할 수 있으며, 당국의 발언에 대한 협박에 맞서 자신의 목소리를 낼 수 있는 기회일 수도 있다. 또한 어느 정도 사회적 인정을 받기 위한 목적도 있을 수 있다.

13 한국정신문화연구원 한민족문화연구소, 『내가 겪은 해방과 분단』(서울: 선인, 2001), 137쪽.

14 Ibid., 176쪽.

15 Ibid., 226쪽.

16 이향규 편, 『나는 조선노동당원이오!』(서울: 선인, 2001), 130쪽.

17 정치적 반대파를 하나의 집단으로 지칭하는 한국적 용어인 재야는 말 그대로 "권력이 없다"[권력을 내놓다, 빼앗기다]는 뜻이다. 재야는 일련의 목표나 실천을 통해 정의되기보다는 소극적 의미로 정의되기 때문에, 정확한 정의를 내리기가 쉽지 않다. 재야는 일반적으로 1960년대부터 1980년대 말, 즉 대통령 직선제를 쟁취해, 권위주의 통치를 한국에서 종식시킨 1987년 6월 항쟁까지 군사 독재에 반대했던 학생운동 및 노동운동과 연합한 광범위한 풀뿌리 민주주의 운동과 연관되어 왔다. 노동자계급 의제를 비롯한 좌파 정치의 요소도 있지만, 필자는 전통적인 의미의 좌파보다는 민족주의적 성향을 띤 광범위한 연합을 나타내기 위해 '좌파'라는 용어 대신 재야라는 용어를 쓰고 있다.

18 Halbwachs, *On Collective Memory,* pp. 182-183.

19 1980년대 후반 민주화 운동의 성공으로 말미암아 환경 운동, 여성운동, 소비자 운동, 평화운동 등 보다 구체적인 이슈에 따라 운동이 분산되었기 때문에, 재야를 더 이상 일관되게 정의하기는 쉽지 않다. 옛 운동의 전통은 일부 살아남은 조직이나, 새로운 조직에서 활동하는 (옛 운동을 경험했던) 활동가들을 통해 어느 정도 유지되고 있다.

20 RG 242, SA 2007, box 10, item 62, 『해방후 조선』(평양, 1949). 리나영, 『조선민족해방투쟁사』(평양: 조선로동당출판사, 1958) 참조.

21 한국역사연구회 현대사증언반, 『끝나지 않은 여정: 한국현대사 증언록』(서울: 대동, 1996) 참조. 이 책은 최상원과 그의 부인 박순자를 비롯한 출소 장기수들의 삶의 이야기를 모은 책이다. 이 책은 인터뷰를 바탕으로 작성되었지만, 인터뷰 내용을 그대로 옮긴 것이 아니라 그들의 이야기를 편집한 판본이다.

22 언제 바뀌었는지에 대해 강담은 잘못 말했거나 착각한 것으로 보인다. 변경은 1952년 12월 최고인민회의에서 통과된 결정을 통해 이루어졌다. 이계만, 강인호, "북한 지방자치단체기관 구성형태의 유형 분석," 『대한정치학회보』 12, no. 3(2005), 128쪽.

23 이와 비슷한 맥락에서 김석형은 해방 전 시기의 경우 자신의 나이를 사용해 사건의 연대를 추정했지만, 해방 후 시기에는 역년(calendar year)을 기준으로 했다. 이를 위해 그는 연도별 주요 사건의 연표를 인터뷰어에게 요청한 뒤 자신의 인생사를 민족사에 체계적으로 담았다. 이향규 편, 『나는 조선노동당원이오!』, 116쪽 참조. 민족사에 맞춰 자신의 인생사를 서술하는 회고록과 구술사의 또 다른 사례로는 다음을 참조. 고성화, 『나의 비망록: 애국의 길』(서울: 한울사, 2001). 심지연, 『역사는 남북을 묻지 않는다』(서울: 소나무, 2001). 신준영 정리, 『이인모: 전 인민군 종군기자 수기』(서울: 월간 말, 1992). 김진계, 『조국: 어느 북조선 인민의 수기』(서울: 현장문학, 1990). 박진목, 『내 조국 내 산하』(서울: 계몽사, 1976).

24 함석헌, 『나의 자서전』(서울: 제일출판사, 1979).

25 Ibid., 209쪽.

26 Ibid., 211-213쪽.

27 Ibid., 213-216쪽. 당시 미 정보 당국은 이 사건에 대해 다양한 보고서를 입수했다. 400~2600명에 이르는 학생 시위대가 돌과 몽둥이로 인민위원회와 공산당 본부를 공격해, 현장에서 8명이 사망하고, 13명이 병원에서 사망했으며, 70명이 부상을 입었다. RG 554 Records of General HQ, Far East Command, Supreme Commander Allied Powers and United Nations Command, USAFIK XXIV corps, G-2, Historical Section, box 65, "G-2 Reports and Data on North Korea Pertinent on South Korea"(folder 2 of 2) 참조. 함석헌, "내가 겪은 신의주 학생 사건," 『씨알의 소리』 6호(1971년 11월) 참조.

28 RG 554 Records of General HQ, Far East Command, Supreme Commander Allied Powers and United Nations Command, USAFIK XXIV corps, G-2, Historical Section, box 65, "G-2 Reports and Data on North Korea pertinent on South Korea"(folder 1 of 2), Department of Public Information(March 13, 1946).

29 그의 이야기는 2장에서 간략하게 소개한 바 있다. 그는 일기와 개인 메모, 그리고 북조선에 있던 2년 동안 비밀리에 정리한 미완성 회고록을 가지고 북조선을 떠났다. 그의 회고록은 1952년 6·25전쟁 중 남한에서 출판되었다. 오영진, 『소군정하의 북한: 하나의 증언』(서울: 국토통일원, 1983[1952]).

30 리영희, 『역정: 나의 청년시대』(서울: 창작과비평사, 1988).

31 Ibid., 90-92쪽.

32 오영진, 『소군정하의 북한: 하나의 증언』(서울: 국토통일원, 1983[1952]), 4장.

33 Ibid., 65-66쪽.

34 리영희, 『역정』, 99쪽.

35 RG 554 Records of General HQ, Far East Command, Supreme Commander Allied Powers and United Nations Command, USAFIK XXIV corps, G-2, Historical Section, box 65, "G-2 Reports and Data on North Korea Pertinent on South Korea"(folder 1 of 2), Foreign Affairs

Section(February 22, 1946).

36 김진열 감독의 2004년 다큐멘터리 <잊혀진 여전사>와 최기자, "여성주의 역사쓰기를 위한 여성 빨치산 구술 생애사 연구"(한양대학교 석사학위 논문, 2002) 참조. 이 프로젝트들은 각각의 분야에서 최초의 작품들이었다. 빨치산에 대한 연구는 있었지만 여성에 초점을 맞춘 연구는 없었다. 서울에 있는 다큐멘터리 제작 집단인 '푸른영상', 특히 2003년 연구 기간 동안 최상원과 최기자를 소개해 주고, 영상 기록물을 볼 수 있게 해준 이 단체의 김진열 감독에게 많은 빚을 졌다.

37 이 회고록은 딸 성혜랑의 훨씬 더 긴 회고록에 포함되어 있다. 성혜랑은 김정일의 아내 가운데 한 명이자 김정일의 첫 아들 김정남을 낳은 성혜림의 여동생이다. 성혜랑은 김일성종합대학을 졸업한 후 작가가 되었고, 이후 1976년부터 1996년 탈북할 때까지 김정남의 가정교사로 일했다. 그녀는 후기에서 두려움 때문에 제삼국으로 망명했으며, 글을 쓰는 당시에도 여전히 숨어 있었다고 말한다. 그녀는 북조선을 떠날 때 어머니 김원주의 회고록을 몰래 가지고 나왔고, 자신의 회고록 첫머리에 ["어머니의 수기"라는 제목으로] 그 내용을 포함시켰다. 그녀는 어머니가 1970년대에 회고록을 썼다고 말한다. 성혜랑, 『등나무집』(서울: 지식나라, 2000), 48쪽 참조. 성혜랑의 회고록은, 특히 후반부에, 선정적인 느낌을 주지만, 김원주의 회고록은 식민지 시대와 해방 후 여성들의 경험에 대한 상세한 내용을 담고 있다. 식민지 시기를 주로 다루고 있고 남쪽과 북쪽에 별도의 국가가 들어서기 전 시기를 다루고 있기 때문에, 진위 여부는 확인할 수 없지만, 왜곡이나 날조의 동기는 거의 없어 보인다.

38 1963년 마지막으로 체포된 빨치산으로 유명한 여성 빨치산 정순덕(1933~2004)은 예외일 수 있다. 정순덕은 총상으로 한쪽 다리를 쓰지 못했고, 22년 동안 수감되었다. 여성 빨치산의 이야기는 그녀의 생애를 바탕으로 한 소설을 통해 처음 널리 알려지게 되었다. 정충제, 『실록 정순덕』(서울: 대제학, 1989) 참조. 하지만 이 책은 남성 저자가 썼고, 특히 정순덕으로부터 저자가 자신의 이야기를 잘못 표현했다는 비판을 많이 받았다. 페미니스트 학자들은 이 작품이 여성을 정치적 주체라기보다는 빨치산 남편의 원수를 갚기 위해 빨치산에 가담한 순수하고 순진한 농민으로 묘사했다고 비판했다.

39 통일 정부를 수립하기 위한 모스크바와 워싱턴 사이의 협상이 결렬되자, 미국은 북조선과 소련이 거부한 남한만의 선거를 참관하기 위해 유엔한국임시위원단(UNTCOK)을 구성하는 데 앞장섰다. 이에 따라 남한에서 별도의 선거가 실시되었고, 1948년 8월 15일 대한민국이 출범했다. 자세한 내용은 Bruce Cumings, *Korea's Place in the Sun*(New York: W. W. Norton, 1997), pp. 211-224[『브루스 커밍스의 한국현대사』, 이교선, 한기욱, 김동노, 이진준 옮김(창비, 2001), 295-315쪽] 참조.

40 이들의 생애에 대한 모든 전기적 내용과 개요는 최기자, "여성주의 역사쓰기를 위한 여성 빨치산 구술 생애사 연구"에서 발췌한 것이다.

41 동일한 정치적 이념을 공유하는 사람들끼리 결혼하는 것을, 낭만적 결합 또는 계약 결합과 구분하기 위해 '동지 결혼'이라 불렀다.

42 남한이 5월에 단독 선거를 실시하기로 결정한 데 대한 대응으로, 북조선은 평화통일과 민족 분단 방지를 내걸고 남한의 정치 지도자들을 평양으로 초청했다. 대한민국 초대 대통령이 될 이승만을 제외한 거의 모든 저명인사들이 참석했다. 1948년 4월 19일부터 22일까지 열린 이 회의에는 46개 정당과 단체의 대표 545명이 참석했다. Armstrong, *North Korean Revolution*, p. 21 참조.

43 성혜랑, 『등나무집』, 77쪽.

44 Ibid., 84쪽.

45 Ibid., 85-86쪽.

46 Ibid., 28-29쪽.

47 Ibid., 88쪽.

48 성혜랑의 회고록에 따르면, 김원주는 남북연석회의 이후 북에 남기로 결정했고, 6·25전쟁이 발발할 때까지 가족은 헤어져 지냈다고 한다. 북조선에서 김원주는 1949년부터 1960년까지 조선로동당 기관지 『로동신문』의 국제부 편집장으로 일했다. 한편 김원주의 남편은 1947년 서울에서 수감되었다가 6·25전쟁 초기 북조선이 서울을 점령하자 풀려났다. 성혜랑은 아버지를 어머니의 해방 운동에 휘말린 희생자라고 묘사했다. "아버지 불쌍하다! 엄마가 깃발을 들고 매진하는 여성해방, 남녀평등. 아버지는 그 희생자 같았다"(182쪽). 성혜랑에 따르면, 김원주는 가난한 농민 출신으로

태어났지만, 남편이 부유한 집안 출신이라는 이유로 1960년 『로동신문』에서 평양에 있는 지역 신문사로 강등되었다(293쪽).

49 한국역사연구회 현대사증언반, 『끝나지 않은 여정: 한국현대사 증언록』, 220쪽.

50 Ibid., 226쪽.

51 최기자, "여성주의 역사쓰기를 위한 여성 빨치산 구술 생애사 연구," 50쪽.

52 Ibid., 40쪽.

53 Ibid., 49쪽.

54 Ibid.

55 Ibid., 44쪽.

56 Ibid., 46쪽. 그녀는 1960년 감옥에서 풀려나 10년 만에 아들과 재회했다.

57 김진열 녹취, 2002년 9월 30일. 정(情)은 영어로 옮기기 까다로운 단어다. 일반적으로 애정(affection) 또는 유대감(bond)으로 옮겨진다. 대체로 애착(endearment)과 호감(fondness)의 감정과 관련이 있지만, 반드시 이런 긍정적인 의미로만 국한되지는 않으며 다양한 형태의 애착을 포함한다.

58 Ibid.

59 2000년 9월 1일, 남북 정상의 합의에 따라 비전향 장기수 63명이 북조선으로 송환되었다. 이 가운데 이북에서 태어난 사람은 20명뿐이었다. 그 외 나머지 사람들은 북쪽을 "이념적 고향"으로 여겼고 이 때문에 북으로 "귀환"하기로 결정했다. 북쪽으로 간 사람들 가운데 일부는 남쪽에 남겨 둔 가족이 있었다. 이들 가운데는 박선애의 남편이었던 윤희보도 있었다. 최기자, "여성주의 역사쓰기를 위한 여성 빨치산 구술 생애사 연구," 82쪽 참조.

60 김진열 녹취(2002년 9월 30일).

61 최기자, "여성주의 역사쓰기를 위한 여성 빨치산 구술 생애사 연구," 60-61쪽.

62 김진열 녹취(2002년 9월 30일).

63 전통적인 가부장적 가족은 여성뿐만 아니라 남성의 행동 역시 규제한다는 점을 강조해 둘 필요가 있다. 비정치적인 평범한 사람과 결혼해 가정을 꾸리면, 정치적 억압으로부터 어느 정도 보호를 받을 수 있었던 것은 빨치산 출신 여성들에게만 해당하는 것은 아니었다. 강담과 같은 출소 장기수들도 정치에서 벗어나 '평범한' 가정을 꾸리도록 권장되었는데, 이는 사회혁명가가 아닌 가장으로서 가족의 생계를 책임을 지는 삶을 살도록 '교화'시키기 위해서였다. 최남규의 생애 이야기는 한국역사연구회 현대사증언반, 『끝나지 않은 여정: 한국현대사 증언록』 75쪽을 참조.

64 허정숙, 『민주건국의 나날에』(평양: 조선로동당 출판사, 1986), 1쪽.

65 문제안, 『8·15의 기억: 해방 공간의 풍경, 40인의 역사체험』(파주: 한길사, 2005), 411쪽.

66 Julia Swindells, "Liberating the Subject? Autobiography and 'Women's History': A Reading of *The Diaries of Hannah Cullick,*" in *Interpreting Women's Lives: Feminist Theory and Personal Narratives,* ed. Personal Narrative Group(Bloomington: Indiana University Press, 1989), p. 24.

67 Jeffrey K. Olick and Joyce Robbins, "Social Memory Studies: From 'Collective Memory' to the Historical Sociology of Mnemonic Practices," *Annual Review of Sociology* 24(1998), p. 127.

68 Tessa Morris-Suzuki, *The Past within Us: Media, Memory, History*(New York: Verso, 2005), 22. 이와 비슷하게, 기억과 역사 사이의 유용한 구분에 대해서는 다음을 참조. Daqing Yang, "The Challenges of the Nanjing Massacre: Reflections on Historical Inquiry," in *The Nanjing Massacre in History and Historiography,* ed. Joshua Fogel(Berkeley: University of California Press, 2000). Michael Kammen, "Review: Carl Becker Redivivus: Or, Is Everyone Really a Historian?" *History and Theory* 39, no. 2(May 2000).

69 Marianne Debouzy, "In Search of Working-Class Memory: Some Questions and a Tentative Assessment," in *Between Memory and History,* ed. Marie-Noelle Bourguet, Lucette Valensi, and Nathan Wachtel(New York: Harwood Academic Publishers, 1990).

1 RG 242, SA 2009, box 3, item 103, "각 도 인민위원회 2년간 사업 개관"(1947년 9월).

2 W. Rosenberg, "Economic Comparison of North and South Korea," *Journal of Contemporary Asia* 5, no. 2(1975), p. 90. Joseph Chung, *The North Korean Economy: Structure and Development*(Stanford: Hoover Institution Press, 1974), p. 146, Aidan Foster-Carter, "North Korea: Development and Self-Reliance: A Critical Appraisal," *Bulletin of Concerned Asian Scholars* 9, no. 1(January~March 1977), p. 46에서 재인용.

3 Mun Woong Lee, "Rural North Korea under Communism."

4 김일성, "우리나라 사회주의농촌문제에 관한 테제," 조선로동당 중앙위원회 제4기 제8차전원회의에서 채택(1964년 2월 25일).
http://web-uridongpo.com/wp/wp-content/uploads/2021/03/kimilsung_rojak19640225.html.

5 "아시아에서 가장 발전한 경제 강국 가운데 하나"로서 북조선에 대해서는, Philippe Pons, *Le Monde*(July 1, 1974)을 참조. Foster-Carter, "North Korea: Development and Self-Reliance," p. 49에서 재인용. 실제로 동아시아의 기적에 대한 언급은 남한을 대상으로 시작된 것이 **아니라** 북조선을 대상으로 시작된 언급이었다. Joan Robinson, "Korean Miracle," *Monthly Review*(January 1965), pp. 541-549 참조.

6 김일성, "현정세와 우리 당의 과업 (조선로동당대표자회에서 한 보고 1966년 10월 5일)," 『김일성 저작집』 20, 1965.11~1966.12(평양: 조선로동당출판사, 1982), 392쪽.

7 "북조선로동당 강원도 인제군당 상무위원회 회의록 제25호"(1948년 10월 21일), 『북한관계사료집』 2권, 632쪽. 또한 RG 242, SA 2007, box 6, item 1.55.

8 "북조선로동당 강원도 인제군당 상무위원회 회의록 제48호"(1949년 6월 8일), 『북한관계사료집』 3권, 348쪽. 또한 RG 242, SA 2007, box 6, item 1.65.

9 "북조선로동당 강원도 인제군당 상무위원회 회의록 제54호"(1949년 7월 21일), 『북한관계사료집』 3권, 527, 845-850쪽. 또한 RG 242, SA 2007, box 6, item 1.19.

10 "북조선로동당 강원도 인제군당 상무위원회 회의록 제58호"(1949년 8월 25일), 『북한관계사료집』 3권, 528쪽. "북조선로동당 강원도 인제군당 상무위원회 회의록 제71호"(1949년 12월 10일), 『북한관계사료집』 3권, 879쪽.

11 "북조선로동당 강원도 인제군당 상무위원회 회의록 제73호"(1949년 12월 27일), 『북한관계사료집』 3권, 936-940쪽. 또한 RG 242, SA 2007, box 6, item 1.62.

12 "북조선로동당 강원도 인제군당 상무위원회 회의록 제58호"(1949년 8월 25일), 『북한관계사료집』 3권, 528-536쪽.

13 "북조선로동당 강원도 인제군당 상무위원회 회의록 제54호"(1949년 7월 21일), 『북한관계사료집』 3권, 421, 534-535쪽. 또한 RG 242, SA 2007, box 6, item 1.19.

14 "인제군 내무서 안내문 제1-4호: 분주소사업지도요강 (비)"(1950년 6월), 『북한관계사료집』 18권, 310쪽.

15 "하기대청소사업 실시에 대하야," 북면분주소장(1950.6.9.), 『북한관계사료집』 18권, 327-328쪽.

16 RG 242, SA 2012, box 8, item 28, "강원도 내무부 기요과(철원군) 여론관계"(1950).

17 Ibid.

18 RG 242, SA 2010, box 2, item 76, "북조선로동당 황해도 당부 선전부 군중여론"(절대비밀),(1949년 6월).

19 Head of Bomber Command in the Far East, General O'Donnell, quoted in Foster-Carter, "North Korea: Development and Self-Reliance," 47. Charles Armstrong, "The Destruction and Reconstruction of North Korea, 1950~1960," *Asia-Pacific Journal* 8, issue 51.2(December 20,

2010).

20 Bruce Cumings, *The Korean War: A History*(New York: Modern Library, 2010), pp. 35, 63.

21 군복무 기간은 1958년에 3~4년으로 명문화되었지만, 실제 복무 기간은 최대 8년까지 연장된 것으로 알려졌다. 10년 복무 조건은 1993년에 법으로 제정되었다. 『2009 북한 개요』(서울: 통일연구원, 2009), 97쪽.

22 Eric Hobsbawm and Terence Ranger, eds., *The Invention of Tradition*(New York: Cambridge University Press, 1992)[『만들어진 전통』, 박지향, 정문석 옮김(휴머니스트, 2004)].

23 Lefebvre, *Everyday Life in the Modern World*, p. 33.

24 Genaro Carnero Checa, *Korea: Rice and Steel*(Pyongyang: Foreign Languages Publishing House, 1977), p. 99. 이 책의 편집자 노트에 따르면, 저자는 페루 출신의 기자로, 북조선을 수차례 방문하고 김일성과의 만남을 바탕으로 이 책을 저술했다. 특히 1960, 70년대에는 제삼세계 인사의 저술이 북조선의 공식 출판사에서 출간되는 경우가 많이 있었다. 이 시기는 북조선이 비동맹 운동에서 자신의 리더십을 강화하는 한편, 북조선이 대부분의 측면에서 남한을 앞섰던 시기였기에, 이 같은 저술들은 국내외적으로 북조선의 위상을 높이는 데 기여했기 때문이다. 공식 간행물로서 이 책은 저자가 외국인임에도 불구하고 북조선의 정책을 대변했다.

25 Ibid, pp. 159-160.

26 Buck-Morss, *Dreamworld and Catastrophe* .

27 여기서 필자는 데이비드 하비가 정의한 창조적 파괴에 대한 정의를 사용하고 있다. 즉, "창조적 파괴는 자본의 순환 그 자체에 이미 뿌리 내리고 있는 것이다. 혁신은 불안정성을 더욱 악화시켜 끝내 주기적 위기 폭발로 자본주의를 내모는 주된 동력이 된다. …… 수익성 유지를 위한 투쟁에서 자본가들은 모든 가능성들을 총동원한다. 새로운 제품 라인을 설치하는 것은 곧 새로운 필요 및 수요의 창출을 뜻한다. 자본가들은 다른 사람에게서 새로운 수요가 생겨나도록 노력을 배가하며, 그에 따라 가상적 욕구의 배양, 환상, 변덕의 역할이 특히 강조되기에 이른다. 그 결과 불안정성은 더욱 악화된다. 즉 대량의 자본과 노동이 한 생산라인에서 다른 라인으로 이동하다 보니 모든 부문의 황폐화가 벌어지는 것이다." Harvey, *Condition of Postmodernity*, pp. 105-106[국역본, 140-141쪽].

28 의식성과 창조성에 대한 강조는 마르크스의 입장을 뒤집는 것으로 흔히 이해하는데 전혀 그렇지 않다. 왜냐하면 레이먼드 윌리엄스가 정통 마르크스주의자들이 문화를 상부구조로 폄하한 것에 대해 주장했듯, "그럴 경우 발생하는 일은 특징적으로 말해 '상부구조를 토대로부터' 추상화하는 형태로, 의식성을 '사회적 존재의 영역'으로부터 분리하는 것이다." Raymond Williams, "Beyond Actually Existing Socialism," *New Left Review*, no. 120(March~April 1980)p. 6 참조.

29 김일성, "시군 인민위원회의 당면한 몇가지 과업에 대하여"(1958년 8월 9일 연설), 『김일성저작집』 12권(평양: 조선로동당출판사, 1981), 409-410쪽

30 RG 242, SA 2010, box 3, item 45, "조선민주주의인민공화국 헌법"(1948년).

31 RG 242, SA 2012, box 8, item 47, 김일성, 『현 계단에 있어서 지방 정권 기관들의 임무와 역할』(평양: 국립출판사, 1952).

32 Ibid., 18-19쪽.

33 Ibid., 20-21쪽.

34 Ibid., 24-25쪽.

35 Ibid., 42쪽.

36 『김일성 저작집』, 414, 417쪽.

37 이계만, 강인호, "북한 지방자치단체기관 구성형태의 유형 분석," 『대한정치학회보』, 12, no. 3(2005), 128쪽. 1998년 헌법 개정으로 도와 군 인민위원회의 지위와 권한이 회복되었고, 인민위원회 위원장과 당 서기를 서로 다른 사람이 맡도록 규정함으로써 권력분립이 다시 복원되었다. 1998년 개혁이 지방 거버넌스에 어떤 변화를 가져왔는지는 불분명하지만, 1948년 헌법의 원리로 되돌아가게 된 것은, 국가 배급 제도와 중앙정부의 붕괴를 초래한 대기근의 여파로 말미암아, 북조선 혁명 초기의 지방자치와 혁명 동력을 일부 복원하려는 움직임으로 해석할 수 있다. Ibid., 134-136쪽 참조.

38 윤종섭, "사회주의 건설의 현 단계에 있어서의 지방 정권 기관의 위치와 기능," 『8·15 해방 15주년 기념 론문집』(평양: 김일성 종합대학, 1960), 55–57쪽.

39 Michael Halberstam, *Totalitarianism and the Modern Conception of Politics*(New Haven: Yale University Press, 1999).

40 '다중'에 대한 마이클 하트와 안토니오 네그리의 개념화를 사용하고 있다. 즉, "새로운 투쟁 형상들과 새로운 주체성들은 사건들의 국면에서, 보편적 유목주의에서, 개인들과 주민들의 전반적인 혼합과 이종 혼합에서, 제국적 생체 정치 기계의 기술적 변형 속에서 생산된다. 투쟁들이 정말 반체제적일지라도 제국적 체계에 **단순히 반대하여** 제기되지 않기 ─ 단순히 부정적인 세력이 아니기 ─ 때문에, 이런 새로운 형상들과 주체성들이 생산된다. 이런 새로운 형상들과 주체성들은 또한 자기 자신들의 구성 기획을 표현하고, 그리고 적극적으로 발전시킨다. 즉, 이런 새로운 형상과 주체성은 산노동의 해방을 향해 작용하며, 강력한 특이성들의 배치를 창조한다. 무수한 얼굴을 한 대중 운동이 지닌 이런 구성적 측면은 실제로 제국의 역사적 건설이 지닌 긍정적 지형이다." Michael Hardt and Antonio Negri, *Empire*(Cambridge: Harvard University Press, 2000), p. 61[『제국』, 윤수종 옮김, 이학사, 2001, 102쪽].

찾아보기